经济全球化、数字化对国际税收体系的挑战日益严峻，中国的国际税收工作也处于转型升级之中。期待本书能够帮助广大国际税收工作者在这样一个新时代，系统全面学习国际税收业务知识、提升国际税收管理水平，为构建人类命运共同体和实施"一带一路"倡议贡献才华与智慧。

廖体忠，国家税务总局国际税务司原司长
OECD财政事务部高级顾问

·非居民税收实务自学宝典·

国际税收
实务与典型案例分析

第二版

古成林 著

立信会计出版社
LIXIN ACCOUNTING PUBLISHING HOUSE

图书在版编目(CIP)数据

国际税收实务与典型案例分析 / 古成林编著. —2版. —上海：立信会计出版社，2023.3(2023.5重印)
ISBN 978-7-5429-7322-1

Ⅰ.①国… Ⅱ.①古… Ⅲ.①国际税收－案例 Ⅳ.①F810.42

中国国家版本馆 CIP 数据核字(2023)第 048702 号

责任编辑　毕芸芸

国际税收实务与典型案例分析(第二版)
GUOJI SHUISHOU SHIWU YU DIANXING ANLI FENXI

出版发行	立信会计出版社
地　　址	上海市中山西路 2230 号　　邮政编码　200235
电　　话	(021)64411389　　传　真　(021)64411325
网　　址	www.lixinaph.com　　电子邮箱　lixinaph2019@126.com
网上书店	http://lixin.jd.com　　http://lxkjcbs.tmall.com
经　　销	各地新华书店
印　　刷	固安华明印业有限公司
开　　本	787 毫米×1092 毫米　　1/16　　插　页　1
印　　张	23.5
字　　数	558 千字
版　　次	2023 年 3 月第 2 版
印　　次	2023 年 5 月第 2 次
书　　号	ISBN 978-7-5429-7322-1/F
定　　价	99.00 元

如有印订差错，请与本社联系调换

前 言

运用国际税收理论、政策解决税收实务中的问题,对很多财税工作者来说都是一个不小的挑战。从税收政策的角度来说,相较于国内税收,国际税收具有"反直觉"的特点,这使得财税工作者在理解国际税收政策规定时,需要在境内和境外不同应用场景之间不断切换,较难理解;从税收实务操作的角度来说,国际税收中的税收协定增加了财税工作的可选项,加上国际税收比较特殊的税收征管程序,使得跨境税收实务问题存在多种解决方案,较难选择;从纳税人的角度来说,国际税收与国内税收相比存在较为困难的跨境税收管辖权判定问题,较难划分;从跨境项目整体交易的角度来说,国际税收相关问题往往与复杂程度很高的股权、无形资产等重大资产交易紧密相关,风险较高。自近年我国签署落实税基侵蚀和利润转移(BEPS)行动计划与多边公约、改革国地税征管体制,以及实施《中华人民共和国个人所得税法(2018年修正)》等改革措施以来,在新的国际税收发展形势下,国际税收实务工作需要一套涵盖非居民企业和无住所个人最新税收政策,讲解在国内法与税收协定复杂条件下的纳税判定规则,以及具备体系化、实务化、图表可视化、案例化和实用性强的国际税收辅导学习和参考资料。在此需求之下,作者经过精心准备,为广大读者创作了本书。

本书共有34章,内容涵盖非居民国际税收大部分常见领域,从内容体系上分为对外支付税务事项备案及纳税判定(第1章至第5章)、常见非居民税收业务事项(第6章至第14章)、税收协定实务及应用案例(第15章至第23章)、非居民股权转让实务与案例(第24章至第29章)、无住所个人所得税实务与案例(第30章至第34章)。为帮助读者更好地掌握国际税收重要内容,本书还配套了350余张图表,70多个案例,全方位、成体系地为读者规划了一条由易到难、由浅入深、由表及里的国际税收学习路径。

本书内容覆盖境内企业税务实务工作中涉及的大多数非居民国际税收业务内容,从实务操作到法规要求,为学员梳理出清晰的业务线条。本书采用全视野讲解方式,不局限于特定税种,在纳税主体上把非居民企业和无住所个人的大部分税收项目都包括在内。虽然国际税收和税收协定主要是对所得税的规定,但在实务中,企业从业务需求角度出发,对某项业务的处理是综合的。因此,从业务全流程角度讲解跨境税务处理是本书的优势,能够为学员搭建一个完整的非居民税收学习环境。在具体章节的业务讲解中,本书将会结合具体业务介绍包括企业所得税、个人所得税、增值税在内的纳税判定内容。

本书注重实务应用,不空洞讲述国际税收理论。国际税收的很多理论都来自国外,当前国际税收的主流工作语言是英语,因此,税收协定、BEPS行动计划等翻译资料通常较难理解。在日常税收实务工作中，如果缺乏讲解和引导，读者很难通过自学掌握这些内容。本书以我国法律法规和实际工作为背景，用我们自己的语言介绍国际税收理论背景及其应用场景，破除理论讲解和实务脱节的常见弊端，并配备大量形象生动的图片，使读者一看就懂，避免过去学习国际税收单纯看理论文字内容的缺陷。

本书专注解决实际工作中的问题。非居民国际税收领域有很多复杂业务。例如，非居民个人取得股息红利怎么缴税、按什么税率缴税、有什么协定待遇等相关规定繁杂，不像非居民企业税收业务那样容易判断；又如，非居民企业股权转让业务，目前仍有许多政策细节不明；再如，涉及合伙企业的税收处理和税收协定安排很难理解。针对这些疑难问题，本书在讲解时，从法律文件出发介绍现有规定，没有明确规定或没有详细规定的情况下介绍有哪些已有做法，以及这些做法有什么可取之处和不足等，尽可能为大家展示一个完整的非居民国际税收体系。

本书自2021年第一版出版后，填补了国内非居民企业国际税收综合性实务教材的空白，广受读者好评。随后，作者根据国际税收业务最新发展情况和读者提出的部分意见进行了修订，出版本书第二版。

本书引用的所有税收政策文件的有效期截至2023年3月31日。本书所有引用的案例、文献、图表等资料都来源于公开资料信息，并根据本书内容进行了适当改编。作者在这里向所引资料的原作者致以诚挚的感谢。国际税收是一个复杂的体系，书中或有疏漏或不当之处，敬请广大读者批评指正，谢谢大家。

古成林
2023年3月

国际税收计算器，
推荐扫码使用

目 录

1 国际税收实务体系结构 ··· 1
  1.1 非居民税收与国际税收体系的构成 ····························· 1
    1.1.1 非居民税收与国际税收体系结构 ························· 1
    1.1.2 国际税收和税务稽查的关系 ····························· 2
    1.1.3 非居民税收和转让定价的关系 ··························· 3
    1.1.4 非居民税收和"走出去"税收的关系 ······················· 3
  1.2 非居民定义与纳税义务的产生 ································· 4
    1.2.1 非居民企业纳税判定两大步骤 ··························· 5
    1.2.2 非居民个人纳税判定三大步骤 ··························· 6

2 对外支付税务备案与非居民税收 ··································· 8
  2.1 服务贸易对外支付税务备案办理要点 ··························· 8
  2.2 业务类型识别 ·· 9
  2.3 税收协定判定 ··· 10
  2.4 纳税判定 ··· 11
  2.5 税款计算 ··· 12
  2.6 备案申报缴纳 ··· 12

3 服务贸易对外支付税务备案流程 ··································· 14
  3.1 对外支付备案的要点 ··· 14
  3.2 源泉扣缴纳税义务认定原则 ··································· 16
  3.3 源泉扣缴项目对外支付税务备案流程 ··························· 16
    3.3.1 利息备案办理流程要点 ································· 17
    3.3.2 股息红利备案办理流程要点 ····························· 17
    3.3.3 特许权使用费备案办理流程要点 ························· 18
    3.3.4 财产转让(不动产和股权)备案办理流程要点 ··············· 19
  3.4 劳务服务项目对外支付税务备案流程 ··························· 20
    3.4.1 境外劳务备案办理流程要点 ····························· 21

3.4.2　境内劳务备案办理流程要点 ································· 22
　　3.4.3　核定征收劳务备案办理流程要点 ························· 23
3.5　5万美元以下小额支付项目对外支付税务处理 ················ 23
3.6　对外支付税务备案后续政策补充和完善 ························ 25

4 源泉扣缴项目纳税判定方法 ·· 26
4.1　源泉扣缴项目纳税判定要点 ·· 26
　　4.1.1　股息红利等权益性投资判定要点 ························· 27
　　4.1.2　利息判定要点 ··· 29
　　4.1.3　特许权使用费判定要点 ·· 32
　　4.1.4　租金判定要点 ··· 33
4.2　源泉扣缴企业所得税、增值税判定规则 ························ 34
　　4.2.1　源泉扣缴企业所得税判定规则 ···························· 34
　　4.2.2　源泉扣缴增值税判定规则 ···································· 34

5 跨境劳务纳税判定方法 ·· 37
5.1　非居民企业销售劳务的纳税判定 ···································· 37
　　5.1.1　企业所得税纳税判定 ·· 38
　　5.1.2　增值税纳税判定 ·· 39
　　5.1.3　案例分析：劳务服务被判定核定征税 ················· 40
5.2　居民企业销售劳务的中国纳税判定 ································ 41

6 特许权使用费纳税判定规则与案例 ···································· 43
6.1　非居民特许权使用费要点 ·· 43
　　6.1.1　特许权使用费定义分析 ·· 43
　　6.1.2　特许权使用费法规要点 ·· 44
　　6.1.3　特许权使用费与技术服务费区分 ························ 46
　　6.1.4　特许权使用费与技术转让费区分 ························ 46
6.2　特许权使用费与技术服务费区分案例 ···························· 47
　　6.2.1　支付境外设计费需扣缴预提所得税吗 ················· 47
　　6.2.2　多种业务模式下特许权使用费业务的纳税判定 ·· 49

7 复杂劳务纳税判定规则与案例 ·· 50
7.1　复杂劳务服务的类型和处理要点 ···································· 50
　　7.1.1　劳务的境内外划分要点 ·· 50
　　7.1.2　核定劳务利润率 ·· 51

	7.1.3 代垫工资费用	52
7.2	复杂劳务典型案例	54
	7.2.1 拆分劳务合同被认定构成机构场所	54
	7.2.2 支付境外个人顾问费及差旅费怎样缴税	55

8 佣金和手续费纳税判定规则与案例 … 59

8.1	佣金手续费的税收规定	59
	8.1.1 佣金手续费的概念	59
	8.1.2 佣金手续费的税收规定	60
8.2	佣金和手续费非居民税务案例	61
	8.2.1 支付境外佣金无需备案	61
	8.2.2 向境外支付佣金手续费判定劳务征税	61
	8.2.3 境内子公司独立代理收取佣金怎样缴税	63
	8.2.4 境内子公司非独立代理收取佣金怎样缴税	64
	8.2.5 佣金化整为零避税筹划	67
8.3	怎样避免合同被税务机关误判	67

9 无形资产对外支付纳税判定规则与案例 … 69

9.1	无形资产的非居民税收规定	69
	9.1.1 无形资产的概念	69
	9.1.2 无形资产使用权转让税收规定	70
	9.1.3 无形资产所有权转让税收规定	72
9.2	无形资产非居民税务案例	73
	9.2.1 这笔无形资产技术服务费为什么征税	73
	9.2.2 利用无形资产远程网络提供服务是否征税	74
	9.2.3 转让无形资产"所有权"为什么按特许权使用费征税	77
	9.2.4 无形资产品牌代言费为什么征税	78

10 服务贸易对外支付税款计算 … 80

10.1	税款计算必备名词介绍	80
10.2	税款计算原理	81
10.3	税款计算举例	83
10.4	税款计算常见问题	90

11 支付代垫款非居民税务规则与案例 … 92

11.1	支付境外代垫费用介绍	92

	11.1.1	支付境外代垫款项概念	92
	11.1.2	支付境外代垫款项的税收规定	93
	11.1.3	支付境外代垫款项的举证材料和税务风险审核要点	94
11.2	常见支付境外代垫费用纳税判定案例	95
	11.2.1	支付境外代垫差旅费怎么缴税	95
	11.2.2	支付境外代垫采购费怎么缴税	96
	11.2.3	境外代垫开办费有什么风险，怎么缴税	98

12 母公司分摊管理费税收实务与案例 ··· 100

12.1	跨国公司分摊集团内劳务介绍		100
	12.1.1	集团内劳务的背景	101
	12.1.2	集团内劳务分摊的税收规定	102
	12.1.3	跨国公司常见集团内劳务分摊模式	104
12.2	集团内劳务分摊案例		106
	12.2.1	支付境外集团内劳务费分摊	106
	12.2.2	支付境外集团内劳务费判定流程	108

13 非居民项目合同税务审核技巧 ··· 110

13.1	非居民项目合同税务审核要点		110
	13.1.1	评估技术服务合同保密条款的影响	110
	13.1.2	评估多项合同之间的关联性影响	111
	13.1.3	合同划分与纳税判定关键环节	111
13.2	合同条款签订不当导致被判定征税		113
	13.2.1	佣金手续费被判定为特许权征税	113
	13.2.2	合同条款设计不合理导致劳务重复征税	114

14 非居民税收法规体系详解 ··· 117

14.1	税收政策类文件		118
	14.1.1	股息文件	118
	14.1.2	利息文件	119
	14.1.3	特许权使用费文件	119
	14.1.4	劳务服务文件	121
	14.1.5	股权转让文件(财产转让)	122
14.2	税收征管类文件		123
	14.2.1	源泉扣缴管理文件	124
	14.2.2	工程劳务管理文件	124

		14.2.3 支付备案管理文件 ·· 126
	14.3	税收协定相关法规文件 ·· 127
		14.3.1 税收协定国内法规定 ·· 127
		14.3.2 "受益所有人"规定 ·· 131
	14.4	特殊规定和非居民个人类文件 ······································ 132

15 税收协定实务基础 ·· 134

15.1	税收协定的使用场景 ·· 135
	15.1.1 税收协定的概念 ·· 135
	15.1.2 税收协定的运用场景 ·· 135
	15.1.3 享受税收协定待遇的条件和风险 ······························ 136
15.2	解读《非居民纳税人享受税收协定待遇管理办法》 ······················ 138
	15.2.1 享受税收协定待遇流程 ······································ 138
	15.2.2 享受税收协定待遇提交资料 ·································· 139
	15.2.3 非居民、扣缴义务人法律责任划分 ···························· 140
	15.2.4 是否缴纳滞纳金 ·· 141
15.3	税收协定近年发展情况 ·· 141
	15.3.1 BEPS 行动计划发布(2013) ···································· 142
	15.3.2 中国签署 BEPS 多边公约(2017) ································ 143
	15.3.3 解读近年税收协定修订趋势 ·································· 143

16 税收居民身份税收实务与案例 ······································ 147

16.1	税收居民身份判定规则 ·· 147
	16.1.1 引入案例：税收居民身份判定作用 ···························· 147
	16.1.2 国内法税收居民身份判定规则 ································ 150
	16.1.3 香港税收居民身份证明问题 ·································· 151
	16.1.4 税收协定最新修订情况 ······································ 151
16.2	错配税收居民身份避税与反避税案例 ·································· 152
	16.2.1 利用香港税收居民个人身份避税怎么破 ························ 152
	16.2.2 税收居民身份与受益所有人反避税孰优 ························ 153
	16.2.3 认定境外注册居民企业的税务风险 ···························· 154
16.3	开具税收居民身份证明与常见问题 ···································· 155
	16.3.1 税收居民身份证明开具新规 ·································· 155
	16.3.2 常见问题解答 ·· 157

17 常设机构判定税收实务与案例 160
17.1 常设机构的判定原则 160
17.1.1 判定常设机构的征税要点 160
17.1.2 机构场所与常设机构 162
17.1.3 常设机构的类型 162
17.1.4 独立代理人与非独立代理人 164
17.1.5 防止利用独立代理人避税最新趋势 166
17.2 常设机构利润归属与常见问题 167
17.2.1 常设机构利润怎样分配、归谁所有 167
17.2.2 税务机关对复杂常设机构的几种征税方式 168
17.2.3 常设机构认定中的常见问题 170
17.3 人为规避构成常设机构避税案例 171
17.3.1 利用佣金代理人安排规避常设机构 171
17.3.2 拆分活动和收入规避常设机构利润归属 172

18 境外派遣人员的非居民税务风险 175
18.1 境外派遣常见人员配置模式及风险 175
18.1.1 境外派遣人员常见任职安排模式 175
18.1.2 境外派遣模式的税务风险 178
18.2 境外派遣人员非居民税收案例 178
18.2.1 详解境外派遣人员四种模式 178
18.2.2 总部代垫外籍人员工资、社保被质疑加成 182
18.2.3 境外派遣人员在我国怎样缴纳个人所得税 183

19 "受益所有人"税收实务与案例 185
19.1 "受益所有人"判定规则 185
19.1.1 判定"受益所有人"的作用 186
19.1.2 OECD国际规则判定"受益所有人"原则 187
19.1.3 解读我国判定"受益所有人"新规 188
19.2 "受益所有人"判定案例 192
19.2.1 导管公司的避税架构 192
19.2.2 特殊架构下"受益所有人"判定 193

20 股息税收协定税收实务与案例 196
20.1 享受股息税收协定待遇要点 196

        20.1.1　我国享受股息税收协定待遇的条件 ·· 196

        20.1.2　主要目的测试要点(PPT规则) ·· 197

        20.1.3　利益限制条款测试要点(LOB规则) ··· 198

    20.2　典型股息税收协定案例 ·· 199

        20.2.1　上市公司为什么不能享受协定优惠 ·· 199

        20.2.2　QFII投资上市公司怎样享受税收协定待遇 ······································· 200

21　合伙企业(基金)税收协定 ··· 203

    21.1　合伙企业享受协定待遇基本规则 ·· 203

        21.1.1　我国合伙企业享受协定待遇法规 ·· 204

        21.1.2　合伙企业在境内、合伙人在境外 ·· 205

        21.1.3　合伙企业、合伙人都在境外 ·· 205

    21.2　合伙企业享受税收协定待遇案例与分析 ··· 207

        21.2.1　法国合伙企业享受税收协定待遇身份 ··· 207

        21.2.2　非居民个人能利用合伙基金取得免税股息吗 ··································· 208

22　税收协定与境外所得税收抵免 ··· 211

    22.1　双重征税及其税收协定解决方法 ··· 211

        22.1.1　双重征税的产生原理 ··· 211

        22.1.2　双重征税的解决方法 ··· 212

    22.2　企业境外所得税收抵免 ·· 213

        22.2.1　企业税收抵免税收规定 ·· 213

        22.2.2　抵免模式一：分支机构抵免模式 ·· 214

        22.2.3　抵免模式二：子公司抵免模式 ··· 215

    22.3　个人境外所得税收抵免 ·· 217

        22.3.1　个人税收抵免基本规定 ·· 217

        22.3.2　个人境外所得抵免计算规则 ··· 218

23　外国企业常驻代表机构和国际运输 ··· 223

    23.1　常驻代表机构税务管理 ·· 223

        23.1.1　常驻代表机构税务管理文件 ··· 223

        23.1.2　案例：常驻代表机构税款计算 ··· 226

    23.2　国际运输税收协定与纳税风险识别 ·· 227

        23.2.1　国际运输享受税收协定待遇要点介绍 ·· 228

        23.2.2　国际运输税务管理案例 ·· 230

24 非居民直接股权转让税收实务与案例 232
24.1 非居民直接股权转让税收规定及案例 232
24.1.1 非居民企业股权转让税务分类及规定 232
24.1.2 非居民个人股权转让税收规定 235
24.2 非居民企业特殊性税务重组税收规定及案例 236
24.2.1 非居民企业特殊性税务重组政策规定 236
24.2.2 非居民企业特殊性税务重组为什么失败 238
24.3 非居民不动产股权转让税收规定及案例 239
24.3.1 非居民直接转让不动产税收规定 239
24.3.2 非居民股权转让不动产税收规定 240
24.3.3 非居民股权转让不动产的征税 240
24.4 财产收益税收协定修订趋势 241

25 间接股权转让法规背景 243
25.1 间接股权转让涉及的重要概念 244
25.1.1 "间接转让中国应税财产"概念(征税对象) 244
25.1.2 "归属于中国的应税财产"概念(征税范围) 246
25.1.3 间接股权转让的征税方式(征税依据) 247
25.2 一般反避税法规与国家税务总局公告 2015 年第 7 号文件 248
25.2.1 一般反避税法规介绍 248
25.2.2 一般反避税法规与国家税务总局公告 2015 年第 7 号文件的关系 248
25.3 利用间接股权转让的避税模式有哪些 249
25.3.1 避税模式一:设计复杂的持股中间层 249
25.3.2 避税模式二:创造"合理商业目的"条件 250
25.3.3 避税模式三:平价或低价转让 251
25.3.4 避税模式四:多次转让增加计税基础 251

26 间接股权转让免税规定 252
26.1 判定是否具有合理商业目的(灰港原则) 252
26.1.1 判断是否具有合理商业目的 252
26.1.2 合理商业目的判定案例 253
26.2 免税的间接股权转让(绿港原则 1) 254
26.2.1 公开市场股权交易 254
26.2.2 符合协定的免予征税的转让 255
26.3 免税的集团内重组(绿港原则 2) 256

		26.3.1 集团内免税的间接股权转让重组规定	256
		26.3.2 界定关联关系的条款	257
		26.3.3 后续交易和对价限制条款	258

27 间接股权转让征税判定 ... 261

27.1 直接判定不具有合理商业目的（红港原则） ... 261
- 27.1.1 中国应税财产价值超过75% ... 261
- 27.1.2 资产或收入超90%来源于中国境内 ... 262
- 27.1.3 不具有经济实质 ... 263
- 27.1.4 间接转让税负低于直接转让税负 ... 264

27.2 不具有合理商业目的的判定案例 ... 264
- 27.2.1 儿童投资主基金案合理商业目的判定 ... 264
- 27.2.2 集团内重组间接股权转让为什么被征税 ... 267

28 间接股权转让收入和成本确认 ... 270

28.1 间接股权转让收入确认和排除范围 ... 270
- 28.1.1 税法对股权转让所得确认原则 ... 270
- 28.1.2 间接股权转让收入确认步骤 ... 271
- 28.1.3 间接股权转让收入确认案例 ... 273

28.2 间接股权转让成本确认和排除范围 ... 274
- 28.2.1 税法对计税基础确认原则 ... 274
- 28.2.2 间接股权转让成本的确认思路 ... 274
- 28.2.3 间接股权转让计税成本确认案例 ... 275

28.3 影响转让所得的特殊问题 ... 276
- 28.3.1 中间层打包转让 ... 276
- 28.3.2 中间层多次转让 ... 277
- 28.3.3 对赌问题 ... 277

29 间接股权转让的管理规定及案例 ... 279

29.1 间接股权转让的管理规定 ... 279
- 29.1.1 间接股权转让报告的规定 ... 279
- 29.1.2 利息缴纳的规定 ... 282
- 29.1.3 汇率适用的规定 ... 283

29.2 各地税务机关税款分配原则及案例 ... 284
- 29.2.1 股权转让税款各地分配原则 ... 284
- 29.2.2 沃尔玛公司间接股权转让 ... 285

30	无住所个人所得税体系	288
	30.1　无住所个人所得税学习方法	289
	30.2　无住所个人所得税重要概念	290
	30.2.1　无住所个人概念体系	290
	30.2.2　无住所个人相关时间天数	291
	30.2.3　无住所个人所得来源归属规则	291
	30.3　无住所个人所得税计算体系构成	293
	30.3.1　无住所个人所得税构成体系框架	293
	30.3.2　无住所个人境内外收入划分规则	294
	30.3.3　无住所个人所得税计算逻辑	295
	30.4　无住所个人时间天数计算规则	301
	30.4.1　各种天数计算规则	301
	30.4.2　6年规则	302

31	无住所普通员工工资、薪金个人所得税（国内法）	303
	31.1　无住所普通个人工资、薪金个人所得税体系	303
	31.1.1　无住所普通个人工资、薪金个人所得税计算规定	303
	31.1.2　无住所普通员工常见派遣模式与个人所得税	307
	31.2　无住所普通个人工资、薪金个人所得税特殊规定	310
	31.2.1　数月奖金个人所得税缴纳规定	310
	31.2.2　股权激励个人所得税缴纳规定	312
	31.2.3　8项津补贴个人所得税规定	313

32	无住所高管人员工资、薪金个人所得税（国内法）	315
	32.1　无住所高管人员工资、薪金个人所得税体系	315
	32.1.1　高管人员的定义	315
	32.1.2　无住所高管人员工资、薪金个人所得税计算规定	315
	32.1.3　无住所高管人员常见应用场景介绍	318
	32.2　无住所高管人员工资、薪金个人所得税特殊规定	319
	32.2.1　高管人员数月奖金个人所得税缴纳规定	319
	32.2.2　高管人员股权激励个人所得税缴纳规定	321

33	无住所个人享受税收协定待遇计算个人所得税	323
	33.1　无住所个人常见所得适用税收协定	324
	33.1.1　工资、薪金所得税收协定	324

33.1.2 无住所个人独立个人劳务报酬税收协定ㆍㆍㆍㆍㆍㆍㆍㆍㆍㆍㆍㆍㆍㆍㆍㆍㆍㆍㆍㆍㆍㆍㆍㆍㆍㆍㆍㆍㆍㆍㆍ 328
33.1.3 特许权使用费税收协定ㆍㆍㆍ 329
33.2 无住所个人董事费适用税收协定ㆍㆍㆍㆍㆍㆍㆍㆍㆍㆍㆍㆍㆍㆍㆍㆍㆍㆍㆍㆍㆍㆍㆍㆍㆍㆍㆍㆍㆍㆍㆍㆍㆍㆍ 331
33.2.1 协定董事费包含范围ㆍㆍㆍ 331
33.2.2 税收协定董事费条款解读ㆍㆍㆍㆍㆍㆍㆍㆍㆍㆍㆍㆍㆍㆍㆍㆍㆍㆍㆍㆍㆍㆍㆍㆍㆍㆍㆍㆍㆍㆍㆍㆍㆍㆍㆍㆍㆍ 331
33.3 非居民艺术家和运动员适用税收协定ㆍㆍㆍㆍㆍㆍㆍㆍㆍㆍㆍㆍㆍㆍㆍㆍㆍㆍㆍㆍㆍㆍㆍㆍㆍㆍㆍㆍ 333
33.3.1 哪些人哪些活动要缴税ㆍㆍ 334
33.3.2 各种不同形式的所得怎样缴税ㆍㆍㆍㆍㆍㆍㆍㆍㆍㆍㆍㆍㆍㆍㆍㆍㆍㆍㆍㆍㆍㆍㆍㆍㆍㆍㆍㆍㆍㆍ 335
33.3.3 案例:非居民运动员补缴个人所得税ㆍㆍㆍㆍㆍㆍㆍㆍㆍㆍㆍㆍㆍㆍㆍㆍㆍㆍㆍㆍㆍㆍㆍ 335

34 无住所个人所得税征管与纳税案例ㆍㆍㆍㆍㆍㆍㆍㆍㆍㆍㆍㆍㆍㆍㆍㆍㆍㆍㆍㆍㆍㆍㆍㆍㆍㆍㆍㆍㆍㆍㆍㆍ 337
34.1 无住所个人所得税征收管理规定ㆍㆍㆍㆍㆍㆍㆍㆍㆍㆍㆍㆍㆍㆍㆍㆍㆍㆍㆍㆍㆍㆍㆍㆍㆍㆍㆍㆍㆍㆍㆍ 337
34.1.1 无住所个人身份预判缴纳和报告规定ㆍㆍㆍㆍㆍㆍㆍㆍㆍㆍㆍㆍㆍㆍㆍㆍㆍㆍㆍㆍㆍ 337
34.1.2 境内雇主信息报告义务ㆍㆍㆍㆍㆍㆍㆍㆍㆍㆍㆍㆍㆍㆍㆍㆍㆍㆍㆍㆍㆍㆍㆍㆍㆍㆍㆍㆍㆍㆍㆍㆍㆍㆍㆍㆍㆍ 342
34.1.3 无住所个人享受协定待遇管理ㆍㆍㆍㆍㆍㆍㆍㆍㆍㆍㆍㆍㆍㆍㆍㆍㆍㆍㆍㆍㆍㆍㆍㆍㆍㆍㆍㆍ 343
34.2 无住所个人常见所得个人所得税计算案例ㆍㆍㆍㆍㆍㆍㆍㆍㆍㆍㆍㆍㆍㆍㆍㆍㆍㆍㆍㆍㆍ 344
34.2.1 非居民个人常见所得个人所得税计算(国内法)ㆍㆍㆍㆍㆍㆍㆍㆍㆍ 344
34.2.2 非居民个人常见所得个人所得税计算(税收协定)ㆍㆍㆍㆍㆍ 346
34.2.3 无住所居民个人综合所得个人所得税计算(国内法)ㆍㆍㆍ 348
34.2.4 无住所居民个人综合所得个人所得税计算(税收协定) 351
34.3 无住所个人所得税计算器使用示例ㆍㆍㆍㆍㆍㆍㆍㆍㆍㆍㆍㆍㆍㆍㆍㆍㆍㆍㆍㆍㆍㆍㆍㆍㆍㆍㆍㆍㆍ 354
34.3.1 开发无住所个人所得税计算工具的意义ㆍㆍㆍㆍㆍㆍㆍㆍㆍㆍㆍㆍㆍㆍㆍㆍㆍ 354
34.3.2 无住所个人所得税计算工具的计算功能ㆍㆍㆍㆍㆍㆍㆍㆍㆍㆍㆍㆍㆍㆍㆍㆍㆍ 355
34.3.3 无住所个人所得税计算工具的操作ㆍㆍㆍㆍㆍㆍㆍㆍㆍㆍㆍㆍㆍㆍㆍㆍㆍㆍㆍㆍㆍㆍ 355

参考文献ㆍㆍ 360

1

国际税收实务体系结构

了解国际税收体系的构成和非居民税收在国际税收体系中的地位是学习非居民税收的基础。本章从税收实务工作的角度出发,向读者介绍国际税收与非居民税收的体系结构和内在联系。本章的内容分为两部分,第一部分介绍非居民税收与国际税收体系的构成。这一部分介绍了目前我国国际税收实务工作领域的三大体系,包括非居民税收在国际税收中的具体工作领域,这些内容对于建立国际税收实务的基本框架是非常重要的,同时本书还横向对比了国际税收与其他税收工作的关系,如国际税收与税务稽查的关系、国际税收内部的非居民税收和转让定价的关系、非居民税收和"走出去"税收的关系。厘清这些重要的关系是我们正确理解非居民税收的重要基础。本章的第二部分比较详细地介绍了非居民的定义与纳税义务产生的税法依据,其中包括非居民企业和个人相关纳税义务的产生和判定的主要步骤等。

1.1 非居民税收与国际税收体系的构成

谈到国际税收,需要明确一个观念,我们通常所说的国际税收、非居民税收并不是指一个单独的税种,而主要是指我国的所得税体系,包括企业所得税和个人所得税两个税种。有些时候会出现非居民在我国涉及缴纳增值税的情况,但是这里的所得税和增值税所对应的非居民税收的法源是不同的。在大多数情况下,我国和其他国家或地区签订的划分税收管辖权的税收协定仅包含对所得税的约定,不包括增值税。增值税作为货物和劳务税在税收属性上是中性的,并且在国际上有很多国家是不征收增值税的。因此,本书讲到国际税收的时候,除非特别说明,主要指的是所得税概念。

1.1.1 非居民税收与国际税收体系结构

图1-1是介绍非居民税收与国际税收体系结构的示意图。国际税收不是完全独立于我国国内税收体系的,而是我国整体国家税收的一部分。国内税收可以称作国家税收的国内方面,包括增值税、所得税、财产行为税等。国际税收是我国国家税收的国际方面,也是我国国家税收不可分割的一个重要体系。国际税收不应被理解为跟特定纳税人相关的税收关系,比如,有人认为没有外资企业就没有国际税收,没有外籍人员就没有国际税收等,这些理解都是不准确的。

我国的国际税收体系大致可以分为三大类别:第一类是非居民税收,它处于国际税收

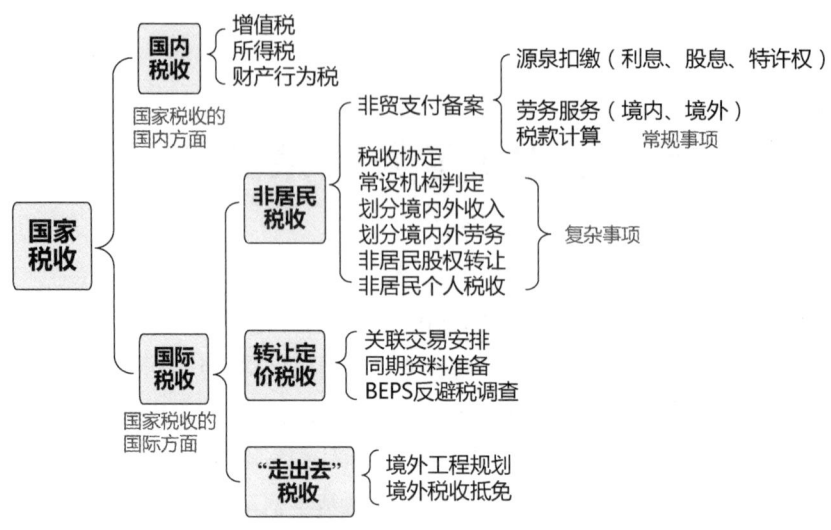

图 1-1 非居民税收与国际税收体系结构图

的基础地位;第二类是转让定价税收;第三类是"走出去"税收。本书会根据具体需要在后续内容中分别介绍这三类税收。

非居民税收探讨的是非居民企业或者非居民个人取得来源于我国的所得,或者在我国提供应税销售服务,在我国应缴纳的相关税金。例如,非居民纳税人在我国境内要缴纳的所得税或者增值税,应该怎样判定其纳税义务和怎样计算税款等。这里面涉及非居民税收的一项基础工作,即通常所说的服务贸易对外支付备案。通过了解服务贸易对外支付备案业务,大家可以对非居民税收的整体工作体系和内涵有比较完整的认识,因此,本书在后续章节以办理非居民企业服务贸易对外支付备案为切入点为大家打开整个非居民税收的学习思路。

非居民税收中还有一项非常重要的内容就是税收协定。对于和我国签订了税收协定的国家(或地区)的税收居民,我国根据税收协定会给予一系列税收优惠待遇。税收协定是纳税人享受税收优惠的依据,而不是征税依据,这是我们在学习税收协定之前必须建立的重要观念。关于税收协定,本书后续会有专门的章节进行系统介绍。

1.1.2 国际税收和税务稽查的关系

国际税收是国家税收的国际方面,与此相对应的税务稽查则是国家税收的国内方面的典型代表。税务稽查作为税务机关的一项重要执法方式,与国际税收中的特别纳税调整具有较强的对比意义。通过对比研究这两种税收执法行为的异同,我们可以加强对国际税收的理解。国际税收和税务稽查有一定联系,但是两者之间的区别更大。税务稽查是根据我国的税收法律法规,对纳税人的涉税行为进行合法性审查。这里的关键词是合法性,也就是说,根据我们国家的税收法律法规判定企业或者个人的某项涉税行为是否合法。从税务稽查的角度来看,对它的评价是以是否符合税法规定作为衡量标准的,其答案只有"是"或者"否"两种结果。如果纳税人的涉税行为符合税法规定,那么税务稽查就不会对其进行涉税调整;如果纳税人的涉税行为不符合税法规定,那么税务稽查就可以对其做出进行相应的涉税调整决定,如进行补缴税款和滞纳金。这就是税务稽查的一个核心关键点——合法性审查。

国际税收,包括特别纳税调整在内,通常进行的不是合法性审查,而是合理性审查。比如,纳税人的某种涉税行为可能不是违法行为,因为税法没有对其做出明确禁止的规定,但是这种行为就一定是可行的吗?答案是不一定。比如,一个外商投资企业自成立以来营业收入逐年增长,利润却逐年下降。经过了解,该企业没有偷税漏税隐瞒收入,而是通过跨境关联交易达到了这种目的。没有法律规定企业营业利润不能逐年下降,只能逐年提高。同时,从合法性角度来看,企业经营利润的变化并不是违法行为,因此,税务稽查对于这种现象就难以开展调查,从根本上说这种行为不属于税法规定的偷税行为。这个时候国际税收就发挥了作用,虽然该行为没有直接违反税法,但是国际税收还要对其进行合理性审查,看看这样的关联交易是否具备合理商业目的,是否符合独立交易原则,是否满足利润应该在创造地征税的国际惯例。如果按照这些合理性审查标准来看,这种行为是不合理的,那么税务机关就可能启动特别纳税调整,这就是合法性与合理性的区别。

1.1.3 非居民税收和转让定价的关系

国际税收体系内部,除了非居民税收,还有两个重要的组成部分,即转让定价税收和"走出去"税收。转让定价税收主要是针对跨境关联的货物贸易和服务贸易的利润转移情况进行分析,发现可能存在的跨国避税行为。转让定价税收内部也包括多个不同层次的工作,其中一个比较基础的内容是对跨境关联交易安排的管理和报告体系。因为货物贸易和劳务贸易的跨境关联交易的关联定价有可能会是一个不公平的定价,而这种不公平定价就会产生利润转移的避税结果。这个时候税务机关就要对这种利润转移行为进行反避税调查,这就是转让定价中的同期资料管理工作,它属于转让定价的基础工作。转让定价中还有一个最重要的部分叫作特别纳税调整,这在介绍国际税收与税务稽查的关系时已有所提及。本书主要介绍的是国际税收中的非居民税收内容,转让定价相关内容不属于非居民税收,但是作者想要告诉大家的是,如果有读者希望将来从事转让定价税收工作,建议把非居民税收的相关知识作为国际税收的基础知识来进行学习,在这个基础之上再进行转让定价的学习。

1.1.4 非居民税收和"走出去"税收的关系

国际税收体系中还有一个很重要的组成部分,即"走出去"税收。"走出去"税收是指我国本土企业到境外设立分公司、子公司等营业机构开展跨国经营活动所涉及的税收行为。其中主要涉及的是境外实体在境外适用外国税法开展经营的税收问题,以及这类境外经营方式和营业利润与我国国内税法的衔接适用问题。最典型的是我国企业在境外"一带一路"沿线国家开展工程建设所面临的重大税务规划问题,如境外经营实体的设置类型、境外股权架构和交易结构的安排,还有境外经营所得的税收抵免安排等。这些"走出去"税收问题从总体来看,属于更高层次的国际税收业务,并且是涉及国内外几乎全部税种的税收整体性制度安排问题。本书读者如果希望未来从事这类具有更高技术含量的税收专业工作,则更需要具备坚实的非居民税收、转让定价税收等国际税收基础知识,才能为我国企业"走出去"提供重要帮助。

1.2 非居民定义与纳税义务的产生

本节探讨非居民纳税义务产生的原理。首先来看非居民企业的定义和纳税义务的产生。根据《中华人民共和国企业所得税法》(以下简称《企业所得税法》)第二条的规定,非居民企业,是指依照外国(地区)法律成立且实际管理机构不在中国境内,但在中国境内设立机构、场所的,或者在中国境内未设立机构、场所,但有来源于中国境内所得的企业。在这里理解非居民企业的要点是取得来源于中国境内所得的企业,并且这样的企业是依照国外的法律而不是依照中国的法律设立的企业。

根据《企业所得税法》第三条的规定,非居民企业在中国境内设立了机构场所就应该就其机构场所取得的来源于中国境内的所得缴纳企业所得税。如果非居民企业在我国境内没有设立机构场所,但有来源于中国境内的所得,也应该缴纳企业所得税。比如说非居民企业在中国境内投资设立了一个企业,这个企业不是机构场所,而是按照中国的法律设立的中国居民企业。如果这个非居民企业作为股东,从中国的这家被投资企业取得股息,那么就符合《企业所得税法》第三条所说的没有设立机构场所,但是取得来源于中国境内的所得的情形。这个时候非居民企业虽然没有在中国境内设立机构场所,也没有人员入境,但也需要承担企业所得税的纳税义务。图1-2所示是非居民在中国境内设立机构场所的情况,这种情况比较复杂,比如非居民企业派遣人员到中国境内来工作常驻等,这就叫作设立了机构场所,或者说成立了一个办事机构,但是这个办事机构并不是按照中国境内法律成立的公司企业。如果非居民企业通过这个机构场所跟中国境内的其他企业或者个人进行了一些交易并取得了收入和利润,这部分收入和利润就叫作从设立在中国境内的机构场所取得来源于境内的所得,这个时候这个机构场所就需要在中国缴纳企业所得税。这个机构场所的判定与本书后续章节中讲到的常设机构的判定直接紧密相关,本书对此会进行专门介绍。

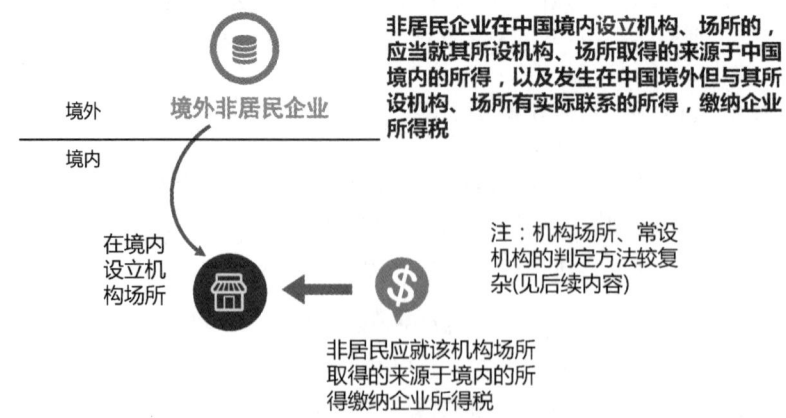

图1-2 非居民在中国境内设立机构场所的情况

1.2.1 非居民企业纳税判定两大步骤

了解非居民企业纳税义务产生的原因后,我们接下来看对非居民企业纳税义务进行判定的两大步骤。

第一步,判定非居民企业所得的类型(图1-3)。我国对不同类型的非居民企业所得有不同的纳税规定,因此判断非居民企业所得的类型是进行纳税判定非常重要的第一步。根据《企业所得税法》第六条的规定,非居民企业在我国取得的所得可以归纳为7种类型,具体包括销售货物所得、提供劳务所得、转让财产所得、股息红利所得、利息所得、租金所得和特许权使用费所得。其中,销售货物所得主要和转让定价有关,其他6种所得类型大多数属于服务贸易范畴,与非居民税收紧密相关。

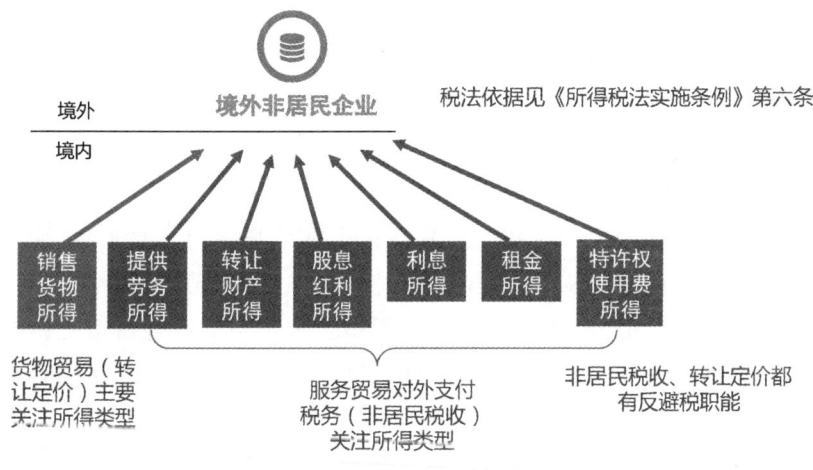

图1-3 判定非居民企业所得的类型

第二步,判定非居民企业所得的来源(图1-4)。判定所得来源需要按照《中华人民共和国企业所得税法实施条例》(以下简称《企业所得税法实施条例》)第七条进行,如果是销售货物所得,那么按照交易活动发生地来确定,比如交易发生在中国,那么就是在中国取得销售货物所得;如果非居民企业取得的所得是一项劳务所得,那么需要按照劳务的发生地原则进行所得来源判定,如果劳务发生在中国境内,那么就是来源于中国境内的所得,如果非居民企业提供的劳务完全发生在境外,那么就是来源于中国境外的所得。这里有个非常关键的概念,即劳务的发生地。怎么理解税法对劳务发生地的规定是一件很有难度的工作,对此本书后续章节中会有详细介绍。对于财产转让所得的来源判定,相对来说比较容易,如果是转让不动产,那么不动产坐落地就是所得来源地;如果是动产,则以转让机构所在地进行判定;如果转让的是公司权益,其所得来源地就要看被投资企业所在地,比如被转让企业是中国境内企业,那么非居民企业取得这个股权转让所得的来源地就是中国境内。如果是股息红利所得,则以分配所得的企业所在地来进行判定,如果是中国境内企业分配的股息红利,那么非居民企业取得的股息红利所得的来源地就是中国境内;如果取得的是利息、租金、特许权使用费,则需要按照支付方所在地进行所得来源判定。

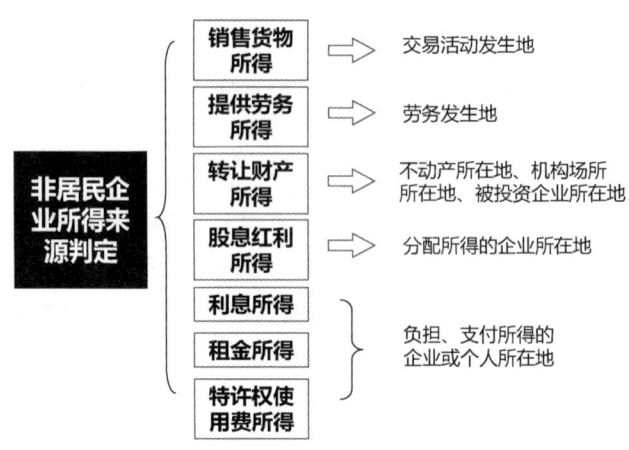

图 1-4　判定非居民企业所得的来源

1.2.2　非居民个人纳税判定三大步骤

非居民个人也可以按照以下步骤进行纳税判定。

第一步，判定非居民个人所得的类型（图 1-5）。判定所得类型是根据《中华人民共和国个人所得税法》（以下简称《个人所得税法》）的规定来进行的。目前《个人所得税法》把个人所得类型分为综合所得、经营所得和其他所得三大类型。综合所得是范围最大的所得类型，包括工资、薪金所得，劳务报酬所得，稿酬所得和特许权使用费所得四大类型。经营所得没有进行细分。除此之外是个人其他所得，包括利息、股息、红利所得，财产租赁所得，财产转让所得和偶然所得。非居民个人的这些所得，如果来源于中国境内就有可能产生纳税义务。但是最终的纳税判定还需要其他后续步骤，这是一个比较复杂的判断过程，比非居民企业所得的纳税判定更加复杂。

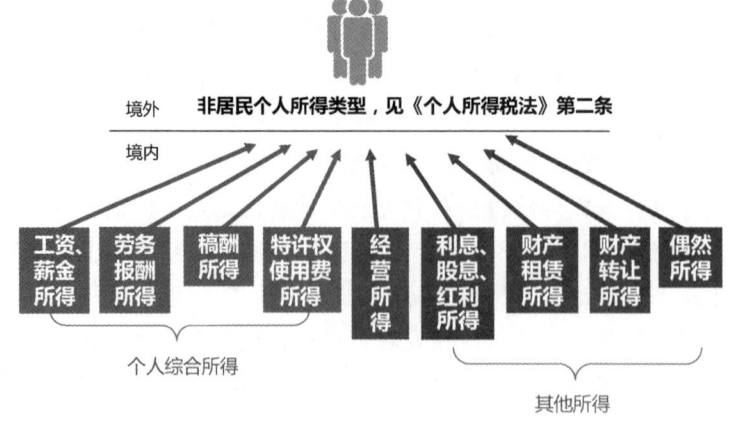

图 1-5　判定非居民个人所得的类型

第二步,判定非居民个人所得的来源(图1-6)。判定非居民个人所得的来源与判定非居民企业所得的来源是有较大区别的,主要根据《中华人民共和国个人所得税法实施条例》(以下简称《个人所得税法实施条例》)第三条来进行判定。有些个人所得不论支付地点是否在中国境内,根据《个人所得税法》的规定,均为来源于中国境内的所得。例如:①因任职、受雇、履约等在中国境内提供劳务取得的所得;②将财产出租给承租人在中国境内使用而取得的所得;③许可各种特许权在中国境内使用而取得的所得;④转让中国境内的不动产等财产或者在中国境内转让其他财产取得的所得;⑤从中国境内企业、事业单位、其他组织以及居民个人取得的利息、股息、红利所得。

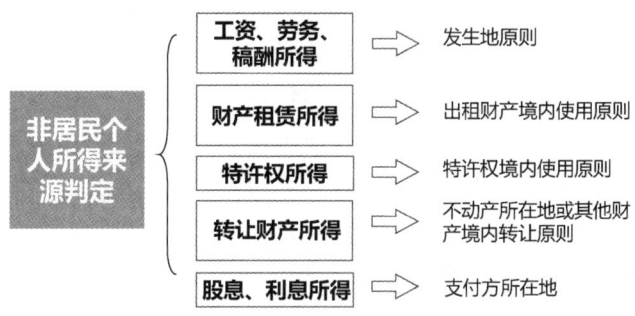

图1-6 判定非居民个人所得的来源

第三步,判定非居民个人纳税金额(图1-7)。根据非居民个人境内居住时间和享受税收协定的情况来判定非居民个人的应纳个人所得税额,这是非居民个人与非居民企业较大的不同点,也是非居民个人比非居民企业纳税判定更加复杂的地方。对于非居民个人税收的详细规定见《财政部 税务总局关于非居民个人和无住所居民个人有关个人所得税政策的公告》(财政部 税务总局公告2019年第35号)和《财政部 税务总局关于在中国境内无住所的个人居住时间判定标准的公告》(财政部 税务总局公告2019年第34号)。这两份重要的税收文件对非居民个人的居住时间、境内外所得的划分等都进行了全面系统的规定。对这部分的内容,本书后续章节会有专门介绍。

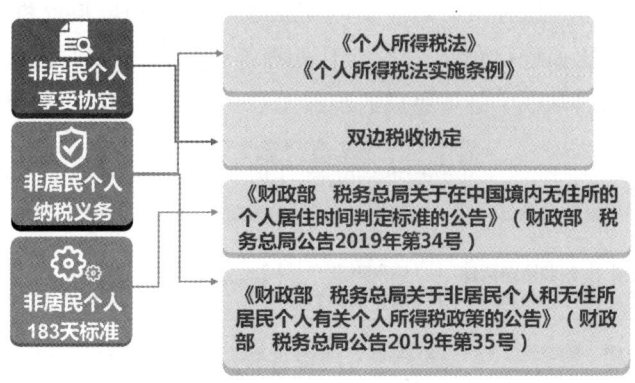

图1-7 判定非居民个人纳税金额

2 对外支付税务备案与非居民税收

本章是从对外支付税务备案入手介绍什么是非居民税收及其办理流程。非居民税收相比居民税收的概念更抽象,在很多理念和逻辑上与居民税收是不同的,如果没有一个适合的切入点去学习非居民税收,那么很可能会事倍功半。目前,很多理论书籍在介绍国际税收概念的时候,较少介绍非居民税收在实务中的具体应用场景,以致很多读者在学习非居民税收后并不了解非居民税收到底有什么用,由此造成理论和实务相互脱节。为解决这类问题,本书从税收实务的角度出发,为读者提供一个学习非居民税收的切入点,使读者能够在系统学习非居民税收之前建立一个对非居民税收实务工作的理解框架,为后续理解更复杂的非居民税收理论打下基础。这就是本书推荐大家以服务贸易对外支付税务备案业务为切入点掌握非居民税收的理由。

2.1 服务贸易对外支付税务备案办理要点

本书以服务贸易对外支付税务备案的步骤(图2-1)为例,为大家介绍对外支付税务备案的整体体系构成,为后续进一步深入学习做好铺垫。服务贸易对外支付税务备案的第一个步骤是识别服务贸易在税收上的业务类型,这是第一个核心事项;第二个步骤是进行税收协定的判定,判定该业务是否可以享受双边税收协定,这是第二个核心事项;第三个步骤是进行纳税判定,判定该业务是否需要在中国境内缴纳相关税收,主要是进行企业所得税、个人所得税和增值税的纳税判定,这是第三个核心事项;第四个步骤是在以上步骤的基础上进行税款计算;第五个步骤是进行服务贸易对外支付备案,提交相关的申报资料。再往后是完成备案后的其他事项处理,比如进行对外支付、会计处理等,这些后续事项不属于税收事项,但从整体财务处理来看,仍然是一个必须完成的步骤。

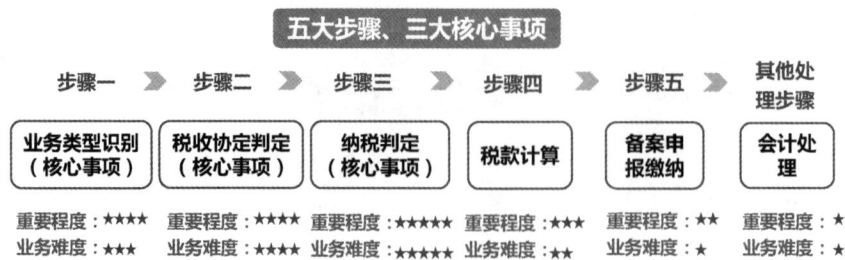

图 2-1 服务贸易对外支付税务备案步骤

2.2 业务类型识别

服务贸易对外支付税务备案最重要的,也是第一大核心步骤是对有关业务进行纳税类型的识别(图2-2)。为什么要首先对服务贸易进行业务类型的识别呢?因为非居民服务贸易对外支付税务实现的每一个事项都有不同的缴税要求和流程,判定某事项适用哪一条税收法律法规的前提是必须对这个事项的性质有所了解。服务贸易对外支付税务事项分为两大类型:第一大类型是源泉扣缴项目,主要包括利息、股息红利、特许权使用费和财产转让等;第二大类型是劳务服务项目,劳务服务项目比源泉扣缴项目判定起来更加复杂。源泉扣缴项目里的第一个项目是利息,主要是指让渡货币资金或者金融资产的使用权而取得的所得。源泉扣缴项目里的第二个项目是股息红利,是以公司所有权为基础取得的税后利润分配。根据我国税法的规定,向非居民支付股息红利时,要扣缴预提所得税,这里有一个服务贸易对外支付税务的关键概念,就是区分该项目的纳税人和扣缴义务人,以及对于纳税主体而言是否存在重复征税概念。所谓重复征税,是指对同一个纳税主体或者同一交易事项重复征收了税款。在股息红利项目中前后有两次缴税:第一次是把税前利润转化为税后可分配利润时,分配企业缴纳了企业所得税;第二次是对外支付股息红利时,分配企业代扣代缴所得税。在这两次税款缴纳过程中,前者是分配企业以纳税义务人身份缴纳企业所得税,后者是分配企业以扣缴义务人身份扣缴预提所得税,这实际上是两个完全不同的概念,因此,没有产生法律意义上的重复征税。

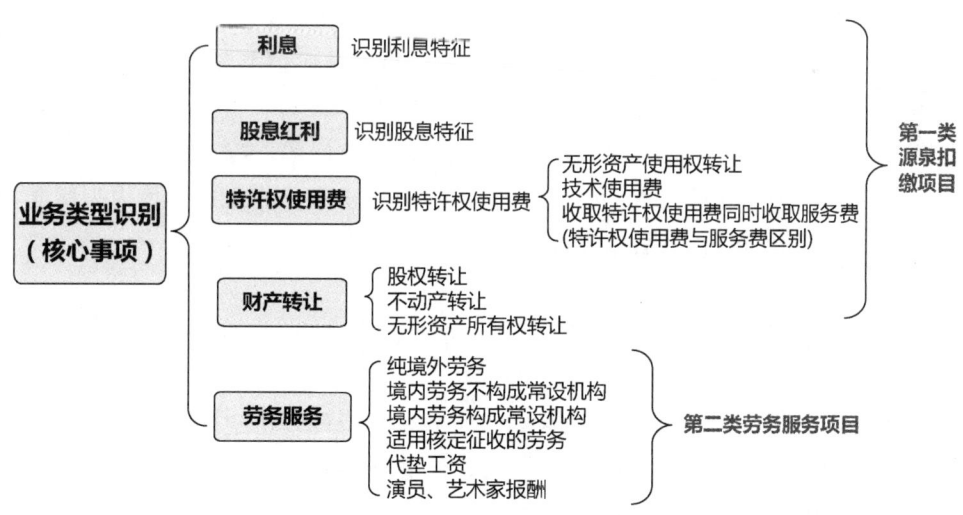

图 2-2 服务贸易对外支付税务业务类型识别

源泉扣缴项目里的第三个项目是特许权使用费。它是一个非常重要的项目,通常可以分为三大类型:一是无形资产使用权转让,如收取专利技术使用费等;二是技术使用费,如技术服务合同,这是与劳务服务项目容易混淆的一种类型;三是收取特许权使用费的同时收取服务费。通过以上三类特许权使用费的介绍,我们可以看到税法对特许权使用费的定义是很宽泛的,这主要是出于反避税的考虑,从更广泛的角度来维护我国的税收安全和税基稳定。在这里特别提示大家要重视特许权使用费与劳务费的区别,这是因为这两类性质不同的所得面对的税收待遇是不同的。如果非居民被判定取得特许权使用费,那么,非居民最多需要按照10%的税率缴纳预提所得税;如果非居民被判定取得劳务服务所得,则有可能不需要在中国缴纳所得税。所以,特许权使用费和劳务费的区别是避税与反避税争夺的焦点之一。

源泉扣缴项目里的第四个项目是财产转让,也非常重要。财产转让从大的方面来讲,包括转让有形财产和转让无形财产;从权属性质上看,可以划分为所有权转让和使用权转让。如果是无形资产的使用权转让,则和特许权使用费相同;如果是无形资产的所有权转让,那么和之前的特许权使用费定义就完全不同了,最终的纳税判定结果也是完全不同的。股权转让是财产转让中一个非常重要的类型,也是非居民税收中非常重要的业务,它包括非居民直接股权转让和非居民间接股权转让两种转让形式,其背后往往涉及跨境企业境内外股权架构重组,属于企业重大税收事项。

劳务服务有很多不同的业务类型。第一类是纯境外劳务,是作者为了方便说明的一种表述,在官方文件中一般叫作境外劳务。本书为了强调这种境外劳务是完全发生在境外,没有进入中国境内,把这类劳务称为纯境外劳务。第二类是不构成常设机构的境内劳务,主要是指该劳务在中国境内停留的时间较短,不构成税收协定意义上的常设机构。第三类是境内构成常设机构劳务,如果非居民企业在中国境内从事劳务时间达到了一定的天数,通常来说超过183天,我们就说这个非居民企业在中国境内构成常设机构。第四类是核定征收的劳务,这是一种特殊的劳务类型。这里的核定征收,是与查账征收相对应的税款计算缴纳方式,通常根据收入或者成本直接核定应缴纳的税款。第五类代垫工资也是一种特殊的劳务类型,代垫工资涉及一些很复杂的问题,比如常设机构判定、工资和营业利润的区分问题等。第六类特殊劳务是演员、艺术家报酬,属于非居民个人税收问题,这类特殊劳务问题还与税收协定紧密相关,本书将在后续章节中专门讲解。劳务服务按是否在中国境内为标准,可以划分为纯境外劳务和境内劳务(后四类)。

2.3 税收协定判定

服务贸易对外支付税务备案的第二大核心步骤是进行税收协定的判定(图2-3),即判定非居民是否可以享受中国对外签订的税收协定优惠。税收协定判定实际上是一个享受税收优惠的判定过程,如果可以适用税收协定,则可以减少非居民在中国境内的纳税金额或享受其他优惠。但是非居民享受税收协定优惠是需要条件的,第一个条件是需要证明非居民属于税收协定缔约对方国家或地区税收居民,这里涉及非居民税收居民身份的识别问题,这是享受税收协定的前提条件。非居民享受税收协定优惠的第二个条件是在税收居民身份确定后选择适用相应的税收协定条款,比如应该适用源泉扣缴项目类税收协定条款,还是适用劳务服务项目类税收协定条款。接下来还要判定非居民是否具备享受税收协定优惠的实质要件。在这里有个专业名词叫作受益所有人,税收协定申请人需要提交证据证明收到该款项的非居民是该所得的实际所有人,只有这样才能够享受税收协定优惠,相关内容在本书后续章节会专门进行介绍。对于劳务服务项目来说,与税收协定相关的一个重要概念是常设机构的判定问题。如果根据常设机构的判定规则,非居民在我国境内不构成常设机构,那么很有可能不用在我国缴纳所得税;如果构成常设机构,则需要在我国缴纳所得税。

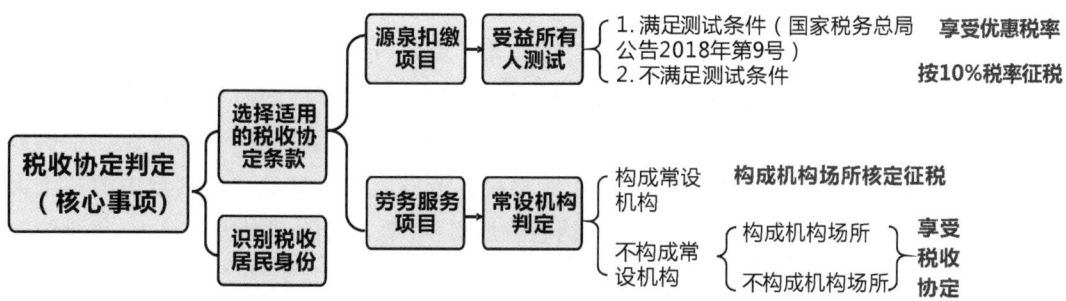

图 2-3 服务贸易对外支付税务税收协定判定

2.4 纳税判定

服务贸易对外支付税务备案的第三大核心步骤是进行纳税判定(图 2-4),即判定某个税种是否应该在我国境内缴税。以上介绍的源泉扣缴和劳务服务两大类型的税收业务,分别对应很多具体项目,比如利息、股息红利、特许权使用费、各类劳务等,在实务工作中需要对这些具体项目涉及的企业所得税、个人所得税、增值税这三个主要税种进行纳税判定,其中就涉及大量具体税种的判定规则。非居民取得来源于我国境内的利息,在大多数情况下需要缴纳企业所得税、增值税。取得非上市公司股息,需要缴纳企业所得税而不用缴纳增值

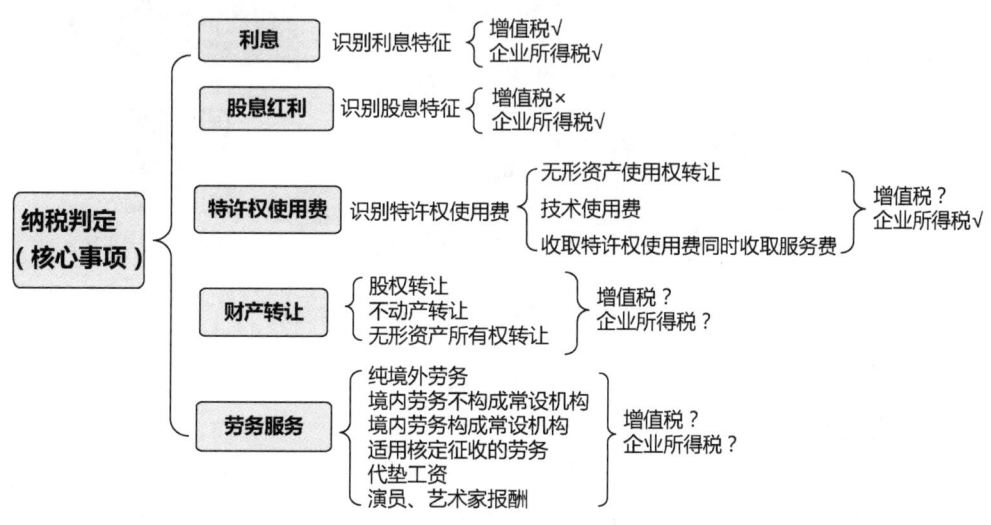

图 2-4 服务贸易对外支付税务纳税判定

税。对于特许权使用费,在大多数情况下既要缴纳企业所得税也要缴纳增值税,但是在一些特殊的情况下,有可能不需要缴纳增值税,这些特殊的情况在后续具体章节和案例中会有专门介绍。

对于财产转让,需要分项来进行判定。财产转让中的非上市公司股权转让不用缴纳增值税,但是股权转让是否要缴纳企业所得税呢?情况比较复杂,可能要缴纳企业所得税,也有可能不用缴纳企业所得税,这就是非居民股权转让的复杂性。财产转让中的无形资产所有权转让从大的方向来讲需要缴纳增值税,但是无形资产所有权转让不一定缴纳企业所得税,这需要结合税收协定来进行判定,因为在税收协定中,无形资产的所有权转让属于其他财产转让条款,根据税收协定,通常其他财产转让应该在对方国家征税,也就是说在中国以外的国家征税,不需要在中国境内缴纳企业所得税。劳务服务项目是纳税判定中的一个大项目,涉及多种类型的劳务,其是否需要缴纳企业所得税、增值税的判定区别较大,很难统一归纳,在后续涉及劳务服务纳税判定的章节中会介绍具体纳税判定方法。

2.5　税款计算

服务贸易对外支付税务备案的第四大步骤是计算缴税项目应该缴纳的税款(图2-5)。这部分的学习难度相对较小,主要是因为在明确税款计算的原理后,可以使用本书提供的非居民税款计算软件进行税款计算。这里需要掌握的是一些税款计算名词,然后根据需要勾选参数进行计算,对此后续会有专门章节进行具体讲解。

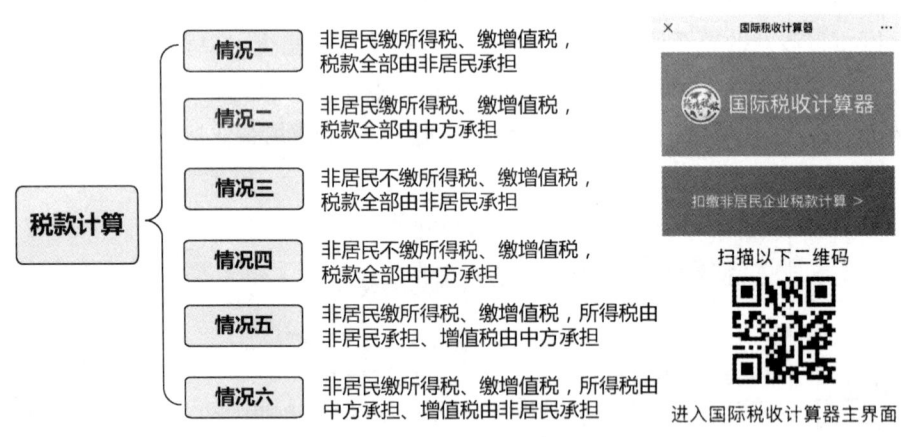

图2-5　服务贸易对外支付税务税款计算类别

2.6　备案申报缴纳

服务贸易对外支付税务的第五大步骤是进行税款申报和项目备案(图2-6),其中的要点是根据不同的项目提交税收文件要求的资料。服务贸易对外支付备案要求,主要是依据

《国家税务总局 国家外汇管理局关于服务贸易等项目对外支付税务备案有关问题的公告》(国家税务总局 国家外汇管理局公告2013年第40号)提交备案资料。根据现行税收文件规定办理对外支付,需要事先取得税务机关开具的备案表,然后在银行办理对外付款。所以,深刻领会国家税务总局、国家外汇管理局公告2013年第40号文件中对外支付备案事项的规定,包括哪些是需要备案的事项、哪些是不需要备案的事项等,对于完成服务贸易对外支付税务备案工作具有举足轻重的作用,对此本书后续章节会具体讲解。

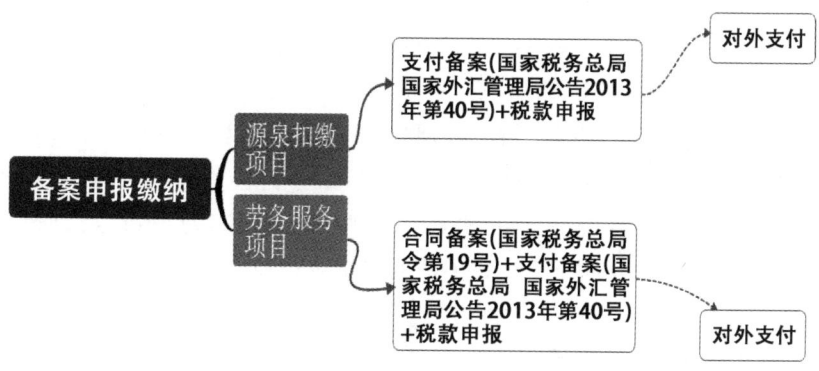

图 2-6 服务贸易对外支付税务备案

3

服务贸易对外支付税务备案流程

本章主要系统性介绍服务贸易对外支付税务备案的办理流程和各项目的办理要点,本章的内容是非居民税收实务的基础知识。本章将根据《国家税务总局 国家外汇管理局关于服务贸易等项目对外支付税务备案有关问题的公告》(国家税务总局 国家外汇管理局公告 2013 年第 40 号)的相关规定进行介绍,重点包括服务贸易备案的范围、对象和办理所需资料等要点,并对公告的内容进行详细解读,对其中所包含的重点项目,比如利息、股息红利、特权使用费、劳务服务,分别介绍相关事项的备案流程和所需资料。

3.1 对外支付备案的要点

国家税务总局、国家外汇管理局公告 2013 年第 40 号文件是办理服务贸易对外支付的基础性文件。该文件是由国家税务总局和国家外汇管理局联合发布的,既约束税务机关的行政执法行为,也约束银行外汇等金融部门的相关行为。这里主要介绍的是对外支付税务备案的全流程内容(图 3-1),从发起一项备案需求起到完成备案,大致要经过 6 个部分的内

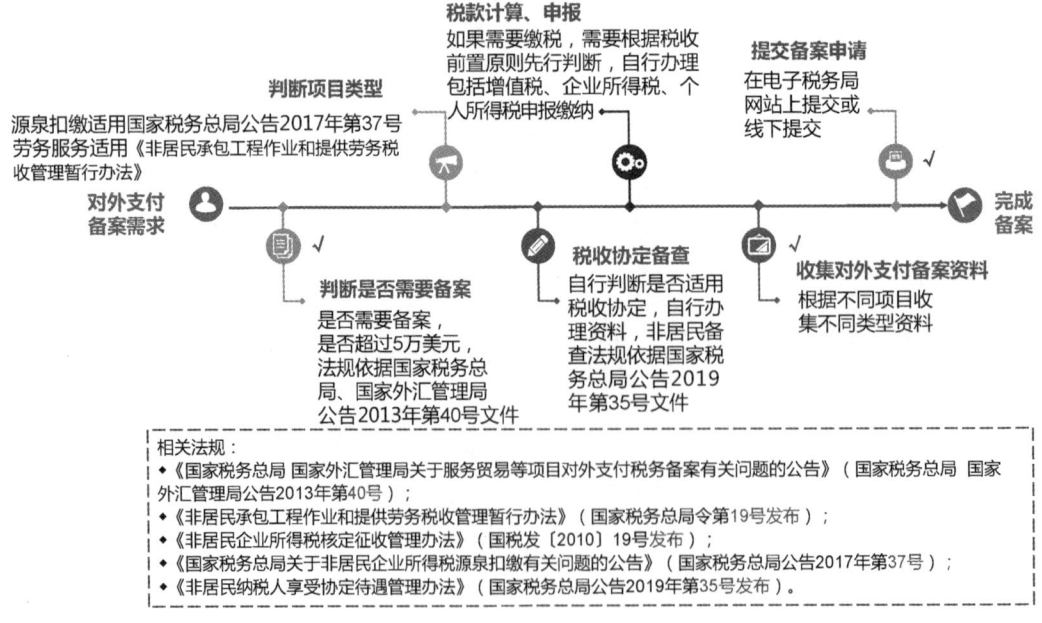

图 3-1 服务贸易对外支付税务备案的全流程内容

容。首先，根据国家税务总局、国家外汇管理局公告 2013 年第 40 号文件要求，识别该项目是否属于服务贸易备案项目，如果属于备案项目则需要根据文件要求进行办理，如果不属于备案项目则可以直接去银行办理对外支付。所以，这一步是非常重要的前提条件判断。其次，了解哪些项目是需要去税务机关办理对外支付税务备案的项目。根据国家税务总局、国家外汇管理局公告 2013 年第 40 号文件第一条的规定，境内机构和个人向境外单笔支付等值 5 万美元以上(不含等值 5 万美元)下列外汇资金需要进行对外支付税务备案，包括：①境外机构或个人从境内获得的包括运输、旅游、通信、建筑安装及劳务承包、保险服务、金融服务、计算机和信息服务、专有权利使用和特许、体育文化和娱乐服务、其他商业服务、政府服务等服务贸易收入；②境外个人在境内的工作报酬，境外机构或个人从境内获得的股息、红利、利润、直接债务利息、担保费以及非资本转移的捐赠、赔偿、税收、偶然性所得等收益和经常转移收入；③境外机构或个人从境内获得的融资租赁租金、不动产的转让收入、股权转让所得以及外国投资者其他合法所得。

还有一类不需要办理备案的项目也非常重要。根据国家税务总局、国家外汇管理局公告 2013 年第 40 号文件第三条的规定，以下项目不需要办理税务备案：

（1）境内机构在境外发生的差旅、会议、商品展销等各项费用。

（2）境内机构在境外代表机构的办公经费，以及境内机构在境外承包工程的工程款。

（3）境内机构发生在境外的进出口贸易佣金、保险费、赔偿款。

（4）进口贸易项下境外机构获得的国际运输费用。

（5）保险项下保费、保险金等相关费用。

（6）从事运输或远洋渔业的境内机构在境外发生的修理、油料、港杂等各项费用。

（7）境内旅行社从事出境旅游业务的团费以及代订、代办的住宿、交通等相关费用。

（8）亚洲开发银行和世界银行集团下属的国际金融公司从我国取得的所得或收入，包括投资合营企业分得的利润和转让股份所得、在华财产(含房产)出租或转让收入以及贷款给我国境内机构取得的利息。

（9）外国政府和国际金融组织向我国提供的外国政府(转)贷款[含外国政府混合(转)贷款]和国际金融组织贷款项下的利息。上述所称国际金融组织是指国际货币基金组织、世界银行集团、国际开发协会、国际农业发展基金组织、欧洲投资银行等。

（10）外汇指定银行或财务公司自身对外融资如境外借款、境外同业拆借、海外代付以及其他债务等项下的利息。

（11）我国省级以上国家机关对外无偿捐赠援助资金。

（12）境内证券公司或登记结算公司向境外机构或境外个人支付其依法获得的股息、红利、利息收入及有价证券卖出所得收益。

（13）境内个人境外留学、旅游、探亲等因私用汇。

（14）境内机构和个人办理服务贸易、收益和经常转移项下退汇。

（15）国家规定的其他情形。

3.2 源泉扣缴纳税义务认定原则

在介绍源泉扣缴项目的办理要点之前,我们需要先对源泉扣缴项目的一些重要处理原则有所了解,包括扣缴义务人的定义、扣缴义务产生的时间点等重要事项(图 3-2)。对于源泉扣缴,我们首先要明确什么是扣缴义务人。根据《企业所得税法》第三十七条的规定,对非居民取得《企业所得税法》第三条第三款规定的所得应缴纳的所得税实行源泉扣缴,以支付人为扣缴义务人,也就是说向境外支付价款的境内机构或个人是扣缴义务人。那么扣缴义务人扣缴义务产生的时点是什么呢?根据《企业所得税法》第三十七条的规定,源泉扣缴纳税义务人应该在每次支付或者每次到期应支付的时候进行扣缴,这里的每次支付或到期应支付指的是实际付款时点或根据合同应付款的时点。对此《企业所得税法实施条例》第一百零五条规定,《企业所得税法》第三十七条所称支付,包括现金支付、汇拨支付、转账支付和权益兑价支付等货币支付和非货币支付。《企业所得税法》第三十七条所称到期应支付的款项,是指支付人按照权责发生制原则应当计入相关成本、费用的应付款项。另外一个关于外币折算的问题,也是在办理对外支付时常见的问题,根据《国家税务总局关于非居民企业所得税源泉扣缴有关问题的公告》(国家税务总局公告 2017 年第 37 号)第四条的规定,扣缴义务人扣缴企业所得税的,应当按照扣缴义务发生之日人民币汇率的中间价折合成人民币,计算非居民应缴纳的企业所得税额。

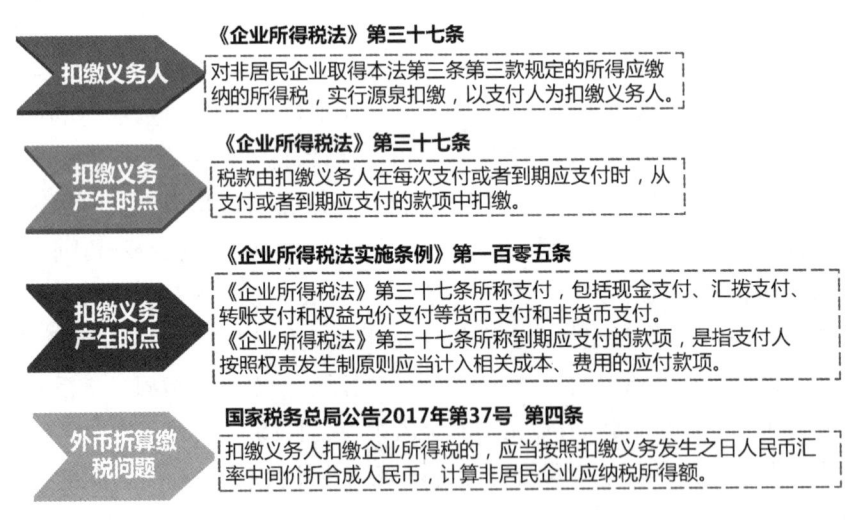

图 3-2 源泉扣缴要点

3.3 源泉扣缴项目对外支付税务备案流程

本节介绍源泉扣缴各主要项目对外支付税务备案的流程及所需备案材料和文件依据,对利息、股息红利、特许权使用费、财产转让各项目的备案关键节点和其中的办理要点进行详细介绍。

3.3.1 利息备案办理流程要点

在办理利息的对外支付备案流程时，首先，要对利息合同约定利息支付条款进行重点审核，其中的纳税义务发生日就是我们实际支付利息的日期或根据合同约定应该计息的日期，这时候产生的利息金额所得就是境内企业要代扣代缴的利息金额。其次，如果利息没有实际支付，仍然要按照合同规定的利息计息日计算应支付的利息金额。再次，进行税款的申报和缴纳办理，代扣代缴税款的申报缴纳是在纳税义务发生之日起7日内申报缴纳，这是国家税务总局 2017 年第 37 号公告第七条的规定。具体办理时需要填写扣缴企业的所得税报告表，如果涉及增值税还要提交扣缴增值税报告表，并办理税款缴纳入库。在判定税款缴纳的同时，非居民和扣缴义务人需要判断该业务是否需要享受税收协定优惠。根据《非居民纳税人享受协定待遇管理办法》（国家税务总局公告 2019 年第 35 号发布）要求，非居民可以自行判断是否可以适用税收协定，如可以适用，则需填报《非居民纳税人享受协定待遇信息报告表》，按照享受税收协定优惠以后的金额进行缴税，并把资料留存备查。最后一步是在取得完税凭证等资料后提交备案申请。目前这个备案流程在很多地方都可以通过电子税务局在线提交。没有开通网上提交备案的地区，可以把相关资料报送到线下税务机关，并等待税务机关出具备案表。到此整个备案流程结束。相关资料和办理流程如图 3-3 所示。

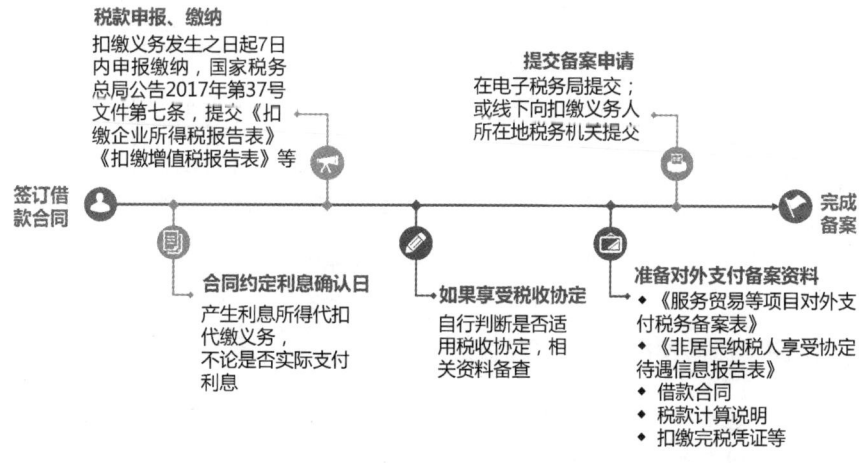

图 3-3　利息项目备案流程

3.3.2 股息红利备案办理流程要点

办理股息红利项目对外支付税务备案时，有很多情况与利息项目是类似的，其中最大的不同点是股息红利代扣代缴纳税义务的产生时间，这是需要特别关注的。根据国家税务总局公告 2017 年第 37 号文件规定，股息红利以实际支付日为代扣代缴义务发生日，这里仅以实际支付日为准，没有类似利息项目的应付未付确认代扣代缴义务发生的规定。也就是说，即使股东大会决议某日分配股息，但因为各种原因股息分配日并没有实际对外支付股息，此时仍然不能确认产生股息代扣代缴义务。具体办理股息备案业务时,我们需要填写扣缴企业的所得税报告表,并办理税款缴纳入库。支付股息通常不涉及缴纳增值税,因此不需要提交扣缴增值税报告表。在判定税款缴纳的同时,非居民和扣缴义务人需要判断该业务是否需要享受税收协定优惠。根据《非居民纳税人享受协定待遇管理办法》(国家税务总局公告2019 年第 35 号发布)要求,非居民可以自行判断是否可以适用税收协定,如可以适用,则需填报《非居民纳税人享受协定待遇信息报告表》,并按照享受税收协定优惠以后的金额进行缴税,把资料留存备查。最后一步是在取得完税凭证等资料后提交备案申请,目前这个备案流程在很多地方都可以通过电子税务局在线提交。没有开通网上提交备案的地区,可以把相关资料报送到线下税务机关,并等待税务机关出具备案表。到此,整个备案流程结束。还有一点需要了解的是,股息办理享受税收协定的情况比利息更常见,其中的业务办理难度也更大,这是后期需要重点关注的方面。相关资料和办理流程如图 3-4 所示。

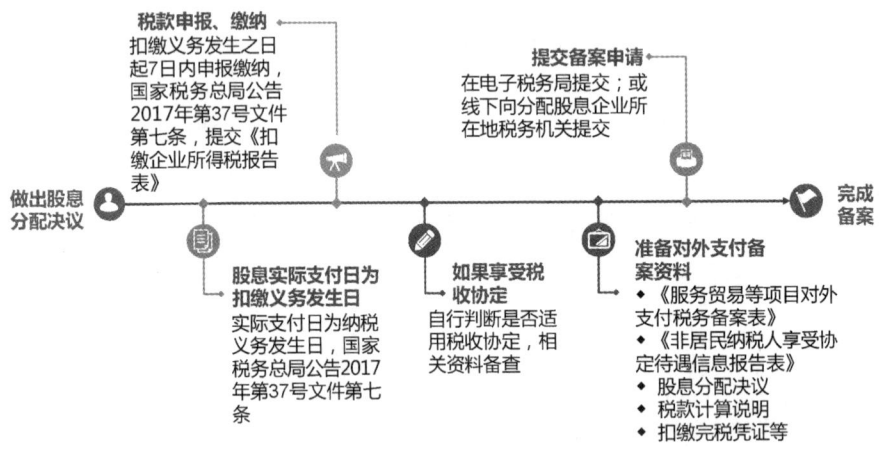

图 3-4 股息红利项目备案流程

3.3.3 特许权使用费备案办理流程要点

特许权使用费是服务贸易对外支付备案里的常见项目,其办理流程和特殊情况需要重点关注。特许权使用费代扣代缴纳税义务的产生时间以实际支付的日期或者根据合同约定应该支付的日期为发生代扣代缴纳税义务的时间,这里的规定与利息项目的纳税义务发生时间相同。在办理特许权使用费的对外支付备案流程时,首先,要对特许权使用费合同约定的特许权使用费支付条款进行重点审核,其中的纳税义务发生日就是我们实际支付特许权使用费的日期或者根据合同约定的应该支付费用的日期,这时候产生的特许权使用费金额所得就是境内企业要代扣代缴的特许权使用费相关税费的金额。其次,如果特许权使用费没有实际支付,仍然要按照合同规定的特许权使用费应支付日计算应支付的特许权使用费金额。再次,进行税款的申报和缴纳办理,代扣代缴税款的申报缴纳是在纳税义务发生之日起 7 日内进行申报缴纳,这是国家税务总局公告 2017 年第 37 号文件第七条的规定。具体办理时我们需要填写扣缴企业的所得税报告表,如果涉及增值税还要提交扣缴增值税报告表,并办理税款缴纳入库。在判定税款缴纳的同时,非居民和扣缴义务人需要判断该业务是否需要享受税收协定优惠。根据《非居民纳税人享受协定待遇管理办法》(国家税务总局公告2019年第35号发布)的规定,非居民可以自行判断是否可以享受税收协定填报《非居民纳税人享受协定待遇信息报告表》,按照享受税收协定优惠以后的金额进行缴税,并把资料留存备查。最后一步是在取得完税凭证等资料后提交备案申请。目前这个备案流程在很多地方都可以通过电子税务局在线提交。相关资料和办理流程如图3-5所示。

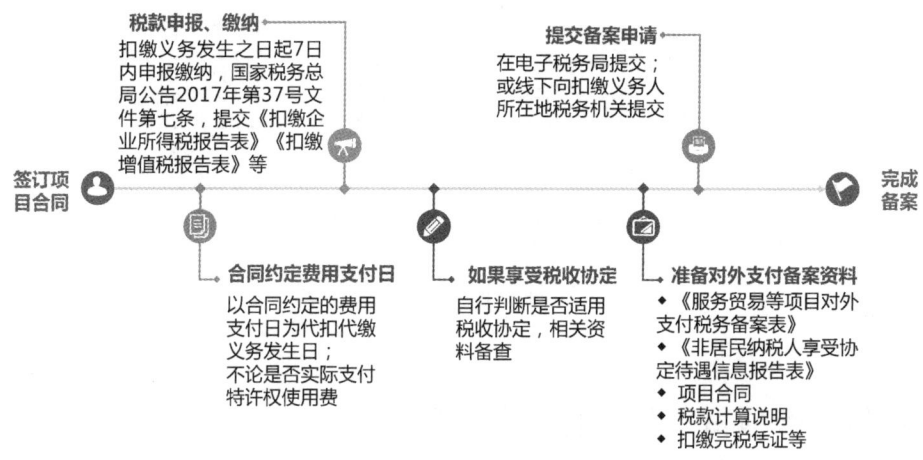

图3-5 特许权使用费项目备案流程

3.3.4 财产转让(不动产和股权)备案办理流程要点

财产转让主要是指两大类常见的财产转让,即不动产转让和股权转让。这两类财产转让涉及的金额和影响力往往都比较重大。在办理财产转让对外支付备案时,首先仍然需要明确相关纳税义务发生的时间点。我国财产转让纳税义务发生的时间点以产权变更日为准,即以实际业务中发生的不动产和股权登记变更的日期确定代扣代缴纳税义务的发生日。纳税义务发生之日起7日之内需要提交相关的纳税申报表和合同资料。这里涉及的税种主要是所得税,还有可能包括增值税等其他税种,需要根据实际情况来确定。如果经过一系列复杂的纳税判定后发现财产转让事项有可能享受税收优惠,如免税优惠等,则需要提交相关的免税申报材料,并获得税务机关的免税证明,同时需要把免税证明附于申请对外支付备案表的文件之后提交资料,这时的备案流程和其他项目的备案程序是一样的。具体办理时需要填写扣缴企业的所得税报告表,如果涉及增值税还要提交扣缴增值税报告表,并办理税款缴纳入库。在判定税款缴纳的同时,非居民和扣缴义务人需要判断该业务是否需要享受税收协定优惠。根据《非居民纳税人享受协定待遇管理办法》(国家税务总局公告2019年第35号发布)的规定,非居民可以自行判断是否可以享受税收协定优惠,如可以享受,则需填报《非居民纳税人享受协定待遇信息报告表》,按照享受税收协定优惠以后的金额进行缴税,并把资料留存备查。由于财产转让项目涉及的金额往往较大,办理该项目的重点是在纳税判定及后续的税款计算环节,这是相应财产转让项目的难点。相关内容如图3-6所示。

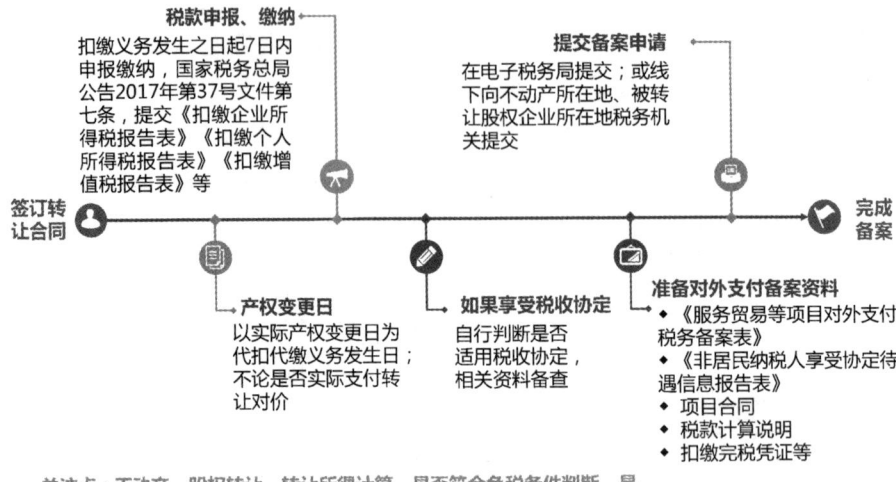

图3-6 财产转让项目备案流程

3.4 劳务服务项目对外支付税务备案流程

本节介绍劳务服务项目办理对外支付备案的流程和需要关注的办理要点。本节把劳务服务项目分为不同类型分别介绍,读者在阅读的时候需要掌握这些不同类型的劳务服务项目划分的依据和理由是什么,才能更准确地理解这部分内容。

图3-7所示是本书对劳务服务项目的类型划分规则所做的总结,一共分为两大类三小类,这些不同的劳务类型对应不同的企业所得税纳税判定规则和税收处理结果。首先,从大类来说,根据是否派遣人员进入我国境内,非居民企业提供劳务服务类项目可以分为境外劳

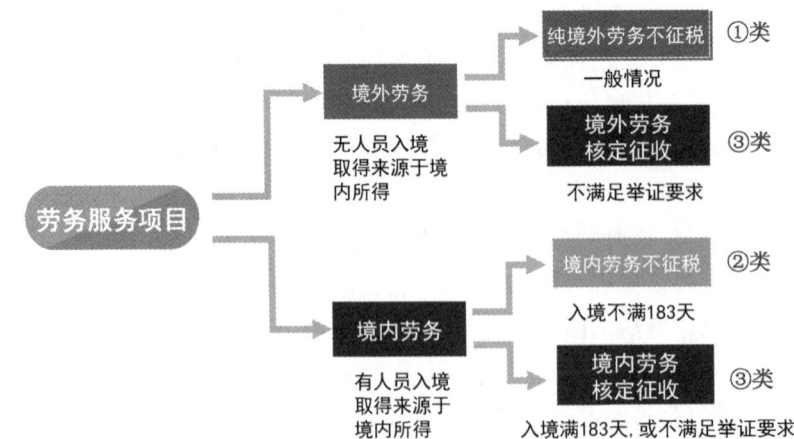

图3-7 劳务服务项目的类型划分

务和境内劳务两大部分。境外劳务是指没有人员入境但取得来源于我国境内所得的劳务，境内劳务是指有人员入境并取得来源于我国境内的所得的劳务。根据是否完全发生在境外且能够提供充分的举证资料，境外劳务还可以分为纯境外不征税劳务和核定征收企业所得税的（①类）、需要征税的境外劳务（③类）两种类型。这两种类型的税收处理见本章后续内容的详细讲解。对于有人员入境的境内劳务，在实践中可以分为入境时间不满183天的境内不征税劳务（②类）和超过183天需要核定征收企业所得税的境内劳务。以上①②③类型的划分是本书为了方便说明而进行的分类，后续本章将对以上类型的劳务的税务处理进行详细介绍。

3.4.1 境外劳务备案办理流程要点

境外劳务是指非居民提供完全发生在境外，没有人员入境的劳务服务。发生境外劳务时，非居民需要根据《非居民承包工程作业和提供劳务税收管理暂行办法》（国家税务总局令第19号发布）的规定，在签署劳务服务合同后30日内向税务机关提交合同备案资料。当发生合同约定的纳税义务时，非居民应向税务机关申报缴纳税款。境外劳务服务项目备案流程如图3-8所示。

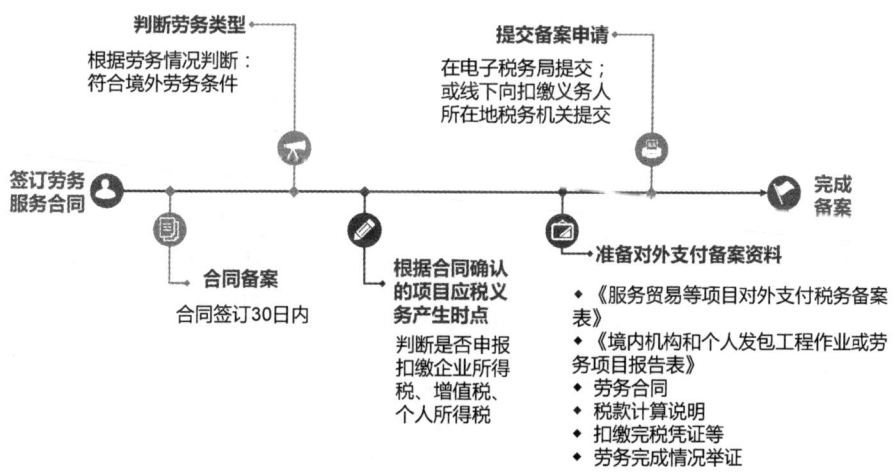

图3-8 境外劳务服务项目备案流程

以下是综合多个税收文件的规定在办理对外支付备案表时需要提交的资料。

（1）《境内机构和个人发包工程作业或劳务项目报告表》。该表是根据《非居民承包工程作业和提供劳务税收管理暂行办法》第五条规定设立的。

（2）有关合同协议的复印件。该项规定是根据《非居民承包工程作业和提供劳务税收管理暂行办法》第五条设立的。

（3）发票或境外机构付汇要求文书（复印件）。境外非居民发送给境内企业的发票一般是形式发票，英文名称为invoice。

（4）完税证明或批准免税文件（复印件）。这里的"完税证明"是指扣缴义务人通过银行支付税款后,银行出具的缴纳税款的付款凭证复印件。

(5) 境外企业的合同履行情况举证资料,包括境外企业履行合同的工作记录、人员分工情况、完成工作任务的进度记录、往来邮件等。

(6) 关于劳务情况的说明,包括合同履行情况,款项计算说明,款项支付情况等简要说明等,能够补充合同中没有涉及的相关情况。

(7) 非居民纳税人税收居民身份证明。

3.4.2 境内劳务备案办理流程要点

境内劳务是指非居民提供部分或全部发生在我国境内,非居民有人员入境提供的劳务服务。发生境内劳务时,非居民需要根据《非居民承包工程作业和提供劳务税收管理暂行办法》的规定,在签署劳务服务合同后30日内向税务机关提交合同备案资料。当发生合同约定的纳税义务时,非居民应向税务机关申报缴纳税款。境内劳务服务项目备案流程如图3-9所示。

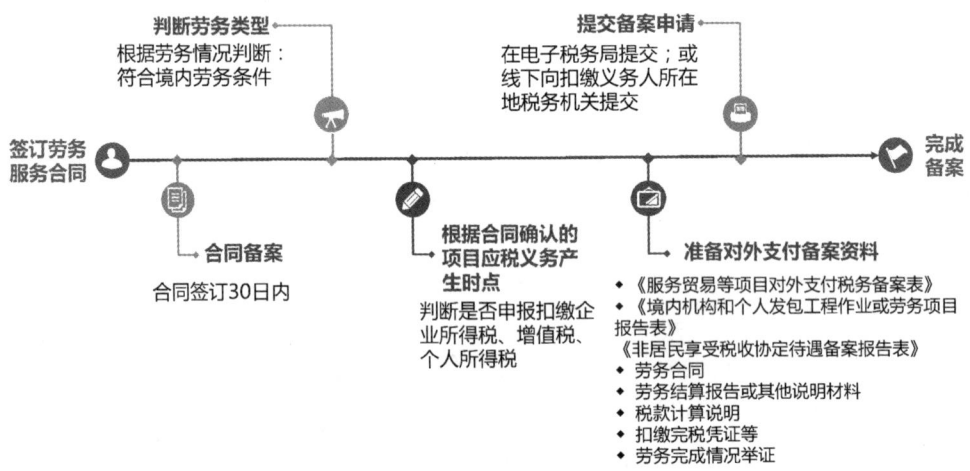

图3-9 境内劳务服务项目备案流程

以下是综合多个税收文件的规定在办理对外支付备案表时需要提交的资料。

(1)《境内机构和个人发包工程作业或劳务项目报告表》。该表是根据《非居民承包工程作业和提供劳务税收管理暂行办法》第五条规定设立的。

(2) 双方签订的合同复印件。该项规定是根据《非居民承包工程作业和提供劳务税收管理暂行办法》第五条设立的。

(3)《非居民享受税收协定待遇备案报告表》。该资料根据《非居民承包工程作业和提供劳务税收管理暂行办法》第十三条规定提供。

(4) 劳务结算报告或其他说明材料。该资料根据《非居民承包工程作业和提供劳务税收管理暂行办法》第十三条规定提供。

(5) 完税证明或批准免税文件。

（6）参与工程作业或劳务项目外籍人员姓名、国籍、出入境记录、在华工作时间、地点、内容、报酬标准、支付方式、相关费用等情况的书面报告。该项书面报告《非居民承包工程作业和提供劳务税收管理暂行办法》第十三条规定报送。

3.4.3 核定征收劳务备案办理流程要点

核定征收劳务有可能是针对某些特殊情况下的境外劳务、境内劳务。由于各种原因不满足不予征税的条件的劳务，需要在境内核定征收缴纳企业所得税，这种情况下需要根据《非居民企业所得税核定征收管理办法》（国税发〔2010〕19号发布）的规定，提交核定征收相关资料，依法缴纳税款后办理对外支付税务备案表。以下是综合多个税收文件的规定在办理对外支付备案表时需要提交的资料。

（1）《境内机构和个人发包工程作业或劳务项目报告表》。该表是根据《非居民承包工程作业和提供劳务税收管理暂行办法》第五条规定设立的。

（2）双方签订的合同复印件。该项规定是根据《非居民承包工程作业和提供劳务税收管理暂行办法》第五条设立的。

（3）《非居民企业所得税征收方式鉴定表》。该表是根据《非居民企业所得税核定征收管理办法》（国税发〔2010〕19号文件）第九条规定设立的。

（4）参与工程作业或劳务项目外籍人员姓名、国籍、出入境记录、在华工作时间、地点、内容、报酬标准、支付方式、相关费用等情况的书面报告。

（5）申请按照核定征收方式缴纳企业所得税情况说明。

以上就是关于非居民提供劳务取得来源于我国境内所得时境内支付方办理对外支付税务备案需要准备的相关资料。目前，我国很多城市的税务机关都上线了电子税务局，具备在线提交对外支付税务备案的功能，提高了境内支付方的办理效率，并且目前办理对外支付税务备案基本实现了事前自行判断备案、事后核查的模式，大大加快了对外支付进度。核定征收劳务服务项目备案流程如图3-10所示。

3.5　5万美元以下小额支付项目对外支付税务处理

5万美元以下小额支付项目的税务处理在实际工作中存在较多税务风险，需要专门进行介绍，相关备案流程如图3-11所示。根据国家税务总局、国家外汇管理局公告2013年第40号文件第一条的规定，境内机构和个人向境外单笔支付等值5万美元以上（不含等值5万美元）外汇资金应向所在地主管税务机关进行备案。那么，既然5万美元以下的小额对外支付项目可以直接去银行办理对外支付，是否还需要缴纳税款呢？要回答这个问题，需要先了解国家税务总局、国家外汇管理局公告2013年第40号文件的以上规定是一种程序性质的规定，不涉及纳税义务的免除。这里的"不需要办理税务备案"，并没有排除小于5万美元的项目自行进行纳税判定和缴纳税款的义务。

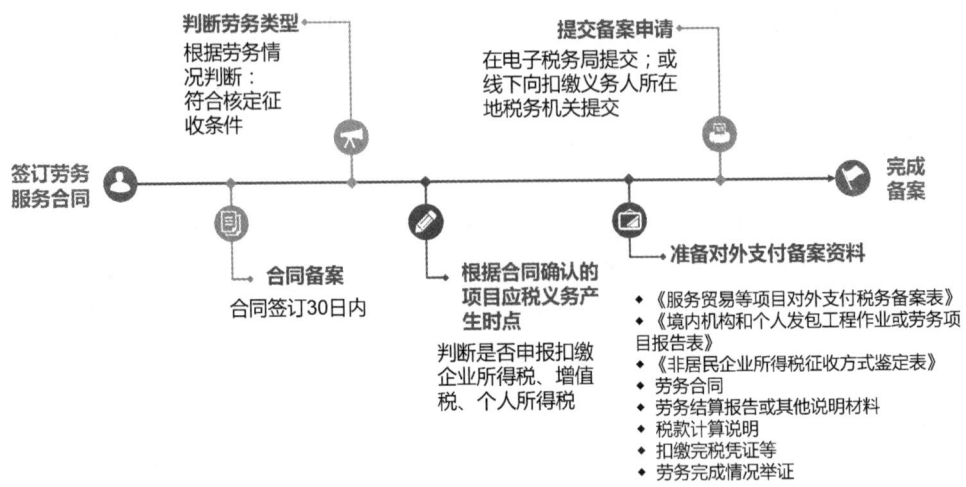

图 3-10 核定征收劳务服务项目备案流程

图 3-11 小额服务项目备案流程

小于 5 万美元的对外支付项目如果属于利息、股息、特许权使用费等源泉扣缴项目,根据国家税务总局公告 2017 年第 37 号文件取消非居民签订合同后进行合同备案的管理规定,仅需要在进行对外支付时办理对外支付备案。这相当于减轻了纳税人及扣缴义务人的办税负担。

然而,当非居民在我国境内签订劳务服务项目合同时,根据《非居民承包工程作业和提供劳务税收管理暂行办法》第五条的规定,非居民企业在中国境内承包工程作业或提供劳务的,应当自项目合同或协议(以下简称合同)签订之日起 30 日内,向项目所在地主管税务机关办理税务登记手续,仍然要进行合同项目备案,且该备案金额不受 5 万美元限制。

对于一些比较特殊的合同项目,非居民或扣缴义务人需要自行判断其签订的合同属于源泉扣缴项目还是属于劳务服务项目,并根据判断结果适用相关合同备案规定。在纳税判定和缴税环节,5万美元以下的小额项目虽然可以不用申请对外支付备案表,但是并未免除非居民纳税人的纳税义务,如果产生纳税义务同样需要主动申报缴纳税款。

3.6 对外支付税务备案后续政策补充和完善

截至2023年1月,我国对服务贸易对外支付税务备案的最新政策的修订是国家税务总局和国家外汇管理局联合发布的《国家税务总局 国家外汇管理局关于服务贸易等项目对外支付税务备案有关问题的补充公告》(国家税务总局 国家外汇管理局公告2021年第19号)。根据该文件,服务贸易对外支付税务备案会继续沿用现有备案支付基本模式,但会在以下四个方面进行局部完善和优化:一是多次支付仅需一次备案。同一笔合同需要多次对外支付的,由原来的每次支付均需备案改为仅需在首次付汇前办理备案,减少了备案次数。二是扩大免予备案范围。将财政预算内的机关、事业单位、社会团体非贸易非经营性付汇业务纳入无需办理备案的情形,同时对外国投资者以境内直接投资合法所得在境内再投资的,取消税务备案的要求,相应废止国家税务总局、国家外汇管理局公告2013年第40号文件第一条第二款"外国投资者以境内直接投资合法所得在境内再投资单笔5万美元以上的,应按照本规定进行税务备案"。三是拓展网上办理渠道。国家税务总局、国家外汇管理局公告2021年第19号文件明确对外支付税务备案网上办理渠道和流程,备案人可自主选择线上办理,无需再到办税服务厅办理。四是满足备案人多样化办税需求。在推行税务备案网上办理方式的同时,国家税务总局保留了传统的纸质备案渠道,备案人可结合自身需要自主选择备案方式。总体来看,服务贸易对外支付备案仍然是未来服务贸易对外支付的基本要求,现有的相关纳税判定原则和办理流程不会发生重大变化。

在新旧公告衔接问题上,国家税务总局、国家外汇管理局公告2021年第19号文件施行前(即2021年6月29日前)已经办理了对外支付税务备案的,在上述公告施行后,就同一笔合同需要继续对外支付的,适用第一条"同一笔合同需要多次对外支付的,仅需在首次付汇前办理税务备案"的规定,即在上述公告施行后,就同一笔合同需要继续对外支付的,无需再重复办理税务备案。

对于文件中的"首次付汇"概念,根据国家税务总局、国家外汇管理局公告2021年第19号文件解读,该文件不改变国家税务总局、国家外汇管理局公告2013年第40号文件规定的备案金额标准,即未超过等值5万美元的单笔对外支付无需进行税务备案。基于同一合同需要多次对外支付的,仅需在单笔支付首次超过等值5万美元时进行税务备案。

4

源泉扣缴项目纳税判定方法

本章对非居民服务贸易中的源泉扣缴项目的纳税判定方法进行专门的介绍。在本书之前的章节里介绍过源泉扣缴项目的纳税判定是非居民服务贸易对外支付税务备案事项中的核心环节,这是因为服务贸易对外支付备案的结果需要根据纳税判定的结果来进行税款计算和纳税申报等后续事项,比如某个源泉扣缴项目是否应该缴纳所得税和增值税的判定结果会直接影响后续的税款计算和缴纳,并与非居民纳税人的税收利益直接相关。但是纳税判定是一个非常复杂的专业过程,之前的章节在介绍服务贸易备案流程的时候,并没有对各种不同类型的源泉扣缴项目进行细节的分析和介绍,也没有对判定源泉扣缴项目是否缴纳所得税和增值税的具体文件进行专门介绍。因此,仅仅知道备案办理流程和提交资料类别是远远不够的,还需要从具体文件的规定出发,对源泉扣缴各个不同项目自身的纳税特点和特殊要点进行分析。

4.1 源泉扣缴项目纳税判定要点

在进行源泉扣缴项目纳税判定前有必要从整体上了解源泉扣缴项目共同的一些纳税判定要点(图 4-1)。第一个要点是判断业务类型,不仅要区分利息、股息、特许权使用费这些大类项目,还要进一步判断属于各类项目中的哪些具体分类,以及是否属于一些特殊的分类项目;第二个要点是进行增值税纳税判定,这里面需要根据增值税的相关文件要求进行,其中,主要是区分该项目是否属于增值税文件规定的服务,无形资产销售发生地是属于境内还是境外,如果该销售发生在中国境内则需要缴纳增值税,反之则不需要,其中的重点是销售

图 4-1 源泉扣缴项目要点

服务发生地判定,这是纳税判定的难点,本章会进行重点介绍;第三个要点是进行企业所得税判定,企业所得税纳税判定的核心是对所得来源是境内还是境外做出判定,如果所得来源于境内通常需要缴纳企业所得税,反之则不需要。以上就是本章讲解的源泉扣缴的项目纳税判定的三大要点,本章会围绕以上内容进行详细说明。

4.1.1 股息红利等权益性投资判定要点

非居民企业取得来源于中国境内的股息红利所得,需要缴纳企业所得税,税率通常是10%,税法依据是《企业所得税法》第六条。取得非上市公司股息通常不需要缴纳增值税,因为非上市公司的股息红利不属于《财政部 国家税务总局关于全面推开营业税改征增值税试点的通知》(财税〔2016〕36号)附件1《营业税改征增值税试点实施办法》文件规定的增值税纳税项目。

首先来看我国非居民税收文件对股息红利项目纳税判定的一些具体要求,掌握这些要求是进行后续具体税种纳税判定的前提。股息红利作为投资性收益,它和税收金额在源泉扣缴各项目中是非常重要的。《企业所得税法实施条例》第十七条对非居民企业取得股息红利等权益性投资收益作了定义,这是在实务中进行纳税判定的依据。股息红利所得在税收实务中通常会以多种形式表现出来,本节列举了一些重要的类型进行说明。第一种产生股息红利所得纳税义务的最常见的形式是非居民企业取得被投资企业利润分配,其中包括两种缴税类型;第二种产生股息红利所得纳税义务的情况是非居民企业取得被投资企业留存收益再投资;除此以外会产生非居民企业股息红利所得纳税事项的是清算所得和撤资减资所得,非居民企业从被清算企业分得的剩余资产,其中相当于从被清算企业累计未分配利润和累计盈余公积中应当分得的部分,应当确认为股息所得;剩余资产减除上述股息所得后的余额,超过或者低于投资成本的部分,应当确认为投资资产转让所得或者损失。股息红利项目纳税一般规定如图4-2所示。

图4-2 股息红利项目纳税一般规定

我国对于非居民企业取得股息红利所得项目还有一些重要的特殊性规定（图4-3），这些特殊规定涉及的内容较多，本书在此重点介绍一些在纳税判定时较为常见的特殊规定。其中一项是居民企业向合格的境外机构投资者（Qualified Foreign Institutional Investor，QFII）支付股息红利。我国为引入外资扩大开放，允许一些QFII投资我国金融市场，因此，会产生向非居民企业QFII支付股息红利的问题，这需要根据《中国居民企业向QFII支付股息、红利、利息代扣代缴企业所得税有关问题》（国税函〔2009〕47号）文件规定进行处理。第二种特殊的规定是对于非境内注册的居民企业的外方投资者从该居民企业取得的股息红利征收企业所得税。第三种特殊的规定是对于香港投资者取得的内地A股上市公司的股息红利的处理。比如香港投资者通过沪港通、深港通投资A股取得股息红利时，原则上也需要按照非居民企业取得股息红利代扣代缴10%的企业所得税，但是根据《财政部 国家税务总局 证监会关于深港股票市场交易互联互通机制试点有关税收政策的通知》（财税〔2016〕127号）的规定，有一些特殊的处理政策需要大家了解。第四种特殊规定是非居民取得超过债资比限制的利息时为了防止产生避税问题而做出的特殊规定，相关规定来自《特别纳税调整实施办法（试行）》（国税发〔2009〕2号发布）第八十八条，超过债资比的视同股息红利分配。

图4-3 股息红利项目纳税特殊规定

非居民取得股息红利所得时的税收优惠（图4-4）主要有两种类型：一类是我国国内法直接给予的优惠，另一类是与税收协定有关的税收优惠。在国内法规定方面，非居民企业取得的股息红利所得在两种比较特殊的情况下免征或不征企业所得税：第一种情况是外商投资企业分配2008年《企业所得税法》实施前形成的累计未分配利润时，免征企业所得税，相关规定出自《财政部 国家税务总局关于企业所得税若干优惠政策的通知》（财税〔2008〕1号）；另外一种常见的税收优惠是非居民取得股息分配直接再投资暂不征税，相关规定出自《财政部 国家税务总局关于扩大境外投资者以分配利润直接投资暂不征收预提所得税政策适用范围的通知》（财税〔2018〕102号）。这里的境外非居民企业以分配利润直接再投资由两个步骤组成：一是取得利润分配，二是将这部分利润以规定的投资形式进行投资。但是在实务操作中以上两个步骤并没有实际分别发生，只是在账务处理上体现出来。还有一种更常见的税收优惠是非居民企业通过税收协定的方式取得的，如果税收协定规定某一国家或地区的非居民企业取得的来源于我国境内的股息红利可以在一定条件下享受优惠税率，则可以按照低于10%的税率缴纳预提所得税。当然，这里的享受税收协定优惠是需要满足一系列较为复杂的条件的，这将在本书后续章节中重点介绍。

2008年前股息分配免税
- 2008年1月1日之前外商投资企业形成的累积未分配利润，在2008年1月1日以后分配给外国投资者的，免征企业所得税。（财税〔2008〕1号）

以分配利润直接投资暂不征税
- 对境外投资者从中国境内居民企业分配的利润，用于境内直接投资于非禁止外商投资项目领域，凡符合规定条件的，暂不征收预提所得税。（财税〔2018〕102号）

税收协定优惠
- 符合受益所有人条件，享受税收协定税率，低于10%，否则按照10%税率征收企业所得税。（见"税收协定"部分）

图 4-4 股息红利项目税收优惠

4.1.2 利息判定要点

非居民取得来源于中国境内的利息，需要缴纳企业所得税，税率通常是10%，税法依据是《企业所得税法》第六条；还需要缴纳增值税，税法依据是《财政部 国家税务总局关于全面推开营业税改征增值税试点的通知》（财税〔2016〕36号）附件1《营业税改征增值税试点实施办法》，按照"销售服务——金融服务——贷款服务"缴纳增值税，税率是6%；如果是境外个人则需要缴纳个人所得税，税法依据是《个人所得税法》第二条，法定税率是20%。

利息项目纳税判定与股息项目纳税判定来说有较大的区别，这与利息的性质有关。根据《企业所得税法实施条例》第十八条的规定，利息是企业让渡资金使用权而取得的报酬，因此，利息与权益性投资有着根本的区别。然而，在实际工作中，有些合同即使没有采取借贷合同的形式，根据实质重于形式的原则仍然被认定为利息所得。这种情况是学习利息项目纳税判定的重点。利息项目纳税一般规定如图4-5所示。

图4-6列举了比较常见的复杂项目被认定为利息所得的情况及其税收文件依据，主要包括以下情况：一是融资租赁涉及的利息应该怎么认定。融资租赁每期支付的租金不一定全部是利息，需要根据合同约定把其中的利息款项单独拆分出来扣缴企业所得税，相关税收文件依据是《国家税务总局关于非居民企业所得税管理若干问题的公告》（国家税务总局公告2011年第24号）第四条。二是居民企业向QFII支付的利息，总的原则是按照国内法的规定代扣代缴企业所得税，相关税收文件依据是《中国居民企业向QFII支付股息、红利、利息代

图 4-5 利息项目纳税一般规定

扣代缴企业所得税有关问题》(国税函〔2009〕47号)。三是我国银行的境内机构向境外的分支机构支付利息的情况,这些利息收入应该作为该分行的收入,汇总缴纳企业所得税而不作为利息代扣代缴企业所得税,相关税收文件依据是《国家税务总局关于境内机构向我国银行的境外分行支付利息扣缴企业所得税有关问题的公告》(国家税务总局公告2015年第47号)。四是与利息相关的创新融资业务,比如使用复杂的金融工具包括跨境可转债、票据贴现、融资信托、委托贷款等金融工具时,总的原则是产生的相应利息性质的所得同样要代扣代缴企业所得税。

图 4-6 利息项目纳税特殊规定

利息项目第四个非常特殊的规定是对于担保费的规定。担保费是在利息项目下容易产生认定争议的项目,常见的非居民企业取得来源于中国境内的担保费应该按照《企业所得税法》对利息的规定计算缴纳企业所得税,这是总体性原则。特殊的情况在于不征税利息项目企业所得税的担保费,比如独立于债权以外发生的担保费,常见于向第三方专业担保机构支付的担保费。这种情况原则上可以不认定为利息所得,相关税收文件是《〈中华人民共和国政府和新加坡共和国政府关于对所得避免双重征税和防止偷漏税的协定〉及议定书条文解释》(国税发〔2010〕75号)第十一条。类似于不认定为利息所得的情况是债券持有和转让环节的所得认定情况,原则上对于金融商品的转让收益不认定为利息所得。相关内容如图4-7所示。

图4-7　利息项目纳税特殊规定续

非居民取得利息项目的税收优惠(图4-8)在实务中比较少,限于国外政府性质金融机构取得的利息,可以根据双边税收协定享受免缴企业所得税的税收待遇;另一种与大多数非政府性质机构有关的利息税收协定优惠待遇不是免税,而是以低于我国10%法定税率水平的优惠税率缴纳企业所得税,相关享受税收协定优惠的标准本书后续介绍税收协定的章节会详细说明。

图4-8　利息项目税收优惠

4.1.3 特许权使用费判定要点

非居民企业取得来源于中国境内的特许权使用费,需要缴纳企业所得税,税率通常是10%,也需要缴纳增值税,税率是6%。

特许权使用费项目是非居民取得的最常见所得类型之一,在对特许权使用费项目的业务识别和纳税判定上都有较大难度,需要进行专门介绍。特许权使用费在我国税法和税收协定中的定义的最大特点就是广泛性,它包括专利权、非专利权、商标权、著作权、其他特许权等各个方面。从以上定义可以看出,我国企业所得税法对特许权的定义的覆盖面非常广,无论是公开的专利权还是未公开的技术,只要授权使用都能够构成特许权使用费所得,这种广泛的定义方式实际上具有反避税的考虑在其中。特许权使用费项目纳税一般规定如图4-9所示。

图4-9 特许权使用费项目纳税一般规定

除了特许权的广泛性特点,我们还要把握其他对纳税判定有重要影响的特点,包括特许权使用费与设备租金的关系、特许权使用费与融资租赁租金的区别等。虽然融资租赁的租金也是一种使用权收益,但是它更多的是具备融资利息的属性,与单纯的有形资产使用权的让渡具有较大区别。另外,还要重视特许权定义中的未公开性,这是识别特许权使用费项目的重要参考因素,也是特许权使用费合同判定中的重要依据。在实务工作中税务机关经常会将技术的保密条款的未公开性作为判断某项技术是否构成特许权使用费的依据。另一个有关特许权使用费的重要方面是区分特许权使用费与技术服务费,这是非居民服务贸易对外支付税务事项中的常见重要事项,是避税行为与反避税工作集中发生的领域。这需要结合具体合同情况来判断,这也是特权使用费项目纳税判定的难点问题。特许权使用费项目纳税特殊规定如图4-10所示。

特许权使用费在税收协定优惠条件的获取方面和利息股息有相似之处。但是从我国对外签订的税收协定来看,特许权使用费的税收协定数量相对于股息红利来说较少,因此实际

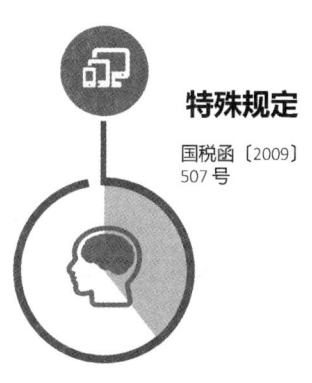

图 4-10　特许权使用费项目纳税特殊规定

运用场景也较少。非居民企业取得符合特许权使用费税收协定优惠的所得税款的计算方法相对比较简单,直接按照取得收入乘以适用税率得到应缴纳的企业所得税额。特许权使用费项目的税收优惠如图 4-11 所示。

图 4-11　特许权使用费项目的税收优惠

4.1.4　租金判定要点

非居民企业取得来源于中国境内的租金,需要缴纳企业所得税,税率通常是 10%,也需要缴纳增值税,税率是 6%。

按照我国《企业所得税法实施条例》第十九条的规定,租金是指企业提供固定资产包装物或其他有形资产的使用权而取得的收入。租金的一个非常重要的特点是有形产的使用权,它包括有形动产和有形不动产的使用权收益。同样,理解租金项目的所得性质还需要对租金里面比较特殊的一些规定,如融资租赁所收取的租金进行区别。还有一种特殊的情况是国际运输不属于租金,而是作为一个单独的所得项目在税收协定中进行规范,相关的税收文件是《非居民企业从事国际运输业务税收管理暂行办法》(国家税务总局公告 2014 年第 37 号发布)。根据文件规定,附属于国际运输业务的上述的租赁的收入也被视同为国际运输的收入,不属于租金的收入。租金项目纳税一般规定如图4-12所示。关于国际运输相关税收业务本书会在后续章节中介绍。

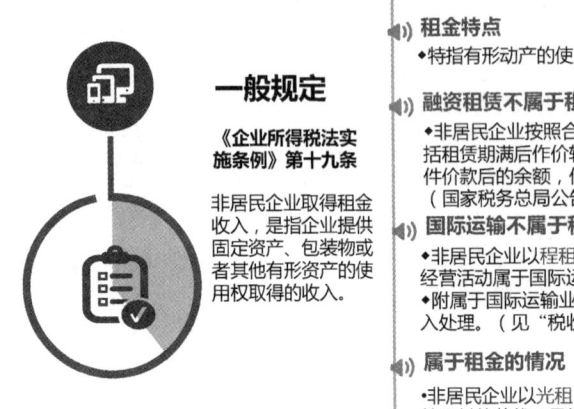

图4-12 租金项目纳税一般规定

4.2 源泉扣缴企业所得税、增值税判定规则

4.2.1 源泉扣缴企业所得税判定规则

本节内容主要是对源泉扣缴的企业所得税和增值税的具体纳税判定方法进行介绍。先我们来看企业所得税的税法规定。非居民企业缴纳企业所得税的总体原则性规定是根据我国《企业所得税法》第三条来进行设定的,非居民企业应当就其来源于中国境内的所得缴纳企业所得税,这是我们进行企业所得税判定的最重要的依据。在这项规定中,有个名词称为"来源于中国境内的所得",准确理解什么是"来源于中国境内的所得"至关重要,这需要我们根据《企业所得税法实施条例》第七条的规定来进行理解。《企业所得税法实施条例》第七条与源泉扣缴各项目有关的规定是,"来源于中国境内、境外的所得,按照以下原则确定:……(三)转让财产所得,不动产转让所得按照不动产所在地确定,股权转让所得按照被投资企业所在地确定;(四)股息、红利等权益性投资所得,按照分配所得的企业所在地确定;(五)利息所得、租金所得、特许权使用费所得,按照支付方所在地确定"。以上法规条文对非居民企业源泉扣缴中的财产转让、股息红利、利息、租金、特许权使用费等各种所得的来源地进行了规定,这在实际工作中对纳税判定起了非常重要的作用。源泉扣缴项目企业所得税总结如图4-13所示。

4.2.2 源泉扣缴增值税判定规则

相对于企业所得税的规定来说,非居民企业缴纳增值税的纳税判定难度更大,主要是因

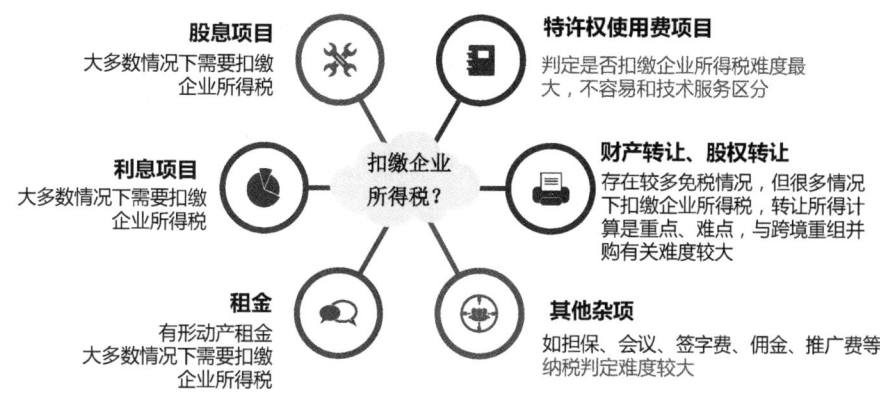

图 4-13 源泉扣缴项目企业所得税总结

为增值税有关文件对增值税销售服务劳务是发生在境内还是境外的判定标准理解难度更大,而准确进行境内或境外的纳税判定直接与是否缴纳增值税密切相关。对于纳税人是否发生增值税纳税义务的总体原则性规定是财税〔2016〕36 号文件附件 1 第一条"在中华人民共和国境内销售服务、无形资产或者不动产的单位和个人,为增值税纳税人"。对境内销售服务概念的进一步解释是财税〔2016〕36 号文件附件 1 第十二条"在境内销售服务、无形资产或者不动产,是指:(一)服务或者无形资产的销售方或者购买方在境内;(二)所销售或者租赁的不动产在境内"。

这里需要大家注意的是纳税人销售服务或者无形资产的"境内"概念与《企业所得税法》中规定的来源于境内的理解是不同的。增值税规定中的"境内"概念是只要该销售服务行为的销售方或者购买方有一方在中国境内,都属于发生在中国境内的销售行为,这里的定义明显比较宽泛。比如,境外的一个非居民企业向中国境内提供了一项技术服务,非居民企业提供服务时没有入境,但是由于这项服务的接受方是中国境内企业,因此可以称该非居民企业在中国境内产生了增值税的纳税义务。可以说大多数的情况下源泉扣缴的各类项目都要在中国境内缴纳增值税。源泉扣缴项目增值税总结如图 4-14 所示。此外,在对源泉扣缴项目

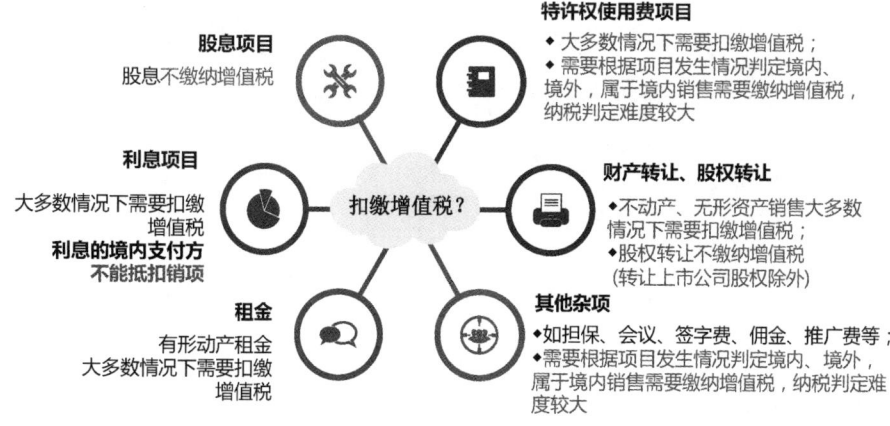

图 4-14 源泉扣缴项目增值税总结

进行增值税纳税判定的时候,需要首先区分源泉扣缴项目与劳务服务项目,这两者的增值税纳税判定方法存在较大区别。关于劳务服务的增值税纳税判定,本书后续章节中将进行详细介绍。

5 跨境劳务纳税判定方法

本章介绍非居民企业向我国境内提供跨境劳务服务时应该怎样按照我国税法进行劳务的纳税判定。为了对比说明，本章还将介绍中国居民企业向境外销售劳务怎样进行纳税判定。跨境劳务的纳税判定是非居民税收的难点，之前章节里介绍过办理服务贸易对外支付税务备案的劳务类型划分和基本的纳税判定规则，为后续章节专门介绍劳务的纳税判定作了铺垫。本章将对跨境劳务的企业所得税和增值税的具体判定规则进行详细讲解。本章把跨境劳务纳税判定分为两大部分：第一部分是非居民企业劳务的中国税纳税判定，即非居民企业作为纳税主体，在中国境内应该怎样判定缴纳企业所得税和增值税的问题，这是本章的重点内容；第二部分是居民企业销售劳务的中国税纳税判定部分，以中国的居民企业为主体，介绍其提供跨境劳务时，应该怎样判定是否在中国境内产生纳税义务。

5.1 非居民企业销售劳务的纳税判定

在进行非居民企业销售劳务的中国纳税判定时，应先对该跨境劳务进行所得税纳税判定，这是因为在国际税收和我国的非居民税收中，所得税是主体税种，包括企业所得税和个人所得税，总体来说企业所得税所占比例更大，更为重要。在进行企业所得税纳税判定时，应先对该跨境劳务的所得类型进行判定，从大的方向来判定该跨境劳务是境外劳务还是境内劳务，是征税劳务还是不征税劳务，是否可以享受税收协定待遇等，其中的关系比较复杂。接下来要根据《企业所得税法》对各类型劳务的发生地进行判定。在判定跨境劳务时，劳务的发生地直接关系到企业所得税的所得来源地问题，这是纳税判定的关键因素。总的来说，来源于中国境内的劳务所得应缴纳所得税，不是来源于中国境内的劳务所得不在中国境内缴纳所得税。具体判定过程如图 5-1 所示，首先，根据劳务发生地是否在我国境内，可以把劳务分为境内劳务和境外劳务两个大类；其次，境内劳务根据非居民派遣人员进入我国境内的时间天数是否满 183 天可以分为构成常设机构缴纳企业所得税的劳务和享受税收协定待遇不构成常设机构的劳务两类，其中，对于不构成常设机构的境内劳务，如果能够提供充分的举证材料，则可以不在我国境内缴纳企业所得税；最后，境外劳务原则上不需要在我国境内缴纳企业所得税，但是这里有个前提，即可以提供充分的举证材料证明该劳务发生在我国境外。对于不能提供充分证据的劳务合同，非居民纳税人要承担举证不力的法律后果，即在我国境内缴纳企业所得税，这种情况下通常按照核定征收缴纳企业所得税。

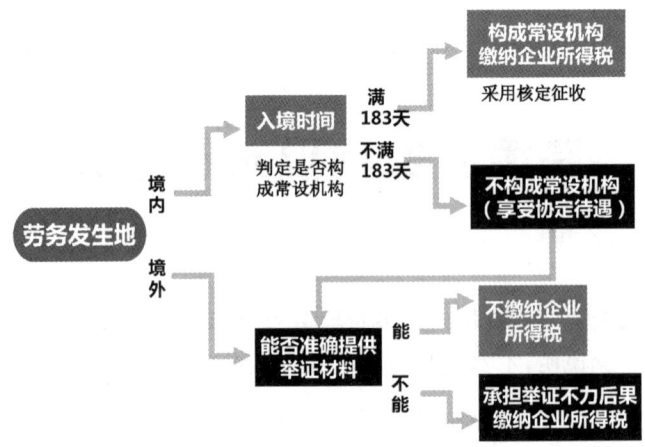

图 5-1 判定跨境劳务的类型

5.1.1 企业所得税纳税判定

5.1.1.1 劳务所得类型纳税判定

原则上说,非居民在我国境内提供的劳务就是境内劳务,在我国境外提供的劳务是境外劳务,也就是说,跨境劳务以发生地为标准进行判定。如果非居民企业派遣人员进入我国境内提供劳务,在构成境内劳务的基础上还要结合税收协定进一步判定其是否在我国境内产生纳税义务,这里就涉及税收协定和常设机构的问题。通常我国根据非居民派遣人员入境的时间来判断是否构成常设机构,是否构成常设机构直接关系到是否需要在我国境内缴纳所得税。如果非居民企业在我国境内没有构成常设机构,那么根据我国签署的双边税收协定,非居民取得的这项劳务所得可以在对方国家进行征税,不用在我国缴纳所得税。接下来的问题是,如果非居民企业派遣人员进入我国境内的时间超过 183 天,那么我国在具有征税权的情况下应该怎样在税收征管上具体实现征税目标呢?这就是对于劳务的核定征收问题。通常情况下税务机关使用收入核定的方法对非居民取得的劳务所得进行核定征税。这时核定征收有两个变量,一是收入额,二是征收率(即核定的劳务利润率乘以企业所得税税率25%)。以上就是对非居民企业提供各种类型劳务的类型划分和基本的征税逻辑。

5.1.1.2 劳务发生地纳税判定

非居民企业销售劳务发生在我国境内,应该具体根据什么税法条款来判定呢?首先,我国对非居民企业取得来源于我国境内的所得应缴纳企业所得税的税法依据,是《企业所得税法》第二条"非居民企业,是指依照外国(地区)法律成立且实际管理机构不在中国境内,但在中国境内设立机构、场所的,或者在中国境内未设立机构、场所,但有来源于中国境内所得的企业"和第三条"非居民企业,应当就其来源于中国境内的所得缴纳企业所得税"。大多数情况下,非居民企业在中国境内没有机构场所,因此,是否具有企业所得税的纳税义务,就需要判断其是否有来源于中国境内的所得。其次,在判定劳务是否发生在我国境内时,税法依据是《企业所得税法实施条例》第七条第(二)款,"提供劳务所得,按照劳务发生地确定"。根据该条款判断非居民企业的所得来源的标准是劳务实际发生地原则,对于不在中国境内发生的劳务不认定为来源于我国境内的劳务所得,不征缴企业所得税。在这里劳务发生地通常是指提供劳务的地点。

举个例子,有一个美国非居民企业派遣员工到中国境内来提供建筑的景观设计服务,具体来说就是把非居民企业的一些建筑设计专家派遣到中国境内来进行实地勘察,然后把这些数据带回美国进行案头设计,再通过网络、电子邮件和电话等方式跟中国境内的业主进行沟通,最后提供一个设计方案。在这项劳务中,应该怎样来确定劳务发生地呢?以人员入境为标准来看待该跨境劳务时,可以把劳务分为境内劳务和境外劳务两部分。境内的劳务主要指的是非居民企业的员工到中国境内来实地勘查,比如勘察了1个月,那么我们就以这一个月的时间作为它在中国境内劳务的参考标准。然而,这项整体设计工作可能需要半年时间,除了1个月在中国境内进行勘察,其他5个月的时间都在美国境内进行案头设计。假定这5个月没有其他的员工再到中国境内来,那么该非居民企业后续提供的境外设计服务就属于境外劳务。

5.1.2 增值税纳税判定

非居民销售劳务的增值税纳税判定与企业所得税的纳税判定相比具有不同的纳税判定规则。在进行销售劳务的增值税纳税判定时,我们需要了解该销售行为是否属于我国增值税法律法规规定的征税范围,这就会涉及销售劳务的境内外判定问题;然后需要对增值税税收文件规定的发生在境内的销售行为进行进一步识别,具体来说要明确所判定的劳务销售行为属于哪种境内销售的类型;最后要对销售跨境劳务的非居民企业的适用税率有较为深入的认识。本节将根据以上内容进行介绍。

5.1.2.1 境内销售的纳税判定

财税〔2016〕36号文件附件1第一条规定,在中华人民共和国境内(以下称境内)销售服务、无形资产或者不动产(以下称应税行为)的单位和个人,为增值税纳税人。由此可见只有在我国境内销售劳务的行为属于增值税的征税范围。

对于在我国境内销售服务的具体定义是财税〔2016〕36号文件附件1第十二条第(一)项规定,"服务或者无形资产的销售方或者购买方在境内"。也就是说,只要该跨境劳务的销售方或接受方有一方在中国境内,该销售劳务就属于在我国境内销售服务,这与企业所得税来源于我国境内的所得的定义是不同的。

5.1.2.2 不属于境内销售的纳税判定

作为对比,财税〔2016〕36号文件附件1还对不属于在我国境内销售劳务的情况作了明确,这是判定非居民企业销售一项劳务服务不需要在中国境内缴纳增值税的依据。财税〔2016〕36号文件附件1第十三条规定,"下列情形不属于在境内销售服务或者无形资产:(一)境外单位或者个人向境内单位或者个人销售完全在境外发生的服务。(二)境外单位或者个人向境内单位或者个人销售完全在境外使用的无形资产。(三)境外单位或者个人向境内单位或者个人出租完全在境外使用的有形动产"。这里提出了"完全在境外发生"的重要概念,只有能够举证证明某项劳务符合"完全在境外发生"的标准才能够不缴纳增值税。然而这个证明目前没有更进一步的应用指引,只能根据实务中发生的案例进行判定。

5.1.2.3 增值税适用税率

非居民企业在中国境内销售劳务的增值税税率问题是一个比较具有代表性的问题,非居民企业所适用的增值税税率不是简单通过税收文件的条文给出的税率值,而是需要对税收文件进行深入理解以后才能得出的结论。为了掌握非居民企业适用增值税的税率问题,大家需要对以下两个问题深入理解并能够做出回答。第一个问题是,非居民企业既然不是一般纳税人为什么适用6%的税率而不是3%?第二个问题是,非居民企业月销售额不到起征点10万元是否不需要缴纳增值税?

先来看第一个问题,非居民企业由于没有做一般纳税人的税务登记,因此,小规模纳税人应该适用3%的征收率的观点是错误的。在这里首先需要明确的是6%是税率,3%是征收率,两者名称不同。非居民企业应该适用增值税6%的税率而不是3%的征收率,税法依据是财税〔2016〕36号文件附件1第十五条,"(一)纳税人发生应税行为,除本条第(二)项、第(三)项、第(四)项规定外,税率为6%";第十六条,"增值税征收率为3%,财政部和国家税务总局另有规定的除外";第二十条,"境外单位或者个人在境内发生应税行为,在境内未设有经营机构的,扣缴义务人按照下列公式计算应扣缴税额:应扣缴税额 = 购买方支付的价款 ÷ (1 + 税率) × 税率"。根据以上分析可知,境外非居民企业应适用对应的增值税税率(6%、9%或13%),其中最常见的情况是适用6%销售服务增值税税率。

对于第二个问题,非居民企业月销售额不到起征点10万元,因此就不用缴纳增值税的说法是不正确的。月销售额10万元以下免征增值税的税法依据是《财政部 税务总局关于明确增值税小规模纳税人减免增值税等政策的公告》(财政部 税务总局公告2023年第1号),"自2023年1月1日至2023年12月31日,对月销售额10万元以下(含本数)的增值税小规模纳税人,免征增值税"。可见我国的确有对月销售额不到10万元的特定企业免征增值税的规定,但是以上规定并不适用于非居民企业。根据《中华人民共和国中小企业促进法》的规定,小微企业的划型范围仅适用于"在中华人民共和国境内依法设立的"企业。由于非居民企业是依照外国法律设立的企业,并不是中国企业,因此月销售额10万元以下免征增值税优惠政策不适用于境外设立的非居民企业。

5.1.3 案例分析:劳务服务被判定核定征税

在对不同劳务类型进行纳税判定的时候,我们需要了解非居民企业派遣人员进入中国境内的时间是否超过183天。如果根据税收协定非居民企业在我国境内不超过183天不构成常设机构,则不在我国境内缴纳企业所得税。但是这个判定是有前提的,并不是说非居民企业在我国境内不构成常设机构就一定不缴纳企业所得税。非居民企业还必须能够提供相应的举证资料证明劳务完全发生在中国境外,才能不在中国境内缴纳企业所得税。如果非居民企业不能提供相应证明就要承担举证不力的后果。

以下是一项劳务服务被核定征收企业所得税的案例(图5-2)。基本情况为：一个境外A公司向中国境内的B公司提供咨询服务，为B公司的海外工程提供咨询。B公司在办理对外支付备案时申请把这项服务认定为境外劳务，不征收企业所得税。但是A公司和B公司之间签订的咨询合同里没有详细约定A公司提供哪些服务内容，并且B公司也无法向税务机关提供A公司具体咨询服务的举证资料，例如往来邮件、电话等。最终由于境内的B公司无法合理地证明A公司提供的这些海外咨询服务真实存在，因此就不满足举证资料要完整、准确的要求，需要承担举证不力的后果，按照核定征收缴纳企业所得税。

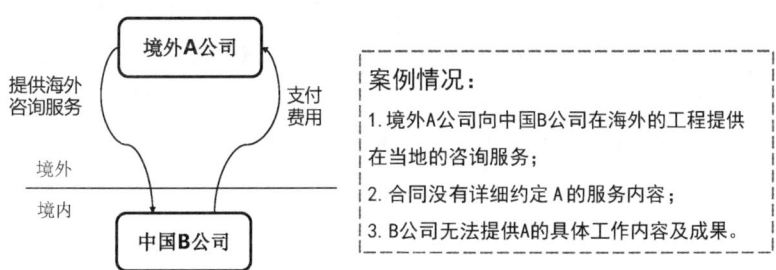

图5-2　劳务服务被判定核定征税

5.2　居民企业销售劳务的中国纳税判定

中国居民企业向境外销售劳务服务模式如图5-3所示，建议读者将图示中的中国居民企业C公司销售劳务取得收入在中国境内应缴纳的税款与非居民企业缴纳税款的情况进行对比。在以上交易模式中，居民企业C公司有可能需要缴纳企业所得税和增值税，其中缴纳企业所得税的纳税判定比较简单，居民企业取得收入形成所得原则上都是要缴纳企业所得税的，这类交易的重点纳税判定是居民企业C公司向境外销售劳务服务是否需要缴纳增值税。

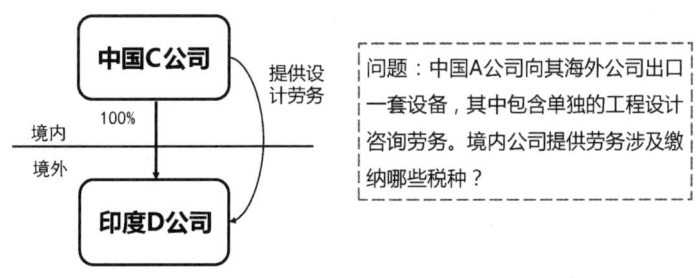

图5-3　居民企业向境外销售劳务

中国境内的居民企业向境外客户销售劳务服务的情况与非居民企业向中国境内客户销售劳务服务的情况相反，其在有关增值税文件规定中是另外一种纳税判定类型，本书在此将其作为非居民企业销售劳务的参照进行介绍。居民企业向境外销售劳务分为享受零税率和免税两种情况。享受零税率的规定出自《财政部　国家税务总局关于全面推开营业税改征增值税试点的通知》(财税〔2016〕36号)附件4《跨境应税行为适用增值税零税率和免税政策的规定》第一条,"向境外单位提供的完全在境外消费的下列服务适用零税率的包括：研发服务、设计服务、软件服务、技术转让等",享受免税的规定出自财税〔2016〕36号文件附件4第二条,"向境外单位提供的完全在境外消费的下列服务和无形资产适用免税包括：境外的工程服务、监理、会展、旅游、专业技术服务、商务服务、无形资产等"。其中关键的概念"完全在境外消费"的定义出自财税〔2016〕36号文件附件4第七条,"本规定所称完全在境外消费,是指：(一)服务的实际接受方在境外,且与境内的货物和不动产无关。(二)无形资产完全在境外使用,且与境内的货物和不动产无关"。这里"完全在境外消费"的定义目前没有专门的文件说明和实务操作指引,读者需要根据实际案例进行分析判断。

6 特许权使用费纳税判定规则与案例

本章比较详细地介绍特许权使用费的纳税判定规则与两个典型案例。特许权使用费是服务贸易对外支付税收实务中的常见项目,与技术服务存在一定交叉,因此,特许权使用费在纳税判定上有些比较特殊的地方。本书之前的章节主要介绍了特许权使用费的一般规定和纳税判定流程,但是对特许权使用费这个项目在税收协定中的具体规定还并不了解,比如特许权使用费在不同标准下的定义口径、类型,特许权使用费与技术服务费的各自特点和区别,特许权使用费与技术转让费的区别等。这些属于在服务贸易对外支付税务中具有较大难度的内容,只有在具备之前对特许权使用费的基本认识后才能够准确深入地理解这些规则。本章还将介绍一些具有典型特点的特许权使用费与技术服务费案例,通过案例告诉大家,如果将来遇到类似的情况应该怎样思考、怎样判断、怎样去阐述自己的观点。

6.1 非居民特许权使用费要点

本节从深入分析特许权使用费的定义入手,介绍特许权使用费在税收协定框架下的基本特点,并由此展开对特许权使用费与技术服务费、技术转让收入的区分,为大家搭建实用化的特许权使用费纳税判定标准。

6.1.1 特许权使用费定义分析

特许权使用费的定义有两种不同口径:一种是在会计准则的定义中,特许权使用费与无形资产定义相同,在会计准则中无形资产包括专利权、非专利技术、商标权、著作权、特许权、土地使用权;另一种定义是在我国税法中对特许权使用费的定义,出自《企业所得税法实施条例》第二十条"企业所得税法第六条第(七)项所称特许权使用费收入,是指企业提供专利权、非专利技术、商标权、著作权以及其他特许权的使用权取得的收入",这与会计准则中的定义大致相同,区别在于税法中的特许权使用费不包括土地使用权。总的来说,税法和税收协定范本对特许权使用费的定义是比较宽泛的,很多企业经营实务中的权利类型都适用该定义。特许权使用费的定义如图 6-1 所示。

掌握特许权使用费的定义还需要参考另一个非常重要的税收文件,即《〈中华人民共和国政府和新加坡共和国政府关于对所得避免双重征税和防止偷漏税的协定〉及议定书条文解释》(国税发〔2010〕75号)。这个文件在后续很多涉及税收协定的学习中都是需要反复运用的。在这里需要特别强调,该文件虽然是对中国和新加坡签订的税收协定的解释,但是该

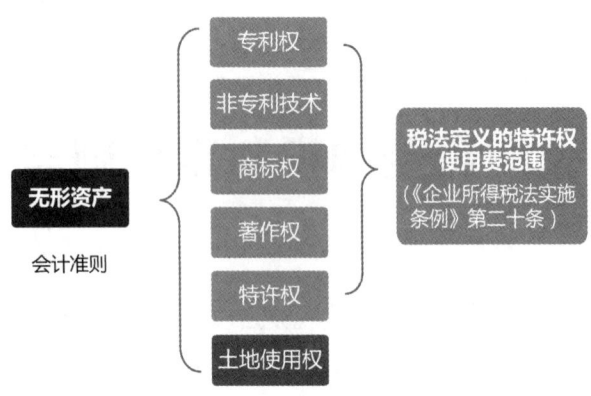

图 6-1 特许权使用费的定义

文件对我国与其他国家或地区签订的税收协定中的同类条款都具有解释效力。国税发〔2010〕75 号文件第十二条第三款第（一）项对特许权使用费做了进一步的解释，"特许权使用费首先应与使用或有权使用以下权利有关：构成权利和财产的各种形式的文学和艺术，有关工业、商业和科学实验的文字和信息中确定的知识产权，不论这些权利是否已经或必须在规定的部门注册登记。还应注意，这一定义既包括了在有许可的情况下支付的款项，也包括因侵权支付的赔偿款"。可以看到，出于反避税的考虑，税收协定对于特许权使用费的定义比较广泛，尽可能地避免人为规避特许权使用费的情况出现。

6.1.2 特许权使用费法规要点

本节主要结合国税发〔2010〕75 号文件第十二条第三款和《国家税务总局关于执行税收协定特许权使用费条款有关问题的通知》（国税函〔2009〕507 号）两份重要文件中对特许权使用费的重要解释，来阐述如何理解和准确运用特许权使用费定义中的若干税法要点。

6.1.2.1 特许权使用费的排除情况

特许权使用费在税收协定中的定义非常广泛，因此，我们需要重点掌握的是哪些情况明确地不包括在特许权使用费定义中，也就是特许权使用费的排除条款。根据国税发〔2010〕75 号文件第十二条第三款第（二）项的规定，特许权使用费"不包括设备所有权最终转移给用户的有关融资租赁协议涉及的支付款项中被认定为利息的部分；也不包括使用不动产取得的所得，使用不动产取得的所得适用协定第六条的规定"。因此，融资租赁的利息部分的费用里本金以外的部分，税收协定把它定义为利息，而不是机器设备的使用权收益，即特权使用费。同样，特许权使用费不包括不动产使用所产生的所得，这部分所得在税收协定中有单独的不动产所得条款进行解释。

6.1.2.2 特许权使用费中的专有技术

特许权使用费中的一个要点是其中有关专有技术定义的内容。专有技术是指工业商业科学经验、情报等所得，对此国税发〔2010〕75 号文件第十二条第三款第（三）项解释，"特许权使用费还包括使用或有权使用有关工业、商业、科学经验的情报取得的所得。对该项所得应理解为专有技术,一般是指进行某项产品的生产或工序复制所必需的、未曾公开的、具有专有技术性质的信息或资料。与专有技术有关的特许权使用费一般涉及技术许可方同意将其未公开的技术许可给另一方,使另一方能自由使用,技术许可方通常不亲自参与技术受让方对被许可技术的具体应用,并且不保证实施的结果。被许可的技术通常已经存在,但也包括应技术受让方的需求而研发后许可使用,并在合同中列有保密等使用限制的技术"。由此可见,特许权使用费与专有技术相关的特性中包括未公开性和保密性,这也是相关合同审核中应重点关注的要点。此外,特许权使用费所得还具备被动属性,即通过授权被动地获得报酬,而不是通过主动实施某种积极行为而获得报酬,这是与劳务报酬所得的重要区别。

6.1.2.3 服务合同中的特许权使用费定义

在一项服务合同中同时提供特许权,那么该项所得应该怎样识别呢?这属于非居民税收的难点问题。对此国税发〔2010〕75号文件第十二条第三款第(四)项解释,"在服务合同中,如果服务提供方在提供服务过程中使用了某些专门知识和技术,但并不许可这些技术使用权,则此类服务不属于特许权使用费范围。如果服务提供方提供服务形成的成果属于特许权使用费定义范围,并且服务提供方仍保有该项成果的所有权,服务接受方对此成果仅有使用权,则此类服务产生的所得属于特许权使用费"。从基本解释来看,不能仅仅因为服务提供方在提供服务的过程中使用了自己的专有技术,就把这项服务的收入收益定义为特许权使用费的收入。如果说劳务提供方运用自身的专有技术向客户提供专业技术服务,并形成特定的结果,比如服务过程当中形成了一些专利,而服务接受方没有这些专利的所有权,他只能使用这些技术,那么这时产生的这种服务所得就属于特许权使用费所得,而不是属于劳务服务所得。

6.1.2.4 特许权使用费的特殊规定

识别销售方在销售有形产品特别是高技术产品的同时提供技术服务中的特许权使用费,具有比较特殊的要求,需要参考国税函〔2009〕507号文件的规定。具体如下:第五条规定,"在转让或许可专有技术使用权过程中如技术许可方派人员为该项技术的使用提供有关支持、指导等服务并收取服务费,无论是单独收取还是包括在技术价款中,均应视为特许权使用费,适用税收协定特许权使用费条款的规定。但如上述人员的服务已构成常设机构,则对服务部分的所得应适用税收协定营业利润条款的规定。如果纳税人不能准确计算应归属常设机构的营业利润,则税务机关可根据税收协定常设机构利润归属原则予以确定";第六条规定,"下列款项或报酬不应是特许权使用费,应为劳务活动所得:(一)单纯货物贸易项下作为售后服务的报酬;(二)产品保证期内卖方为买方提供服务所取得的报酬;(三)专门从事工程、管理、咨询等专业服务的机构或个人提供的相关服务所取得的款项;(四)国家税务总局规定的其他类似报酬。上述劳务所得通常适用税收协定营业利润条款的规定,但个别税收协定对此另有特殊规定的除外(如中英税收协定专门列有技术费条款)"。

从总体上说,根据以上文件规定,如果服务提供方在提供服务过程中提供技术服务并收费,需要全部算入特许权使用费的范围内;如果仅仅提供销售货物的售后服务等,应判定为劳务服务。

6.1.3 特许权使用费与技术服务费区分

区分特许权使用费与技术服务费,是非居民税收的重要课题,也是实务工作中常见的难点。本节通过归纳两者的主要区别,对该问题进行比较系统的总结。特许权使用费与技术服务费的主要区别如表6-1所示。

表6-1 特许权使用费与技术服务费的主要区别

合同项目	特许权使用费特征	技术服务费特征
主合同内容	技术许可内容	单纯技术服务内容,服务方不保留成果所有权
技术由谁使用	服务接受方使用技术	服务提供方使用技术
是否确保服务质量和结果	不确保达成结果	确保达成结果
工作结果形成知识产权归谁拥有	归服务提供方拥有	归服务接受方拥有

以上区别在实务运用的过程当中,需要结合实际情况综合判定。

6.1.4 特许权使用费与技术转让费区分

在实务工作中,我们经常需要区分特许权使用费与技术转让费。本书把资产转让分为两个维度进行讨论,一种是有形资产的转让,另一种是无形资产的转让(图6-2);从权益属性来看,资产转让还可以分为所有权转让和使用权转让(图6-3)。例如,有形资产使用权转让费就相当于租金,通常是在来源国进行征税;而有形资产所有权转让,相当于是一项销售行为,通常在销售发生地进行征税,不动产所有权转让在不动产所在地进行征税。无形资产转让同样也可以分为两种情况,一种是无形资产使用权转让,其中就包括特许权使用费项目,另一种是无形资产所有权转让。

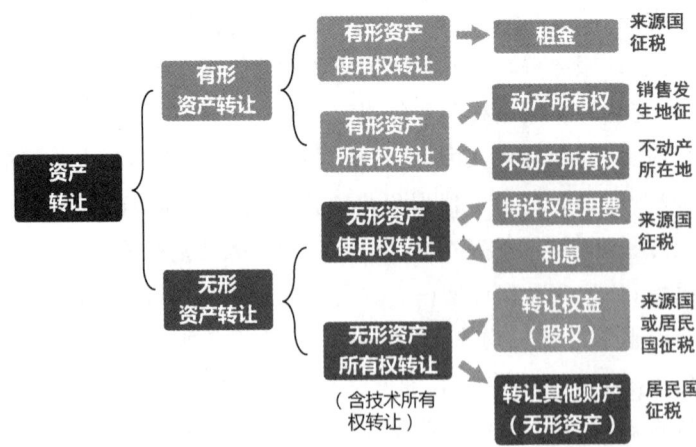

图6-2 资产转让类型区分一

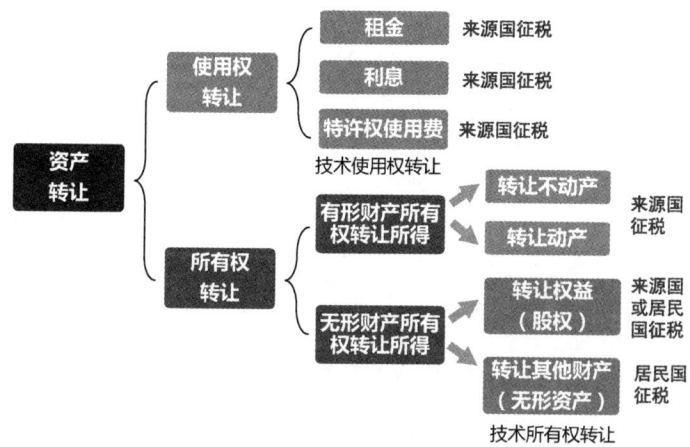

图6-3 资产转让类型区分二

总结一下,无形资产根据转让权利类型的不同可以分为转让无形资产所有权和转让无形资产使用权。转让无形资产使用权(土地使用权除外),通常在非居民税收中指的是特许权使用费;转让无形资产所有权,在税收协定分类中属于转让其他财产条款范畴,国税发〔2010〕75号文件第十三条财产收益条款有详细解释。该内容在本书后续介绍非居民财产转让的章节中会详细说明。

6.2 特许权使用费与技术服务费区分案例

应该怎样区分特许权使用费与技术服务费?这是非居民税收实务领域的重点,也是非居民税收实务中经常遇到的难点问题。两者的纳税判定结果是不同的,人为规避造成特许权使用费征税特征,以技术服务费合同替代特许权使用费合同都是常见的避税方式。本节从税收文件的规定出发,讲解特许权使用费和技术服务费的不同特征,并使用典型案例进行讲解。

6.2.1 支付境外设计费需扣缴预提所得税吗

与特许权使用费和劳务服务费纳税判定相关的典型案例[①]如图6-4所示。案例的基本情况是境外的咨询设计公司为境内的房地产开发企业提供建筑设计服务,核心判定是需不需要在中国境内缴纳特许权使用费。

按照建筑设计行业常规流程,设计师需要到工作现场来进行实地考察调研,很难做到完全在境外工作就能为中国境内的项目提供完整设计方案。在这个案例中,双方签订了设计合同,约定设计图纸完成后乙建筑设计事务所要保留相关的设计所有权,该境外建筑设计事务所到境内的工作时间为30天,取得了110万美元的报酬。甲公司认为该劳务报酬收入应

---

① 参见:杨梅.支付的该笔设计费需代扣预提所得税吗?[N].中国税务报,2020(01)。

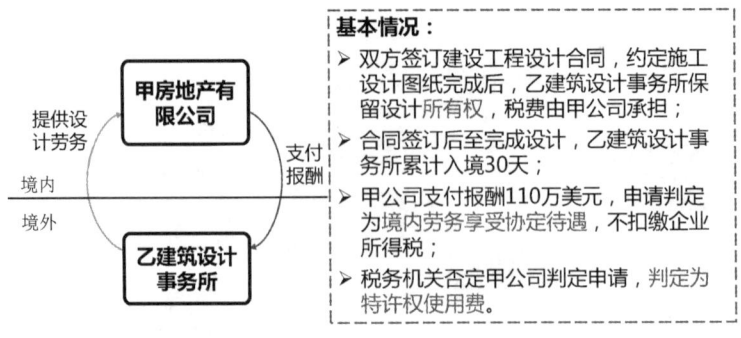

图 6-4 支付境外设计费案例

该享受税收协定待遇,不在境内缴纳所得税。然而,我国境内税务机关否定了甲公司的主张,认为乙建筑设计事务所提供的设计咨询服务符合特许权使用费的特征,应该按照特许权使用费来征收预提所得税。甲公司给出的纳税判定理由是,境外乙事务所累计入境 30 天,不满税收协定规定的 183 天,不构成常设机构,因此该项劳务服务的经营利润可以享受税收协定待遇不在中国境内征税。税务机关认为,双方合同约定设计所有权归境外乙事务所所有,甲公司只有使用权,因此境外乙事务所取得的所得不应被认定为"提供服务"所得,应认定为一项"特许权使用费"所得,依据是国税函〔2009〕507 号文件第四条规定,在服务中如果服务提供方提供服务形成的成果属于税收协定特许权使用费定义范围,并且服务提供方仍保有该项成果的所有权,服务接受方对此成果仅有使用权,则此类服务产生的所得,适用税收协定特许权使用费条款的规定。

第三种观点认为,根据我国现行建筑法的相关规定,境外公司到中国境内来提供劳务必须和境内的机构组成联合体,进行登记、注册备案等,然后以这个联合体的名义进行竞标,而这个联合体由于由境内的一方构成,所以在境内一定构成常设机构,因为联合体的组成部分就包括境内的实体设计公司,所以应该按照构成常设机构依据核定利润率来进行征税。

第四种观点认为,即便组成了联合体,这种联合体也是一种松散的联合,境内的联合方在境内工作,境外的联合方在境外工作,互相独立,并且这种联合体可能并不需要在境内进行登记注册,也没有固定的营业场所机构,所以不构成常设机构。

本书认为,非居民企业进行纳税判定的主要依据应是双方的具体约定和执行情况,包括合同和实际发生的事实。如果以合同是模板条款为由提出抗辩,在法律上是很难站住脚的,因为合同中的保密条款没有法律意义上的真假之分,只要把它写到合同条款里面,那么这个条款就有可能被按照保密条款来进行认定。一旦符合保密条款认定,税务机关就有权力将其认定为特许权使用费,所以企业在签订合同时对涉及的任何条款都要非常慎重。联合体的问题涉及税法和行业法规之间的衔接问题,假设在最极端的情况下,依据行业法规认定该合同无效,或者说从开始发生时就是非法合同,那么税法上应该怎么来判定呢?笔者认为,不应该简单地将行业法规对合同的效力作为征税与否的依据,行业法规的规定对纳税判定有借鉴作用,但是它仍然不是影响我们做出纳税义务判定的依据。纳税义务主要还是应依照税法规定进行判定。

6.2.2 多种业务模式下特许权使用费业务的纳税判定

接下来看特许权使用费纳税判定的第二个案例,在多种业务模式下如何进行特许权使用费的纳税判定。这也是一个具有代表性的案例,它向我们展示了在货物销售和服务贸易同时发生于一项业务时,应该怎样进行合理的业务划分和做出纳税判定。案例的基本情况如下:境外 B 公司向境内 A 公司销售设备,但是这个设备使用起来比较复杂,需要在售后每年提供定期的技术服务,设备销售情况及一些主要的合同条款如图 6-5 所示。

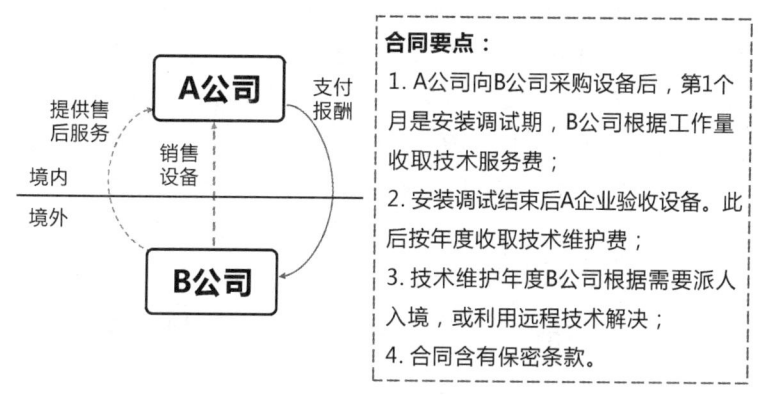

图 6-5 多种业务模式下特许权使用费

先分析第一个合同要点,A 公司向 B 公司采购设备,销售方安装调试期为 1 个月,在安装调试期内根据实际提供的技术服务单独收取服务费。这里单独收取的技术服务费,根据国税函〔2009〕507 号文件第六条的规定,单纯的贸易项下的售后服务不是特权使用费,应按照劳务处理。在本案例中,由于该设备安装调试期发生的劳务费属于固定资产未达到预定可使用状态之前的费用,应计入设备的购买价款,属于设备售价的一部分。合同条款要点中还提到,在设备后续使用中还有一年一度的技术服务费,那么该费用是否可以按照劳务服务办理对外支付呢?这里有三种情况:一是完全按照劳务费处理,二是完全按照特许权使用费处理,三是在劳务费和特许权使用费两种之间进行合理划分。进行合理的业务划分可以把相关的税收风险降到最低,但是对于企业管理能力的要求也是最高的。在总体上来看,企业需要先对这类业务进行总体上的策划,制定一个管理框架和业务流程,能够系统性地收集相关凭证、沟通记录、工作记录、出入境记录等资料作为举证材料。最终在这些复杂的业务中,税务机关需要根据企业提供的确实可信的证据材料,才能做出正确合理的纳税判定。

7 复杂劳务纳税判定规则与案例

非居民在通过提供劳务服务取得来源于中国境内的所得时,就会产生跨境劳务的纳税判定问题,以及对外支付和税款缴纳问题。目前我国对于非居民提供劳务的范围界定,主要依据《非居民承包工程作业和提供劳务税收管理暂行办法》(国家税务总局令第19号发布)第三条做出的相关规定,即提供劳务,是指在中国境内从事加工、修理修配、交通运输、仓储租赁、咨询经纪、设计、文化体育、技术服务、教育培训、旅游、娱乐及其他劳务活动。本书在之前的章节中介绍过非居民企业提供跨境劳务的一般纳税判定思路和常见类型,了解这些基础内容可以帮助读者尽快掌握劳务服务项目的基础业务,但是这些对于解决一些比较复杂的劳务服务项目还是不够的,比如如何应对劳务拆分合同,怎样识别不同情况下代垫费用或代垫工资的纳税义务等。这些复杂劳务需要通过专门的讲解才能掌握其纳税判定规律。

7.1 复杂劳务服务的类型和处理要点

7.1.1 劳务的境内外划分要点

非居民企业向中国境内客户提供劳务是否需要在中国境内缴税,需要根据《企业所得税法》的所得来源规则进行判断。《企业所得税法》中对于非居民企业取得来源于中国境内的所得分为两种情况:一种是非居民企业在中国境内设立机构场所,并取得与机构场所有关的所得,另一种是非居民企业在中国境内没有设立机构场所,但取得来源于中国境内的所得。

对于劳务服务项目来说,这两种情况都有可能发生。《企业所得税法》第三条规定,非居民企业,"应当就其来源于中国境内的所得缴纳企业所得税",可见不管非居民企业在中国境内是否设立机构场所,判断其是否在中国境内缴纳企业所得税的依据都是其是否取得来源于中国境内的劳务所得。反之,如果非居民企业向中国境内客户提供劳务服务,但该所得属于境外劳务所得,则不需要在中国境内缴纳企业所得税。由此可见,识别是境内劳务还是境外劳务是对非居民企业提供的劳务服务进行企业所得税纳税义务判定的前提条件。

税法对来源于中国境内还是境外的所得的确认原则是《企业所得税法实施条例》第七条第(二)项规定,"提供劳务所得,按照劳务发生地确定"。根据该条判断非居民企业的所得是否来源于境内,对于符合劳务发生地属于中国境内的所得,中国税务机关有征税权,对于不是来源于中国境内的所得则不在中国境内征税。由此可见,判定劳务发生地是非常重要的划分劳务属于境内还是境外的依据。对于以上非居民企业提供的劳务,以人员是否入境为标准,分为境内劳务与境外劳务两个部分,其中,境内劳务,是指在境内实地勘察的工作部分;境外劳务,是指在境外进行图纸设计的工作部分。对于发生在中国境内的劳务所得,在企业所得税上中国税务机关有征税权;对于发生在中国境外的劳务所得,在企业所得税上中国税务机关没有征税权。劳务按境内外划分类型如图7-1所示。

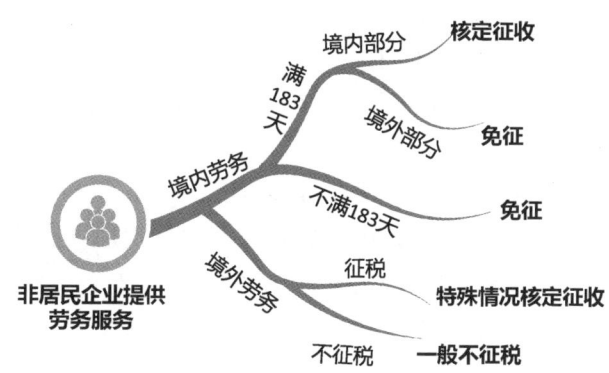

思考:1. 所得税上判断一项劳务属于境内外的标准是什么?
2. 为什么对一项征税劳务要从整体上划分境内、境外?

图 7-1 劳务按境内外划分类型

7.1.2 核定劳务利润率

有一种情况更特殊的劳务,即由于种种原因,企业不满足纯境外劳务和境内劳务不构成常设机构的条件。对于这种情况,根据税收协定,我国拥有该企业利润的征税权。这种情况下企业就应该考虑如何缴纳税款的问题了。目前我国在税收实务中对非居民企业取得的营业利润,绝大多数时候采取核定利润率征收,这是因为如果采用查账征收的话,有关成本费用往往难以准确核算,即使能够准确核算也存在举证障碍,因此,税务机关倾向于对非居民取得的劳务服务项目收入在有征税权的前提下,按照核定利润率的方式征收企业所得税。规范非居民企业核定征收企业所得税的最重要的文件是《非居民企业所得税核定征收管理办法》(国税发〔2010〕19号发布),该文件对核定利润率的情况作了几个重要规定。

首先,该文件对核定利润率的范围设立了参考标准。其第五条规定:"(一)从事承包工程作业、设计和咨询劳务的,利润率为15%~30%;(二)从事管理服务的,利润率为30%~50%;(三)从事其他劳务或劳务以外经营活动的,利润率不低于15%。"

其次,该文件对非居民企业来中国境内提供劳务规定了举证责任。国税发〔2010〕19号文件强化了非居民企业的举证责任,其中第七条规定,"非居民企业为中国境内客户提供劳务取得的收入,凡其提供的服务全部发生在中国境内的,应全额在中国境内申报缴纳企业所得税",同时又规定,"如非居民企业不能提供真实有效的证明,税务机关可视同其提供的服务全部发生在中国境内"。对于以上规定并结合税收协定有关常设机构条款,我们可以得出适用核定征收的三种主要情况。

第一种情况,非居民企业派遣雇员来华工作时间超过183天,构成常设机构。根据双边税收协定,大多数情况下对于任意12个月内来华时间超过183天的,就可以认为构成了常设机构,中国对非居民企业在中国境内的常设机构取得来源于中国境内的劳务服务所得有权征税。

第二种情况,非居民企业来中国境内提供劳务服务,出于某些原因无法向中国税务机关提供其准确的人员出入境记录来证明其来华时间不超过183天。在这种情况下,可以依据国税发〔2010〕19号文件第七条规定,把非居民企业取得该项目的收入全部视为从中国境内取得,且不论其来华时间是否超过183天,都应缴纳企业所得税,并可采取核定利润率的方式征收。

第三种情况,没有与中国签订有关税收协定条款。如果来自与中国没有签订税收协定的国家或地区的非居民企业进入中国境内,中国税务机关依据国内法其所取得的劳务服务收入拥有征税权,在这种情况下也适用核定征收。这种情况出现的可能性比较小,因为目前中国已经与世界100多个经济体都签署了税收协定,涵盖了我国对外经济交往的绝大部分国家和地区。

7.1.3 代垫工资费用

非居民企业向境内企业派遣劳务人员,是指非居民企业向境内企业,主要是其关联企业,派遣人员担任高管或其他技术职务,其派遣人员的工资、社保等费用由境外居民企业在境外垫付,最终由境内企业向该境外企业支付被派遣人员的工资、薪金,以及管理费等费用。

境内企业向境外企业支付这些垫付费用时,应该如何定性这些费用,是进行纳税判定的关键之处,也是困难之处。根据税收协定,如果这些被派遣人员入境后构成了常设机构,则境内企业支付的这些费用应该被视为非居民企业的营业收入,按照核定利润率征收企业所得税;如果被派遣人员不构成常设机构,那么境内公司向外籍人员支付的费用,不论是直接支付还是通过母公司转支付,都视为被派遣员工的工资、薪金性质费用支付,只需要缴纳个人所得税,不需要按照核定利润率缴纳非居民企业所得税。

非居民企业派遣人员提供劳务税收问题的复杂性在于,被派遣人员与境内企业和境外派遣企业之间的管理、责任和款项支付性质等关系难以厘清,特别是在派遣人员在境内担任高管等公司职务的情形下认定更加困难。从整体而言,此类行为涉及企业所得税、增值税和个人所得税的问题;从企业所得税角度来说,境外非居民企业是否负有纳税义务,除需要判定其是否构成机构场所外,还应判定其是否构成常设机构。

判定非居民企业派遣人员在境内提供劳务的纳税义务的难点还在于确定外派人员的工作性质。通常情况下,外派人员受非居民企业派遣,与非居民企业的雇佣关系并没有解除,在派遣期间主要在境内企业从事管理、技术等方面的工作。在派遣期间外派人员是作为非居民企业的雇员为非居民企业提供劳务,还是属于境内企业雇员为境内企业提供劳务,税企双方存在较大争议。如果属于前者,则非居民企业构成在境内设立机构场所。因此，确定外派人员是否属于非居民企业的雇员并为非居民企业服务的具体标准是解决这一问题的关键，为此，我们需要从对工作结果承担责任和风险、工作考核评估等方面进行综合评价。

为了解决以上问题，国家税务总局发布了《国家税务总局关于非居民企业派遣人员在中国境内提供劳务征收企业所得税有关问题的公告》（国家税务总局公告2013年第19号），比较全面完整地对这类问题进行了解答。

首先，国家税务总局公告2013年第19号文件从两个角度对非居民企业派遣人员在境内提供劳务明确了构成机构场所的判定要素：一是根据被派遣企业人员的工作结果责任和风险由谁承担，来判定派遣人员所从事的工作性质是与派遣企业还是与境内企业有实质联系，这是基本判定因素，与构成常设机构的判定具有原则和逻辑上的一致性；二是列举5个方面的参考因素，主要从费用支付相关的情况，考察派遣企业是否通过收取费用取得来源于中国的所得，以支持第一层次的判断。这5个方面的因素，大部分属于并列的情形，也就是说，一般而言，只要符合其中之一，加上前面的定性条件，就可以判定构成机构场所和常设机构。值得注意的是，如果被派遣人员的工资、薪金已经全额在中国缴纳个人所得税，即使派遣企业负担其中的全部或部分费用，由于不存在派遣企业负担工资、薪金或通过派遣行为取得所得的情况，因此，此种情形不作为判断构成机构场所的因素。国家税务总局公告2013年第19号文件的具体规定如下：如果派遣企业对被派遣人员工作结果承担部分或全部责任和风险，通常考核评估被派遣人员的工作业绩，应视为派遣企业在中国境内构成机构场所；如果派遣企业提供劳务的机构场所具有相对的固定性和持久性，那么该机构场所在中国境内构成常设机构。进行上述判断时，应结合下列因素予以确定：①接收劳务的境内企业（以下统称接收企业）向派遣企业支付管理费、服务费性质的款项；②接收企业向派遣企业支付的款项金额超出派遣企业代垫、代付被派遣人员的工资、薪金、社会保险费及其他费用；③派遣企业并未将接收企业支付的相关费用全部发放给被派遣人员，而是保留了一定数额的款项；④派遣企业负担的被派遣人员的工资、薪金未全额在中国缴纳个人所得税；⑤派遣企业确定被派遣人员的数量、任职资格、薪酬标准及其在中国境内的工作地点。

对于不构成常设机构的情况，国家税务总局公告2013年第19号文件也作了明确说明。如果派遣企业仅为在接收企业行使股东权利、保障其合法股东权益而派遣人员在中国境内提供劳务，包括被派遣人员为派遣企业提供对接收企业投资的有关建议、代表派遣企业参加接收企业股东大会或董事会议等活动，均不因该活动在境内发生而被认定为在中国境内构成机构场所或常设机构。

其次，国家税务总局公告2013年第19号文件对于税务机关审核派遣行为性质的内容、方法提出了具体指引。主管税务机关应重点审核下列与派遣行为有关的资料，以及派遣安排的经济实质和执行情况，确定非居民企业所得税纳税义务：①派遣企业、接收企业和被派遣人员之间的合同协议或约定；②派遣企业或接收企业对被派遣人员的管理规定，包括被派遣人员的工作职责、工作内容、工作考核、风险承担等方面的具体规定；③接收企业向派遣企业支付款项及相关账务处理情况，被派遣人员个人所得税申报缴纳资料；④接收企业是否存在通过抵消交易、放弃债权、关联交易或其他形式隐蔽性支付与派遣行为相关费用的情形。

再次,关于国家税务总局公告2013年第19号文件的解读还提出了在理解和执行公告方面应注意的问题。①有关构成常设机构问题。在派遣企业属于与中国有税收协定的国家或地区的居民企业的情况下,如果被判定为在中国境内构成机构场所,并需要享受协定待遇的,需要根据税收协定执行规定的有关内容和程序,包括根据协定条款具体判定常设机构是否构成,以及进行相应的备案。构成机构场所但未构成常设机构的,其取得的归属于机构场所的所得在中国不负有纳税义务。此公告主要针对的派遣人员在境内担任固定职务的时间通常超过6个月,因此,判断属于此种特殊情形的,必须在严格区分机构场所和常设机构概念的基础上,提出相关的理由和资料,证明其虽构成机构场所但不构成常设机构。在公告界定的外派劳务的模式下,此种构成机构场所但不构成常设机构的情形属于例外情形。②该文件规定,对于派遣行为涉及的对外支付,非居民企业、支付人和税务机关都应该严格遵照国家税务总局下发的对外支付出具税务证明的相关规定执行。主管税务机关在境内机构和个人提交对外支付申请表并填写完整、所附资料齐全的,应当场为其出具税务证明,不得以相关纳税义务难以判断等为理由,拖延或阻碍正常的对外支付行为。③涉及该文件施行前发生的事项,如果未做税务处理,包括有相关款项未对外支付,或未申报纳税等情形,应当根据该公告的规定,重新进行判定,符合条件的,应相应进行登记、申报纳税及相关税务管理。

支付非居民企业代垫工资,存在潜在的税务风险,比如以支付代垫工资的名义支付了非常高额的费用,这些费用的金额远远超过该员工在派遣公司创造的价值,同时其工作职位并非具有不可替代性,如果换作本土员工同样可以胜任,那么这时税务机关就有理由怀疑非居民企业是借支付代垫工资来转移利润,就有可能介入调查。

7.2 复杂劳务典型案例

本节通过介绍一些典型的跨境劳务服务案例,来说明在一些特定情形下对非居民企业向境内销售劳务时的纳税判定,其中涉及核定征收企业所得税判定、常见拆分合同的避税案例,以及与支付境外个人代垫费用(工资)相关的对外支付税务案例。

7.2.1 拆分劳务合同被认定构成机构场所

复杂劳务的典型案例中有一类是人为拆分劳务合同来规避税务机关劳务纳税判定的避税案例。我国税法对于非居民企业劳务征税的判定,通常需要考虑该非居民企业是否适用税收协定的情况,如果派遣人员入境提供劳务超过183天构成常设机构,通常需要在我国境内缴纳企业所得税。从某些企业的角度来讲,如果能够把超过183天的境内征税劳务变成不征税的劳务,就需要从超过183天构成境内常设机构的纳税判定入手对相关合同进行修改。以下这个案例就体现了这种避税方法(图7-2)。

企业的申请是这样的:对于企业签订的派遣协议,涉及的相关金额主要是支付代垫的

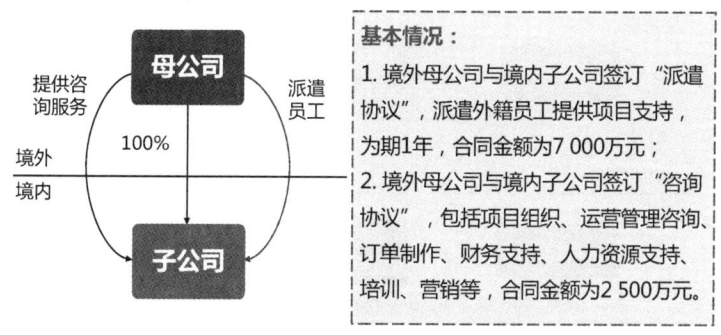

图 7-2 人为拆分劳务合同案例

员工工资。这部分工资属于垫付性质不应该在中国征税,境外母公司也没有取得该垫付工资,而是全部作为工资转发,所以这一部分代垫工资不用在中国缴税。另外一个咨询协议属于境外劳务,因为所有的运营管理咨询等劳务都是由境外母公司的境外员工通过远程服务对境内子公司进行指导,没有入境。综合以上两种情况,非居民企业申请不缴纳企业所得税。这个案例从整个安排结构和合同划分上看非常巧妙。

对此,税务机关提出了两个观点进行反驳:境外母公司与境内子公司签订的派遣协议和咨询协议,其实属于同一事项的劳务服务,应该合并看作一项服务来进行处理,而不应该看作两个单独的合同。这是税务机关的核心观点。也就是说,两个合同的金额(7 000万元与2 500万元之和),需要合并起来核定征收企业所得税。除此以外,税务机关还认为境外母公司派遣到中国境内的员工在中国境内工作期间取得的工资收入,应该按税法规定缴纳个人所得税,并且个人所得税的纳税义务和非居民企业所得税的纳税义务之间没有替代关系。非居民企业不能以此为由提出不缴纳企业所得税的主张。从企业的角度来看,该企业虽然在整体合同安排上考虑周密,在合同拆分的金额设置上也有深层次考虑,但是该企业在向税务机关提出诉求的时候出现了失误,其纳税判定请求与合同整体安排存在内在冲突。这些都属于比较深层次的税务知识,我们只有在掌握基本的劳务纳税判定文件规定的基础上才能进一步理解。

7.2.2 支付境外个人顾问费及差旅费怎样缴税

目前,越来越多的境外个人以独立个人劳务的名义为我国境内企业提供专业服务,当境内企业向境外个人支付劳务报酬的时候,就产生了纳税判定问题:境内企业需要判定这笔对外支付的报酬是否需要向我国税务机关申报代扣代缴该境外个人的相关税收。这个纳税判定与境外个人提供劳务的不同方式有关。本案例以三种不同模式下境外劳务的纳税判定为目标,介绍相关纳税判定的思考判断过程(图7-3)。

7.2.2.1 代垫费用第一种模式

第一种模式(图7-4),境外个人向中国境内企业提供的顾问服务是针对境外项目公司提供的独立个人劳务,其在提供劳务过程中发生的差旅费用全部发生在境外,所实施顾问服务的项目在中国境外,在整个劳务的提供过程中,境外个人没有进入中国境内。

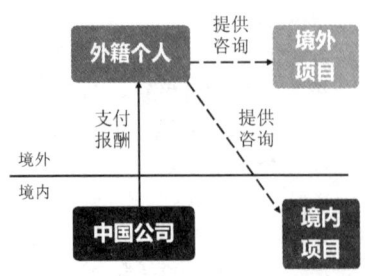

图 7-3 代垫费用基本模式

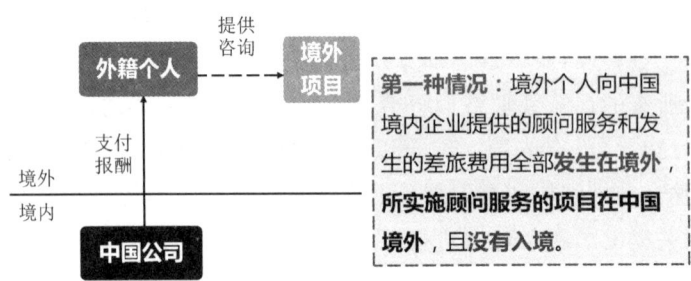

图 7-4 代垫费用第一种模式

先来看增值税的纳税判定。对于这种情况，劳务发生地点和过程比较单一，均发生在中国境外。根据财税〔2016〕36 号文件附件 1 第十三条的规定，"下列情形不属于在境内销售服务或者无形资产：（一）境外单位或者个人向境内单位或者个人销售完全在境外发生的服务"。如果该境外个人提供的个人独立劳务在这种模式下符合"完全发生在境外的服务"的定义，则不需要在境内缴纳增值税。

在第一种模式下，由于境外个人提供的顾问服务实施的项目在境外，服务的提供方是境外个人，服务的接受方是境外项目公司，在劳务服务的提供过程中，服务对象是中国公司的境外项目公司，与境内货物和不动产无关，因此，可以认为该境外个人提供的独立个人劳务属于完全在境外消费的服务。境外个人从中国公司获得的劳务报酬不用在中国境内缴纳增值税。

接下来分析境外个人是否在中国境内缴纳个人所得税。根据我国《个人所得税法》对个人所得的分类规定，本案例中境外个人通过个人劳务获得的所得属于劳务报酬所得。对于劳务报酬所得是否需要在中国境内缴纳个人所得税，需要根据劳务报酬所得的来源进行判断，如果个人劳务所得来源于中国境内则需要在中国境内缴纳个人所得税，如果个人所得来源于中国境外则不需要在中国境内缴纳个人所得税。判断劳务报酬所得是否来源于中国境内，需要根据《个人所得税法实施条例》第三条进行判断，即"除国务院财政、税务主管部门另有规定外，下列所得，不论支付地点是否在中国境内，均为来源于中国境内的所得：（一）因任职、受雇、履约等在中国境内提供劳务取得的所得"。根据以上条款规定，在第一种模式下，由于境外个人提供的顾问服务履约的地点不在中国境内,且履约期间没有入境,因此,本案例中境外个人取得的个人劳务报酬所得不属于来源于中国境内的所得,不需要在中国境内缴纳个人所得税。

7.2.2.2 代垫费用第二种模式

第二种模式(图7-5),境外个人向中国境内企业提供的顾问服务是针对境内项目提供的独立个人劳务,其在提供劳务过程中发生的差旅费用全部发生在境外,所实施顾问服务的项目在中国境内,在整个劳务的提供过程中,境外个人全程通过远程服务提供劳务,没有进入中国境内。

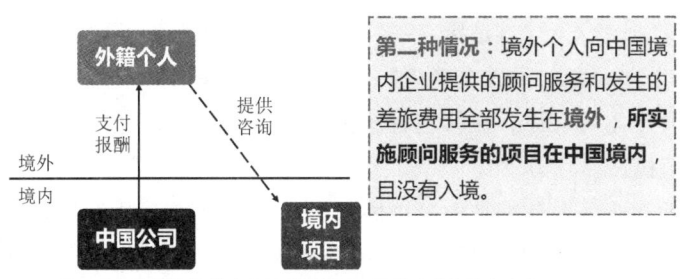

图7-5 代垫费用第二种模式

先来看增值税的纳税判定。对于这种情况,需要通过劳务发生地点和过程来判断是否属于发生在中国境内的劳务。根据财税〔2016〕36号文件附件1第十二条的规定,"在境内销售服务、无形资产或者不动产,是指:(一)服务(租赁不动产除外)或者无形资产(自然资源使用权除外)的销售方或者购买方在境内"。该境外个人提供的个人独立劳务由于购买方或接受方是境内的项目公司,因此,在第二种模式下符合劳务发生在中国境内的服务定义,需要在境内缴纳增值税。

接下来分析境外个人是否在中国境内缴纳个人所得税。对于劳务报酬所得是否需要在中国境内缴纳个人所得税,需要根据劳务报酬所得的来源进行判断,如果个人劳务所得来源于中国境内则需要在中国境内缴纳个人所得税,如果个人劳务所得来源于中国境外则不需要在中国境内缴纳个人所得税。在第二种模式下,由于境外个人提供的顾问服务履约的地点不在中国境内,且履约期间没有入境,因此,本案例中境外个人取得的个人劳务报酬所得不属于来源于中国境内的所得,不需要在中国境内缴纳个人所得税。

7.2.2.3 代垫费用第三种模式

第三种模式(图7-6),境外个人向中国境内企业提供的顾问服务是针对境内项目提供的独立个人劳务,其在提供劳务过程中发生的差旅费用全部发生在境内,所实施顾问服务的项目在中国境内,在整个劳务的提供过程中,境外个人进入中国境内的时间累计不满183天。

先来看增值税的纳税判定。对于这种情况,需要通过劳务发生地点和过程来判断是否属于发生在中国境内的劳务。根据财税〔2016〕36号文件附件1第十二条的规定,"在境内销

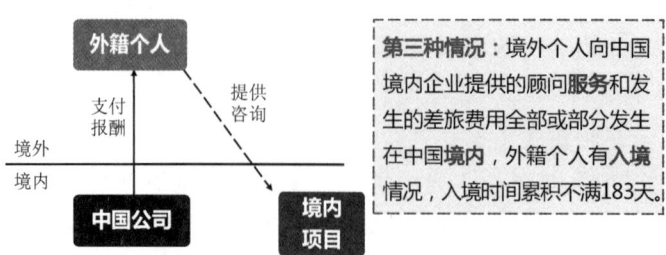

图 7-6 代垫费用第三种模式

售服务、无形资产或者不动产,是指:(一)服务(租赁不动产除外)或者无形资产(自然资源使用权除外)的销售方或者购买方在境内"。该境外个人提供的个人独立劳务由于购买方或接受方是境内的项目公司,因此,在第三种模式下符合劳务发生在中国境内的服务定义,需要在境内缴纳增值税。

接下来分析境外个人是否在中国境内缴纳个人所得税。对于劳务报酬所得是否需要在中国境内缴纳个人所得税,需要根据劳务报酬所得的来源进行判断,如果个人劳务所得来源于中国境内则需要在中国境内缴纳个人所得税,如果个人劳务所得来源于中国境外则不需要在中国境内缴纳个人所得税。在第三种模式下,由于境外个人进入中国境内提供顾问服务,履约的地点发生在中国境内,因此,本案例中境外个人取得的个人劳务报酬所得属于来源于中国境内的所得,从一般情况来看,需要在中国境内缴纳个人所得税。接下来,具体分析一下该个人所得税是否适用税收协定,是否需要在中国境内缴纳个人所得税。如果该境外个人所在国家或地区与中国没有签订有效的税收协定,那么该境外个人只要入境工作就需要在中国境内缴纳劳务报酬个人所得税;如果该境外个人所在国家或地区与中国签订了有效税收协定,那么该境外个人如果在连续 12 个月内入境工作时间累计不超过 183 天(或 6 个月),则不需要在中国境内缴纳劳务报酬个人所得税。

在本案例中,该境外个人进入中国境内的时间不满 183 天,如果境外个人所在国家或地区与中国签订了有效税收协定,则该个人就不需要在中国缴纳劳务报酬个人所得税。

8

佣金和手续费纳税判定规则与案例

近年来,随着我国不断加大对外开放力度,我国企业越来越多地"走出去"开拓国外市场,在这个过程中我国企业经常会聘请境外非居民企业帮助开拓国外市场。与此同时,还有很多境外非居民企业进入中国市场,通过在中国境内设立公司或机构场所为中国企业提供专业服务。在这些过程中,就出现了大量的中国居民企业向非居民企业或其关联公司支付代理费用即佣金手续费的情况。佣金手续费在我国税法规定中属于一项比较特别的费用,具有一定的复杂性,也被一部分企业当作跨境交易避税的工具。为了避免境内税基被侵蚀,我国财税部门针对企业支付和税前列支佣金手续费制定了特殊的管理规定,因此,作为跨境经营的企业,有必要从业务模式的角度出发,了解对外支付各类型佣金手续费的税务规定,以及怎样在签订业务合同中避免出现支付佣金手续费的税务风险。本章的内容将从佣金手续费的业务模式出发,重点介绍涉及非居民企业的佣金手续费税务问题,也将讲解与之相关的居民企业税务处理。

8.1 佣金手续费的税收规定

本节主要介绍佣金手续费的基本概念,以及目前税收文件中对佣金手续费处理的规定,为后续理解复杂的佣金和手续费的实务处理打下基础。

8.1.1 佣金手续费的概念

佣金手续费,是指代理人或经纪人为委托人介绍业务或推广营销而收取的报酬。佣金手续费的特点是与交易结果挂钩收取费用。从佣金手续费的定义来看,佣金手续费和劳务报酬具有明显不同的特征,佣金手续费是以最终被代理的活动是否达成约定的目标为是否收费的依据,而劳务报酬通常是将劳务提供方付出的劳务工作量作为支付报酬的重要衡量标准。从收费标准来看,通常佣金手续费是按照资产或者收入的一定比例来计算收费金额,而劳务报酬一般是将工时或其他工作量指标作为依据来计算收费金额。由于佣金手续费和劳务报酬之间存在较大差异,在办理非居民服务贸易对外支付事项前,相关企业和人员必须对相关的支付款项的性质进行准确的判定后才能进行正确的税务处理。

8.1.2 佣金手续费的税收规定

首先来看税收文件对于居民企业相关的佣金手续费的规定。根据《财政部 国家税务总局关于企业手续费及佣金支出税前扣除政策的通知》（财税〔2009〕29号）第一条、第三条、第五条的规定，企业发生与生产经营有关的手续费及佣金支出，除保险企业外的其他企业，按与具有合法经营资格中介服务机构或个人（不含交易双方及其雇员、代理人和代表人等）所签订服务协议或合同确认的收入金额的5%计算限额；企业不得将手续费及佣金支出计入回扣、业务提成、返利、进场费等费用；企业支付的手续费及佣金不得直接冲减服务协议或合同金额，并如实入账。通过以上规定我们可以发现，佣金手续费的税收文件对我国居民企业的规定主要是针对非保险企业的支付方做出的限制性规定，其对外支付的佣金手续费不一定能全额在税前作为成本费用扣除。这项规定主要是为了限制居民企业任意支付佣金手续费而侵蚀税基。

再来看我国境内机构和个人向非居民企业支付佣金手续费时，我国税收文件有哪些规定。我国境内机构和个人向非居民企业支付佣金手续费，涉及两个领域的税务问题：一个是办理服务贸易对外支付税务备案的相关税务规定；另一个是关于是否代扣代缴企业所得税和增值税的判定。

在对外支付备案税务规定方面，《国家税务总局 国家外汇管理局关于服务贸易等项目对外支付税务备案有关问题的公告》（国家税务总局 国家外汇管理局公告2013年第40号）第三条第（三）项规定，"境内机构发生在境外的进出口贸易佣金、保险费、赔偿款"无需办理和提交《服务贸易等项目对外支付税务备案表》。根据该项规定，一般情况下，进出口贸易支付佣金、手续费，无需办理非贸付汇手续。

那么是否存在需要办理佣金手续费的特殊情况呢？这个问题比较复杂，需要分具体情况进行处理，需要先对"佣金"进行判断。如果实务中涉及的佣金是指进出口货物佣金，也就是与货物贸易相关的佣金，那么这类佣金在会计核算上通常是需要计入货物成本的。这里的"佣金"是货物贸易下的专有名词，与服务贸易对外支付无关。这一类型的佣金不需要办理对外支付税务备案。

如果在实务工作中涉及的"佣金"是为进出口商品开拓市场而发生的费用，则该项费用应计入营业费用，其实质是一项劳务费用而非货物贸易佣金。该项费用与国家税务总局、国家外汇管理局公告2013年第40号文件有关，需要进行企业所得税和增值税的纳税判定，需要办理《服务贸易等项目对外支付税务备案表》。在具体纳税判定方面，如果佣金被判定为一项劳务，且支付佣金的我国境内机构是该劳务的接受方，那么该项劳务有可能需要在中国境内缴纳增值税。如果该劳务性质的佣金全部是为出口市场服务，则属于完全发生在境外的劳务，不在中国境内缴纳增值税；如果该劳务性质的佣金全部是为进口后国内市场服务，则不属于完全发生在境外的服务，应在中国境内缴纳增值税。在企业所得税方面，应根据该项佣金劳务的发生地进行判定，如果是完全发生在中国境外的劳务，则不需要在中国缴纳企业所得税；如果该佣金劳务在提供服务的过程中进入了中国境内，则属于一项境内劳务，有可能需要在中国境内缴纳企业所得税。

8.2 佣金和手续费非居民税务案例

本节将介绍跨境支付劳务性质的佣金手续费时,如何对其在中国境内的纳税情况进行识别和判定,并讲解有可能会导致哪些常见的税务风险,应该如何应对。

8.2.1 支付境外佣金无需备案

境内支付人向境外支付佣金,是否需要办理对外支付税务备案是办理该类业务时首先需要解决的问题。本案例为大家提供了判断对外支付佣金手续费不需要办理对外支付备案的一种基本模式。

案例基本情况:境外 A 公司是一家国际贸易中间商,境内 B 公司委托境外 A 公司为其提供居间服务开拓国际市场,双方签订佣金销售合同。合同约定,境外 A 公司为境内 B 公司在境外市场推广其产品获得客户订单,境内 B 公司按成交情况支付给境外 A 公司销售货物一定比例的佣金,并且境外 A 公司和境内 B 公司签订合同明确佣金支付条件和支付方式。具体交易情况如图 8-1 所示。

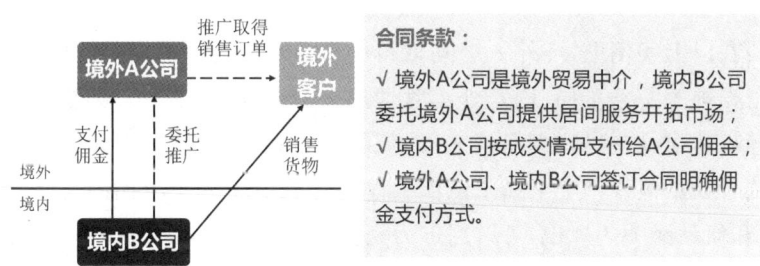

图 8-1 向境外支付佣金无需备案案例

纳税判定:在以上案例中,境外 A 公司取得的来自中国境内的支付款项属于货物贸易下的进出口贸易佣金。根据国家税务总局、国家外汇管理局公告 2013 年第 40 号文件第三条第(三)项规定,"境内机构发生在境外的进出口贸易佣金、保险费、赔偿款"无需办理和提交《服务贸易等项目对外支付税务备案表》,无需办理服务贸易对外支付备案。该笔佣金在境内 B 公司的账务处理中,应计入出口货物的成本。

通过以上案例,我们了解到我国境内机构和个人向境外支付佣金手续费时,需要先区分该佣金手续费是服务贸易项下还是货物贸易项下的佣金。如果是与货物进出口相关的佣金手续费,那么根据相关文件规定不需要办理对外支付备案相关手续。

8.2.2 向境外支付佣金手续费判定劳务征税

境内支付人向境外支付佣金,如果支付项目属于服务贸易范畴而不是进出口贸易,那么就需要按照服务贸易对外支付的文件要求进行纳税判定并办理服务贸易对外支付备案。在这种前提下,就需要判断发生在境外的佣金劳务是否需要在境内缴纳企业所得税和增值税。本案例为大家提供了另一种判断对外支付佣金手续费需要缴纳税款的基本模式。

案例基本情况:境外 A 公司是一家境外咨询公司,境内 B 公司委托境外 A 公司为其提供境外项目工程咨询服务,双方签订咨询合同。合同约定,境外 A 公司为境内 B 公司的海外工程提供咨询并约定支付佣金,在合同实际履行中,由境内 B 公司向境外 C 公司实际支付佣金,并且境外 C 公司是与境外 A 公司、境内 B 公司无关的第三方公司。具体交易情况如图 8-2 所示。

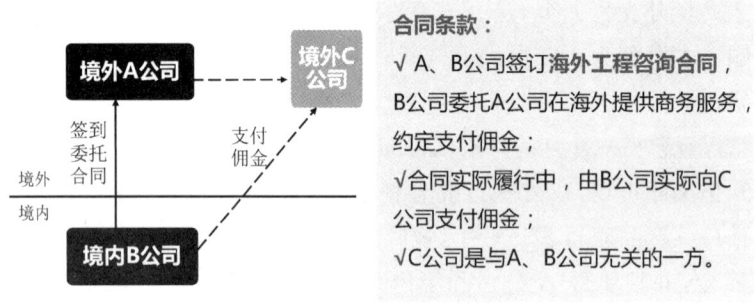

图 8-2 向境外支付佣金手续费

纳税判定:在以上案例中,境外 A 公司取得的来自中国境内的支付款项属于咨询服务的佣金收入,应根据国家税务总局、国家外汇管理局公告 2013 年第 40 号文件规定,办理和提交《服务贸易等项目对外支付税务备案表》。该笔咨询服务接受方是境外的工程项目,由境内机构支付,结合在增值税判定上如果该项工程完全发生在境外,无论是过程还是结果都与中国境内项目和商品无关的规定,可以判定为完全发生在境外的服务,不需要在中国境内缴纳增值税。

本案例的重点在于对企业所得税的纳税判定。根据本案例情况介绍,由于境外 A 公司提供的咨询服务发生在境外,没有进入中国境内,因此,该项对外支付佣金的劳务有可能被判定为发生在中国境外的劳务,不在中国境内缴纳企业所得税。但是,在本案例中境外 A 公司和境内 B 公司签订的合同里,存在以下 3 个主要疑点,导致纳税判定结果可能出现变化:第一,境内 B 公司无法说明佣金合同与境外 C 公司的关系,无法提供与境外 C 公司签订的相关合同,这表明其中可能涉及支付合同没有载明的其他费用;第二,该笔支付项目很可能是借佣金名义支付赔款、劳务等费用;第三,该笔对外佣金支付可能利用佣金转移利润。基于以上理由,在境内支付方没有能够合理解释且无法提供有效举证资料的前提下,税务机关可以判定该笔对外支付的佣金应该在中国境内按照核定征收的方式缴纳企业所得税。税收文件依据是《非居民企业所得税核定征收管理办法》(国税发〔2010〕19 号)第七条,"如非居民企业不能提供真实有效的证明,税务机关可视同其提供的服务全部发生在中国境内,确定其劳务收入并据以征收企业所得税"。通过以上案例可以看出,我们需要加强对向境外支付佣金手续费项目的重视,向税务机关提供合理的举证材料是企业主张自身合法权益的必要条件。向境外支付佣金合同风险如图8-3所示。

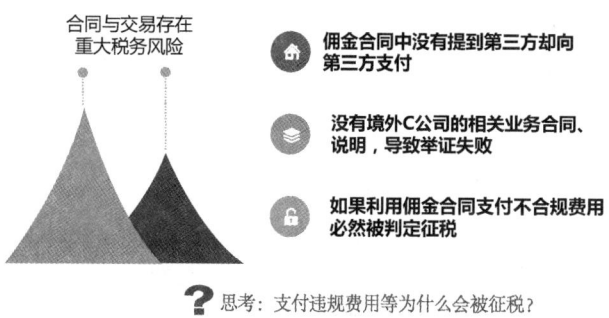

图8-3　向境外支付佣金合同风险

8.2.3　境内子公司独立代理收取佣金怎样缴税

还有一类有关佣金手续费的常见模式是由境内公司收取佣金手续费的模式。这种模式下的要点是，对收取佣金的境内公司的独立性做出判定，如果境内子公司从事独立代理服务，那么，通常不构成非居民企业的境内常设机构，可以适用独立交易的模式处理相关税务问题。

案例基本情况：境外A公司是境内B公司的母公司，境内B公司是专职从事商贸代理业务的公司，其主要客户为中国境内的公司，帮助境外客户开拓国内市场。境外A公司有一项贸易，委托境内B公司代理，双方签订合同约定境外A公司向境内B公司支付佣金，佣金标准与境内B公司的其他客户相同。境外A公司在销售推广成功后直接将产品销售给境内客户，不通过境内B公司销售。具体交易情况如图8-4所示。

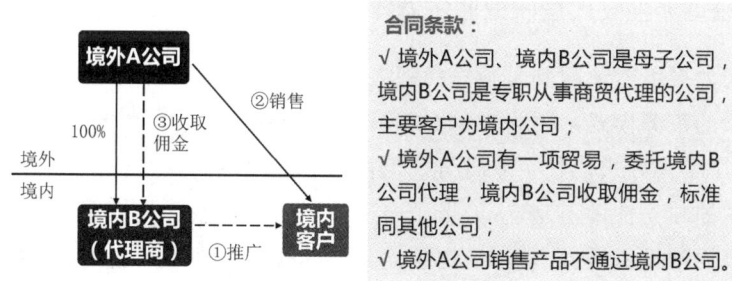

图8-4　境内子公司从事独立代理案例

纳税判定：在以上案例中，境内子公司B是否构成境外母公司A的独立代理人，是本案例的重点。如果境内B公司是独立代理人，那么境内B公司不构成境外A公司的常设机构，仅就其收取的佣金缴纳企业所得税。判断境内B公司是否构成独立代理人，在本案例中有以下两个关键信息：一个是境内子公司B从事专职代理业务；另一个是境内B公司按照同类代理标准收费。

关于境内公司是否构成独立代理人，我国国税发〔2010〕75号文件关于中国与新加坡税收协定的解释中,第五条常设机构条款中第六款有明确解释:"代理人的活动同时符合下列两个条件的,才属于本款规定的独立代理人,即不构成被代理企业的常设机构。

"(一)该代理人在法律上和经济上独立于被代理企业。在判定独立性时,可考虑如下几个因素:

"1. 代理人商务活动的自由度。如果代理人在被代理企业的具体指导和全面控制下为企业进行商务活动,而不是自行决定工作方式,那么该代理人一般不具有独立地位。

"2. 代理人商务活动的风险由谁承担。如果由被代理企业承担而非由代理人承担,则该代理人一般不能被认为具有独立地位。

"3. 代理人代表的企业的数量。如果在相当长一段经营期或时间内,代理人全部或几乎全部仅为一家企业进行活动,该代理人很可能不是独立代理人。

"4. 被代理企业对代理人专业知识的依赖程度。一般来说,独立代理人具备独立从事商务活动的专门知识或技术,不需要依赖企业的帮助。相反,被代理企业通常借助代理人的专门知识或技术扩展自己的业务或推销自己的产品等。

"(二)独立代理人在代表企业进行活动时,一般按照常规进行自身业务活动,不从事其他经济上归属于被代理企业的活动。例如,某销售代理人以自己的名义出售某企业的货物或商品,这一行为是销售代理人的常规经营业务。如果该销售代理人在从事上述活动的同时,还经常作为企业的有权签约的代理人进行活动,那么因为这些活动已在自身贸易或营业常规之外,代理人将被视为被代理企业的非独立代理人而构成企业的常设机构。"

根据本案例中对境内外母子公司交易模式的描述,境内子公司B符合独立代理人定义,不构成境外母公司A的常设机构,仅对其收到的佣金手续费按照我国企业所得税法规定缴纳税款。

8.2.4 境内子公司非独立代理收取佣金怎样缴税

境内子公司如果不能证明其是独立代理人,那么很可能构成境外母公司的常设机构,这是一种比较复杂的税务模式。因为在这种模式下,不仅判定其非独立代理人身份存在较大难度,判定后采用哪种方式征收企业所得税也存在一定困难。这种模式下的要点是,对收取佣金的境内公司的独立性做出判定,如果境内子公司从事非独立代理服务,那么通常会构成非居民企业的境内常设机构,那就不适用独立交易的模式处理两个公司之间的税务问题。

案例基本情况:中国香港A公司是中国内地B公司的母公司,美国C公司是独立第三方。C公司委托A公司开拓中国内地市场,支付给A公司佣金;A公司的实际中国内地市场的开拓工作是B公司承担,并且B公司承担相关市场开拓的成本费用;A公司和B公司由同一老板控制,A公司和B公司之间未签订代理合同,B公司也不从事其他推广活动。具体交易情况如图8-5所示。

纳税判定:在以上案例中,B公司是否构成A公司的独立代理人,是本案例的重点。如果B公司是独立代理人,那么B公司不构成A公司的常设机构,仅就其收取的佣金缴纳企业所得税。判断B公司是否构成独立代理人,在本案例中有以下两个关键信息:一个是B

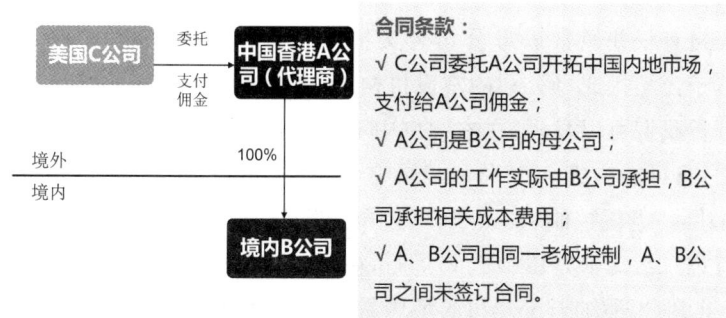

图 8-5 境内子公司从事非独立代理案例

公司不是专职从事代理业务的公司,其只是 A 公司的一个客户;另一个是 B 公司按照同类代理标准收费,其承担的境内推广费用没有得到合理补偿。

关于境内子公司是否由于非独立代理行为构成境外母公司的境内常设机构,我国国税发〔2010〕75 号文件第五条常设机构条款中的第七款有明确解释:"母公司通过投资设立子公司,拥有子公司的股权等形成的控制或被控制关系,不会使子公司构成母公司的常设机构。从税收角度看,子公司本身是一个独立的法人实体,即使它在业务上受母公司管理,也不应仅凭此而被视为母公司的常设机构。

"但是,由于母子公司之间的特殊关系,现实经济活动中,母子公司之间常存在较为复杂的跨境人员及业务往来。这种情况下,母公司在子公司的活动是否导致母公司在子公司所在国构成常设机构,应从以下几个方面掌握:

"(一)应子公司要求,由母公司派人员到子公司为子公司工作,这些人员受雇于子公司,子公司对其工作有指挥权,工作责任及风险与母公司无关,由子公司承担,那么,这些人员的活动不导致母公司在子公司所在国构成常设机构。此种情况下,子公司向此类人员支付的费用,不论是直接支付还是通过母公司转支付,都应视为子公司内部人员收入分配,对支付的人员费用予以列支,其所支付的人员费用应为个人所得,按子公司所在国有关个人所得税法相关规定,以及协定第十五条的有关规定征收个人所得税。

"(二)母公司派人员到子公司为母公司工作时,应按本条第一款或第三款的规定判断母公司是否在子公司所在国构成常设机构。符合下列标准之一时,可判断这些人员为母公司工作:

"1. 母公司对上述人员的工作拥有指挥权,并承担风险和责任;

"2. 被派往子公司工作的人员的数量和标准由母公司决定;

"3. 上述人员的工资由母公司负担;

"4. 母公司因派人员到子公司从事活动而从子公司获取利润。

"此种情况下,母公司向子公司收取有关服务费时,应按独立企业公平交易原则,确认母子公司上述费用的合理性后,再对子公司上述费用予以列支。如果上述活动使母公司在子公司所在国构成常设机构,则该子公司所在国可按本协定第七条的规定,对母公司向子公司收取的费用征收企业所得税。

"(三)子公司有权并经常以母公司名义签订合同,符合上述第五款关于'非独立代理人'有关条件的,子公司构成母公司的常设机构。"

通过以上分析我们可以发现,在本案例中B公司由于存在以下三个方面的疑点,其从事非独立代理活动,有可能构成A公司的境内常设机构。疑点一,B公司是非独立代理人,其活动受A公司和同一老板控制;疑点二,B公司的代理劳务未收取费用,不符合独立交易原则;疑点三,所有推广活动都是由B公司进行,境外公司没有从事实质上的推广活动。因此,以上案例中,由于B公司构成A公司的境内常设机构,需要对A公司来源于该常设机构的利润征税企业所得税。在具体征税方式上,可以把A公司取得的全部代理收入按照核定利润利率的方式计算缴纳企业所得税。

本案例点评:通过以上典型案例的纳税判定过程,我们可以看到对于判定境内子公司是否提供非独立代理劳务,是否构成境外母公司的常设机构是具有一系列判定标准的。如果读者在实际工作中遇到类似问题,可以根据以下点评发现有可能在合同签订中存在的税务风险隐患(图8-6)。

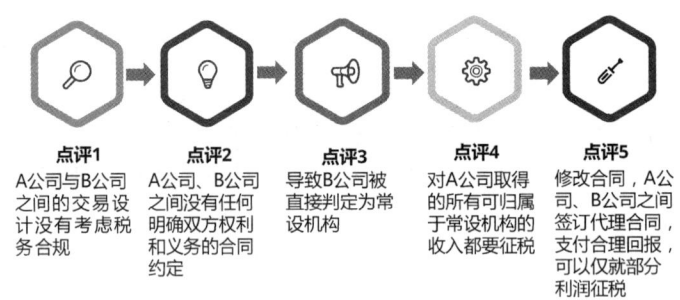

图8-6 非独立代理案例点评

(1)A公司与B公司之间的交易是否充分考虑了根据税收协定需要满足的税收合规要求,主要体现在A公司与B公司各自的功能风险安排上。

(2)A公司与B公司直接在合同关系上存在哪些权利和义务关系,例如B公司是否有权利代理除A公司以外的业务,是否有自主定价权等。

(3)要分析可能存在哪些因素导致B公司被判定为常设机构,这需要根据国税发〔2010〕75号文件第五条常设机构条款中关于独立代理行为和非独立代理行为的条款进行分析判定。

(4)在判定构成常设机构的条件下,A公司通过非独立代理人B公司取得收入,需要根据《企业所得税法》第三条规定常设机构征税原则缴纳税款,"非居民企业在中国境内设立机构、场所的,应当就其所设机构、场所取得的来源于中国境内的所得,以及发生在中国境外但与其所设机构、场所有实际联系的所得,缴纳企业所得税",即对A公司取得的与常设机构相关的全部收入征税。

(5)为了避免A公司取得全部境内收入被判定为与常设机构有关的收入和所得,双方在签订合同时,需要仔细研究合同条款和税收文件对常设机构的征税条款,签订符合合理商业目的的代理合同,约定合理的回报,这样才有可能只对符合常设机构征税原则的部分收入和所得征税。

8.2.5 佣金化整为零避税筹划

本案例(图 8-7)中,向境外非居民企业支付佣金手续费时,利用《国家税务总局 国家外汇管理局关于服务贸易等项目对外支付税务备案有关问题的公告》(国家税务总局 国家外汇管理局公告 2013 年第 40 号)对外支付 5 万美元以下不需要办理对外支付备案的规定,采用多次小额支付的方式进行避税。①

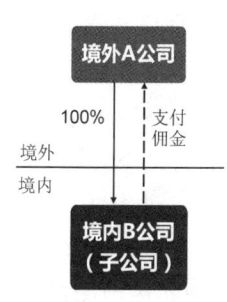

图 8-7 佣金化整为零避税案例

案例基本情况:中国境内的 B 公司向境外非居民企业 A 公司支付佣金,但是这些佣金金额比较小,支付频繁,每次支付都在 5 万~20 万美元,很多时候会低于 5 万美元,经过一段时间后累计对外支付金额有 200 多万美元。境内 B 公司解释这些费用是支付给境外非居民企业 A 公司用于支付境外代垫的广告费用。税务机关发现境内 B 公司的佣金推广行为虽然有很多次,但是这些佣金推广行为并不是完全独立的行为,而是为了避免多次对外支付的麻烦,把整体的推广佣金拆分为多次进行支付,按照 5 万美元以下小额付款程序进行办理。

纳税判定结果:境内 B 公司实施的将同类的多个合同进行拆分支付的办法,被税务机关认定为无论合同是怎么签的,都属于化整为零的避税筹划,从税务的角度来看应该视为同一个合同的对外支付备案。另外,需要提示读者的是,低于 5 万美元的对外支付项目即使不用办理对外支付备案也存在纳税义务。

8.3 怎样避免合同被税务机关误判

通过以上比较复杂的案例可以看到,企业在签订合同实施相关业务安排的时候,很多情况下由于对业务合同条款下的税务要求怎样落实不了解,而在纳税判定上被税务机关做出

---

① 参见:国家税务总局国际税务司.佣金拆分付汇逃避特许权使用费应缴税款[M]//非居民企业税收管理案例集.北京:中国税务出版社,2012.

了不利于企业的判定结果。那么怎样才能避免业务合同被税务机关误判呢？本节为大家提供一些解决这类问题的思路。

一方面，需要了解的是，这里所说的误判，并不是由哪一方的工作失误造成的某种结果，而是一些企业在签订合同时或者后续工作中的一些认识上的偏差导致的对其不利的情况。为了避免出现这种情况，企业财税部门必须加强和业务部门的沟通，特别是在重大合同签订之前需要两个部门进行密切协作。比如，如果合同中需要用到一些敏感词汇，企业财税部门应该向业务部门说明其中可能出现的税务风险，"佣金""保密"等词从纳税判定上说是比较重要的，若合同中必须使用，需要考虑其潜在风险。如果企业的合同涉及一些复杂的交易模式，特别是涉及关联方之间的一些交易模式，企业一定要把相关的交易模式里面各方的功能风险进行梳理，比如交易流程、付款流程、怎么开票等事项要考虑清楚，这是一个系统工程，也是一项必须做的基础工作。这些对整个交易性质的认定是非常重要的，因为对于不合理的交易税务机关有权进行调整。

另一方面，境内企业虽然是替境外非居民代扣代缴税款，但是境内企业在进行税务处理时，一定要把居民企业和非居民企业联系在一起考虑，要把非居民企业代扣代缴和居民企业的汇算清缴结合起来。因为居民企业在涉及一些相关的敏感支出的时候，比如佣金手续费等支出，会涉及居民企业的汇算清缴税前扣除限额问题。如果这笔费用被判定为佣金手续费，虽然对外支付没有问题，不用办理对外支付备案，甚至不用在境内缴税，但是居民企业作为支付方，只能够在汇算清缴时限额扣除，这个对企业来说影响也是很大的。所以，企业要通盘考虑这笔费用应该怎样定性。这个定性不是说合同上写什么就定性什么，而是需要从整个业务模式来进行判定。

9

无形资产对外支付纳税判定规则与案例

无形资产是非居民税收中的一项重要和复杂的税收事项。根据不同定义标准,无形资产被分为很多类型,各种不同的类型在不同的税收领域有着较大的区别。非居民通过无形资产从中国境内取得所得,需要根据不同的所得类型进行纳税判定,特别是对于一些特殊的无形资产所得,我国的税收文件中有不同的规定,这些都是需要专门了解的重要内容。

9.1 无形资产的非居民税收规定

要解决无形资产交易的税收问题,需要先对无形资产的税收概念有深刻的理解,并准确把握无形资产各种权属交易的税收特性,准确进行纳税判定。

9.1.1 无形资产的概念

国际税收领域对无形资产的讨论涵盖特许权使用费的范畴,在很多情况下,国际税收领域出于反避税的考虑,对无形资产概念的定义是非常宽泛的。在《OECD 转让定价指南》中,无形资产是指企业拥有或控制的以便在商业活动中使用的没有实物形态的非金融资产,独立企业间在可比情形下对其使用或转让会支付对价。涉及无形资产的转让定价分析的切入点应当是确定独立交易方在可比交易中会达成的交易条件,而不应拘泥于无形资产的会计或法律定义。

转让定价领域对无形资产的考虑比企业会计准则和我国《企业所得税法》的规定范围更加广泛,转让定价分析需要重点考察的无形资产,并不一定属于根据企业会计准则需要被确认的无形资产。例如,在某些情况下,为开发无形资产而发生的内部支出(如研发费和广告费)在会计中被作为当期费用而非资本,因此,由这些支出所产生的无形资产并不一定会体现在资产负债表上。然而,这些无形资产可能会产生显著的经济价值,故可能需要从转让定价角度予以考虑。判断某一项目是否应当在转让定价分析时被认定为《OECD 税收协定范本》第九条规定的无形资产,可以参考其会计上的特征,但并不能仅依据会计上的特征进行判定。此外,某一项目在转让定价分析中被认定为无形资产,并不决定或取决于其在一般纳税范畴中作为诸如当期费用或可摊销资产的性质。

除了以上对无形资产的定义,在国际税收和转让定价领域主要关注无形资产交易是否符合独立交易原则,也就是说,影响无形资产独立交易价值的要素都是需要考虑的变量。例如,无形资产的本地市场特点,包括该市场中家庭可支配收入水平、市场规模或市场的相对竞争程度等。在某些情况下,这些特点会影响特定交易的独立交易价格的确定。转让定价领域对无形资产的关注还包括无形资产价值的开发、价值提升、维护、保护和利用。

本书对无形资产的介绍,不是以转让定价为出发点,而是立足于解决非居民国际税收专业领域的实务问题,在非居民税收方面,主要依据我国《企业所得税法》和税收文件对非居民税收的相关规定,重点在于对一项无形资产交易行为的类型识别、纳税判定、纳税申报、备案支付等方面,而不是对无形资产交易价格是否符合独立交易原则的判定。这体现了国际税收中非居民税收和转让定价税收的主要区别。无形资产的概念如图9-1所示。

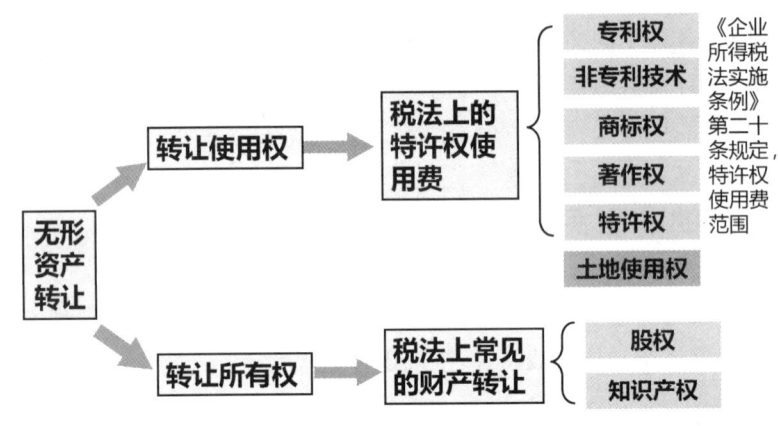

图9-1 无形资产的概念

9.1.2 无形资产使用权转让税收规定

对于无形资产使用权转让,我国税法和税收协定都有相关规定(图9-2),本节分别介绍这部分内容。

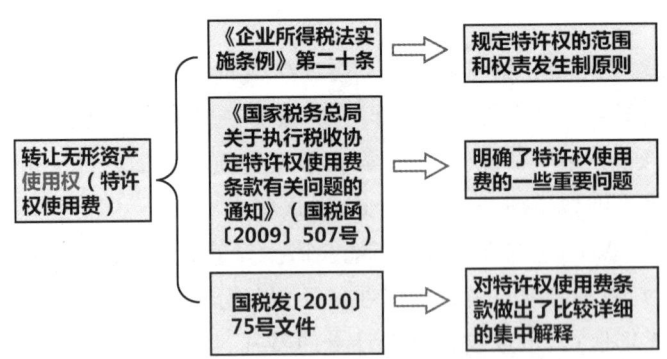

图9-2 无形资产使用权转让税法规定

9.1.2.1 我国国内税法的规定

企业转让无形资产使用权取得收入,在我国税法中又被称为特许权使用费收入,其税法依据是《企业所得税法实施条例》第二十条:"特许权使用费收入包括,企业提供专利权、非专利技术、商标权、著作权以及其他特许权的使用权取得的收入。"该条还规定了特许权使用费收入在《企业所得税法》上的确认时点："特许权使用费收入，按照合同约定的特许权使用人应付特许权使用费的日期确认收入的实现。"也就是说特许权使用费在税法上是根据合同约定的日期确认收入的发生，而不是根据实际收到该笔款项的时间。

对于非居民取得特许权使用费收入，我国税收文件《国家税务总局关于执行税收协定特许权使用费条款有关问题的通知》(国税函〔2009〕507号)有多项重要规定。在所得类型的识别上，特许权使用费的特征是与专有技术有关的特许权使用费一般涉及技术许可方同意将其未公开的技术许可给另一方，使另一方能自由使用，技术许可方通常不亲自参与技术受让方对被许可技术的具体实施，并且不保证实施的结果。这一条款是与服务所得相区别的重要条款。在服务和特许权使用费的区分上，相关文件指出，在服务合同中，如果服务提供方在提供服务过程中使用了某些专门知识和技术，但并不转让或许可这些技术，则此类服务不属于特许权使用费范围。但如果服务提供方提供服务形成的成果属于税收协定特许权使用费定义范围，并且服务提供方仍保有该项成果的所有权，服务接受方对此成果仅有使用权，则此类服务产生的所得，适用税收协定特许权使用费条款的规定。

对于特许权在提供过程中的附带相关劳务费是否属于特许权使用费范围，税收文件规定，在转让或许可专有技术使用权过程中如技术许可方派人员为该项技术的使用提供有关支持、指导等服务并收取服务费，无论是单独收取还是包括在技术价款中，均应视为特许权使用费，适用税收协定特许权使用费条款的规定。但如果上述人员的服务已构成常设机构，则服务部分的所得应适用税收协定营业利润条款的规定。如果纳税人不能准确计算应归属常设机构的营业利润，则税务机关可以根据税收协定常设机构利润归属原则予以确定。而对于一些特定的劳务活动，应定性为劳务所得而非特许权使用费所得。例如，单纯货物贸易项下作为售后服务的报酬；产品保证期内卖方为买方提供服务所取得的报酬；专门从事工程、管理、咨询等专业服务的机构或个人提供的相关服务所取得的款项。

9.1.2.2 税收协定对特许权使用费的规定

国税发〔2010〕75号文件第十二条规定："特许权使用费的来源国对该所得也有征税权，但对征税权的行使进行了限制，即设定最高税率为10%。但根据协定议定书第三条的规定，对于使用或有权使用工业、商业、科学设备而支付的特许权使用费，按支付特许权使用费总额的60%确定税基。"根据以上条款解释，非居民取得我国特许权使用费所得，我国享有征税权，且税率最高不超过10%。

因此，对于哪些项目才符合税收协定特许权使用费范围的定义，国税发〔2010〕75号文件第十二条第三款进一步做了明确，制定了以下6项解释条款。

（1）特许权使用费首先应与使用或有权使用以下权利有关：构成权利和财产的各种形式的文学和艺术，有关工业、商业和科学实验的文字和信息中确定的知识产权，不论这些权利是否已经或必须在规定的部门注册登记。还应注意，这一定义既包括了在有许可的情况下支付的款项，也包括因侵权支付的赔偿款。

（2）特许权使用费也包括使用或有权使用工业、商业、科学设备取得的所得，即设备租金。

但不包括设备所有权最终转移给用户的有关融资租赁协议涉及的支付款项中被认定为利息的部分;也不包括使用不动产取得的所得,使用不动产取得的所得适用协定第六条的规定。

(3) 特许权使用费还包括使用或有权使用有关工业、商业、科学经验的情报取得的所得。对该项所得应理解为专有技术,一般是指进行某项产品的生产或工序复制所必需的、未曾公开的、具有专有技术性质的信息或资料。与专有技术有关的特许权使用费一般涉及技术许可方同意将其未公开的技术许可给另一方,使另一方能自由使用,技术许可方通常不亲自参与技术受让方对被许可技术的具体应用,并且不保证实施的结果。被许可的技术通常已经存在,但也包括应技术受让方的需求而研发后许可使用,并在合同中列有保密等使用限制的技术。

(4) 在服务合同中,如果服务提供方在提供服务过程中使用了某些专门知识和技术,但并不许可这些技术使用权,则此类服务不属于特许权使用费范围。如果服务提供方提供服务形成的成果属于特许权使用费定义范围,并且服务提供方仍保有该项成果的所有权,服务接受方对此成果仅有使用权,则此类服务产生的所得属于特许权使用费。

(5) 在转让或许可专有技术使用权过程中,如果技术许可方派人员为该项技术的应用提供有关支持、指导等服务,并收取服务费,无论是单独收取还是包括在技术价款中,均应视为特许权使用费,适用本条的规定。但如上述人员的服务已构成常设机构,对归属于常设机构部分的服务所得应执行协定第七条营业利润条款的规定,对提供服务的人员执行协定第十五条非独立个人劳务条款的规定;对未构成常设机构或未归属于常设机构的服务收入仍按特许权使用费规定处理。

(6) 单纯货物贸易项下作为售后服务的报酬,产品保证期内卖方为买方提供服务所取得的报酬,专门从事工程、管理、咨询等专业服务的机构或个人提供的相关服务所取得的所得不是特许权使用费,应作为劳务活动所得适用协定营业利润条款的规定。"

9.1.3 无形资产所有权转让税收规定

我国《企业所得税法》中对无形资产所有权的转让有比较特殊的规定。在所得类型上,无形资产转让所得在企业所得税法中被分类为财产转让所得类型,具体来说主要是指权益性投资,即股权转让所得和无形资产所有权转让所得。对于非居民取得财产转让所得,《企业所得税法实施条例》第三条确定了财产转让所得来源的规定:"转让财产所得,不动产转让所得按照不动产所在地确定,动产转让所得按照转让动产的企业或者机构、场所所在地确定,权益性投资资产转让所得按照被投资企业所在地确定。"无形资产所有权转让税法规定如图9-3所示。

以上条款对非居民转让股权取得所得判断是否来源于中国境内做出了明确规定,即以被投资企业所在地确定,如果被投资企业是中国境内企业,非居民转让其股权取得的所得即被认定为取得来源于中国境内的所得,中国税务机关有征税权。如果非居民转让无形资产所得,取得来源于中国境内的支付方的款项,通常被归于取得其他财产转让所得,对于这类所得的征税权,需要根据我国税法和税收协定综合进行判断。

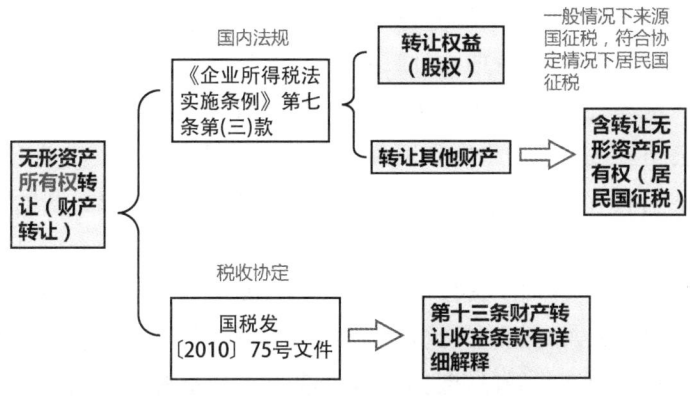

图 9-3 无形资产所有权转让税法规定

首先,如果我国与对方国家或地区之间没有税收协定,那么非居民取得来源于我国境内的无形资产所有权转让所得需要在我国境内缴纳所得税;其次,如果我国与非居民所在国家或地区之间签订了生效的税收协定,那么需要根据税收协定中对转让无形资产所有权的约定进行判定和处理。通常,在税收协定中转让无形资产所有权属于转让其他财产取得所得,根据国税发〔2010〕75号文件第十三条财产收益条款中第六款的规定,对于转让各款所述财产以外的财产而取得的收益,按第六款转让"其他财产"处理,即仅在转让者为其居民的国家或地区征税。也就是说,转让不动产、动产、股权等财产以外税收协定没有定义的财产类型,应归入其他财产类别,在转让方所在国家或地区征税。

9.2 无形资产非居民税务案例

本节根据以上对于无形资产税务处理要点的分析,讨论在不同情况下实务中对于无形资产的税务处理有哪些特殊情况。

9.2.1 这笔无形资产技术服务费为什么征税

案例基本情况(图 9-4):有境外美国公司向中国公司提供技术服务,服务过程中使用美

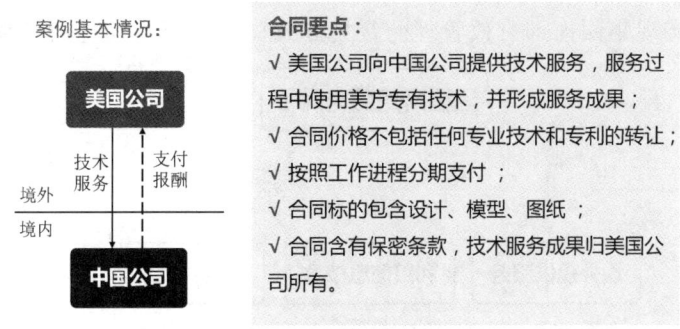

图 9-4 无形资产技术服务费征税

国公司专有技术,并形成服务成果;服务合同约定合同价格不包括任何专业技术和专利的转让;合同约定中方按照工作进程分期支付服务款;最终合同标的包含美国公司为中国公司提供的设计、模型、图纸等服务;合同含有保密条款,技术服务成果归美国公司所有。

非居民美国公司按照合同约定向中国税务机关申请按照境外劳务进行纳税义务判定,不在中国境内缴纳企业所得税。中国税务机关分析美国公司与中国公司的技术服务合同后发现有以下两个主要疑点:第一,该合同的保密条款规定中国公司在合作过程中不得泄露技术秘密,表明该技术服务存在向中国公司转让技术使用权的特征;第二,对于服务的结果,中国公司没有取得知识产权,相关服务的结果需要由服务提供方支配,具有特许权特征。那么以上情况是否能够作为否定非居民企业申请境外劳务的依据呢?这就需要对无形资产技术服务和特许权使用费的差异进行仔细识别。

在实务中我们经常会遇到这样一种情况,境外非居民企业向境内居民企业授予一项特许权并收取费用,该所得按照特许权使用费征税并无异议。然而,非居民企业在提供专有技术使用的过程中还派人员为该项技术应用提供技术服务、指导,并收取服务费。出现这种情况时,通常应做以下判断:第一,如果许可方没有派人员入境提供技术服务或派遣人员入境时间不构成常设机构(例如入境时间不超过183天),则该笔服务费无论是单独收取还是包括在技术价款中,均应视为特许权使用费征税;第二,如果许可方派遣人员入境构成常设机构,则该笔服务费应按营业利润征税,这通常意味着对该笔所得要按照核定利润率征收企业所得税。

在提供服务的过程中使用技术,通常不涉及转让或许可技术服务,因此比较偏向于认定为技术服务费;如果提供服务的过程中形成相关成果,成果不涉及转让,只是授权给付款方使用,这种情况通常偏向于认定为特许权使用费。

通过以上分析,本案例中的非居民美国公司所签订的合同中含有保密条款,限制中国公司取得最终服务结果的所有权,属于比较典型的特许权使用费性质的条款约定,因此,主管税务机关判定该境外技术服务合同应按照特许权使用费在中国境内缴纳企业所得税。

9.2.2 利用无形资产远程网络提供服务是否征税

随着信息技术的发展,非居民企业通过远程网络提供跨境劳务服务是众多跨国公司提供跨境服务和实现集团内部有效管理的常见方式。无形资产远程网络服务如图9-5所

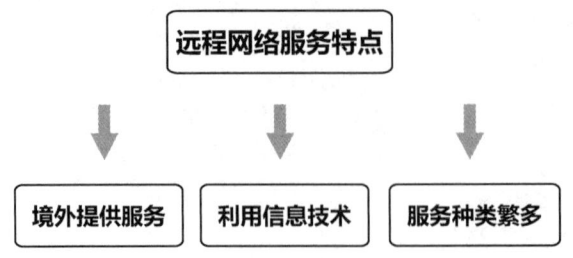

评价:由于集团内远程服务具有复杂性,因此其具有较大税务风险。

图 9-5　无形资产远程网络服务

示。通常非居民企业利用无形资产提供远程网络服务具有以下特点：该项服务是由境外主体向境内主体提供的远程网络服务，这类服务的提供方式是利用网络、邮件、电话、软件等信息技术进行远程工作，服务过程可能会涉及一些无形资产的使用，这将导致这类远程服务的定性变得比较困难。通常非居民企业提供的这类远程网络服务的种类是比较多的，例如提供远程管理、营销、技术支持、财务、人力资源管理等服务。这类远程服务具有较强复杂性和较大税务风险。下面以无形资产远程网络服务征税的代表性的案例来进行说明，如图9-6所示。

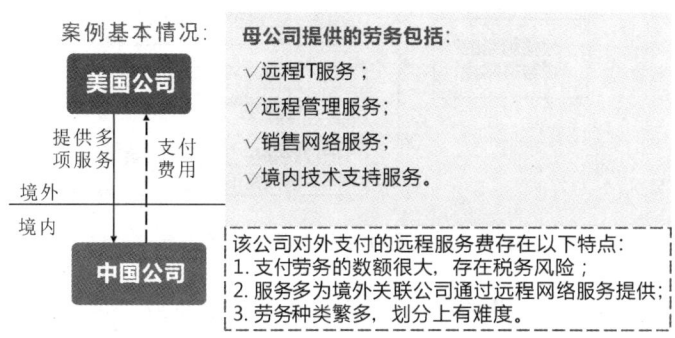

图9-6 无形资产远程网络服务征税

案例基本情况（图9-7）：非居民企业美国公司在中国境内投资设立子公司。非居民企业为使子公司管理符合集团统一标准，与中国境内子公司签署跨境劳务服务协议，协议约定境外非居民企业向境内子公司提供远程IT服务、远程管理服务、销售网络服务、境内技术支持服务等技术支持，境内子公司向境外非居民企业支付服务费用。在本案例中，非居民企业向境内企业提供的远程服务主要包括远程IT服务、远程人力资源服务以及远程销售服务。非居民企业主张以上远程服务的发生地均为境外，服务提供方没有进入中国境内，在纳税判定上应属于境外劳务而不在中国境内缴纳企业所得税。

图9-7 远程劳务提供情况

中国境内税务机关认为，境内居民企业向境外支付的远程技术服务费存在以下特点：①向境外支付劳务费数额很大，从税款重要性程度来看存在税务风险；②该远程技术服务多为境外关联公司通过远程网络服务提供，服务过程中使用相关技术，部分劳务服务存在特许权使用费的特征；③远程技术服务种类繁多，在劳务类型划分上有一定难度。综合以上因素,税务机关认为非居民企业提出的按照境外劳务进行纳税判定存在较大税务风险,应对各项远程技术服务分别考察后再做出纳税判定。

根据以上思路,税务机关对远程服务中的远程IT服务、远程人力资源服务以及远程销售服务分别从以下几方面进行考察(图9-8):远程服务是否真实发生?远程服务费归集是否准确?远程服务费是否使用无形资产?远程服务是否有人员入境构成常设机构?

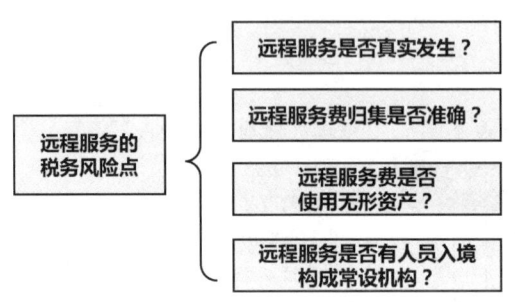

图9-8 远程网络服务征税判定要点

税务处理结果:通过以上分析思路,税务机关把非居民企业与境内居民企业之间签订的众多服务协议分为以下4种类型(图9-9):远程IT服务、远程管理服务、销售网络服务、境内技术支持服务。在这四类劳务中,远程IT服务使用了非居民企业的非公开技术,且从服务结果上看境内居民企业并不具备完全的所有权,仅具有使用权,因此,符合特许权使用费特征,需要在中国境内缴纳企业所得税;远程管理服务的内容属于一些常规项目的劳务,不具有使用技术性资产的情况,且发生过程完全在中国境外,非居民企业提交的举证充分,可以做出境外劳务的纳税判定,不在中国境内缴纳企业所得税;销售网络服务利用境外非居民企业的部分销售渠道,推广境内企业的产品服务,虽然销售网络具有无形资产的特征,但是该服务在发生过程中,不是非居民企业把销售网络授权境内企业使用,不论是否销售成功都

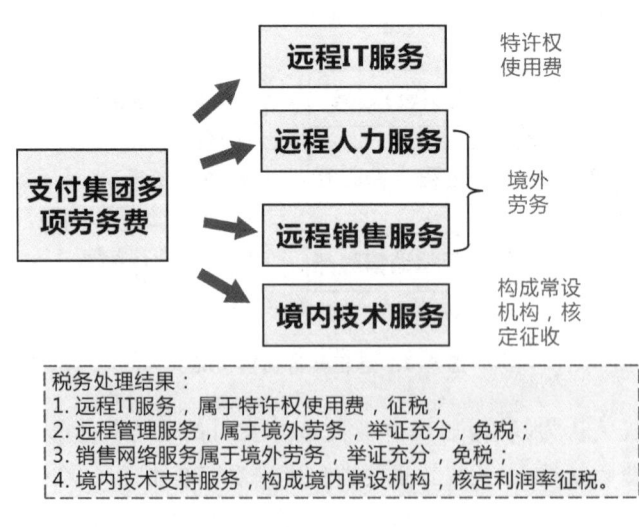

图9-9 远程劳务纳税判定后的对外支付方式

收取销售网络使用费,而是由境外企业为境内企业提供销售网络服务,由非居民企业使用其境外客户网络资源进行业务推广,因此,该项劳务属于境外劳务,非居民企业举证充分,可以做出境外劳务的纳税判定,不在中国境内缴纳企业所得税;境内技术支持服务,该项由非居民企业提供的劳务服务在提供过程中进入中国境内,在劳务入境期间构成境内常设机构,应按照核定利润率征收企业所得税。

9.2.3 转让无形资产"所有权"为什么按特许权使用费征税

无形资产使用权和所有权的转让在我国税收文件中适用不同的处理规定,无形资产使用权转让对应的是特许权使用费,无形资产所有权转让对应的是其他财产转让。需要注意的是,在税收实务工作中,有相当一部分无形资产交易并不符合无形资产所有权转让的特征,本案例为大家介绍这类无形资产相关权利转让被判定为特许权使用费征税的情况(图9-10)。

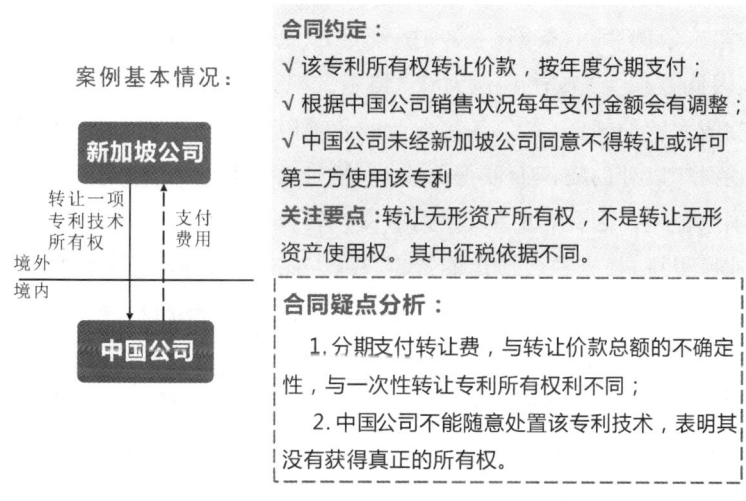

图9-10 转让无形资产"所有权"

案例基本情况:非居民企业新加坡公司与中国境内公司签订了一项专利技术所有权转让的合同,合同约定非居民企业向中国境内公司转让该项专利所有权并收取转让价款,专利所有权的转让价款按年度分期支付,每年的具体支付金额依据中国公司销售状况确定。在无形资产使用用途上,合同约定中国公司未经新加坡公司同意不得转让或许可第三方使用该专利技术。非居民企业认为该项无形资产所有权的转让属于税收协定中的其他财产转让范畴,不属于特许权使用费,认为该无形资产交易不需在中国境内缴纳企业所得税。

我国主管税务机关认为该项无形资产转让交易存在以下疑点:①该项无形资产所有权交易中,约定分期支付无形资产转让费,其中合同对于转让价款的约定不符合商业常规,因为该项转让价款的总额不确定,与一次性转让专利所有权不同;②合同约定中国公司取得无形资产所有权后不能随意处置该专利技术,需要获得非居民企业的许可后才能与第三方进行交易,这表明中国公司并没有获得真正的无形资产所有权。

转让无形资产"所有权"征税依据如图 9-11 所示。

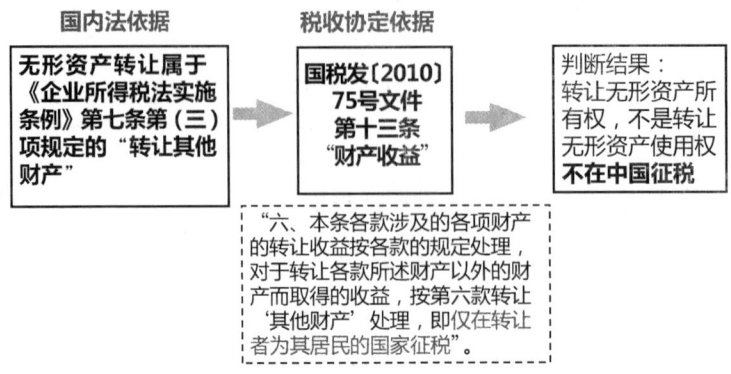

图 9-11 转让无形资产"所有权"征税依据

第一,判断无形资产所有权转让,根据我国国内法和税收协定应该怎样缴税。根据我国《企业所得税法实施条例》第七条第(三)项的规定,无形资产所有权转让不属于列明的各类财产转让所得,因此被归为"转让其他财产"类别。根据国税发〔2010〕75号文件第十三条"财产收益"条款第六款的规定,本条各款涉及的各项财产的转让收益按各款的规定处理,对于转让各款所述财产以外的财产而取得的收益,按第六款转让"其他财产"处理,即仅在转让者为其居民的国家征税。因此,如果该项无形资产转让所得被认定为所有权转让,则不在中国境内缴纳企业所得税,根据税收协定的规定,中国对该项所得没有征税权。

第二,判断该项无形资产交易的性质。根据以上两项疑点分析,美国公司转让的专利技术的所有权合同,不符合无形资产所有权转让的商业特点,中国企业获得的无形资产产权不是完整的所有权,只能被认定为获得无形资产的使用权。故该项交易被判定为特许权使用费所得,应在中国境内缴纳企业所得税。

9.2.4 无形资产品牌代言费为什么征税

品牌代言费,是有关机构或个人利用自身的知名度和号召力进行宣传推广的行为,具有积极劳务所得的特征。在税收实务中,利用品牌影响力进行代言的行为,有时也会与特许权使用费产生联系。区分品牌代言劳务与品牌特许权使用费,是理解无形资产交易的重要课题。

案例基本情况:境外 A 娱乐公司是境外影视市场知名品牌公司,境内 B 公司与 A 娱乐公司签署推广协议,A 娱乐公司允许 B 公司使用其相关标识对 B 公司的影视产品进行推广。合同约定,A 娱乐公司授权 B 公司为其独家代理商,并且 A 娱乐公司为 B 公司在境外提供代言,为此 B 公司将向 A 娱乐公司支付代言费用。非居民企业主张,由于 A 娱乐公司的代言行为发生在境外市场,与境内市场无关,因此,B 公司支付给 A 娱乐公司的代言费应按照境外劳务办理对外支付,不在中国境内缴纳企业所得税,具体如图 9-12 所示。

对于以上无形资产交易,税务机关在仔细分析其交易合同后发现以下疑点:①A 娱乐公

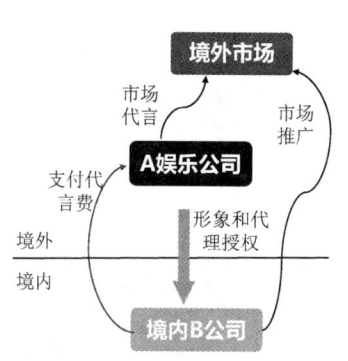

图 9-12 无形资产品牌代言费征税

司授权 B 公司使用其标识和允许独家赞助,与开展劳务获得积极所得的境外劳务服务的特点不符。因为在劳务服务中,提供劳务的一方通常不会授权劳务接受方使用自身品牌或专有技术,而是自己运用其品牌或专有技术完成劳务服务获取报酬。②特许权使用费所得是一种消极所得,是一种权利的授予回报,在特许权使用费的交易中提供方不需要负责相关劳务的履行,最终无论特许权的接受方是否达到预定目的都会收取费用。根据以上分析,A 娱乐公司的品牌授权与代言行为符合特许权使用费的特征,而不是境外劳务服务的特征。税务机关认定 B 公司支付给 A 娱乐公司的代言费属于特许权使用费的范畴,A 娱乐公司应在中国境内缴纳企业所得税。

通过以上案例,我们可以看到,某些代言合同看似属于劳务服务,但是分析其合同细节就会发现,很多条款具有消极所得的特征,因此,企业在签订相关合作协议时,应根据交易双方的业务实质进行具体分析,避免产生不必要的税务风险。

10 服务贸易对外支付税款计算

准确计算税款,是非居民企业服务贸易对外支付各项目完成备案和对外支付的必备要求。根据《国家税务总局 国家外汇管理局关于服务贸易等项目对外支付税务备案有关问题的公告》(国家税务总局 国家外汇管理局公告 2013 年第 40 号)第八条规定,办理对外支付税务备案时需要提交对外支付项目缴纳税款的完税证明。由此可见准确计算税款是办理对外支付税务事项的先决条件。然而,税款计算是非居民税收中比较困难的内容,也是非居民税收中必须准确掌握的知识。本章主要介绍非居民企业主要所得项目的税款计算知识,对于更加复杂的非居民个人各项税款的计算内容将在本书后续无住所个人所得税相关章节进行介绍。

在介绍本章具体内容之前,请读者扫描图 10-1 中二维码,打开国际税收计算器中的"扣缴非居民企业税款计算器",了解使用该软件,为后续计算扣缴非居民企业税款做好准备。

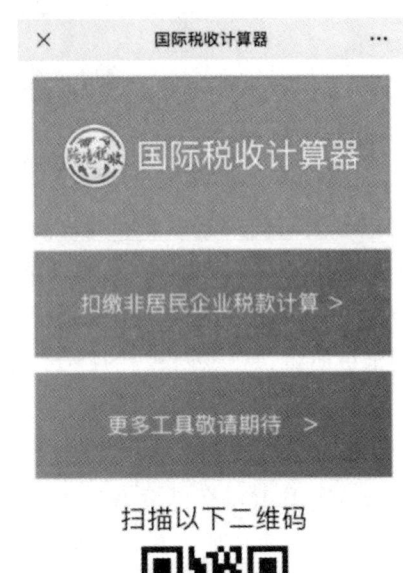

图 10-1 国际税收计算器

10.1 税款计算必备名词介绍

在介绍具体计算方法之前,我们有必要对与税款计算有关的名词做一个详细的介绍。这些名词的概念是在实际工作中约定俗成产生的,具有特定的意义。理解这些常用概念,对我们掌握有关计算规则有很大帮助。

(1)判定金额,即合同总金额或本次支付的发票金额,是指在不考虑税款承担的情况下,合同双方约定的本次交易的支付金额,也可以看作不含税的支付净额。如果合同金额按约定需要多次支付,那么每次支付时分别计算本次应缴纳的各项税款。

(2)本次支付金额,是指计算完各方应承担的税款后的总的含税支付金额。

(3)税后实际支付金额,是指"本次支付金额"减去支付的各项税费后,实际从银行支付出去的金额。税后实际支付金额不一定等于合同总金额(或本次支付的发票金额)。

（4）非居民缴纳税款，是指按照我国法律规定非居民企业为某个税种的纳税义务人。

（5）非居民承担税款，是指某个税种所应缴纳的税款由非居民企业负责支付，而不转嫁给其他居民企业。

（6）非居民缴纳税款，税款全部由中方承担。这是指按照双方约定，非居民企业对某个税种有纳税义务，但是税款的实际负担者并不是非居民企业，而是转嫁给了居民企业，并且这种转嫁可能是"全部"转嫁，包括该税款所附加的税费一并转嫁。

（7）价内税，即计税依据包含该税款，或以含税价格作为计税依据的税种，如消费税，应纳消费税税额＝含税价×税率。

（8）价外税，即计税依据不包含该税款，或以不含税价格作为计税依据的税种，最典型的是增值税，应纳增值税税率＝不含税价×税率。

（9）含税价转换为不含税价。增值税不含税价＝含税价÷（1＋税率）。注意，增值税的不含税价换算公式不用"含税价×（1－税率）"，这是《中华人民共和国增值税暂行条例》及其实施细则里规定的计算方法，两者计算的数值有微小差异，有兴趣的读者可以自行计算。

（10）不含税价转换为含税价。含税价＝不含税价×（1＋税率）或含税价＝不含税价÷（1－税率）。例如，对消费税的组成计税价格明确规定使用"含税价＝不含税价÷（1－税率）"这一公式，同样，这两个公式的计算结果也有微小差异。

（11）附加税费合计，是指根据缴纳的增值税税额而计算应缴纳的城市维护建设税（以下简称城建税）、教育费附加等附加税费。除了这两项全国范围内征收的附加税费，各地还有其他有关附加费，例如，北京市除了征收城建税、教育费附加两项附加税费，还征收2%的地方教育附加，故附加税费合计为12%（7%＋3%＋2%）。

10.2 税款计算原理

非居民企业应缴纳的税款，需要计算非居民企业在不同情况下缴纳企业所得税和增值税的各种组合，主要包括不同计算模式下的计算方式、不同税款负担对象下的计算方式。本节主要讲解非居民企业税款计算的原理（图10-2），便于读者根据不同实际情况选择不同条件进行计算。无论采用什么税款计算组合，都有以下通行的计算原理，需要大家了解（图10-3）：

第一步，确定应支付的合同总金额。合同总金额是本次支付所有应支付金额的总额，是包括合同金额和各项税款在内的应支付总额，是税款计算首先需要明确的重要数据，也是后续计算的依据。

第二步，确定增值税的不含税价格，并计算增值税及其附加税费。合同总金额通常在没有专门说明的情况下是指含税金额，因此，首先需要根据增值税的计算原则计算相关重要指标。

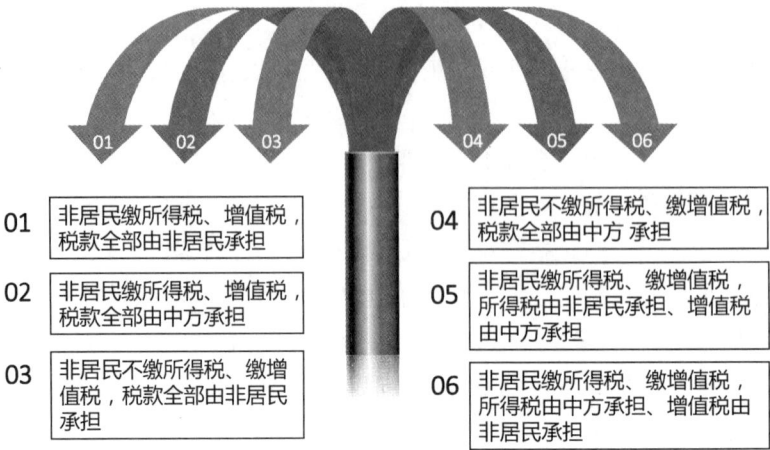

图 10-2 非居民企业税款计算原理

第一步：确定应支付的合同总额

确定本次支付所有应支付金额的总额，即包括合同金额和各项税款在内的应付总额。

第二步：确定增值税的不含税价格，并计算增值税及其附加税费

①增值税不含税价格 = 合同金额 ÷（1+6%）

②应纳增值税税额 = 不含税价格 × 6%

③附加税费合计 = 应纳增值税 ×（城建税税率+教育费附加率+地方教育费附加费率）

第三步：计算应扣缴的企业所得税

企业所得税的计税基础为包含除增值税外的其他所有税款的价税合计金额。

应扣缴的企业所得税 = 增值税不含税价格 × 税率

第四步：税后实际支付金额

"税后实际支付金额"是扣缴义务人通过银行审核后从银行系统实际支付给境外非居民企业的金额。

税后实际支付金额 = 合同金额−应纳企业所得税税额−应纳增值税税额−附加税费合计

图 10-3 税款计算原理

第三步，计算应缴纳的企业所得税。因为企业所得税的计税基础是包含除增值税外的其他所有税款的价税合计金额，所以需要在以上计算增值税不含税价格的基础上计算应缴纳的非居民企业所得税。

第四步，计算税后实际支付金额。税后实际支付金额是扣缴义务人通过银行审核后从银行系统实际支付给境外非居民企业的金额，它是根据以上各项计算结果倒算出的最终支付金额。

10.3 税款计算举例

通过以上关于非居民企业税款计算原理的介绍，我们还不足以完成一次比较复杂的税款计算，还需要我们在实际计算过程中按照各项税款实际承担方的不同，分别计算不同情况下非居民企业应缴纳的税款。根据非居民企业缴纳企业所得税和增值税的不同税负承担主体，我们可以6种不同的情况的计算案例为背景来讲解计算方法。需要说明的是，本书为了方便介绍，后续将以电脑版计算器为展示方式，在从事实际计算工作时本书推荐以本章开篇部分的二维码手机版软件为计算工具进行计算。

案例背景：境外非居民企业乙为境内居民企业甲提供咨询服务，合同总金额为100万元，居民企业甲为代扣代缴义务人，假设非居民企业适用的企业所得税税率为10%，适用的增值税税率为6%，城建税、教育费附加、地方教育附加合计为增值税税额的12%。在这个案例中合同总金额（或本次支付的发票金额）为100万元。以下分别对这6种情况进行具体说明。

情况一：非居民企业缴纳企业所得税、增值税，税款全部由非居民承担。

这种情况下，非居民企业发生缴纳企业所得税和增值税的纳税义务，并且税款由非居民企业自行承担，作为支付方的居民企业按照合同总金额代扣代缴税款后将剩下的部分通过银行支付出境，这种情况属于常规情况。

(1) 确定所有应支付金额的总额，即包括合同金额和各项税款在内的应支付总额，在这种情况下所有应支付金额的合计就是100万元。

(2) 确定增值税的不含税价格，并计算增值税及其附加。

增值税不含税价格 = 100 ÷ (1 + 6%) = 94.34(万元)

应扣缴增值税税额 = 100 ÷ (1 + 6%) × 6% = 5.66(万元)

应扣缴城建税、教育费附加、地方教育附加合计 = 5.66 × 12% = 0.68(万元)

(3) 计算应扣缴的企业所得税税额。由于企业所得税的计税基础为包含除增值税外的其他所有税款的价税合计金额，在这种情况下税款计算如下：

应扣缴的企业所得税税额 = 94.34 × 10% = 9.43(万元)

(4) 确定本次支付的各类金额。

本次应支付总金额 = 100(万元)

税后实际支付金额 = 100 - 9.43 - 5.66 - 0.68 = 84.23(万元)

"税后实际支付金额"是扣缴义务人通过银行审核后从银行系统实际支付给境外非居民企业的金额。

运行计算器后,在"本次支付的发票金额(元)"栏输入"100",在"输入企业所得税税率"栏输入"10",在"输入增值税税率"栏输入"6",在"输入城建税、教育费附加、地方教育附加等附加税率合计"栏输入"12",选择"情况一"对应的标签,点击"开始计算",计算结果如图10-4所示。

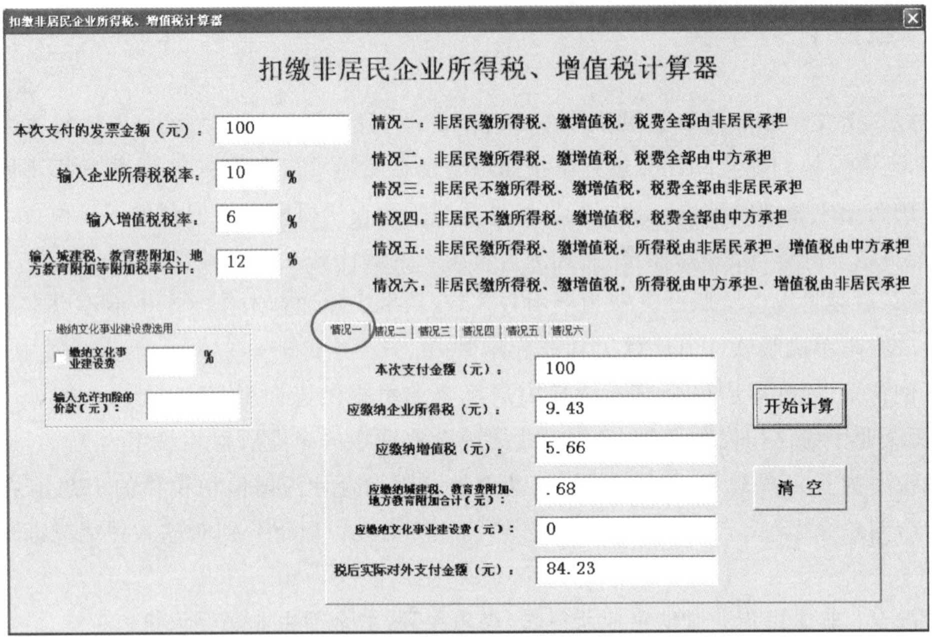

图10-4 "情况一"计算结果

情况二:非居民企业缴纳企业所得税、增值税,税款全部由居民企业(扣缴义务人)承担。

这种情况下,非居民企业发生缴纳企业所得税和增值税的纳税义务,但是税款由中方企业代其承担。作为支付方的居民企业要在按照大于合同总金额的金额代扣代缴税款后,将剩下的部分通过银行支付出境,这种情况在实务中也经常出现。

(1)确定所有应支付金额的总额,即包括合同金额和各项税款在内的应支付总额,由于居民企业要实际承担税款,在这种情况下所有应支付金额的合计应大于100万元。

应支付金额的合计(含税所得额) = $100 \div (1 - 10\% - 6\% \times 12\%)$ = 112.01(万元)

这时计算出的应支付金额是包含除增值税外的其他所有税款的价税合计金额,由于需要实际支付的100万元是净支付额,可以把100万元看作不含各项税款的金额,这时需要把除增值税外的其他税款都计算进去。这里采用的是除法计算原则,可以看作和消费税等价内税的计算保持一致。以上公式中,"6%×12%"表示把增值税的附加计入含税金额中,虽然增值税是价外税,但是增值税的附加税费不是价外税,并且由于居民企业实际承担了增值税,其附加税费也归属居民企业实际承担。

(2) 确定增值税的不含税价格,并计算增值税及其附加。

以上计算出来的112.01万元是不含增值税的价格,所以可以直接用来计算增值税及其附加。

应扣缴增值税税额 = 112.01×6% = 6.72(万元)

应扣缴城建税、教育费附加、地方教育附加 = 6.72×12% = 0.81(万元)

(3) 计算应扣缴的企业所得税税额。由于企业所得税的计税基础为包含除增值税外的其他所有税款的价税合计金额,在这种情况下税款计算如下:

应扣缴的企业所得税 = 112.01×10% = 11.2(万元)

(4) 确定本次支付的各类金额。

本次应支付总金额 = 100 + 11.2 + 6.72 + 0.81 = 118.73(万元)

税后实际支付金额 = 118.73 - 11.2 - 6.72 - 0.81 = 100(万元)

可以看到,在居民企业承担全部或部分税款的情况下,居民企业实际支付的金额是大于按合同约定的价款的。

运行计算器后,在"本次支付的发票金额(元)"栏输入"100",在"输入企业所得税税率"栏输入"10",在"输入增值税税率"栏输入"6",在"输入城建税、教育费附加、地方教育附加等附加税率合计"栏输入"12",选择"情况二"对应的标签,点击"开始计算",计算结果如图10-5所示。

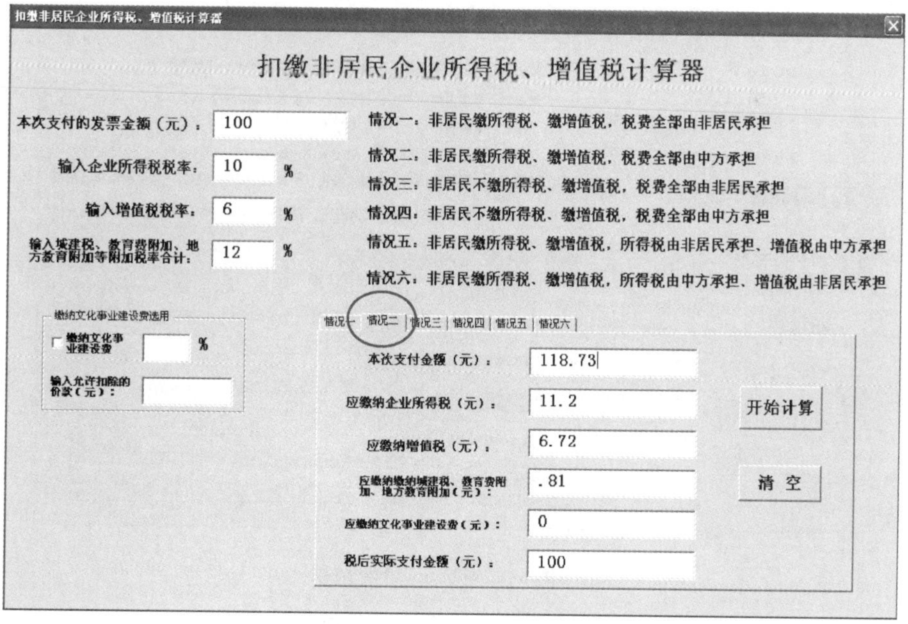

图10-5 "情况二"计算结果

情况三:非居民企业不缴纳企业所得税、缴纳增值税,税款全部由非居民企业承担。

这种情况下,非居民企业由于各种原因不缴纳企业所得税,但是负有增值税的纳税义务,税款由非居民企业承担,作为支付方的居民企业要按照合同总金额的金额代扣代缴税款后将剩下的部分通过银行支付出境,这种情况在实务中也时有出现。

(1) 确定所有应支付金额的总额,即包括合同金额和各项税款在内的应支付总额,在这种情况下所有应支付金额的合计就是 100 万元。

(2) 确定增值税的不含税价格,并计算增值税及其附加。

增值税不含税价格 = 100 ÷ (1 + 6%) = 94.34(万元)

应扣缴增值税税额 = 100 ÷ (1 + 6%) × 6% = 5.66(万元)

应扣缴城建税、教育费附加、地方教育附加合计 = 5.66 × 12% = 0.68(万元)

(3) 计算应扣缴的企业所得税税额。由于非居民不缴纳企业所得税,应扣缴的企业所得税额为 0。

(4) 确定本次支付的各类金额。

本次应支付总金额 = 100(万元)

税后实际支付金额 = 100 - 5.66 - 0.68 = 93.66(万元)

运行计算器后,在"本次支付的发票金额(元)"栏输入"100",在"输入企业所得税税率"栏输入"10",在"输入增值税税率%"栏输入"6",在"输入城建税、教育费附加、地方教育附加等附加税率合计"栏输入"12",选择"情况三"对应的标签,点击"开始计算",计算结果如图 10-6 所示。

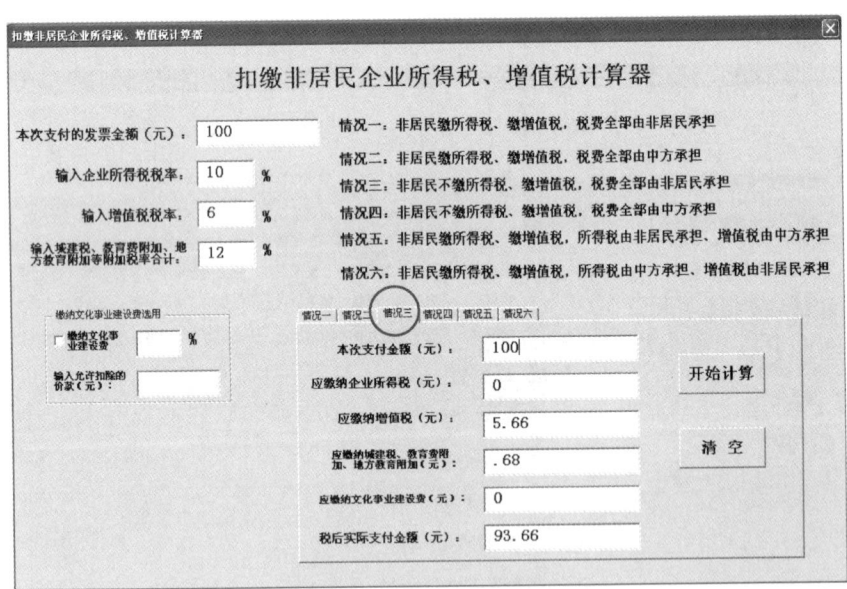

图 10-6 "情况三"计算结果

情况四:非居民企业不缴纳企业所得税、缴纳增值税,税款全部由居民企业(扣缴义务人)承担。

这种情况下,非居民企业由于各种原因不缴纳企业所得税,但是负有增值税的纳税义务,税款由居民企业代其承担,作为支付方的居民企业要按照大于合同总金额的金额代扣代缴税款,然后将剩下的部分通过银行支付出境,这种情况在实务中也时有出现。

(1) 确定所有应支付金额的总额,即包括合同金额和各项税款在内的应支付总额,由于居民企业要实际承担税款,在这种情况下所有应支付金额的合计应大于100万元。

应支付金额的合计(含税所得额) = 100 ÷ (1 − 6% × 12%) = 100.73(万元)

这时计算出的应支付金额是包含除增值税外的其他所有税款的价税合计金额,在这种情况下非居民企业不缴纳企业所得税,因此不需要把企业所得税计算进去,这和情况二中的计算有所不同。

(2) 确定增值税的不含税价格,并计算增值税及其附加。

根据以上计算,100.73万元是不含增值税的价格,所以可以直接用来计算增值税及其附加。

应扣缴增值税税额 = 100.73 × 6% = 6.04(万元)

应扣缴城建税、教育费附加、地方教育附加 = 100.73 × 6% × 12% = 0.73(万元)

(3) 计算应扣缴的企业所得税税额。由于非居民企业不缴纳企业所得税,应扣缴的企业所得税额为0。

(4) 确定本次支付的各类金额。

本次应支付总金额 = 100 + 6.04 + 0.73 = 106.77(万元)

税后实际支付金额 = 106.77 − 6.04 − 0.73 = 100(万元)

运行计算器后,在"本次支付的发票金额(元)"栏输入"100",在"输入企业所得税税率"栏输入"10",在"输入增值税税率"栏输入"6",在"输入城建税、教育费附加、地方教育附加等附加税率合计"栏输入"12",选择"情况四"对应的标签,点击"开始计算",计算结果如图10-7所示。

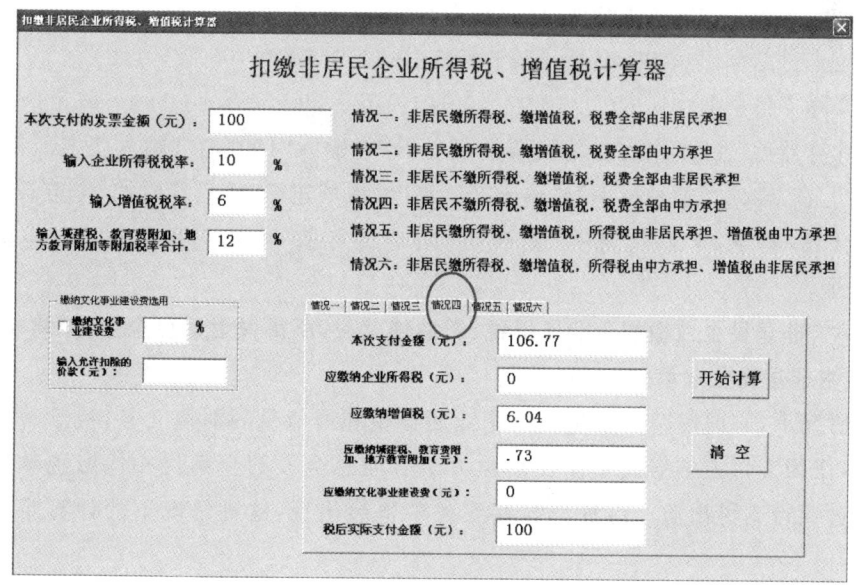

图 10-7 "情况四"计算结果

情况五：非居民企业缴纳企业所得税、增值税，所得税由非居民企业承担、增值税由居民企业（扣缴义务人）承担。

这种情况下，非居民企业发生缴纳企业所得税和增值税的纳税义务，但是税款分别由双方各自承担，作为支付方的居民企业要按照大于合同总金额的金额代扣代缴税款后将剩下的部分通过银行支付出境，这种情况在实务中也会出现，但是计算难度较大。

（1）确定所有应支付金额的总额，即包括合同金额和各项税款在内的应支付总额，由于居民企业要实际承担税款，在这种情况下所有应支付金额的合计应大于100万元。

应支付金额的合计（含税所得额）= $100 \div (1 - 6\% \times 12\%) = 100.73$（万元）

由于非居民企业不承担增值税，这种情况下计算出的应支付金额是不包含增值税的，又因为企业所得税由非居民企业承担，所以此处的应支付金额可以看作是包括企业所得税在内的，不需要像情况二中再减去10%。以上公式中"$6\% \times 12\%$"表示把增值税的附加计入含税金额中，由于居民企业实际承担了增值税，其附加税费也归属于居民企业实际承担。

（2）确定增值税的不含税价格，并计算增值税及其附加。

根据以上计算，100.73万元是不含增值税的价格，所以可以直接用来计算增值税及其附加。

应扣缴增值税税额 = $100.73 \times 6\% = 6.04$（万元）

应扣缴城建税、教育费附加、地方教育附加 = $100.73 \times 6\% \times 12\% = 0.73$（万元）

（3）计算应扣缴的企业所得税税额。由于企业所得税的计税基础为包含除增值税外的其他所有税款的价税合计金额，在这种情况下税款计算如下：

应扣缴的企业所得税税额 = $100.73 \times 10\% = 10.07$（万元）

（4）确定本次支付的各类金额。

本次应支付总金额 = $100 \div (1 - 6\% \times 12\%) \times (1 + 6\%) = 106.77$（万元）

税后实际支付金额 = $106.77 - 10.07 - 6.04 - 0.73 = 89.93$（万元）

运行计算器后，在"本次支付的发票金额（元）"栏输入"100"，在"输入企业所得税税率"栏输入"10"，在"输入增值税税率"栏输入"6"，在"输入城建税、教育费附加、地方教育附加等附加税率合计"栏输入"12"，选择"情况五"对应的标签，点击"开始计算"，计算结果如图10-8所示。

情况六：非居民企业缴纳企业所得税、缴纳增值税，所得税由居民企业（扣缴义务人）承担、增值税由非居民企业承担。

这种情况下，非居民企业发生缴纳企业所得税和增值税的纳税义务，税款分别由双方各自承担，作为支付方的居民企业要按照大于合同总金额的金额代扣代缴税款后将剩下的部分通过银行支付出境。这种情况在实务中也会出现，这种情况下的计算难度和情况五类似。

（1）确定所有应支付金额的总额，即包括合同金额和各项税款在内的应支付总额，由于居民企业要实际承担税款，在这种情况下所有应支付金额的合计应大于100万元。

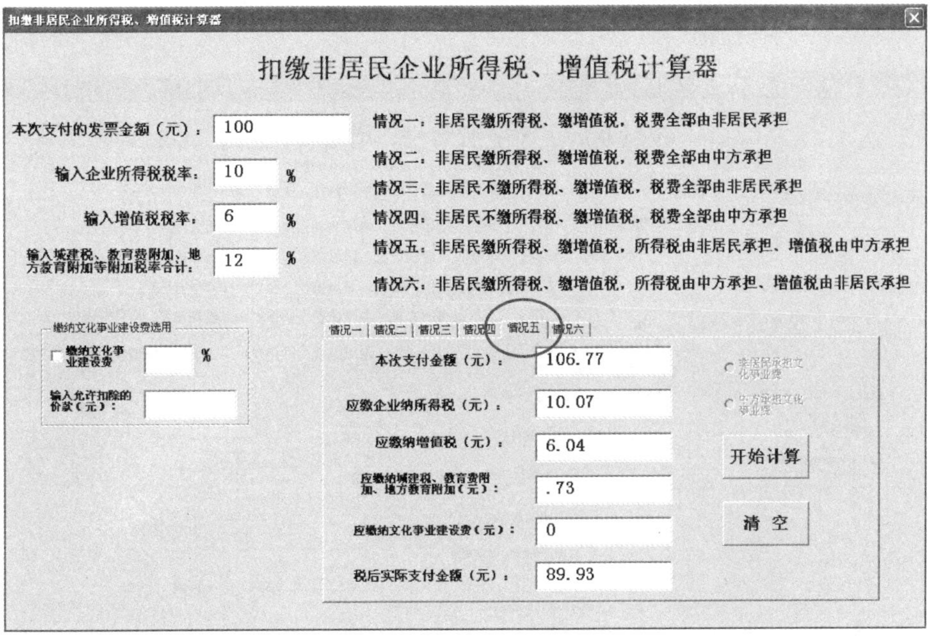

10　服务贸易对外支付税款计算

图10-8　"情况五"计算结果

应支付金额的合计（含税所得额）＝100÷(1＋6%－10%)＝104.17（万元）

由于非居民企业要承担增值税，在这种情况下合同金额就是包含增值税的金额，需要把这种含增值税的价格转换为不含增值税的价格，除数要加6%。由于非居民企业承担增值税就同时承担了增值税附加，该100万元也是包括附加税费的，不需要在除数中减去0.72%（6%×12%）。又因为企业所得税由居民企业承担，所以此处的应支付金额是不包括企业所得税在内的，需要在除数中再减去10%。

（2）确定增值税的不含税价格，并计算增值税及其附加。

根据以上计算，104.17万元是不含增值税的价格，所以可以直接用来计算增值税及其附加。

应扣缴增值税税额＝104.17×6%＝6.25（万元）

应扣缴城建税、教育费附加、地方教育附加＝6.25×12%＝0.75（万元）

（3）计算应扣缴的企业所得税税额。由于企业所得税的计税基础为包含除增值税外的其他所有税款的价税合计金额，在这种情况下税款计算如下：

应扣缴的企业所得税税额＝104.17×10%＝10.42（万元）

（4）确定本次支付的各类金额。

本次应支付总金额＝100＋10.42＝110.42（万元）

税后实际支付金额＝110.42－10.42－6.25－0.75＝93（万元）

运行计算器后，在"本次支付的发票金额（元）"栏输入"100"，在"输入企业所得税税率"栏输入"10"，在"输入增值税税率"栏输入"6"，在"输入城建税、教育费附加、地方教育附加等附加税率合计"栏输入"12"，选择"情况六"对应的标签，点击"开始计算"，计算结果如

图10-9所示。

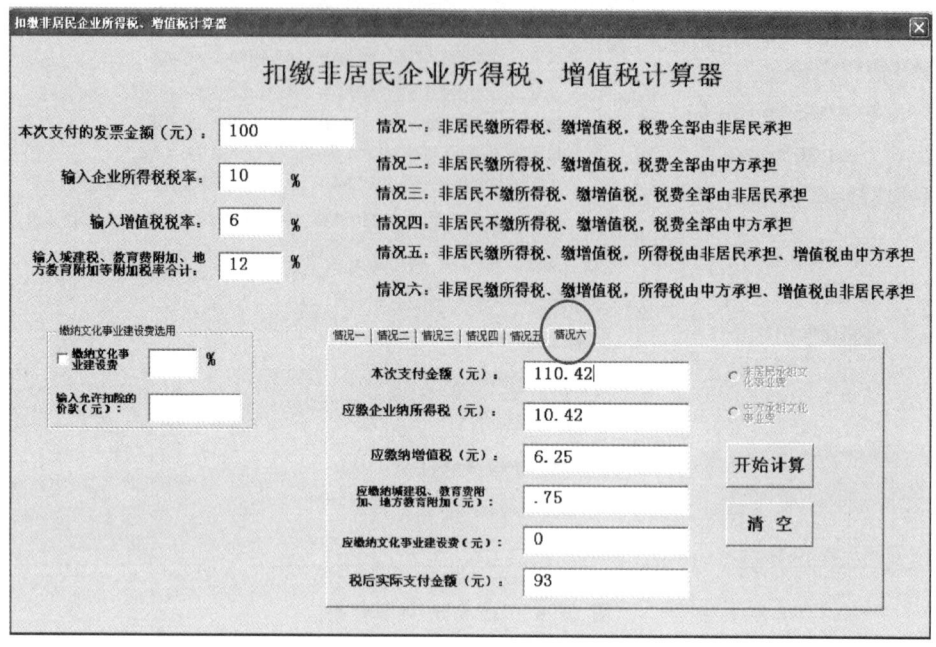

图10-9 "情况六"计算结果

通过以上案例,我们可以看到有关非居民税款的计算是有一些难度的,需要对各税种本身的规律和实际情况有较深的理解才能做出有针对性的计算方案。

10.4 税款计算常见问题

在了解完税款计算的过程后,还有一个对于理解税款计算常见和重要的问题,即居民企业替非居民承担的税款能不能够在汇算清缴时税前扣除?应该怎么样理解这个问题呢?我们来看有关税收文件,《国家税务总局关于非居民企业所得税源泉扣缴有关问题的公告》(国家税务总局公告2017年第37号)第六条规定:"凡合同中约定由扣缴义务人实际承担应纳税款的,应将非居民企业取得的不含税所得换算为含税所得计算并解缴应扣税款。"

该文件的规定对上述问题的解释很有深意,文件并没有直接说替非居民负担的税款能不能够税前扣除。因为这个问题从法理上讲不是税务机关能够直接回答的。《企业所得税法》明文规定,承担与经营收入无关的费用,不能在计算应纳所得额时税前扣除。而替非居民承担的税款,是不是与经营收入相关的成本费用呢?明显不是。如果从这个角度来讲的话,肯定是不能够税前扣除的。国家税务总局公告2017年第37号文件告诉读者一个解决这类问题的方法,即把这种替非居民承担的税款还原或者换算成含税的支付金额。举例来说,对于承担税款可能有两种处理方法:第一种处理方法,例如,合同约定总金额为100万元,各项税费为10万元,则实际支付为90万元,非居民含税所得为100万元,正常情况下,这里的含税金额100万元是可以税前扣除的;第二种处理方法,如果非居民企业不承担税款,假设合同总额为90万元,各项税费10万元,则实际支付为100万元,非居民企业的含税所得也是100万元。第二种情况与第一种情况的相同点是含税所得都是100万元,但是合同总金额不同,这就是国家税务总局公告2017年第37号文件第六条提到的换算转化处理办法。

11 支付代垫款非居民税务规则与案例

服务贸易对外支付税收业务中有一类比较特别的对外支付项目，即境内支付方向境外非居民企业支付由非居民企业先期垫付的款项。这类款项在会计核算上的属性比较明确，属于偿还短期流动负债，然而这类支付代垫的费用在税收上的支付属性却比较难以确定。这类代垫款项在非居民企业税收上的处理重点，是判定其是属于税收文件规定的垫付性质款项还是劳务性质款项，不同定性将会直接影响税款缴纳。本章围绕常见垫付款项的业务模式以及相关税收文件规定，介绍向境外非居民企业支付代垫款项时的纳税判定和常见税收风险，以及办理对外支付纳税判定的举证材料。

11.1 支付境外代垫费用介绍

11.1.1 支付境外代垫款项概念

代垫款项，通常是指存在业务关系或关联关系的企业之间临时垫付的预计短期内能够收回的一项往来债权。向境外非居民企业支付代垫款项的性质，从其定义出发应是境外非居民企业替境内企业或个人先期垫付了一部分本应归属于境内一方的成本费用，常见的垫付项目是境外派遣人员的工资、薪金、劳务报酬等款项，当非居民企业一方出于支付便利的原因先行替本应接受劳务的一方垫付工资报酬，境内劳务接受方在劳务完成后，偿还代垫款项给境外非居民企业。在以上的支付关系中，境内企业或个人是支付方，也是扣缴义务人，入境工作的派遣人员是境内劳务的提供方，也有可能是境内工资、薪金和劳务报酬的纳税义务人，境外非居民企业在这类支付关系里仅是资金中转方，不属于境内支付方，也不属于劳务的提供方和纳税义务承担方。从以上代垫款项的支付关系中，我们看到代垫款项的支付方属于该项对外支付中的最终成本费用承担方，对该款项对外支付需要进行纳税判定。如果该款项的实际纳税义务人在此之前已经对在境内发生的纳税义务缴纳税款，那么本次境内支付方支付的代垫款项就不需要进行额外的税款缴纳。

以上分析是对跨境支付非居民代垫款项的基本逻辑的说明。在日常工作中，在处理向境外非居民支付垫付性质的款项时通常需要对垫付款项的整体纳税判定逻辑进行清晰的梳理，对支付方、代垫方和实际收款方三方的资金往来关系和交易实质进行准确的判定，只有这样才能对比较复杂的支付代垫款业务进行准确的税务事项处理。

11.1.2 支付境外代垫款项的税收规定

代垫款项的本质是一项短期债务往来,在境内企业归还该项债务的过程中涉及对外支付,因此,也会产生服务贸易对外支付的税务问题。在这一过程中,根据服务贸易对外支付税务备案办理的一般规定,需要对这类对外支付款项进行纳税判定。目前,关于支付代垫款项的税务处理结果,从大方向上看有两种:一是在满足一定条件的情况下,对外支付代垫款项可以被认为是支付一些不涉及税款的行为;二是如果支付方不能证明该项对外支付满足支付代垫款项的税务要求,那么该项代垫款很有可能会被按照一项劳务征税。按照以上思路,本节专门对税收文件中对向境外支付代垫款项的特征认定进行介绍,如果根据文件列示的条款能够综合判定符合文件要求,那么该支付款项可以被认定为不涉及税款的代垫性质款项,并办理相关对外支付税务备案。如果不能满足税收文件的规定,则很有可能被认定为劳务或其他性质的对外支付款项,有可能需要在境内缴纳增值税、企业所得税或个人所得税。

目前在对外支付代垫款项的税务判定上,有一个专门针对非居民企业向境内派遣人员,境内企业支付代垫工资的税收文件,即《国家税务总局关于非居民企业派遣人员在中国境内提供劳务征收企业所得税有关问题的公告》(国家税务总局公告2013年第19号)。该文件就境外劳务派遣模式下非居民企业派遣人员在中国境内提供劳务征收企业所得税的有关问题进行了明确。该文件为支付其他同类性质的代垫费用提供了纳税判定思路,值得大家仔细学习体会。

国家税务总局公告2013年第19号文件对境内机构向非居民企业对外支付代垫工资事项做了规定,对境内企业支付的代垫款项的判定提出了多方面的考虑,核心思想是防范非居民企业以代垫款项为名义取得境内款项,规避劳务服务所得的纳税义务。该文件的总体原则是如果境外派遣企业对被派遣人员工作结果承担部分或全部责任和风险,通常考核评估被派遣人员的工作业绩,应视为派遣企业在中国境内设立机构、场所提供劳务。按照这一理解,如果境外非居民企业派遣员工入境工作,需要考察派遣企业、接收派遣企业和派遣员工各方履行职责时的功能风险情况,如果境外非居民企业派遣员工并指挥员工在境内工作,则这一派遣行为更符合一项劳务服务的特征。而根据代垫工资的定义,只有该项派遣劳务是由被派遣员工在境内企业的指导下完成工作的情况,才符合代垫工资的特征。具体来说,我们可以根据以下几个方面来进行具体理解。

国家税务总局公告2013年第19号文件第一条规定:"非居民企业派遣人员在中国境内提供劳务,如果派遣企业对被派遣人员工作结果承担部分或全部责任和风险,通常考核评估被派遣人员的工作业绩,应视为派遣企业在中国境内设立机构、场所提供劳务;如果派遣企业属于税收协定缔约对方企业,且提供劳务的机构、场所具有相对的固定性和持久性,该机构、场所构成在中国境内设立的常设机构。"这条规定的作用在于对境外派遣入境人员进行功能风险分析后,如果经判断属于文件规定的在境内构成常设机构的情况,则该笔对外支付的费用不被认定为支付代垫工资,而被视为支付常设机构的利润,因此,要在中国境内征收企业所得税。反之，如果该项派遣劳务不被认定为构成常设机构，则该项支付的费用可以被认定为一项代垫性质的费用，可以不在中国境内缴纳企业所得税。从规定上看，要判定是否构成常设机构，是否构成代垫性质的款项比较复杂，需要结合许多因素做出判断，如图11-1所示。

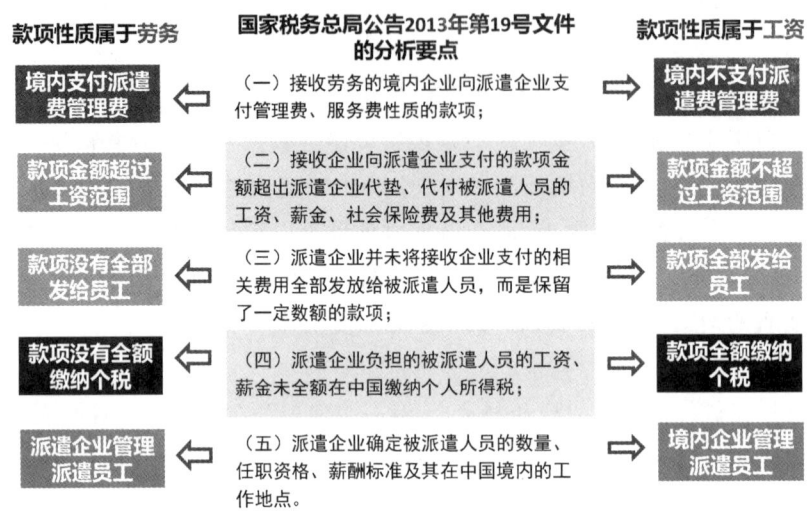

图 11-1　代垫款项性质分析

除了以上情况，国家税务总局公告 2013 年第 19 号文件还规定，如果派遣企业仅为在接收企业行使股东权利、保障其合法股东权益而派遣人员在中国境内提供劳务，包括被派遣人员为派遣企业提供对接收企业投资的有关建议、代表派遣企业参加接收企业股东大会或董事会议等活动，均不因该活动在接收企业营业场所进行而认定为派遣企业在中国境内设立机构、场所或常设机构。也就是说，如果派遣企业入境从事的是股东活动，则股东活动不构成常设机构，不需要按照常设机构营业利润条款在中国境内缴纳企业所得税。

11.1.3　支付境外代垫款项的举证材料和税务风险审核要点

通过以上对支付代垫工资的介绍，可以看到要准确描述代垫业务的特征，需要根据税收文件的要求，梳理代垫款项业务的特征和税收风险点，准备代垫业务的举证材料。本节介绍税收文件中对于准备支付代垫款项的举证材料的要求，以及怎样规避相关税收风险。

国家税务总局公告 2013 年第 19 号文件第五条规定，主管税务机关应加强对派遣行为的税收管理，重点审核以下与派遣行为有关的资料，以及派遣安排的经济实质和执行情况，确定非居民企业所得税纳税义务。

（1）派遣企业、接收企业和被派遣人员之间的合同协议或约定。该项资料是审核代垫业务的基础性资料，是派遣双方关系和劳务执行过程的重要证明材料。如果税务机关在调查中发现企业实际劳务派遣过程与合同协议约定不符，则很有可能会产生较大的税务审核风险。

（2）派遣企业或接收企业对被派遣人员的管理规定，包括被派遣人员的工作职责、工作内容、工作考核、风险承担等方面的具体规定。该项资料内容是对劳务派遣服务总体安排以及实施过程的描述，在纳税判定上起着判定该项派遣行为是否属于构成常设机构的关键证据。如果在代垫款项业务过程中，税务机关调查发现该项服务活动是由境外非居民企业主导控制的，那么其派遣入境的员工很可能会构成中国境内的常设机构。这时就会按照常设机构取得营业利润进行纳税判定，缴纳企业所得税款。

（3）接收企业向派遣企业支付款项及相关账务处理情况，被派遣人员个人所得税申报缴纳资料。还有一种情况，即使该项代垫款项属于不构成非居民企业境内常设机构的情况，经过税务机关功能风险分析，该笔对外支付也属于代垫性质款项。但是，如果在支付之前，相关境内劳务的个人没有就发生的纳税义务缴纳税款，则说明该项支付代垫款项的行为没有满足完税特征，根据支付方有扣缴税款义务的原则，该项代垫款项需要在境内缴纳相关个人所得税后才能对外支付。如果支付方能够证明此前已经缴纳税款或者根据《我国个人所得税法》和相关税收协定安排，该派遣劳务不需要在我国境内缴税，那么本次支付可以不用重复扣缴税款。

（4）接收企业是否存在通过抵消交易、放弃债权、关联交易或其他形式隐蔽性支付与派遣行为相关费用的情形。该项审核要求的作用是审核有关各方是否通过隐蔽交易的形式掩盖劳务服务营业利润，达到在我国境内不缴纳税款的目的。该项审核的重点是与支付代垫款项的交易有关的关联交易和其他附带交易项目。

11.2 常见支付境外代垫费用纳税判定案例

在实务工作中，向境外非居民企业支付代垫款项不仅仅发生在支付代垫派遣员工工资方面，还有更多类型的代垫款项需要税务专业人员做出非居民企业纳税判定。这一判定过程具有较大难度，本节将结合国家税务总局2013年第19号公告提出的若干重要原则规定，对实务工作中常见的向境外非居民企业支付代垫差旅费、代垫工资社保费以及代垫境内企业开办费三类具有较大处理难度的案例进行详细分析介绍。

11.2.1 支付境外代垫差旅费怎么缴税

支付境外非居民企业代垫的差旅费主要发生在境外企业代境内企业预先垫付企业境内员工发生在境外的商务旅行费用时，通常包括往返交通费、食宿费等常规性费用。当境内企业向境外非居民企业支付类似费用的时候，需要根据费用发生的实际情况判断该笔代垫差旅费是否属于代垫性质，是否存在需要扣缴税款的义务。

案例基本情况：境内子公司派遣员工到境外参加境外母公司举办的商务活动。境内子公司和境外母公司双方签订合同约定，外派参会人员的差旅费、会议费等由境外母公司先行垫付，活动完毕后由境内子公司支付实际发生的款项给境外母公司。该支付项目的支付情况，如图11-2所示。

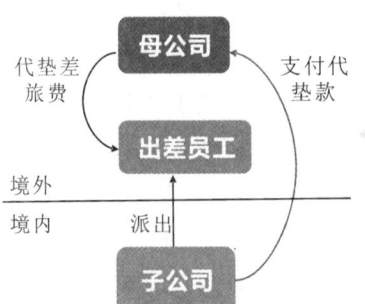

图 11-2 支付境外代垫差旅费案例

对于以上支付境外代垫差旅费的模式,需要考虑以下几个方面的情况:①整体考虑机票、酒店等代垫费用的对外支付是否有特殊的规定。这项要求是对该项业务模式在整体方面应该怎样办理对外支付税务事项的判定,包括考虑该项支付是否属于需要办理对外支付备案的范围,属于哪一类对外支付事项。②考虑该项业务需要提交或准备什么资料以便进行合理举证。根据第①项的判定结果准备相应的税务资料,用于纳税申报或证明免于办理对外支付备案。

在对外支付税务备案方面,根据对外支付备案文件《国家税务总局 国家外汇管理局关于服务贸易等项目对外支付税务备案有关问题的公告》(国家税务总局 国家外汇管理局公告 2013 年第 40 号)第三条的规定,"境内机构在境外发生的差旅、会议、商品展销等各项费用,无需办理和提交《服务贸易对外支付税务备案表》"。如果该项对外支付费用的性质经过审核符合境内机构在境外发生的差旅费支出性质,不包含其他性质的支出,那么该项对外支付可以不需要办理对外支付备案手续。

在纳税判定方面:①需要境内支付方准确判断该笔差旅费的性质,是否具备发生在境外的条件;②如满足文件规定的判定条件,应无需扣缴相关税款。

在准备举证资料方面,要证明本次对外支付的款项属于单纯的差旅费性质的支出,不包含其他项目,则需要准备比较全面的举证材料,例如需要准备以下资料:活动方案、行程、代垫的合同或协议,机票酒店的原始单据,付款凭条等证明活动真实发生的资料。相关的交通、住宿的凭单抬头应是参加活动的境内人员,以此证明支付的代垫费用是境内公司发生的,而非境外公司发生的费用。同时,还需要关注举证责任的问题,如果该项款项支付相关证明资料不全,有可能承担举证不力的后果,需要承担相应的税款缴纳责任。

11.2.2 支付境外代垫采购费怎么缴税

支付境外非居民企业代垫的商品采购费主要是指境外企业利用某些市场便利条件,采购境外商品用于某些特定条件下场所使用,境外企业采购商品后交给境内企业使用,境内企业向境外企业支付购买该项商品垫付的价款。在这种比较特殊的支付代垫款项的业务中，需要进行较为复杂的纳税判定和对外支付税务备案事项。具体来说，需要根据垫付采购商品的性质来进行判定，区分所采购的商品是有形商品、无形商品，还是劳务服务，从而做出不同的纳税判定和税务处理。

案例基本情况：境外母公司替境内子公司在境外市场采购数量不多的少量商品，供境内子公司用于营销活动。双方签订协议，由境外母公司先期垫付采购款项，境内子公司按照境外母公司采购费用，申请对外支付代垫款项。根据双方签订的代购协议，境外母公司替境内子公司采购的商品包括部分实物商品、部分软件，以及部分劳务服务项目，该支付项目的支付情况，如图 11-3 所示。

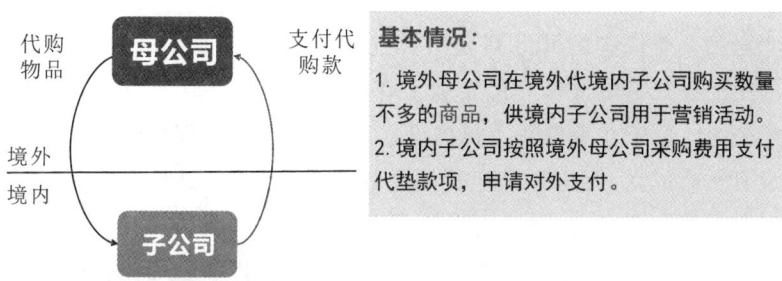

图 11-3 支付境外代垫采购费案例

对于以上支付境外代垫商品采购费的模式，需要从以下几个方面来考虑如何办理对外支付备案手续和相关的纳税判定：①区分境外非居民企业代境内企业采购哪一类型的商品，主要需要区分采购实物商品、无形资产、劳务服务这几大类情况，根据采购不同商品的垫付款项进行纳税判定。②考虑该项业务需要提交或准备什么资料以便进行合理举证。根据第①项的判定结果准备相应的税务资料，用于纳税申报或证明免于办理对外支付备案。③考虑本次采购的各项商品之间是否有直接关联，或者是为同一项目而采购的商品。之所以考虑这个因素，是因为根据目前非居民税收文件的有关规定，如果非居民在取得特许权使用费所得的同时，还提供与特许权使用费相关的劳务服务并取得所得，那么劳务服务所得按照特许权使用费的所得征税，这是为了避免出现项目拆分避税的情况。为了方便说明避免出现歧义，本案例假设境外母公司代境内子公司采购的各类商品都是根据不同项目进行的独立采购。

支付有形商品的代垫款项。如果境外非居民企业替境内企业采购的是有形物品并通过我国海关进入我国境内，那么该项采购的性质属于进口商品，属于有形商品报关进口业务，不属于非居民服务贸易对外支付税收事项。对于该有形商品的对外支付需要根据海关进口业务报关进口，并办理相关进口关税、进口增值税等手续和对外支付货款。

支付无形商品的代垫款项。如果境外非居民企业替境内企业采购的是软件等无形资产商品,那么根据该项采购通常倾向于按照特许权使用费项目办理来对外支付税务备案和进行特许权使用费征税判定。这项代垫款项主要需要根据境内支付方购买这项特许权使用费的业务实质进行判定。

支付劳务服务的代垫款项。如果境外非居民企业替境内企业采购的是劳务服务商品,那么这类的判定可以归为类似支付境外非居民企业代垫派遣劳务报酬的项目进行纳税判定,需要根据非居民企业采购和该项劳务具体提供过程中的要点进行劳务的纳税判定。如果该项劳务已经依据我国税法缴纳税款,并且该项劳务没有包括境外非居民企业的营业利润,则很有可能按照垫付工资等事项进行纳税判定和办理对外支付税务事项处理。

11.2.3 境外代垫开办费有什么风险,怎么缴税

支付境外非居民企业代垫的开办费是一种比较特殊但是并不少见的支付代垫款项业务。这类业务的主要模式是境外非居民企业要在中国境内设立营业机构,通常是跨国公司在中国境内的子公司。由于在境内营业机构设立之初,有一些费用开销需要在境内发生,此时境内机构还没有正式成立,无法对该笔费用会计入账和税务处理。通行的做法是由境外母公司先行垫付该项开办费支出,待境内机构成立后,再由境内机构偿还该笔费用。

案例基本情况:境外非居民企业计划在境内设立一家境内子公司,在境内子公司正式成立取得营业资格前,境外母公司需要对经营机构办公场所进行装修。由于境内子公司还没有正式注册成立,因此该笔装修费用由境外母公司在境内向第三方装修公司支付。双方约定,境内子公司办完相关开业证照,正常营业后,向境外母公司归还垫付的开办费。该支付项目的支付情况,如图11-4所示。

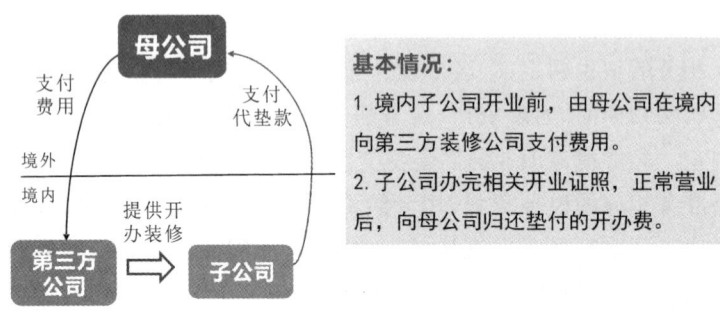

图11-4 支付境外代垫开办费案例

财税处理及相关风险分析:该项支付垫付款的业务模式存在较多的税务风险隐患。例如:①成本费用的相关性问题。如果境内子公司未正式营业前没有账户和纳税识别号,没有建立账册,第三方公司因此把费用发票开给境外母公司,后期境内子公司支付代垫款项和入账处理时将面临困难,境内子公司很难证明相关费用是与自己有关的费用。②境内子公司合法取得发票问题。由于境内子公司在成立之前没有开设相关银行账户和办理税务登记,第三方公司难以把账单发票抬头以境内子公司的名义开具。因此,需要解决第三方公司收款时无法及时开出发票给子公司的问题。③发票延期开具的问题。后期境内子公司支付代

垫款项很难以适合的名义支付。没有相关合同支持,税务上难以判定,由于税收前置的原因,没有完税证明下一步银行难以办理支付。因此,根据以上分析,本案例中的垫付、支付模式在实务中很难正规完成,需要另行考虑新的模式。

本业务模式的重点是厘清垫付方境外母公司和接受垫付的境内子公司之间的业务关系,从以上案例的业务描述来看,母子公司之间应是短期往来款项的关系,第三方公司和境内子公司之间签订业务合同,并进行财务预处理,款项可以由境外母公司先期垫付,待境内子公司被批准开业后,将先期费用账单换取正式发票,并根据会计准则和企业所得税管理相关规定将该项费用计入开办费。

12

母公司分摊管理费税收实务与案例

集团内劳务对应非居民企业税收管理方面的问题是境内企业向境外非居民企业支付大额劳务服务费用时的税务风险。境内居民企业向境外非居民企业支付大额集团内劳务服务费,通常以分摊管理费用的形式对外支付,对税务机关来说关注的重点问题是境内企业是否向境外非居民企业支付不具备真实业务背景的和与实际金额不符的管理费用,这类不合理的对外支付大额管理费用,会造成境内企业所得税税基受到侵蚀。因此,对母子公司之间跨境分摊管理费的审核是非居民税收工作和反避税工作的重要内容,也是非居民企业税收领域内的重点问题之一。本章的内容就是探讨境外母公司向中国境内子公司分摊管理费用时,应重点关注的各项审核要点,讲解跨国公司执行集团内部管理费用分摊时应关注的税务风险,避免出现不必要的损失。

12.1 跨国公司分摊集团内劳务介绍

集团内劳务,是跨国企业集团利用各关联企业之间互相提供市场、行政管理、技术服务、内部审计、法律咨询等劳务,实现有效利用集团内部资源,节省行政成本,达到有效管理目的而实施的一系列跨境关联交易。根据经济合作与发展组织(Organisation for Economic Co-operation and Development,OECD)发布的《跨国企业与税务机关转让定价指南(2017)》对于集团内劳务的描述,几乎每个跨国企业集团内部都需要安排集团成员之间提供多种多样的劳务,特别是行政管理、技术服务、财务管理、营销商务等方面的服务。这些劳务可能包括为整个集团提供管理、协调和控制功能。提供这些劳务的成本最初可能由母公司承担,当一个独立的企业需要某些劳务时,它可以向专业从事此类劳务的独立第三方供应商购买,也可以选择由集团内其他公司提供。对于跨国集团来说,承担不必要的成本不符合其利益,跨国集团希望利用集团内现有资源优势有效提供集团内劳务。集团内劳务在安排的过程中,通常会使用集团内多项资源,比如在提供某些劳务的同时使用某些专有技术,这样可能导致难以准确划分无形资产和劳务服务的问题。集团内劳务形式多样且差别很大,给集团内成员带来的预期收益也具有很大差异,不同的结果取决于具体的交易条件和集团内劳务的相关安排。例如,在有的集团内部,母公司在集团内的活动仅限于以股东身份管理子公司;而在有的集团内部,母公司可能会对子公司的事务做出重要决策,并且为了支持这些重要决策的落实执行,母公司还可能会为子公司提供日常行政管理和经营管理支持等,如母公司为子公司提供资金管理、市场营销以及供应链管理等服务。

12.1.1 集团内劳务的背景

跨国集团内部相互提供的集团内劳务在大多数情况下属于低附加值劳务,其产生背景如图 12-1 所示。根据 OECD 发布的《跨国企业与税务机关转让定价指南(2017)》的定义,低附加值集团内劳务,是指跨国企业集团的一个或多个成员企业为该集团中的一个或多个成员企业所提供的劳务,并且这类劳务具有以下特征:①属于支持性质;②不构成跨国企业集团的核心业务,不会形成营利活动,也不会构成跨国企业集团的重大经济活动;③不需要使用独特且有价值的无形资产,也不会形成独特且有价值的无形资产;④劳务提供方不承担风险,同时也不会给劳务提供方带来显著风险。通常,符合以上定义的低附加值集团内劳务包括以下几方面:

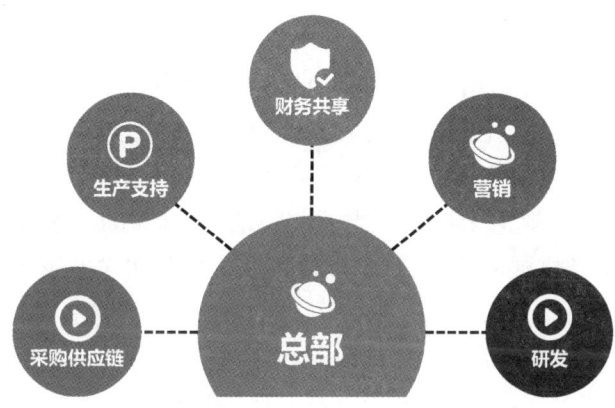

图 12-1 集团内劳务产生背景

(1) 会计和审计服务。例如,集团内成员之间互相提供的财务报表信息的收集和审核、会计记录的编制、财务报表的准备、业务和财务审计协助、会计记录真实性和可靠性的核实、财务数据整理、编制财务预算等。

(2) 处理和管理应收和应付账款。例如,编制客户账单信息、客户信用控制和检查。

(3) 人力资源活动。例如,人员配置和招聘,包括招聘流程设置、申请职位人员的评估、录取和派任、新员工入职、绩效业绩评估等;员工培训和发展,包括评估培训需求、制定内部培训和发展项目、制定管理和职业发展技能项目;薪酬服务,包括提供薪酬和福利政策建议、提出医疗保险和人寿保险建议、提出股权期权计划和养老金计划建议、核实出勤率和记录工时、薪酬处理满足税务遵从要求等。

(4) 不构成集团核心业务的信息技术服务。例如,安装、维护和更新企业经营活动中使用的信息技术系统;用于会计、生产、客户关系、人力资源、薪酬、邮箱的信息系统支持;与信息系统使用相关的信息收集、处理和人员培训;制定 IT 使用指引、提供电信服务、维护信息系统安全;支持、维护和监管信息技术网络等。

(5) 内外部沟通和公共关系维护,不包括具体的广告或市场营销活动及其基础战略制定。

（6）法律服务。例如，由内部法律顾问提供一般法律服务，如起草和复核合同协议、提供法律咨询、代表公司参与司法程序、开展法律研究以及与无形资产的注册和保护相关的法律和行政工作。

（7）与纳税义务相关的活动。例如，手机税务信息和准备纳税申报资料、应对税务机关调查以及提供税务咨询服务。

与集团内低附加值劳务不同的是，跨国企业集团内还存在提供某些高价值服务的劳务。为了与低附加值劳务区别，有必要对这类高附加值劳务进行介绍。这类业务通常包括：属于跨国集团核心业务的服务；研发服务；制造和生产服务；采购活动；销售、市场营销和分销活动；金融交易；开采、勘探和加工；保险和再保险。这类服务的共同点在于其重要性要远高于集团内低附加值劳务，属于跨国集团内战略层级事项，通常由企业高层和主要业务团队负责。

12.1.2　集团内劳务分摊的税收规定

跨国公司将集团内劳务在集团成员之间分摊，从税务机关的角度来看需要防范利用集团内劳务实施利润转移，侵蚀所在国税基的避税行为。对于这类税务风险，我国税收文件的相关规定是《特别纳税调查调整及相互协商程序管理办法》（国家税务总局公告 2017 年第 6 号发布）第三十七条："企业向未执行功能、承担风险，无实质性经营活动的境外关联方支付费用，不符合独立交易原则的，税务机关可以按照已税前扣除的金额全额实施特别纳税调整。"

对于需要实施特别纳税调整的集团内劳务，国家税务总局公告 2017 年第 6 号文件将其定义为非受益性劳务属于需要调整的劳务。对于非受益性劳务，国家税务总局公告 2017 年第 6 号文件第三十五条提出了 6 项测试判断标准（图 12-2）。

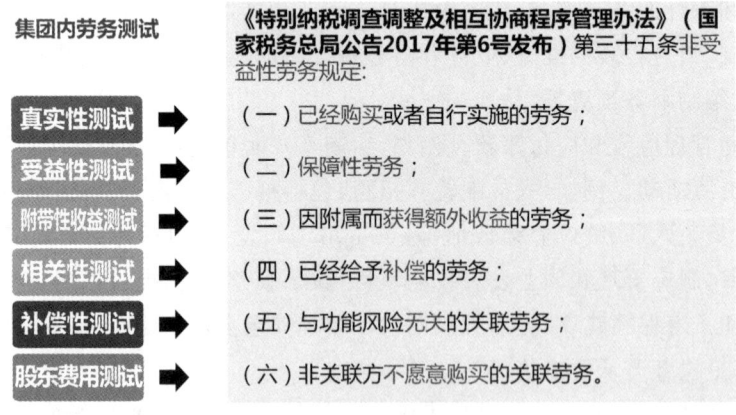

图 12-2　集团内劳务测试

对于企业向其关联方支付的非受益性劳务的价款，税务机关可以按照已税前扣除的金额全额实施特别纳税调整。非受益性劳务主要包括以下情形：

（1）劳务接受方从其关联方接受的，已经购买或者自行实施的劳务活动。该条规定属于真实性测试内容，要求跨国集团分摊的集团内劳务必须是基于事实发生的基础，对于虚构劳务分摊的费用,需要进行特别纳税调整,不能税前列支。

(2) 劳务接受方从其关联方接受的,为保障劳务接受方的直接或者间接投资方的投资利益而实施的控制、管理和监督等劳务活动。该劳务活动主要包括:①董事会活动、股东会活动、监事会活动和发行股票等服务于股东的活动;②与劳务接受方的直接或者间接投资方、集团总部和区域总部的经营报告或者财务报告编制及分析有关的活动;③与劳务接受方的直接或者间接投资方、集团总部和区域总部的经营及资本运作有关的筹资活动;④为集团决策、监管、控制、遵从需要所实施的财务、税务、人事、法务等活动;⑤其他类似情形。

该条规定属于股东费用测试内容,要求跨国集团分摊的集团内劳务必须是基于接受企业经营管理需要而提供的劳务。对于出于股东管理目的而发生分摊的费用,这种类型的活动不能被认定为集团内劳务,因此,也就不能向集团内成员收取费用。这类活动的相关成本应该由股东承担,如果控股公司将这类费用分摊给了集团内的成员企业,则需要对支付这些费用的企业进行特别纳税调整,不能在企业所得税前列支。

(3) 劳务接受方从其关联方接受的,并非针对其具体实施的,只是因附属于企业集团而获得额外收益的劳务活动。该劳务活动主要包括:①为劳务接受方带来资源整合效应和规模效应的法律形式改变、债务重组、股权收购、资产收购、合并、分立等集团重组活动;②由于企业集团信用评级提高,为劳务接受方带来融资成本下降等利益的相关活动;③其他类似情形。

该条规定属于附带性收益测试内容,对于附带性收益测试的理解是集团内的母公司提供的集团内劳务只与某些集团成员有关,但附带为其他成员带来收益。这些集团内服务对涉及的特定成员可以构成集团内劳务,也可能为集团内不直接参与潜在决策的成员带来经济收益。这种附带的获益不会被认为构成了集团内劳务,原因在于独立企业通常不会为这些行为所带来的收益支付费用。因此,如果集团母公司将不符合附带性收益测试的集团内劳务费用分摊给了集团内的成员企业,则需要对支付这些费用的企业进行特别纳税调整,不能在企业所得税前列支。

(4) 劳务接受方从其关联方接受的,已经在其他关联交易中给予补偿的劳务活动。该劳务活动主要包括:①从特许权使用费支付中给予补偿的与专利权或者非专利技术相关的服务;②从贷款利息支付中给予补偿的与贷款相关的服务;③其他类似情形。

该条规定属于补偿性测试内容,对于重复性测试的理解是集团内劳务的接受方企业已经通过其他途径对接受的劳务服务支付过费用,或者给予过其他形式的回报。如果在这种情况下,集团母公司仍然要另外收取一笔劳务服务费用,对于劳务接受方来说就相当于重复支付劳务报酬,这种费用是独立交易企业不愿意支付的。因此,如果集团母公司将不符合补偿性测试的集团内劳务费用分摊给了集团内的成员企业,则需要对支付这些费用的企业进行特别纳税调整,不能在企业所得税前列支。

(5) 与劳务接受方执行的功能和承担的风险无关,或者不符合劳务接受方经营需要的关联劳务活动。

该条规定属于相关性测试内容,对于相关性测试的理解是集团内劳务的提供方提供的劳务是否与接受方企业的功能和风险有关,如果该项劳务与劳务接受方企业的功能风险无关,那么该项劳务对接受方来说就是无用的,这种费用是独立交易企业不愿意支付的。因此,如果集团母公司将不符合相关性测试的集团内劳务费用分摊给了集团内的成员企业,则需要对支付这些费用的企业进行特别纳税调整,不能在企业所得税前列支。

（6）其他不能为劳务接受方带来直接或者间接经济利益,或者非关联方不愿意购买或者不愿意自行实施的关联劳务活动。

该条规定属于受益性测试内容,对于受益性测试的理解是集团内劳务的提供方提供的劳务是否能够给集团内的接受方带来经济利益或商业价值,如果该项劳务不能为接受方企业带来价值,那么这种费用是独立交易企业不愿意支付的费用。因此,如果集团母公司将不符合受益性测试的集团内劳务费用分摊给了集团内的成员企业,则需要对支付这些费用的企业进行特别纳税调整,不能在企业所得税前列支。

总结来说,以上6项测试内容包括真实性测试、股东费用测试、附带性收益测试、补偿性测试、相关性测试以及受益性测试,是判断集团内劳务是否符合独立交易原则的具体测试内容,需要根据集团内提供和接受劳务企业的功能风险情况进行综合判定。

12.1.3　跨国公司常见集团内劳务分摊模式

本节以集团内低附加值劳务为对象,介绍跨国公司内部产生的集团内劳务的常见分摊模式(图12-3)和相关的税务风险。对于集团内低附加值的辅助性劳务,跨国集团公司通常通过设置成本池的方法进行分摊。这种成本池可能是虚拟的,也可能是实际设置在某个特殊地点的集团内部劳务交易中心。

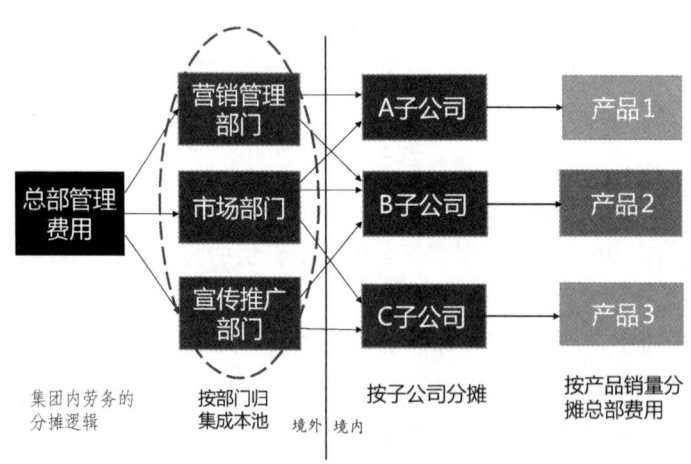

图12-3　集团内劳务分摊模式

12.1.3.1　集团内劳务成本归集

跨国集团把集团内所有成员发生的低附加值劳务产生的所有成本,按年度计算并归集于成本池中。归集的成本包括提供集团内劳务时发生的直接和间接成本和其他与提供劳务相关的合理化费用,并将这些成本费用按服务类型进行归集。进入成本池的归集费用,不应包括集团内一个成员仅为另一个成员提供劳务而发生的费用。该成员既为自身也为其他成员提供某些服务而发生的相关费用,应保留在成本池中。集团内劳务归集方法如图12-4所示。

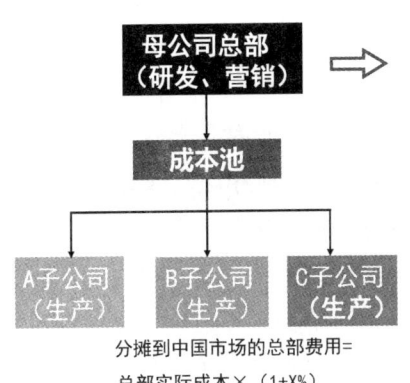

图12-4 集团内劳务归集方法

12.1.3.2 集团内劳务成本的分摊

集团内劳务成本归集进入成本池后,需要按照一定的分摊方法,将这些成本分摊到每个享受集团内劳务的成员企业中去。具体的分摊方法,企业可以根据实际情况选择一种或多种分摊标准进行成本分摊,分摊标准的合理性取决于劳务的性质。例如,与人员相关的劳务成本分摊标准可以是每个公司的人数占集团总人数的比例,信息技术服务可以采用每个公司的服务者占所有使用者的比例,会计支持服务可以采用每个公司相关交易额占所有相关交易额的比例或每个公司资产占全部资产的比例。在很多情况下,收入的占比是一个常用的分摊标准。在实际分摊工作中,如果纳税人能够解释使用单个分摊标准可以合理反映各劳务接受方的受益情况,则没有必要采用多个分摊标准。在设置分摊标准时,还要考虑标准的一致性,同类型的集团内低附加值劳务,应采用相同的分摊标准进行分摊。如果没有正当理由,后续年度应保持以往的分摊标准不应随意变更。

12.1.3.3 设置成本加成率

通常在独立企业之间,劳务的提供方是不可能仅按照成本价向劳务接受方收取费用的,还必须加入合理的利润。因此,为了使集团内劳务符合独立交易原则,跨国集团内部的劳务提供方对成本池中的所有成本要加上一定利润即成本加成率。OECD发布的《跨国企业与税务机关转让定价指南(2017)》认为,对于所有低附加值劳务不论具体类型,都应使用同一成本加成率,该成本加成率通常不超过5%。如果成本加成率不超过这个比率,在使用OECD推荐的简化成本分摊方案的情况下,不需要特别证明该加成率的合理性。对于这类简化方案,OECD有一套比较严格的规定,例如,服务接受方的某个财务比率(如集团内劳务成本占企业总成本、总营业额或扣除集团内劳务费前的利润比重),或者参考集团层面某个比率(如跨国集团内劳务成本总额占集团营业总额的比重)或者参考其他合理标准。当低附加值集团内劳务的成本加成率超过设定的标准,税务机关可以考虑不再接受简化的分摊方法,而要求纳税人进行全面的功能风险分析和可比性分析,包括对特定劳务服务收费的受益性测试。

12.2 集团内劳务分摊案例

本节对典型的集团内劳务费分摊案例进行分析,向读者介绍跨国集团向我国境内成员企业分摊劳务费用时,由于分摊方法不符合6项测试,境内支付方出现税务风险,使得境内支付方向境外支付的部分分摊费用不能在企业所得税前扣除。除此之外,本节还将通过案例,总结我国境内支付方向境外支付集团内劳务分摊费用时常见的纳税判定方法。

12.2.1 支付境外集团内劳务费分摊

案例基本情况[①]:某跨国集团企业,在中国境内设立多家子公司,境内子公司在销售收入不断增长的情况下利润率反而大幅下降。税务机关查询企业财务数据显示,利润下降的主要原因是支付集团内部的费用大幅增加。这些大额对外支付的集团内服务费,是由跨国集团母公司先把相关发生在全球的劳务费用归集在集团新加坡地区总部成本池中,再由新加坡地区总部分配给中国子公司。集团内劳务费用在跨国集团总部、新加坡地区总部和中国境内子公司之间的分配情况如图12-5所示。

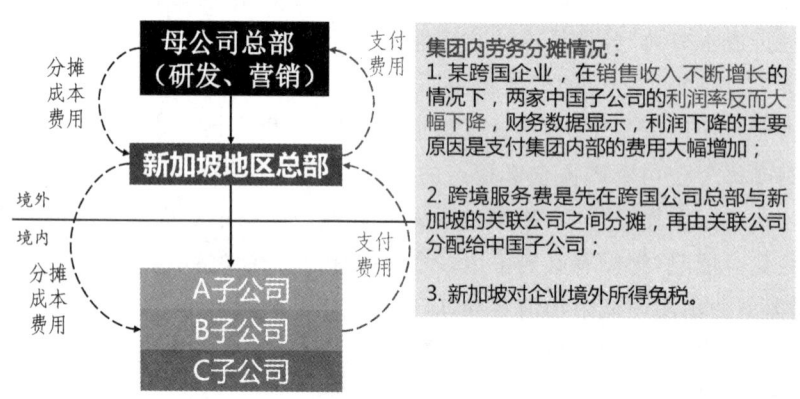

图12-5 集团内劳务分摊案例

税务机关在调查中发现该跨国集团在分摊集团内劳务费用的过程中存在以下疑点(图12-6)。

12.2.1.1 费用分摊基数不一致

在实际分摊总部研发、营销费用的过程中,集团中国境内子公司分摊集团劳务的成本池是全球成本池,而不是从新加坡地区总部归集的成本池中分摊费用,这造成集团中国境内子公司所采用的成本基数要大于新加坡地区总部所归集的成本基数。税务机关质疑:为什么

---

① 黄坚,曾霄,洪景阳.全国首例大额跨境服务费避税案件查结[N].中国税务报,2014-1-20(01).

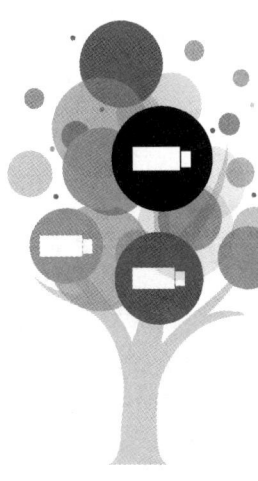

1. **分摊基数不一致**

在华子公司的成本基数是全球成本池；
质疑1：为什么在华子公司不采用新加坡的成本池？

2. **分摊方法不一致**

① 跨国集团总部与新加坡地区总部之间按照相关部门雇员人数计算分摊跨境服务费；
② 新加坡地区总部与中国境内子公司之间，按照销售收入分摊费用。
质疑2：为什么同样的费用分摊方法不同？

3. **无形资产收益处理不一致**

同性质的服务费，新加坡地区总部对总部相关的无形资产拥有所有权，而中国境内子公司不享有任何所有权和利益；
质疑3：为什么中国境内子公司无所有权还要支付大额服务费？

图 12-6　集团内劳务分摊问题

中国境内子公司不采用新加坡的成本池而要采用全球成本池？

12.2.1.2　费用分摊标准不一致

在具体集团总部费用分摊所采取的指标上，跨国集团总部与新加坡地区总部之间按照相关部门雇员人数计算分摊跨境服务费，但是同样的费用在新加坡地区总部与中国境内子公司之间，按照销售收入占比进行分摊。税务机关质疑：为什么同样的费用分摊标准不同？

12.2.1.3　无形资产收益处理不一致

在该跨国集团分摊的相同性质的服务费中，新加坡地区总部接受跨国集团总部无形资产研发劳务后，向跨国集团总部支付研发费用，并拥有所研发的无形资产所有权。然而，中国境内子公司同样是接受该项研发服务，分摊研发费用后却不享有任何所有权和利益。税务机关质疑：为什么中国境内子公司对接受的无形资产开发所形成的成果无所有权还要支付大额服务费？

通过分析以上疑点，可以发现这些质疑背后隐藏着非常深刻的利润转移动机。首先，费用分摊基数不一致。由于跨国集团全球成本池比新加坡地区总部成本池大，用全球成本池给中国境内子公司分摊费用，可以使得新加坡公司收取更多收入，同时减少中国境内子公司税基。这样筹划是利用新加坡作为低税率地区的优势，对境外所得不征税的特殊规定，可以把较多利润留存在海外。其次，费用分摊方法不一致。新加坡地区总部由于员工人数少，如果用人数分摊，可以减少新加坡地区总部支付的总部费用，把较多利润留存新加坡。而中国境内子公司销售收入多，如果用销售收入标准进行分摊，可以增加中国境内子公司的分摊费用数额，使得中国境内子公司向新加坡支付更多费用，增加新加坡地区总部的收入。最后，无形资产收益处理不一致。无形资产研发费用的分摊中，集团赋予新加坡地区总部的无形资产所有权，可以实现跨国集团的无形资产更加有效的分配,并且可以增加中国境内子公司对外支付相关无形资产费用的金额和说服力,便于把更多的境内利润转移至新加坡地区总部,并最终利用新加坡低税率优势实现跨国集团整体税负降低的目的。跨国集团内劳务避税原因如图12-7所示。

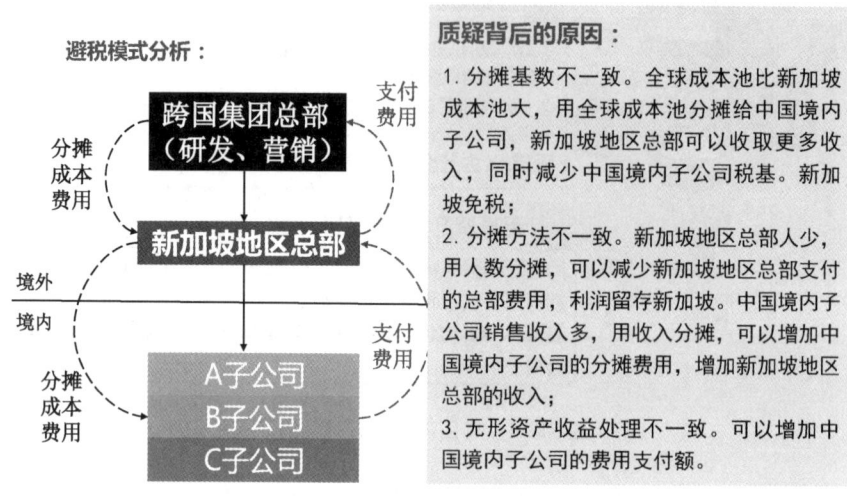

图 12-7 跨国集团内劳务避税原因

12.2.2 支付境外集团内劳务费判定流程

集团内劳务判定流程如图 12-8 所示。

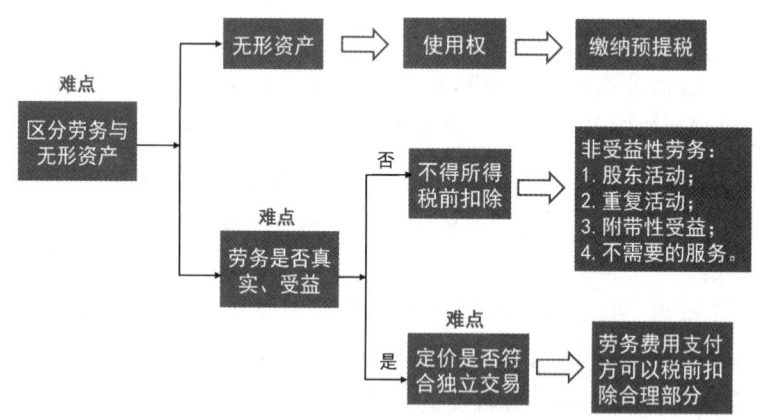

图 12-8 集团内劳务判定流程

本节对以上案例分析做一个总结,主要讨论对于集团内劳务相关的服务贸易纳税判定问题。首先,对该集团内劳务的性质进行准确划分,判定其属于什么性质的交易,是无形资产交易还是劳务服务交易。如果是被判定为无形资产的对外支付行为,那么对无形资产相关使用权的交易就要按照特权使用费征收预提所得税。如果该项交易是一项劳务性质的对外支付行为,那么需要从劳务的真实性和受益性角度进行分析,这关系到劳务支出的税前扣除问题,是一个非常难的判定。对于非真实发生或非受益性劳务,可以办理对外支付,但是税前扣除方面会受到限制。其次,再看定价问题。判定有关劳务的交易是否符合独立交易的原则,具体可以考察以上案例的成本加成率等指标是否具有合理性。如果纳税判定显示集团内劳务符合独立交易原则并且劳务定价合理,则相关对外支付的分摊费用可以在境内支付企业所得税汇算清缴时税前扣除。

13 非居民项目合同税务审核技巧

本章的内容主要是对税收实务工作中常见的合同审核问题进行介绍,主要分为两个部分,第一个部分介绍非居民项目合同的税务审核要点,包括合同的保密条款、关联性条款等,讲解支持合同纳税判定的关键证据有哪些。第二个部分详细介绍某些合同由于条款签署不当被判定为征税合同的案例。

13.1 非居民项目合同税务审核要点

对于非居民在我国从事经营活动而签署的商业合同,需要从专业税法的角度进行税务合同风险审核判定。从税务合规的角度来看,主要需要关注三个方面的情况:一是对合同涉及的保密性条款进行审核,这涉及是否缴纳特许权使用费的纳税判定;二是对合同的关联性条款进行审核,这涉及劳务是否构成境内常设机构的问题;三是对合同划分的一些关键问题进行纳税判定,这也是非居民项目合同审核中非常具有难度的事项。以上三个方面的合同审核要点涉及大多数基本的合同涉税问题,掌握这几类问题是进行其他更加复杂的合同设计和审核的关键。

13.1.1 评估技术服务合同保密条款的影响

非居民项目合同的保密条款与纳税义务之间的关系,是我们进行合同税务审核的基本要点,关于合同保密条款的税务规定,可以参考《国家税务总局关于执行税收协定特许权使用费条款有关问题的通知》(国税函〔2009〕507号)第四条的规定。该规定根据税收协定的有关条款,对特许权使用费与劳务费条款的区别进行了详细说明。该文件第四条规定,"在服务合同中,如果服务提供方提供服务过程中使用了某些专门知识和技术,但并不转让或许可这些技术,则此类服务不属于特许权使用费范围。但如果服务提供方提供服务形成的成果属于税收协定特许权使用费定义范围,并且服务提供方仍保有该项成果的所有权,服务接受方对此成果仅有使用权,则此类服务产生的所得,适用税收协定特许权使用费条款的规定"。

该条款明确,如果一项劳务服务在服务的过程当中使用了某些专有的技术,但是在使用的过程中,并不是转让这些技术,而是由于要完成某项工作使用到的,这样的服务是一项技术服务,从本质上来讲不能够认为是一项特权使用费。该文件明确规定,技术服务费通常不会仅仅因为它和技术相关就被认定为特许权使用费;只有在服务提供方仍保有该项服务成果的所有权而服务接受方对此成果仅有使用权的情况下,此类服务产生的所得才可能适用税收协定特许权使用费条款的规定。合同常见条款举例如图 13-1 所示。

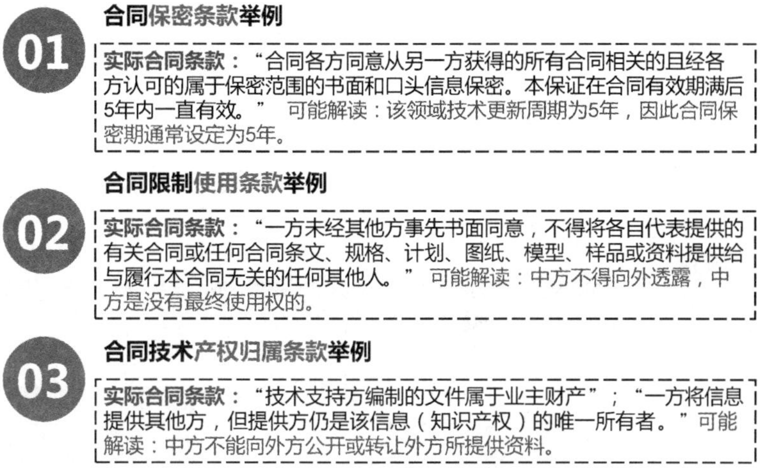

01 合同保密条款举例
实际合同条款："合同各方同意从另一方获得的所有合同相关的且经各方认可的属于保密范围的书面和口头信息保密。本保证在合同有效期满后5年内一直有效。" 可能解读：该领域技术更新周期为5年，因此合同保密期通常设定为5年。

02 合同限制使用条款举例
实际合同条款："一方未经其他方事先书面同意，不得将各自代表提供的有关合同或任何合同条文、规格、计划、图纸、模型、样品或资料提供给与履行本合同无关的任何其他人。" 可能解读：中方不得向外透露，中方是没有最终使用权的。

03 合同技术产权归属条款举例
实际合同条款："技术支持方编制的文件属于业主财产"；"一方将信息提供其他方，但提供方仍是该信息（知识产权）的唯一所有者。" 可能解读：中方不能向外方公开或转让外方所提供资料。

图 13-1 合同常见条款举例

13.1.2 评估多项合同之间的关联性影响

接下来看合同关联性对非居民项目税务审核的影响。所谓合同的关联性是指若干个单独签订的合同，从税收的角度看是属于一个大的连续性合同的一部分。这并不是否定企业单独签订的合同，而是从税收角度进行的一种判定过程。先来看合同关联性条款的税收文件依据，根据《中华人民共和国政府和新加坡共和国政府关于对所得避免双重征税和防止偷漏税的协定》及议定书条文解释》（国税发〔2010〕75号）第五条第三款的规定，"同一企业从事的有商业相关性或连贯性的若干个项目应视为同一项目或相关联的项目"。也就是说，如果有几个项目合同具有前后衔接的关系，或者有同时进行的关系，即使签成了两个合同，税务机关也有权力把这些不同的合同关联起来进行判定。为什么要关联起来判定呢？这实际是一种反避税措施，防止企业人为规避构成常设机构逃避税收。通常我们在考虑合同的关联性时，需要考虑以下因素：①这些项目是否被包含在同一个总合同里；②如果这些项目分属于不同的合同，这些合同是否与同一人或相关联的人所签订；③前一项目的实施是否是后一项目实施的必要条件；④这些项目的性质是否相同；⑤这些项目是否由相同的人员实施等。

13.1.3 合同划分与纳税判定关键环节

接下来讨论在常见的技术服务相关合同中，与纳税判定有关的条款。如果技术服务合同的主要形式是完成某些研究报告设计方案，并提供相关计算模型。为此技术服务提供方需要进行现场服务，其中涉及比较重要的税务条款审核问题，因为非居民派遣人员到中国境内提供现场服务往往会涉及入境履约问题，会产生劳务的境内执行问题。除此之外，还可能提供一些技术服务成果说明，包括报告、图纸等。其中还可能包括境外劳务部分与现场劳务部分的划分问题。也就是说，这类技术服务合同，总结起来通常包括特许权使用费和劳务划分问题,入境时间是否构成常设机构问题以及境内外劳务划分问题等重要的非居民税收纳税判定关键问题。其中每个与之对应的合同条款都有可能成为纳税判定的依据,重要性不言而喻。常见技术服务合同要点如图13-2所示。

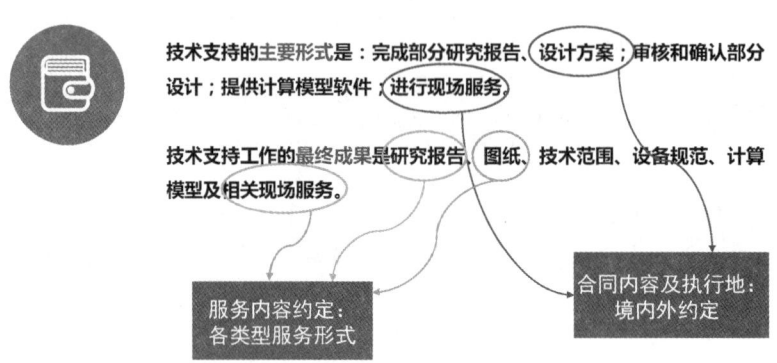

图13-2 常见技术服务合同要点

对这类复杂的合同划分问题,国税函〔2009〕507号文件第五条做出了原则性规定(图13-3)。该条款是对非居民项目合同签订影响很大的重要条款。该项规定指出,如果非居民提供的是一项特许权使用费授权活动,但是在授权使用的过程当中附带提供了一些售后服务或者指导服务,那么不管这个合同是怎么签订的,无论是签成两个单独的合同还是签成一个合同,相关的服务部分的收费要算作特许权使用费的附属费用,合并在一起按特许权使用费条款征税,这是一个非常重要的规定。

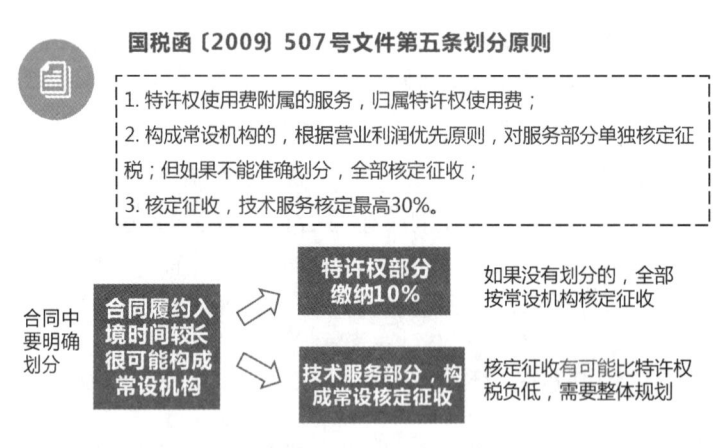

图13-3 合同条款划分原则

如果以上特许权使用费附带的劳务服务在我国入境时间超过183天,这时合同条款就发生了本质变化,对于这种合同条款的理解就不能够按照我们刚才讲的特许权使用费去理解了。因为在我国境内时间超过183天,构成常设机构以后,征税原则发生了改变,这是税收协定中一个重要的原则,叫作营业利润优先原则。这时是对劳务服务构成常设机构的部分进行征税,还是对特许权使用费的部分也进行征税,还是两个部分合加在一起进行征税?这就体现出合同的重要性了,需要根据合同条款进行具体分析。在合同能够清晰合理划分的情况下,对于特许权使用费的这一部分仍然按照特许权来进行征税,对于营业利润的部分单独进行核定征税。

13.2 合同条款签订不当导致被判定征税

本节介绍两个与合同条款签订有关的重要案例。在这两个案例中,在合同签订的时候,有一些细节条款没有考虑到,导致最后产生了一些不利的纳税判定结果。

13.2.1 佣金手续费被判定为特许权征税

这是一个佣金手续费合同条款设定不当导致被判定为特许权使用费征税的案例(图13-4)。首先来看该案例的基本模式:境外母公司A公司是境内子公司B公司的母公司,A公司负责销售研发,B公司负责生产同时负责发货。双方签订了一个代销的合同,以A公司的品牌在境外市场进行推广销售产品,A公司将关键技术授予B公司进行生产,B公司按照A公司销售的指令向境外客户发货。该销售以A公司的名义进行销售,B公司只负责发货。合同约定,B公司要支付8%的佣金给A公司,该8%的佣金根据企业申请不进行服务贸易对外支付税务备案。理由是A公司取得来源于中国境内的出口贸易的佣金收入无需办理对外支付税务备案。

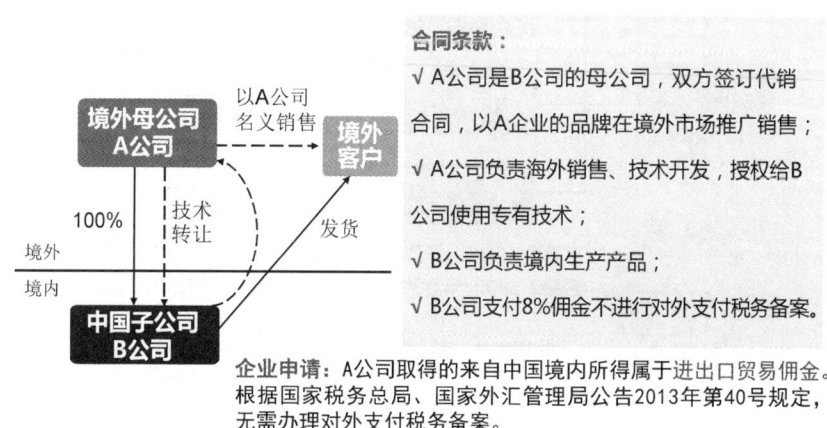

图 13-4 佣金手续费被判定特许权征税

税务机关否定了企业提出的这项申请,主要有三个理由,如图13-5所示。

总结以上案例反映出的问题,关于非居民所签订的合同主要存在三个问题(图13-6)。第一个问题是8%的佣金比例过高,经营决策比较激进。因为正常的进出口贸易佣金通常是2%或3%,通常低于5%。作为一种代理行为,8%的佣金比例过高。第二个问题是合同约定的代理行为,实际上不是一个代销行为。案例中我们看到的这种销售行为是一种很奇怪的销售方式,不仅过于违反商业常规而且发生在母子公司之间,因此,很可能会被税务机关以此为理由质疑其商业实质。第三个问题是该案例的佣金条款设计没有考虑双重征税的影响,没有考虑非居民税收的影响,该佣金条款有可能会被认定为特许权使用费。同时,境内企业支付佣金的税前扣除比例应符合《财政部 国家税务总局关于企业手续费及佣金支出税前扣除政策的通知》(财税〔2009〕29号)规定的扣除比例,最多不得超过合同销售收入的5%。

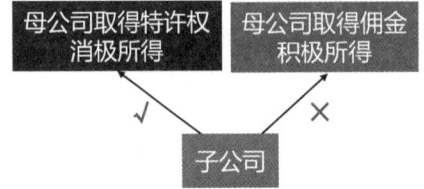

图13-5 佣金手续费被判定特许权征税理由

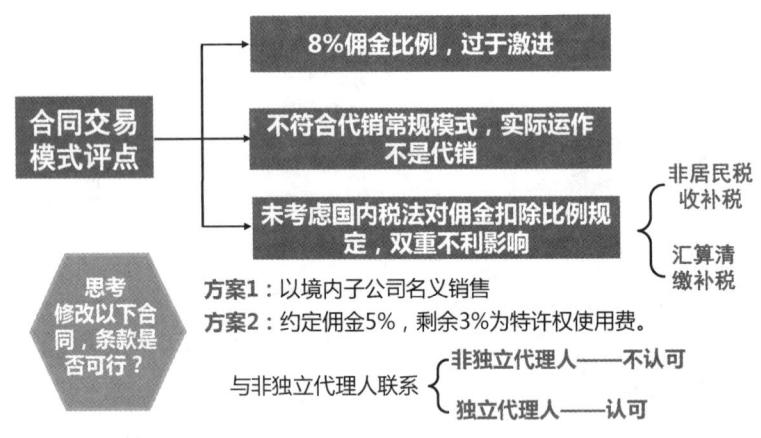

图13-6 合同交易模式点评

13.2.2 合同条款设计不合理导致劳务重复征税

本案例是非常经典的案例(图13-7)[①],经常发生在我国企业进口设备同时接受境外安装劳务服务的情况下。本案例中设备的销售方是境外德国非居民企业,该企业向中国公司

---

① 参见:叶生成,程敏,邵敏.销售设备并安装应计算劳务收入[N].中国税务报,2017-1-20(10).

销售一套先进设备,同时这项设备要进行现场的安装服务,中国公司向德国公司支付设备的销售价款和安装调试售后服务的价款合计1亿元。但是双方签订的合同里面没有明确区分销售价款是多少,安装劳务的价款是多少。该案例的特殊情况在于进口设备的安装调试非常复杂,德国公司派遣的团队到中国境内的工作时间已经超过了183天。由于当初中国公司在合同签订的时候没有区分1亿元总合同金额的明细构成,因此产生了很多后续税务问题,也就是企业所谓的"重复征税"问题。

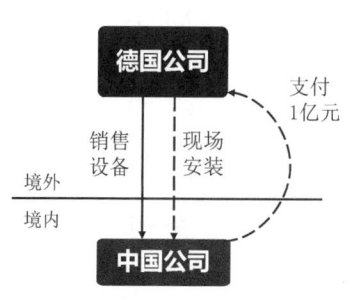

图13-7 劳务被"重复征税"案例

劳务被"重复征税"案例争议如图13-8所示。这里的"重复征税"是打引号的,其中有什么原因呢?中国公司表示安装服务费已经在当时进口设备的时候一起支付过了,当时不仅支付了设备款项,在进口设备的环节还缴纳了进口增值税和进口关税。企业认为,如果现在按合同总额1亿元中的某一个部分判定为常设机构进行征税,那么相关的税款就多缴了,既缴纳了进口环节的增值税和关税,又全额缴纳了安装调试进口设备构成常设机构的劳务服务税款,这属于重复征税。实际上这种所谓的重复征税,是企业在签订进口设备合同时条款不当造成的损失。要解决这种所谓的重复征税是完全有可能的,只要在签订合同的时候把这两类款项分别约定,在约定先期支付一定费用,余下款项留作安装调试的费用。安装调试完了以后,即使构成常设机构,也可以用这后续款项进行支付缴税。

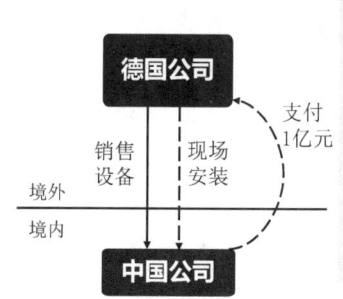

图13-8 劳务被"重复征税"案例争议

以上案例给我们带来的启示是在签订这类合同时,需要考虑以下三个方面的问题:①合同设计时尽可能根据需求把合同金额的重要明细部分单独列示;②如果本案例原合同中没有分别列示,在报关进口时使用仅包括设备进口价款的合同报关,极有可能在后期的海关和税务机关的信息交换中被发现问题;③如果全部货款和安装费都以采购货物的形式支付出去,不申报在税务机关缴纳的常设机构税款,这种方式也是违规的,在后期税务机关的检查和信息交换中会面临较大的税务风险。

14 非居民税收法规体系详解

通过本书第 1 章至第 13 章对服务贸易对外支付税务各类项目和典型问题的介绍，读者已经基本熟悉了非居民企业税收常规业务的规定，但是对于以上章节中大量介绍过的非居民税收法规仍然缺乏系统性的认识，因此，本章把非居民税收法规中的主干性文件进行分类归纳，为读者搭建比较清晰的法律法规体系概念，为后续进一步深入学习做好准备。我国当前非居民税收法规体系的几大主要门类及其对应的主体性税收法规具体如下。

（1）与纳税人和纳税义务相关的文件，包括《财政部　国家税务总局关于全面推开营业税改征增值税试点的通知》（财税〔2016〕36 号）、《非居民承包工程作业和提供劳务税收管理暂行办法》（国家税务总局第 19 号令发布）、《国家税务总局关于非居民企业所得税源泉扣缴有关问题的公告》（国家税务总局公告 2017 年第 37 号）。

（2）与对外支付税务备案相关的文件，包括《国家税务总局　国家外汇管理局关于服务贸易等项目对外支付税务备案有关问题的公告》（国家税务总局　国家外汇管理局公告 2013 年第 40 号）、《非居民企业所得税核定征收管理办法》（国税发〔2010〕19 号发布）。

（3）与税收协定及其解释相关的文件，包括《〈中华人民共和国政府和新加坡共和国政府关于对所得避免双重征税和防止偷漏税的协定〉及议定书条文解释》（国税发〔2010〕75 号）、《国家税务总局关于税收协定中"受益所有人"有关问题的公告》（国家税务总局公告 2018 年第 9 号）、《非居民纳税人享受协定待遇管理办法》（国家税务总局公告 2019 年第 35 号发布）。

（4）与非居民企业股权转让（财产转让）相关的文件，包括《财政部　国家税务总局关于企业重组业务企业所得税处理若干问题的通知》（财税〔2009〕59 号）、《国家税务总局关于非居民企业股权转让适用特殊性税务处理有关问题的公告》（国家税务总局公告 2013 年第 72 号）、《国家税务总局关于非居民企业间接转让财产企业所得税若干问题的公告》（国家税务总局公告 2015 年第 7 号）。

（5）非居民个人相关的文件，包括《个人所得税法》、《财政部　税务总局关于在中国境内无住所的个人居住时间判定标准的公告》（财政部　税务总局公告 2019 年第 34 号）、《财政部　税务总局关于非居民个人和无住所居民个人有关个人所得税政策的公告》（财政部　税务总局公告 2019 年第 35 号）。

本书把非居民税收相关的各类税收法规分为四大类型：第一类是税收政策类的文件规定；第二个类型税收管理类的相关规定；第三类是与税收协定相关的法律法规；第四类是比较特殊的和非居民个人方面的法律法规。

14.1 税收政策类文件

在之前的章节中,本书主要是根据非居民税收主干法规向读者介绍非居民税收的基本规定,比如纳税义务判定、办理流程等基本规定。然而,在从事非居民税收实务工作中,仅了解基本事项的原则性规定是远远不够的,还需要学习主干规定方向衍生出来的很多重要细节规定和补充规定。接下来本书就对这些不同类别的非居民税收文件进行梳理。

14.1.1 股息文件

股息文件要点如图 14-1 所示。

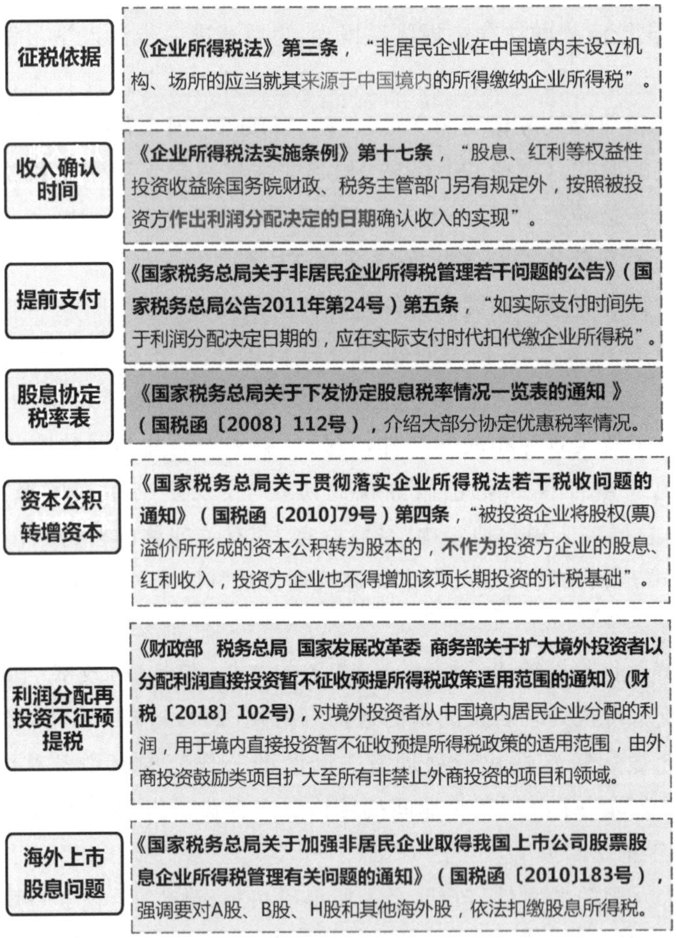

图 14-1 股息文件要点

与股息红利相关的税收法规最重要的是规定征税依据的《企业所得税法》第三条,这是后续税收文件的上位法依据。后续进一步规范的文件中包括对具体纳税义务时点的规定,以及具体适用税率的规定。例如,国税函〔2008〕112 号文件依据协定对低于法定税率 10% 的情况有如下规定:

（1）0：格鲁吉亚（直接拥有支付股息公司至少50%股份并在该公司投资达到200万欧元情况下）。

（2）5%：科威特、蒙古国、毛里求斯、斯洛文尼亚、牙买加、苏丹、老挝、南非、克罗地亚、马其顿、塞舌尔、巴巴多斯、阿曼、巴林、沙特、文莱、墨西哥。

（3）5%（直接拥有支付股息公司至少25%股份情况下）：卢森堡、韩国、乌克兰、亚美尼亚、冰岛、立陶宛、拉脱维亚、爱沙尼亚、爱尔兰、摩尔多瓦、古巴、特多、中国香港、新加坡［与上述国家（地区）协定规定直接拥有支付股息公司股份低于25%情况下税率为10%］。

在股息文件中要特别关注两个具体文件规定：一是与境外投资者分配利润再投资暂免征收预提所得税有关的规定——《财政部 税务总局 国家发展改革委 商务部关于扩大境外投资者以分配利润直接投资暂不征收预提所得税政策适用范围的通知》（财税〔2018〕102号），该文件属于一项递延纳税的优惠政策；二是关于非居民企业投资境内资本市场取得股息红利的规定——《国家税务总局关于加强非居民企业取得我国上市公司股票股息企业所得税管理有关问题的通知》（国税函〔2010〕183号），非居民（企业或个人）在中国境内取得股息红利的纳税关系比较复杂，特别是非居民取得在A股、B股、H股不同资本市场取得的股息的纳税规定情况较多，其中纳税判定和适用税率的规定都有较大区别。

14.1.2 利息文件

利息作为服务贸易对外支付税务中相对不常见的项目，需要关注的要点（图14-2）是非居民利息所得缴纳预提所得税的征税，依据是《企业所得税法》第三条；收入确认时间的税法规定是《企业所得税法实施条例》第十八条，关注利息纳税义务发生时间与股息红利不同，需要根据权责发生制原则确认非居民企业取得利息的所得税纳税义务；对于利息来说，还有比较特殊应付未付的利息的代扣代缴税款，与年度汇算清缴关系密切，相关文件规定是《国家税务总局关于非居民企业所得税管理若干问题的公告》（国家税务总局公告2011年第24号）第一条；与利息有关的担保费税务处理规定是利息所得事项中比较常见的情况，相关文件规定是《国家税务总局关于非居民企业所得税管理若干问题的公告》（国家税务总局公告2011年第24号）第二条。

除了关注常规非居民取得利息所得的纳税规定，还有一类非常特殊的跨境利息所得的征税问题，即我国银行的境外分支机构与境内发生交易产生的利息所得的税收问题。《国家税务总局关于境内机构向我国银行的境外分行支付利息扣缴企业所得税有关问题的公告》（国家税务总局公告2015年第47号）对于我国银行的境外分支机构从境内取得的利息所得，从实质重于形式的角度出发，在纳税判定和享受税收协定方面做出了排除规定。《国家税务总局关于境外分行取得来源于境内利息所得扣缴企业所得税问题的通知》（国税函〔2010〕266号）从税收协定的角度做出了外国金融机构及其分支机构可以享受税收协定的规定，对我国银行的境外分支机构不视为非居民企业不能享受税收协定优惠的规定。

14.1.3 特许权使用费文件

特许权使用费文件要点如图14-3所示。

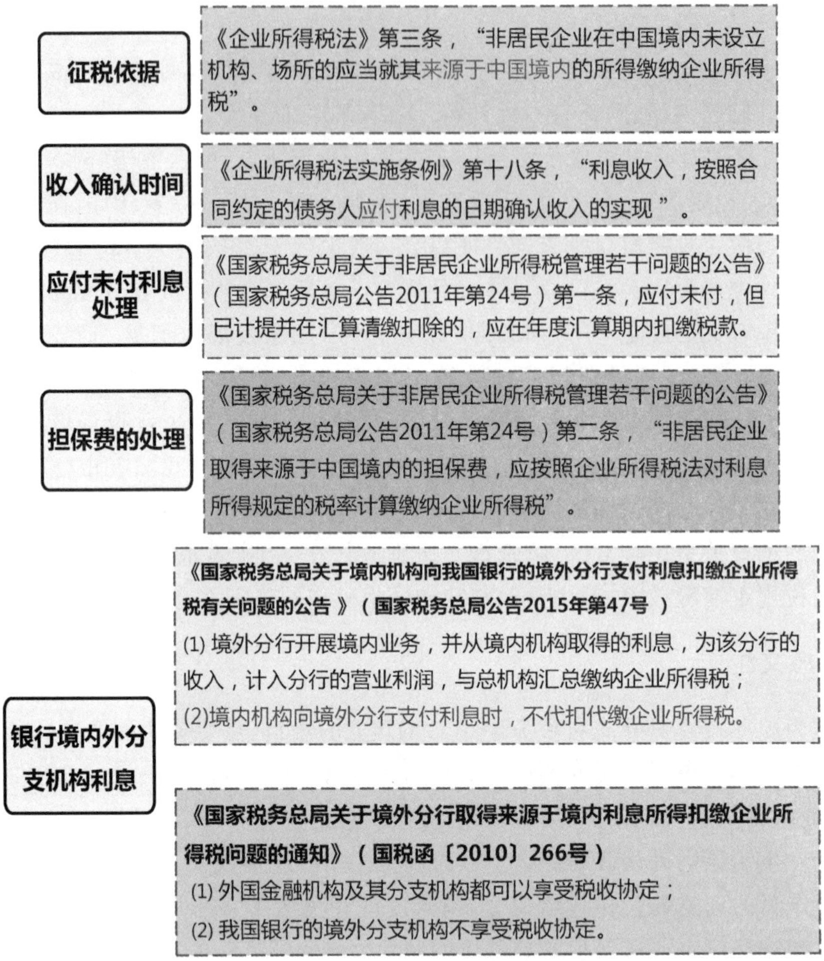

图 14-2 利息文件要点

征税依据：《企业所得税法》第三条，"非居民企业在中国境内未设立机构、场所的应当就其来源于中国境内的所得缴纳企业所得税"。

收入确认时间：《企业所得税法实施条例》第十八条，"利息收入，按照合同约定的债务人应付利息的日期确认收入的实现"。

应付未付利息处理：《国家税务总局关于非居民企业所得税管理若干问题的公告》（国家税务总局公告2011年第24号）第一条，应付未付，但已计提并在汇算清缴扣除的，应在年度汇算期内扣缴税款。

担保费的处理：《国家税务总局关于非居民企业所得税管理若干问题的公告》（国家税务总局公告2011年第24号）第二条，"非居民企业取得来源于中国境内的担保费，应按照企业所得税法对利息所得规定的税率计算缴纳企业所得税"。

银行境内外分支机构利息：

《国家税务总局关于境内机构向我国银行的境外分行支付利息扣缴企业所得税有关问题的公告》（国家税务总局公告2015年第47号）
(1) 境外分行开展境内业务，并从境内机构取得的利息，为该分行的收入，计入分行的营业利润，与总机构汇总缴纳企业所得税；
(2) 境内机构向境外分行支付利息时，不代扣代缴企业所得税。

《国家税务总局关于境外分行取得来源于境内利息所得扣缴企业所得税问题的通知》（国税函〔2010〕266号）
(1) 外国金融机构及其分支机构都可以享受税收协定；
(2) 我国银行的境外分支机构不享受税收协定。

图 14-2 利息文件要点

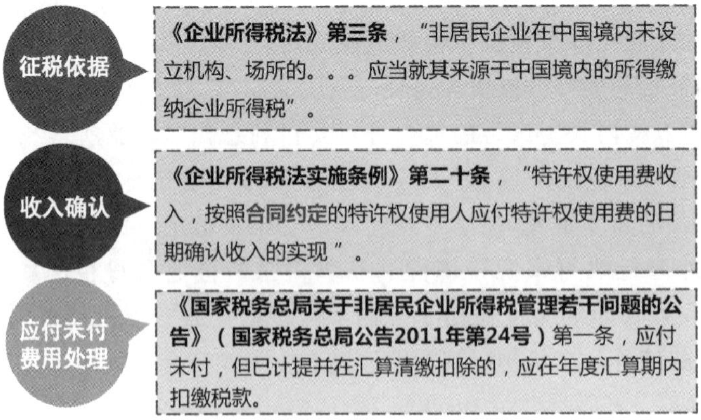

图 14-3 特许权使用费文件要点

征税依据：《企业所得税法》第三条，"非居民企业在中国境内未设立机构、场所的。。。应当就其来源于中国境内的所得缴纳企业所得税"。

收入确认：《企业所得税法实施条例》第二十条，"特许权使用费收入，按照合同约定的特许权使用人应付特许权使用费的日期确认收入的实现"。

应付未付费用处理：《国家税务总局关于非居民企业所得税管理若干问题的公告》（国家税务总局公告2011年第24号）第一条，应付未付，但已计提并在汇算清缴扣除的，应在年度汇算期内扣缴税款。

图 14-3 特许权使用费文件要点

特许权使用费的税收法律法规体系架构同样符合由总到分、由一般到特殊的体系特点，包括以下几个方面：在征税依据方面，主要是根据《企业所得税法》第三条关于"取得"的定义，来源于我国境内的特许权使用费所得需要缴纳企业所得税；在纳税时点方面，《企业所得税法实施条例》第二十条规定了特许权使用费的纳税义务应遵循权责发生制的原则，确认收入并计算应缴纳的企业所得税；在应付未付特许权使用费的处理特殊规定方面，《国家税务总局关于非居民企业所得税管理若干问题的公告》（国家税务总局公告2011年第24号）第一条规定，如果计提并税前扣除但未实际支付的特许权使用费，应在年度汇算清缴期内扣缴税款，该条款的规定比较特殊。

14.1.4 劳务服务文件

劳务服务项目的税收法律法规体系比较庞杂，从非居民提供劳务服务的所得税判定依据来看就比源泉扣缴项目复杂很多，不仅分为企业和个人不同的纳税判定，还有可能面对所得划分问题和不同的征税方式问题，同时还有很多特殊处理规定，这些规定较为详细。要理解劳务服务项目的税务处理，除了要掌握本书介绍的劳务服务对外支付办理流程和劳务类别，还需要关注这些具体规定背后的具体劳务服务税收文件体系的组成，以及相应具体规定的出处。文件要点如图14-4所示。具体来说包括以下几条规定：劳务服务征税的税法规定《企业所得税法》第三条；规定具体核定征收的税收文件，规定是《非居民企业所得税核定征收管理办法》（国税发〔2010〕19号）第五条；规定特殊情况下销售设备和提供劳务混合的相关征税，规定是《非居民企业所得税核定征收管理办法》（国税发〔2010〕19号）第六条。

核定征收作为劳务服务的征税方式是非常重要的，作为劳务服务项目中比较特殊的国际运输业务也有很多特殊规定，对这两类业务在非居民税收体系中的作用和具体文件规定，需要做到准确掌握。

除了以上规定，非居民劳务服务中还有一类常见且比较复杂的问题，即劳务派遣的税务处理问题，本书之前的章节里介绍过代垫费用的处理原则，这里把相关税收文件依据列示如下：

《国家税务总局关于非居民企业派遣人员在中国境内提供劳务征收企业所得税有关问题的公告》（国家税务总局公告2013年第19号）第一条规定，境外派遣是否构成常设机构的参考条件：①接收劳务的境内企业（以下统称接收企业）向派遣企业支付管理费、服务费性质的款项；②接收企业向派遣企业支付的款项金额超出派遣企业代垫、代付被派遣人员的工资、薪金、社会保险费及其他费用；③派遣企业并未将接收企业支付的相关费用全部发放给被派遣人员，而是保留了一定数额的款项；④派遣企业负担的被派遣人员的工资、薪金未全额在中国缴纳个人所得税；⑤派遣企业确定被派遣人员的数量、任职资格、薪酬标准及其在中国境内的工作地点。也就是说，通常判定代垫费用是否缴纳所得税与是否构成常设机构有关，而这类业务中常设机构的判定需要参考以上文件列示的要点进行综合判断。

征税依据	《企业所得税法》第三条，"非居民企业在中国境内未设立机构、场所的应当就其来源于中国境内的所得缴纳企业所得税"。第六条，"提供劳务的收入属于应税收入"。
核定征收利润率	《非居民企业所得税核定征收管理办法》（国税发〔2010〕19号发布）第五条，税务机关可按照以下标准确定非居民企业的利润率：（一）从事承包工程作业、设计和咨询劳务的，利润率为15%~30%；（二）从事管理服务的，利润率为30%~50%；（三）从事其他劳务或劳务以外经营活动的，利润率不低于15%。
核定销售设备的相关劳务	《非居民企业所得税核定征收管理办法》（国税发〔2010〕19号发布）第六条，销售设备合同，同时提供设备技术服务，合同中未列明提供上述劳务服务收费金额，或者计价不合理的，参照同类核定劳务收入，无参照标准的，以不低于销售货物合同总价款的10%为原则，确定非居民企业的劳务收入。
划分境内外劳务	《非居民企业所得税核定征收管理办法》（国税发〔2010〕19号发布）第七条，提供的服务同时发生在中国境内外的，应以劳务发生地为原则划分其境内外收入，并就其在中国境内取得的劳务收入申报缴纳企业所得税。 注：合理划分境内外劳务，可以做到合理缴税，避免境外劳务被征税。
核定利润率原则	《非居民企业所得税核定征收管理办法》（国税发〔2010〕19号）第八条，不同利润率劳务，需分别核算，否则从高适用利润率。
国际运输	《非居民企业从事国际运输业务税收管理暂行办法》（国家税务总局公告2014年第37号发布）第八条，国际运输业务所得税可以根据核定征收办法进行核定缴纳。

图 14-4 劳务服务文件要点

14.1.5 股权转让文件（财产转让）

非居民股权转让是非居民财产转让体系中的一部分，也是最重要和最难的一部分。股权转让文件要点如图 14-5 所示。非居民股权转让的征税原则并不难掌握，它出自《企业所得税法实施条例》第七条规定，然而在具体实施的时候存在以下两类主要问题：

一是非居民直接股权转让中的特殊性税务处理问题。该类税务处理涉及的企业重组税务规定包括适应普遍情况下的特殊重组条件的《财政部　国家税务总局关于企业重组业务企业所得税处理若干问题的通知》（财税〔2009〕59号）和适用跨境特殊情况下重组的《国家税务总局关于非居民企业股权转让适用特殊性税务处理有关问题的公告》（国家税务总局公告2013年第72号）文件规定。

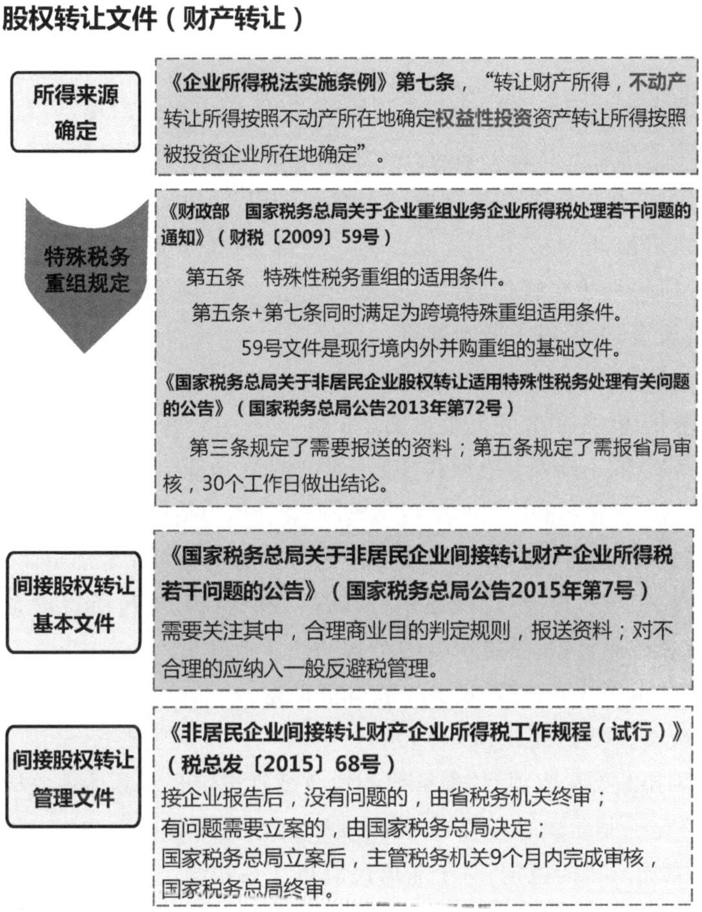

股权转让文件（财产转让）

所得来源确定
《企业所得税法实施条例》第七条，"转让财产所得，**不动产**转让所得按照不动产所在地确定**权益性投资资产转让所得按照被投资企业所在地确定**"。

特殊税务重组规定
《财政部 国家税务总局关于企业重组业务企业所得税处理若干问题的通知》（财税〔2009〕59号）
第五条 特殊性税务重组的适用条件。
第五条+第七条同时满足为跨境特殊重组适用条件。
59号文件是现行境内外并购重组的基础文件。
《国家税务总局关于非居民企业股权转让适用特殊性税务处理有关问题的公告》（国家税务总局公告2013年第72号）
第三条规定了需要报送的资料；第五条规定了需报省局审核，30个工作日做出结论。

间接股权转让基本文件
《国家税务总局关于非居民企业间接转让财产企业所得税若干问题的公告》（国家税务总局公告2015年第7号）
需要关注其中，合理商业目的判定规则，报送资料；对不合理的应纳入一般反避税管理。

间接股权转让管理文件
《非居民企业间接转让财产企业所得税工作规程（试行）》（税总发〔2015〕68号）
接企业报告后，没有问题的，由省税务机关终审；有问题需要立案的，由国家税务总局决定；
国家税务总局立案后，主管税务机关9个月内完成审核，国家税务总局终审。

图 14-5 股权转让文件要点

二是非居民间接股权转让的所得税问题，具体包括最重要的非居民间接股权转让规定《国家税务总局关于非居民企业间接转让财产企业所得税若干问题的公告》（国家税务总局公告2015年第7号）和具体的配套管理规定《非居民企业间接转让财产企业所得税工作规程（试行）》（税总发〔2015〕68号）。

以上两类股权转让税收问题分别自成体系，处理难度都比较大。本书在后续章节中对非居民直接股权转让和间接股权转让都会进行详细介绍，在此请读者先对有关文件的体系出处和原则性规定进行初步了解，为后续深入讨论打下基础。

14.2 税收征管类文件

非居民税收征管类文件，是指怎样实现税收政策类文件的征税意图，保证税收征管程序合理高效运行的税收征收管理类文件。这类文件主要是针对税收缴纳关键操作要点而设立的，例如纳税地点、税款缴纳程序等关键问题。

14.2.1 源泉扣缴管理文件

对于源泉扣缴项目的定义,根据《企业所得税法》第三十七条的规定,对非居民企业取得《企业所得税法》第三条第三款规定的所得应缴纳的所得税实行源泉扣缴。《企业所得税法》第三条第三款规定,非居民企业在中国境内未设立机构、场所的,或者虽设立机构、场所但取得的所得与其所设机构、场所没有实际联系的,应当就其来源于中国境内的所得缴纳企业所得税。根据《企业所得税法实施条例》第七条的规定,对《企业所得税法》第三条所称来源于中国境内、境外的所得,按照以下原则确定:

(1) 销售货物所得,按照交易活动发生地确定。

(2) 提供劳务所得,按照劳务发生地确定。

(3) 转让财产所得,不动产转让所得按照不动产所在地确定,动产转让所得按照转让动产的企业或者机构、场所所在地确定,权益性投资资产转让所得按照被投资企业所在地确定。

(4) 股息、红利等权益性投资所得,按照分配所得的企业所在地确定。

(5) 利息所得、租金所得、特许权使用费所得,按照负担、支付所得的企业或者机构、场所所在地确定,或者按照负担、支付所得的个人的住所地确定。

(6) 其他所得,由国务院财政、税务主管部门确定。

源泉扣缴管理文件要点如图14-6所示。

对于以上源泉扣缴类税收项目,最重要的税收征管规定是对具体税收管辖地的规定,根据《国家税务总局关于非居民企业所得税源泉扣缴有关问题的公告》(国家税务总局公告2017年第37号)第十六条的规定,对于非居民取得源泉扣缴类项目所得的纳税地点原则上是在扣缴义务人的所在地主管税务机关。这里需要特别注意,非居民取得股权转让所得情况下我国境内主管税务机关的确定。因为这里有可能出现扣缴义务人所在地与所得来源地不一致的情况,这时优先选择的税款缴纳地是扣缴义务人所在地。

此外,在关于源泉扣缴项目的税收管理方面,需要关注的是具体扣缴项目缴纳税款时需要填报的资料要求和时限要求,相关规定出自国家税务总局公告2017年第37号文件第七条、第八条。在涉及具体税款计算的汇率折算方面的规定也是源泉扣缴税收管理的重要内容,需要根据国家税务总局2017年第37号公告第四条的规定,按照扣缴义务发生日汇率中间价计算应缴纳的人民币税款金额。

14.2.2 工程劳务管理文件

工程劳务类税收管理文件(图14-7),首先需要了解该类业务中最重要的文件《非居民承包工程作业和提供劳务税收管理暂行办法》(国家税务总局令第19号公布)。该办法第三条规定了工程劳务的定义范围,"本办法所称承包工程作业,是指在中国境内承包建筑、安装、装配、修缮、装饰、勘探及其他工程作业。本办法所称提供劳务是指在中国境内从事加工、修理修配、交通运输、仓储租赁、咨询经纪、设计、文化体育、技术服务、教育培训、旅游、娱乐及其他劳务活动"。

14　非居民税收法规体系详解

税款缴纳所在地

《国家税务总局关于非居民企业所得税源泉扣缴有关问题的公告》（国家税务总局公告2017年第37号）第十六条，"扣缴义务人所在地主管税务机关为扣缴义务人所得税主管税务机关。

对企业所得税法实施条例第七条规定的不同所得，所得发生地主管税务机关按以下原则确定：

（一）不动产转让所得，为不动产所在地税务机关。

（二）权益性投资资产转让所得，为被投资企业的所得税主管税务机关。

（三）股息、红利等权益性投资所得，为分配所得企业的所得税主管税务机关。

（四）利息所得、租金所得、特许权使用费所得，为负担、支付所得的单位或个人的所得税主管税务机关"。

报送资料和时限

《国家税务总局关于非居民企业所得税源泉扣缴有关问题的公告》（国家税务总局公告2017年第37号）

第七条、第八条，发生扣缴义务起7日内申报缴纳，同时报送申报资料。

第七条，"非居民企业取得应源泉扣缴的所得为股息、红利等权益性投资收益的，相关应纳税款扣缴义务发生之日为股息、红利等权益性投资收益实际支付之日"。

外币折算

《国家税务总局关于非居民企业所得税源泉扣缴有关问题的公告》（国家税务总局公告2017年第37号）

第四条，"扣缴义务人支付或者到期应支付的款项以人民币以外的货币支付或计价的，分别按以下情形进行外币折算：（一）扣缴义务人扣缴企业所得税的，应当按照扣缴义务发生之日人民币汇率中间价折合成人民币，计算非居民企业应纳税所得额。扣缴义务发生之日为相关款项实际支付或者到期应支付之日"。

图 14-6　源泉扣缴管理文件要点

纳税义务和范围

《非居民承包工程作业和提供劳务税收管理暂行办法》（国家税务总局令第19号）

劳务的范围：

承包工程作业，是指在中国境内承包建筑、安装、装配、修缮、装饰、勘探及其他工程作业；

提供劳务，是指在中国境内从事加工、修理修配、交通运输、仓储租赁、咨询经纪、设计、文化体育、技术服务、教育培训、旅游、娱乐及其他劳务活动

资料报送要求和时限

《非居民承包工程作业和提供劳务税收管理暂行办法》（国家税务总局令第19号）

签订合同30日内备案；报送资料清单。

图 14-7　工程劳务管理文件要点

该办法第五条还制定了工程和劳务服务合同备案管理要求，"非居民企业在中国境内承包工程作业或提供劳务的，应当自项目合同或协议（以下简称合同）签订之日起30日内，向项目所在地主管税务机关办理税务登记手续。依照法律、行政法规规定负有税款扣缴义务的境内机构和个人，应当自扣缴义务发生之日起30日内，向所在地主管税务机关办理扣缴税款登记手续。境内机构和个人向非居民发包工程作业或劳务项目的，应当自项目合同签订之日起30日内，向主管税务机关报送《境内机构和个人发包工程作业或劳务项目报告表》，并附送非居民的税务登记证、合同、税务代理委托书复印件或非居民对有关事项的书面说明等资料"。需要读者注意的是，这里的"合同备案"和"对外支付税务备案"是两类不同性质的备案，遵循不同的税收法规。

14.2.3　支付备案管理文件

对外支付备案属于非居民税收管理中的早期和后期事项，其综合性较强，往往涉及税务、外汇等跨领域的专业知识。支付备案管理要点如图14-8所示。

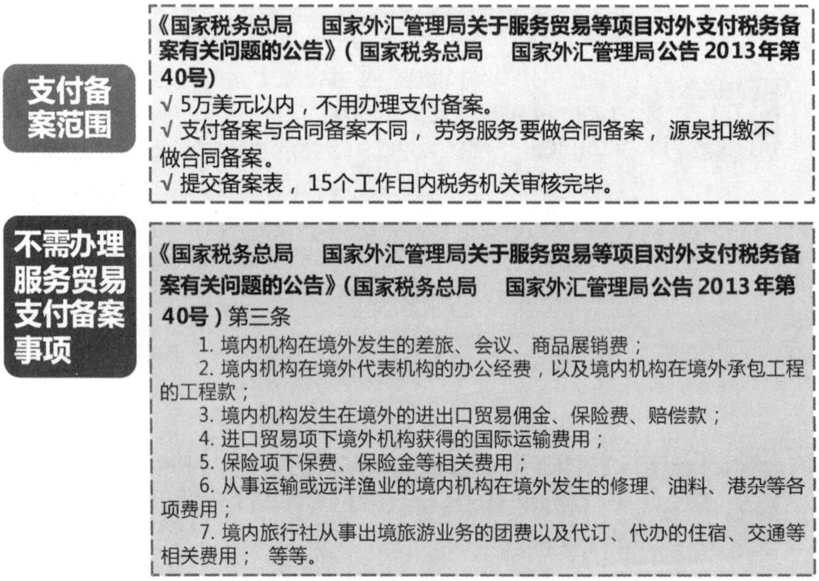

图14-8　支付备案管理文件要点

在把握对外支付备案管理要求时，首先应明确的是我国现行税收管理规定中对支付备案管理范围的相关规定出自《国家税务总局　国家外汇管理局关于服务贸易等项目对外支付税务备案有关问题的公告》（国家税务总局　国家外汇管理局公告2013年第40号）第一条，"境内机构和个人向境外单笔支付等值5万美元以上（不含等值5万美元，下同）下列外汇资金，除本公告第三条规定的情形外，均应向所在地主管税务机关进行税务备案：（一）境外机构或个人从境内获得的包括运输、旅游、通信、建筑安装及劳务承包、保险服务、金融服务、计算机和信息服务、专有权利使用和特许、体育文化和娱乐服务、其他商业服务、政府服务等服务贸易收入；（二）境外个人在境内的工作报酬，境外机构或个人从境内获得的股息、红利、利润、直接债务利息、担保费以及非资本转移的捐赠、赔偿、税收、偶然性所得等收益和经常转移收入;(三)境外机构或个人从境内获得的融资租赁租金、不动产的转让收入、股权转让所得以及外国投资者其他合法所得。"

此外,还要厘清现行对外支付规定中不需要办理对外支付备案的项目,相关规定出自《国家税务总局 国家外汇管理局关于服务贸易等项目对外支付税务备案有关问题的公告》(国家税务总局 国家外汇管理局公告2013年第40号)第三条。

对于支付备案来说,需要进行对外支付备案的项目涵盖大多数5万美元以上的常见对外支付项目,其中的具体办理要求本书在之前的章节中已有详细介绍,此处的介绍是为了帮助读者明确此税收文件在整体对外支付税务体系中的定位。

14.3 税收协定相关法规文件

税收协定是非居民在中国境内享受税收优惠的依据,目前我国对于非居民享受税收协定待遇的核心管理文件是《非居民纳税人享受协定待遇管理办法》(国家税务总局公告2019年第35号发布)。该文件明确了非居民在我国享受税收协定采取"自行判断享受、留存资料备查"的原则,围绕该文件还有很多其他重要规定。

14.3.1 税收协定国内法规定

税收协定的执行和纳税判定是非居民税收的重点课题和难点课题。在税收政策法规制定方面,除了税收协定的基本文件《非居民纳税人享受协定待遇管理办法》(国家税务总局公告2019年第35号发布),还有税收协定相关的解释性文件和执行性文件,具体如图14-9所示。

以上税收协定是我国执行方面的国内法税收文件,构成了我国税收协定的基本框架,特别是《非居民纳税人享受协定待遇管理办法》(国家税务总局公告2019年第35号发布)和《〈中华人民共和国政府和新加坡共和国政府关于对所得避免双重征税和防止偷漏税的协定〉及议定书条文解释》(国税发〔2010〕75号),其中很多规定是处理非居民享受税收协定方面的基本依据。

在理解执行国税发〔2010〕75号文件规定时,应注意以下要点:第一,我国对外所签协定有关条款规定与中新协定条款规定内容一致的,国税发〔2010〕75号文件规定同样适用于其他协定相同条款的解释及执行;第二,国税发〔2010〕75号文件与此前下发的有关税收协定解释与执行文件不同的,以国税发〔2010〕75号文件为准;第三,各地税务机关要组织有关干部认真学习国税发〔2010〕75号文件,并在此基础上正确理解与执行税收协定;第四,对执行中存在的问题请及时层报国家税务总局国际税务司。

在执行股息税收协定相关条款时,《国家税务总局关于执行税收协定股息条款有关问题的通知》(国税函〔2009〕81号)制定了利益限制条款和享受税收协定待遇的基本要件,包括该文件第二条规定的享受税收协定的身份限制:"按照税收协定股息条款规定,中国居民公

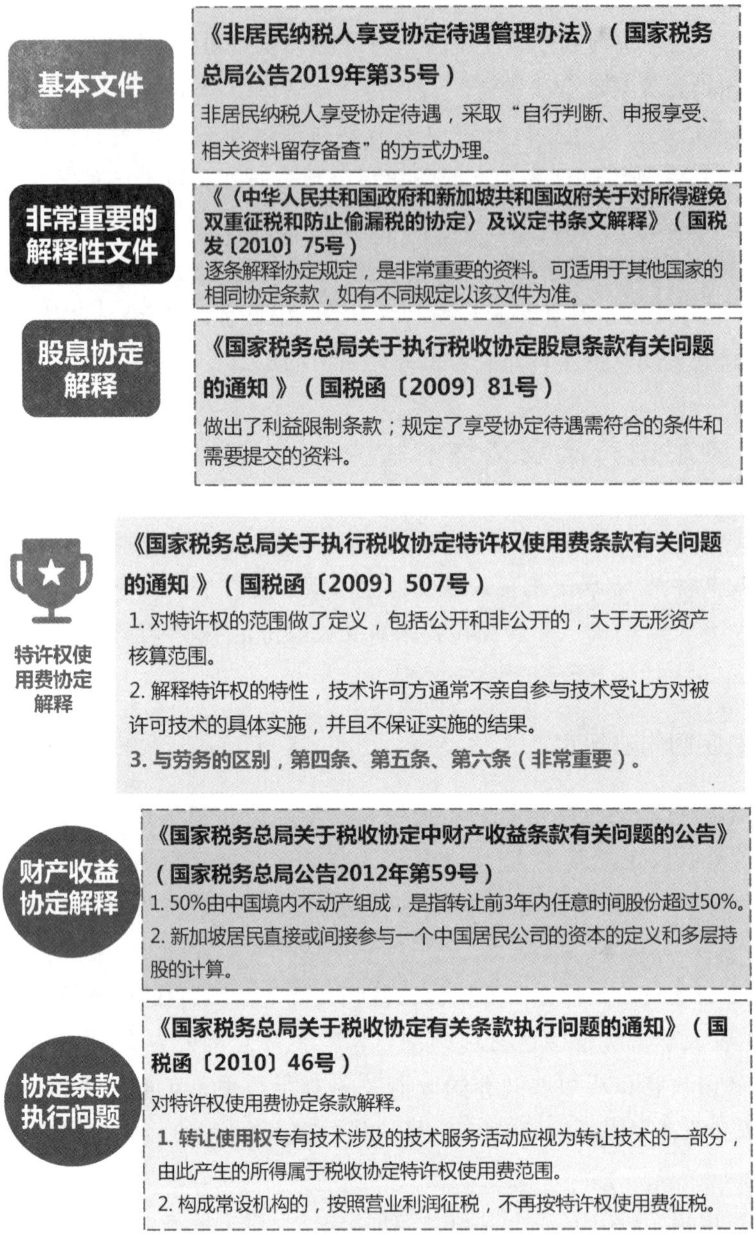

类别	文件及要点
基本文件	《非居民纳税人享受协定待遇管理办法》（国家税务总局公告2019年第35号） 非居民纳税人享受协定待遇，采取"自行判断、申报享受、相关资料留存备查"的方式办理。
非常重要的解释性文件	《〈中华人民共和国政府和新加坡共和国政府关于对所得避免双重征税和防止偷漏税的协定〉及议定书条文解释》（国税发〔2010〕75号） 逐条解释协定规定，是非常重要的资料。可适用于其他国家的相同协定条款，如有不同规定以该文件为准。
股息协定解释	《国家税务总局关于执行税收协定股息条款有关问题的通知》（国税函〔2009〕81号） 做出了利益限制条款；规定了享受协定待遇需符合的条件和需要提交的资料。
特许权使用费协定解释	《国家税务总局关于执行税收协定特许权使用费条款有关问题的通知》（国税函〔2009〕507号） 1. 对特许权的范围做了定义，包括公开和非公开的，大于无形资产核算范围。 2. 解释特许权的特性，技术许可方通常不亲自参与技术受让方对被许可技术的具体实施，并且不保证实施的结果。 3. 与劳务的区别，第四条、第五条、第六条（非常重要）。
财产收益协定解释	《国家税务总局关于税收协定中财产收益条款有关问题的公告》（国家税务总局公告2012年第59号） 1. 50%由中国境内不动产组成，是指转让前3年内任意时间股份超过50%。 2. 新加坡居民直接或间接参与一个中国居民公司的资本的定义和多层持股的计算。
协定条款执行问题	《国家税务总局关于税收协定有关条款执行问题的通知》（国税函〔2010〕46号） 对特许权使用费协定条款解释。 1. 转让使用权专有技术涉及的技术服务活动应视为转让技术的一部分，由此产生的所得属于税收协定特许权使用费范围。 2. 构成常设机构的，按照营业利润征税，不再按特许权使用费征税。

图14-9 税收协定国内法规定要点

司向税收协定缔约对方税收居民支付股息，且该对方税收居民（或股息收取人）是该股息的受益所有人，则该对方税收居民取得的该项股息可享受税收协定待遇，即按税收协定规定的税率计算其在中国应缴纳的所得税。如果税收协定规定的税率高于中国国内税收法律规定的税率，则纳税人仍可按中国国内税收法律规定纳税。纳税人需要享受上款规定的税收协定待遇的，应同时符合以下条件：（一）可享受税收协定待遇的纳税人应是税收协定缔约对方税收居民；（二）可享受税收协定待遇的纳税人应是相关股息的受益所有人；（三）可享受税收协定待遇的股息应是按照中国国内税收法律规定确定的股息、红利等权益性投资收益；（四）国家税务总局规定的其他条件。"

国税函〔2009〕81号文件第三条规定了具体持股比例限制："根据有关税收协定股息条款规定，凡税收协定缔约对方税收居民直接拥有支付股息的中国居民公司一定比例以上资本（一般为25%或10%）的，该对方税收居民取得的股息可按税收协定规定税率征税。该对方税收居民需要享受该税收协定待遇的，应同时符合以下条件：（一）取得股息的该对方税收居民根据税收协定规定应限于公司；（二）在该中国居民公司的全部所有者权益和有表决权股份中，该对方税收居民直接拥有的比例均符合规定比例；（三）该对方税收居民直接拥有该中国居民公司的资本比例，在取得股息前连续12个月以内任何时候均符合税收协定规定的比例。"

国税函〔2009〕81号文件第四条规定了享受税收协定的合理商业目的限制："以获取优惠的税收地位为主要目的的交易或安排不应构成适用税收协定股息条款优惠规定的理由，纳税人因该交易或安排而不当享受税收协定待遇的，主管税务机关有权进行调整。"

《国家税务总局关于执行税收协定特许权使用费条款有关问题的通知》（国税函〔2009〕507号）是特许权使用费有关税收协定的重要文件，其中关于特许权使用费与劳务服务费区别的规定是非常重要的规定。该文件第四条规定了提供劳务时使用技术的判定规则："在服务合同中，如果服务提供方提供服务过程中使用了某些专门知识和技术，但并不转让或许可这些技术，则此类服务不属于特许权使用费范围。但如果服务提供方提供服务形成的成果属于税收协定特许权使用费定义范围，并且服务提供方仍保有该项成果的所有权，服务接受方对此成果仅有使用权，则此类服务产生的所得，适用税收协定特许权使用费条款的规定。"第五条规定了在派遣人员入境提供技术服务时的判定规则："在转让或许可专有技术使用权过程中如技术许可方派人员为该项技术的使用提供有关支持、指导等服务并收取服务费，无论是单独收取还是包括在技术价款中，均应视为特许权使用费，适用税收协定特许权使用费条款的规定。但如上述人员的服务已构成常设机构，则对服务部分的所得应适用税收协定营业利润条款的规定。如果纳税人不能准确计算应归属常设机构的营业利润，则税务机关可根据税收协定常设机构利润归属原则予以确定。"第六条规定了销售活动中的服务费用的判定规则："下列款项或报酬不应是特许权使用费，应为劳务活动所得：（一）单纯货物贸易项下作为售后服务的报酬；（二）产品保证期内卖方为买方提供服务所取得的报酬；（三）专门从事工程、管理、咨询等专业服务的机构或个人提供的相关服务所取得的款项；（四）国家税务总局规定的其他类似报酬。上述劳务所得通常适用税收协定营业利润条款的规定，但个别税收协定对此另有特殊规定的除外（如中英税收协定专门列有技术费条款）。"

非居民转让中国境内财产的税收协定比较复杂，需要通过区分不同的财产类型（不动产、股权等）来进行纳税判定，相关的文件依据是《国家税务总局关于税收协定中财产收益条款有关问题的公告》（国家税务总局公告2012年第59号），该文件对国税发〔2010〕75号文件中涉及财产转让的条文进行了更新或进一步解释，其中第二条明确定义了股权转让中不动产价值占比的计算规定："根据'国税发〔2010〕75号所附条文解释'规定，公司股份价值50%

以上直接或间接由位于中国的不动产所组成,是指公司股份被转让之前的一段时间(目前该协定对具体时间未作规定,执行中可暂按三年处理)内任一时间,被转让股份的公司直接或间接持有位于中国的不动产价值占公司全部财产价值的比率在50%以上。该规定所述及的公司股份被转让之前的三年是指公司股份被转让之前(不含转让当月)的连续36个公历月份。"

国家税务总局公告2012年第59号文件第四条规定了持股比例的详细计算方法:"'国税发〔2010〕75号所附条文解释'第十三条第五款第四段由以下规定替代:'新加坡居民直接或间接参与一个中国居民公司的资本包括以下几种情况:(一) 该新加坡居民直接参与该中国居民公司的资本。如果该新加坡居民通过其他名义参与人(含个人、公司和其他实体)参与中国居民公司的资本,且该新加坡居民对于该名义参与人参与的资本享有排他性资本参与利益,并实质承担资本参与风险,该名义参与人参与的该中国居民公司资本可以视同该新加坡居民直接参与该中国居民公司的资本。(二) 该新加坡居民通过具有10%以上(含10%)直接资本关系的单层或多层公司或其他实体(含单个或多个参与链)间接参与该中国居民公司的资本。间接参与的资本按照每一参与链中各公司或其他实体的资本比例乘积计算。(三) 与该新加坡居民具有显著利益关系的关联集团内其他成员在该中国居民公司直接参与或者通过具有10%以上(含10%)直接资本关系的单层或多层公司或其他实体(含单个或多个参与链)间接参与该中国居民公司的资本。间接参与的资本按照每一参与链中各公司或其他实体的资本比例乘积计算,但在汇总计算该关联集团直接或间接参与该中国居民公司总资本份额时,符合前述规定的每一参与链所参与的资本份额不重复计算。上述与新加坡居民具有显著利益关系的关联集团内成员包括:1. 在该新加坡居民为个人的情况下,与该新加坡个人居民具有相同资本参与利益的个人(包括其配偶、父母及父母以上前辈直系亲属、子女及子女以下后辈直系亲属);2. 在该新加坡居民为公司或其他实体的情况下,直接或间接拥有该新加坡居民100%资本的个人(包括与其配偶、父母及父母以上前辈直系亲属、子女以及子女以下后辈直系亲属共同拥有的情形)、公司或其他实体。'"

在具体的税收协定条款执行问题上,《国家税务总局关于税收协定有关条款执行问题的通知》(国税函〔2010〕46号)对特许权使用费条款的一些具体执行情况进一步做出了明确规定,具体如下:

第一条规定了转让特许权使用中的服务问题,"转让专有技术使用权涉及的技术服务活动应视为转让技术的一部分,由此产生的所得属于税收协定特许权使用费范围。但根据协定关于特许权使用费受益所有人通过在特许权使用费发生国设立的常设机构进行营业,并且据以支付该特许权使用费的权利与常设机构有实际联系的相关规定,如果技术许可方派遣人员到技术使用方为转让的技术提供服务,并提供服务时间已达到按协定常设机构规定标准,构成了常设机构的情况下,对归属于常设机构部分的服务收入应执行协定第七条营业利润条款的规定,对提供服务的人员执行协定非独立个人劳务条款的相关规定;对未构成常设机构的或未归属于常设机构的服务收入仍按特许权使用费规定处理"。

第二条规定了特许权使用费与常设机构之间暂时不能确定性质的情况下的征税规定,"如果技术受让方在合同签订后即支付费用,包括技术服务费,即事先不能确定提供服务时间是否构成常设机构的,可暂执行特许权使用费条款的规定;待确定构成常设机构,且认定有关所得与该常设机构有实际联系后,按协定相关条款的规定,对归属常设机构利润征收企业所得税及对相关人员征收个人所得税时,应将已按特许权使用费条款规定所做的处理作相应调整"。

以上规定涉及多种情况下的税款计算缴纳问题,难度较大,本书在后续有关章节中会专门介绍。

14.3.2 "受益所有人"规定

"受益所有人",是指对所得或所得据以产生的权利或财产具有所有权和支配权的人。具备"受益所有人身份"是股息、利息、特许权使用费所得享受税收协定的必要条件。请读者注意这句话所表达的意思,首先,"受益所有人"概念不是针对所有非居民所得项目;其次,具备"受益所有人"身份是必要条件,而不是充分条件。也就是说具备"受益所有人"身份是非居民享受税收协定必须具备的条件,但是并不是只要具备"受益所有人"身份就可以享受税收协定。"受益所有人"规定要点如图14-10所示。

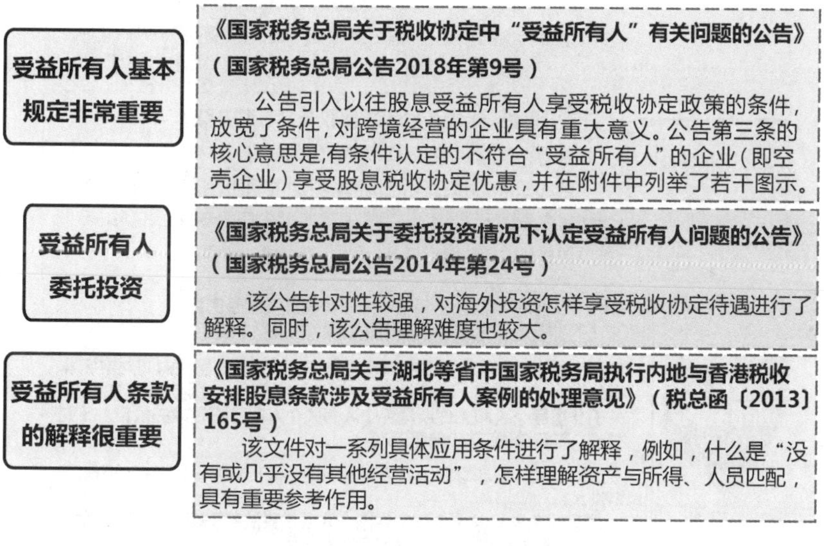

图14-10 "受益所有人"规定要点

对于"受益所有人"的判定规则,我国税收文件制定了一系列比较严谨复杂的判定标准,包括以下几个文件:"受益所有人"政策的核心文件《国家税务总局关于税收协定中"受益所有人"有关问题的公告》(国家税务总局公告2018年第9号),特殊情况下委托投资架构中判定"受益所有人"的文件规定《国家税务总局关于委托投资情况下认定受益所有人问题的公告》(国家税务总局公告2014年第24号),以及有关税收协定"受益所有人"条款的解释文件《国家税务总局关于湖北等省市国家税务局执行内地与香港税收安排股息条款涉及受益所有人案例的处理意见》(税总函〔2013〕165号)。"受益所有人"相关规定是非居民税收的重点内容,本书在后续章节中会详细介绍。

14.4 特殊规定和非居民个人类文件

所谓特殊规定通常是指与常见非居民税款缴纳不同的地方,这里列举两类比较重要的特殊规定。

第一类是认定境外注册中资控股居民企业的问题。这类企业通常属于特殊管理对象(如境外注册的中资控股企业),按照申请的管理方式进行管理,但也有被作为反避税对象管理的情况。一系列相关税收文件规定如图14-11所示。

图 14-11 非居民个税要点

第二类是与非居民金融账户相关的税收文件,主要是《非居民金融账户涉税信息尽职调查管理办法》(国家税务总局公告 2017 年第 14 号发布)。这类税收文件属于我国与外国政府合作,互相交换对方国家税收居民在本国的金融账户涉税信息的文件规定,通常主要需要本国银行金融机构配合完成,在一般常规的非居民税收业务中并不常见。

非居民个人所得税征管是境外无住所个人税收管理的一部分。在我国,随着新《个人所得税法》发布,这方面的管理规定有了根本性变化,其中最重要的税收文件除了新《个人所得税法》和新《个人所得税法实施条例》,主要是《财政部 税务总局关于在中国境内无住所的个人居住时间判定标准的公告》(财政部 税务总局公告 2019 年第 34 号)和《财政部 税务总局关于非居民个人和无住所居民个人有关个人所得税政策的公告》(财政部 税务总局公告 2019 年第 35 号)两个重要文件。这两个文件构建了现行无住所个人税收问题的基本架构,然而这部分内容属于非居民税收征管中的最大难度之一的政策规定,需要读者在深入了解非居民企业税收相关规定后再专门对照学习的内容。对此,本书在最后几章中会专门介绍非居民个人所得税的政策和征管规定。

15 税收协定实务基础

准确判定税收协定享受税收优惠是非居民税收实务工作中非常重要的内容。近年来，非居民在我国享受税收协定待遇管理规定发生了重大变化，特别是 2019 年我国发布了新的税收协定管理文件《非居民纳税人享受协定待遇管理办法》（国家税务总局公告 2019 年第 35 号发布，下同）之后，该文件虽然使非居民享受税收协定待遇更加便捷，但是也对非居民及其扣缴义务人准确判定享受税收协定优惠提出了更高的要求。本书第 15 章至第 24 章，将介绍与非居民享受税收协定待遇相关的知识要点。这些章节涵盖税收协定最基本和最重要的内容，包括税收居民身份、常设机构、"受益所有人"、税收协定重要修订、避免双重征税等内容，税收协定系列章节体系结构如图 15-1 所示。

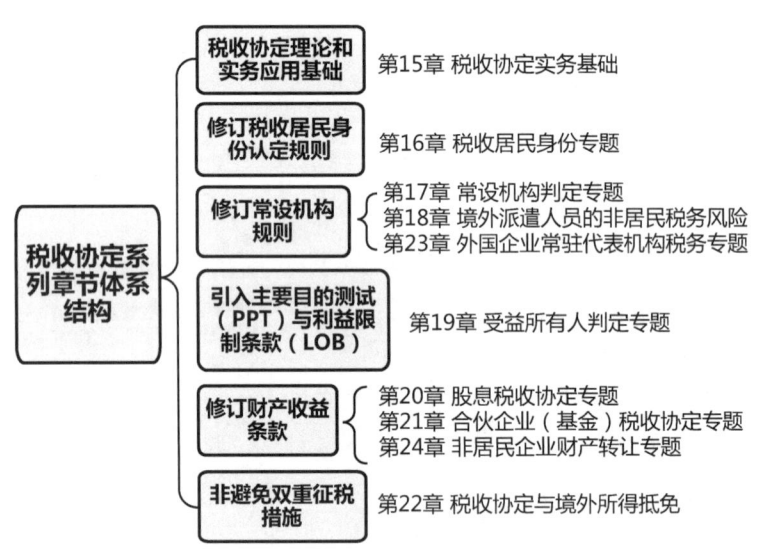

图 15-1 税收协定系列章节体系结构

本章着重介绍税收协定的基础概念和我国税收协定近年来的发展情况。本章内容分为三个部分：第一部分介绍税收协定使用的场景，即在什么样的情况下税收协定能够发挥税收优惠的作用；第二部分解读《非居民享受税收协定待遇管理办法》，这是我国税收协定执行领域重要的基础文件；第三部分介绍我国近几年税收协定签订和发展变化趋势，包括 BEPS 行动计划的制订情况，我国签署 BEPS 多边公约的情况等。了解以上内容可以为后续深入讨论税收协定各种具体应用做好准备。

15.1 税收协定的使用场景

先来看税收协定的使用场景,本书前面的章节介绍过对外支付股息红利、特权使用费可以申请使用到税收协定优惠条款,这些只是税收协定使用场景当中的一小部分。税收协定还有很多更重要的作用,本节将对此进行详细介绍。

15.1.1 税收协定的概念

从税收协定的全称上看(图 15-2),避免双重征税和防止偷漏税是各国对外签署税收协定的主要作用。首先,在避免重复征税上,怎样防止出现或者解决双重征税呢?主要有两个工具,一是通过境外所得税收抵免防止出现双重征税。境外所得税收抵免是一个很复杂的问题,它分为企业的抵免和个人的抵免两大类别。二是通过双边磋商解决已发生的双重征税问题。此外,税收协定还有防止跨国逃避税、给予非居民税收优惠、防止双重不征税等目的。

双边税收协定的全称是:《中华人民共和国政府和XXX国政府关于对所得避免双重征税和防止偷漏税的协定》

税收协定从根本上来说具有以下作用:
1. 避免对同一所得两国重复征税:境外所得税收抵免(事前)、协定磋商(事后)等;
2. 防止跨国逃避税:转让定价、同期资料等;
3. 给予非居民税收优惠:协定备案、受益所有人、常设机构等;
4. 防止双重不征税:BEPS行动计划(混合错配、择协避税)等。

图 15-2 税收协定主要作用

15.1.2 税收协定的运用场景

税收协定运用场景如图 15-3、图 15-4 和图 15-5 所示。

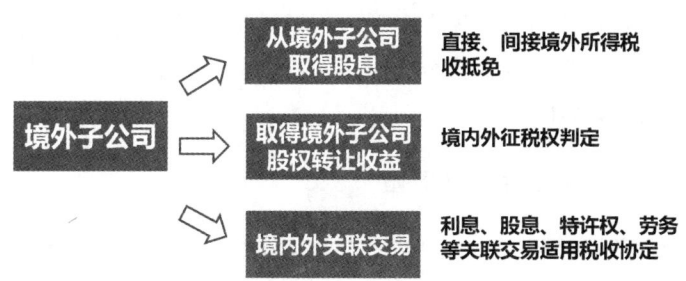

图 15-3 税收协定运用场景 1

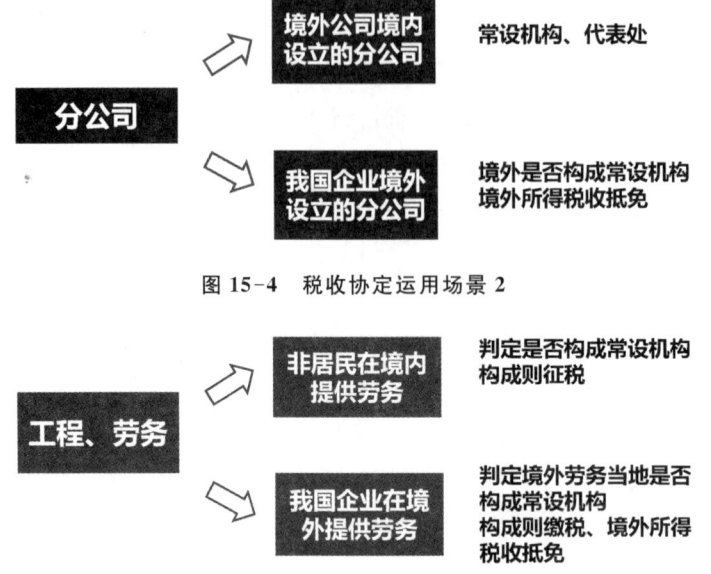

图 15-4 税收协定运用场景 2

图 15-5 税收协定运用场景 3

税收协定在具体运用方面,最常见的是母子公司股权架构关系,特别是境外企业作为母公司在中国境内设立子公司的情况。根据税收协定,从境外的子公司取得的股息通常可以享受直接的或者间接的税收抵免。直接抵免和间接抵免,不一定是针对某种特定类型组织形式取得的所得,由于其具有高度复杂性,本书将在后续章节专门介绍。还有一种情况是,境外子公司取得了股权转让的收益,需要判断这种转让所得应在境内缴税还是境外缴税,这也需要根据税收协定来进行确定,在不同地方缴税可能面临的税收负担差别很大。

分公司运用税收协定的场景和子公司的最大区别在于法律定位:子公司是在所在国家按照当地的法律成立的对方国家税收居民;分公司的法律地位则不同,分公司是一个分支机构,它有可能不是一个法律上的实体,不是对方国家税收居民。这种情况下分公司使用税收协定的情况包括境外公司在境内设立分公司,有可能会产生常设机构的问题和代表处的税收问题。此外,我国企业在境外设立了一些分公司,并取得了收入,也缴了税,但在我们国家怎么样进行分支机构抵免,这需要根据双边税收协定和当地税收法律法规来进行判断。

与工程劳务相关的税收协定运用场景主要是判定工程劳务是否构成常设机构,是否需要在中国境内缴纳所得税等问题。还有一种运用场景是判断我国"走出去"建筑工程施工企业或者劳务技术服务企业在境外提供劳务时,是否构成了当地的常设机构,是否需要在当地缴税,以及境外所得的税收抵免问题。

15.1.3 享受税收协定待遇的条件和风险

享受税收协定待遇,需要具备一定的条件,并且在享受税收协定待遇的过程当中可能会面产生税务风险。享受税收协定待遇的三项基本条件如图 15-6 所示。

条件1:非居民享受税收协定待遇必须具备的核心条件是符合"受益所有人"要求。也就

条件1：符合受益所有人身份
取得股息、利息、特许权使用费所得的非居民，需要满足"受益所有人"身份判定。

条件2：所得性质经判定符合税收协定规定
非居民或我国走出去企业，取得的某些性质的所得在来源国征税（如股息、利息、特许权费），某些性质的所得在居民国征税（如劳务所得）。

条件3：税收居民身份（利益限制条款）
缔约双方以外的第三国在一方国内设立的企业，申请享受两国税收协定在一些情况下被限制。能提供对方税收居民身份证明。

图 15-6　享受税收协定待遇条件

是说，这笔所得只能由它的最终受益人享受税收协定。这种安排是为了防止中间层选择性适用税收协定来达到避税的目的。

条件2：所得性质符合要求。所得性质从大方面来说分为源泉扣缴类所得和劳务服务类所得。这两大类所得的纳税判定要求和享受税收协定条件是不同的，只有在确定为符合相关要求的所得后，才能适用对应的税收协定规则。

条件3：符合税收居民身份要求。税收协定是两个国家之间签订的仅适用双方税收居民的国际条约，因此，证明非居民的身份属于税收协定缔约一方是必要前提。

除以上条件外，总的来说，在税收协定的判定和运用过程中，还需要考虑非居民申请人的合理商业目的和实际经营情况等条件，进行综合判定。相关内容在本书后续章节中会有详细介绍。

非居民在享受税收协定待遇的过程中还伴随一些税收风险，如图 15-7 所示。

风险：税收协定滥用审查
非居民享受我国税收协定待遇，境外控股中间层公司需要符合相应条件，避免税收协定被滥用。

风险：因不能享受协定待遇启动税收协定磋商
中国居民企业被境外税务机关判定不能享受税收协定待遇，可向中国税务机关申请启动相互协商程序，通过中国国家税务总局发起双边磋商，解决税收争议。

风险：主要目的测试条款（合理商业目的测试）
根据税收协定主要目的测试条款或国内税法中的一般反避税规则，如果相关安排和交易的主要目的是获取税收协定待遇，则不能享受协定待遇。新规此处需要非居民做出声明。

图 15-7　享受税收协定待遇风险

非居民享受税收协定待遇相关的主要税收风险体现在税务机关的后续审核工作中,如果非居民事前对税收协定的判定与税务机关的事后审核存在偏差,那么有可能导致非居民享受税收协定的优惠被取消。从税务机关的角度来看,部分享受税收协定优惠的非居民存在滥用税收协定的可能性,因此会要求境外一些中间层公司享受税收协定优惠时,必须符合税收文件规定的相关条件。这种不同的认识差异有可能导致税务机关与非居民在税收协定问题上产生争议。具体来说主要存在以下税务风险:

风险1:对税收协定是否滥用的审查。防止税收协定被不当使用或被滥用,是税收协定后续管理的重要目标。防止税收协定被滥用也是BEPS行动计划的重要内容,我国在国内立法中也在不断落实防止税收协定滥用的国际行动成果。

风险2:如果纳税人在税收协定缔约对方国家因为某些原因不能享受双边税收协定规定的优惠待遇,作为后续救济手段纳税人有权利向主管税务机关申请启动双边税收协定磋商,但是双边磋商具有不确定性,包括磋商结果和磋商时间,有可能经过磋商程序仍然不能解决纳税人享受税收协定待遇的诉求,出现不能享受税收协定待遇的风险。

风险3:不满足税收协定的合理商业目的测试。这项测试内容属于税收协定判定中的主要目的测试条款内容,可以由税务机关根据合理的理由怀疑否定纳税人申请享受税收协定待遇的申请。该项测试主观性较强,在享受税收协定待遇的纳税判定过程中具有一定的不可预测性,且如果税务机关基于合理理由的怀疑而否定纳税人的申请则是符合税收协定精神的。因此,该项测试对于税收协定待遇申请人来说也具有较大的潜在风险。

以上列举的三项风险属于非居民在申请享受税收协定过程中可能面对的主要税收风险,除此之外还有其他可能存在的风险,在本书后续专门讲解税收协定判定的章节中会有详细介绍。

15.2 解读《非居民纳税人享受税收协定待遇管理办法》

目前非居民在我国申请享受税收协定待遇,需要遵从的最重要的税收文件是《非居民纳税人享受协定待遇管理办法》(国家税务总局公告2019年第35号发布,下同)。该文件是在深化"放管服"和进一步优化营商环境的背景下制定的,文件做出了很多便利化的修订,增加了一些新的表述。这些变化在很大程度上显示了我国税务机关依法治税,优化纳税服务,增加纳税人获得感的最新举措。新的管理规定虽然对非居民报送申请资料的要求有所简化,但是文件对非居民和扣缴义务人承担的税收责任和税收协定判定风险没有减轻,在法律责任的划分上并没有免除扣缴义务人配合税务机关后续管理提供备查资料的税收责任。可以说新文件在减轻企业报送负担的同时,对非居民纳税人和扣缴义务人自我管理合法合规申报的纳税责任不仅没有改变,反而较以往要求更高。这些特点都是读者理解该文件时应首先明确的观念。

15.2.1 享受税收协定待遇流程

《非居民纳税人享受协定待遇管理办法》第三条对非居民享受税收协定提出的总体原则

是，非居民纳税人采取"自行判断、申报享受、相关资料留存备查"的方式办理享受税收协定待遇事项。需要注意的是，文件中规定备查的范围是所有享受协定的事项，包括源泉扣缴、劳务、国际运输。在具体操作层面，首先，非居民应如实填写《非居民纳税人享受协定待遇信息报告表》，主动提交给扣缴义务人，并按照《非居民纳税人享受协定待遇管理办法》第七条的规定归集和留存相关资料备查；其次，扣缴义务人收到《非居民纳税人享受协定待遇信息报告表》后，应确认非居民纳税人填报信息是完整的，依国内税收法律规定和协定规定扣缴，并如实将《非居民纳税人享受协定待遇信息报告表》作为扣缴申报的附表报送主管税务机关；再次，非居民纳税人未主动提交《非居民纳税人享受协定待遇信息报告表》给扣缴义务人或填报信息不完整的，扣缴义务人应依国内税收法律规定扣缴，不享受税收协定待遇。

在享受税收协定待遇的申报流程上，《非居民纳税人享受协定待遇管理办法》仅改变了部分办理对外支付业务的部分资料的报送规定，享受税收协定待遇流程如图15-8所示。

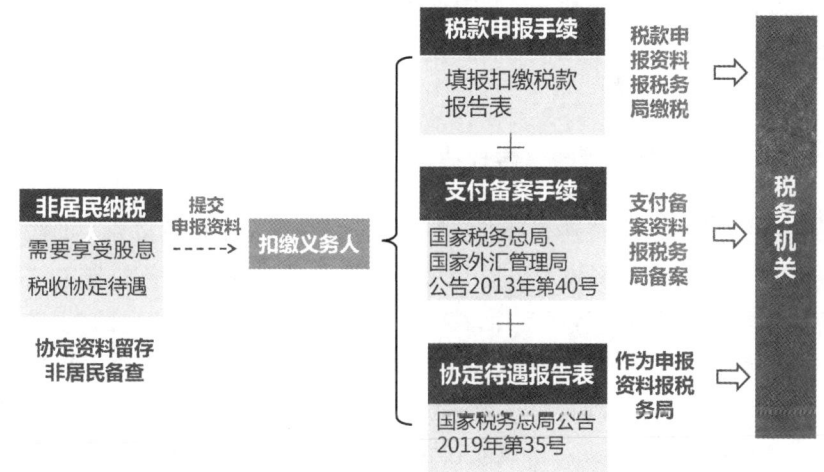

图 15-8　享受税收协定待遇流程

对于整个股息对外支付事项来说，《非居民纳税人享受协定待遇管理办法》的改变作用有限，主要表现为减少了与协定相关部分的报送资料，但对于整体需要提交的资料和办理的流程来说并没有实质性改变。根据非居民对外支付的管理规定，目前申报享受税收协定待遇仅仅是办理对外支付事项中的一个内容，相当于其中的 1/3 而已，对于其他部分的申报纳税来说，非居民纳税人和扣缴义务人仍然需要提交相关资料。如图 15-8 所示，非居民纳税人在享受税收协定时必须将必要申请资料提供给扣缴义务人，扣缴义务人在收到资料后，同时准备税款申报缴纳填报、对外支付备案申请、税收协定待遇申报三项工作，通过电子税务局或线下申报途径将三类资料报送主管税务机关，实现多项备案同步进行的申报工作。

15.2.2　享受税收协定待遇提交资料

在非居民享受税收协定待遇所需提交资料方面，《非居民纳税人享受协定待遇管理办法》的最大特点是提出资料留存备查的管理模式。该办法第七条规定，"（一）由协定缔约对方税务主管当局开具的证明非居民纳税人取得所得的当年度或上一年度税收居民身份的税收居民身份证明;享受税收协定国际运输条款或国际运输协定待遇的,可用能够证明符合协定规定身份的证明代替税收居民身份证明;(二)与取得相关所得有关的合同、协议、董事会或股东会决议、支付凭证等权属证明资料;(三)享受股息、利息、特许权使用费条款协定待遇的,应留存证明'受益所有人'身份的相关资料"。

国家税务总局公告2019年第35号文件在附件中还规定了非居民在事先享受税收协定待遇时需要提交的声明格式,声明内容如下:"我谨声明:根据缔约对方法律法规和税收协定居民条款,我为缔约对方税收居民,相关安排和交易的主要目的不是为了获取税收协定待遇。我自行判断符合协定待遇条件,自行享受协定待遇,承担相应法律责任。我将按规定归集和留存相关资料备查,接受税务机关后续管理。"通过声明的方式,该文件强调了非居民事先享受税收协定的法律责任。通过分析该声明的内容可以发现,非居民声明内容的要点主要集中在以下几方面:声明非居民身份是缔约对方税收居民;声明非居民符合主要目的条款测试要求,具有合理商业目的;声明非居民自行判定是否符合协定要求,并承担判定后果;声明非居民承诺留存资料接受后续管理。

15.2.3 非居民、扣缴义务人法律责任划分

《非居民纳税人享受协定待遇管理办法》对非居民纳税人和扣缴义务人的法律责任进行了明确划分(图15-9)。根据国家税务总局关于该公告的解读第八条的规定,"非居民纳税人自行判断是否符合享受协定待遇条件,符合条件且需要享受协定待遇的,主动向扣缴义务人提交报表要求享受协定待遇。如果非居民纳税人判断有误,不符合协定待遇条件而享受了协定待遇且未缴或少缴税款的,应承担相应法律责任。扣缴义务人应在收到报表后确认非居民纳税人填报信息完整,然后按照非居民纳税人要求享受的协定待遇进行扣缴申报。如果扣缴义务人未按本办法第六条规定扣缴申报,或者未按本办法第十三条规定提供相关资料,发生不符合享受协定待遇条件的非居民纳税人享受协定待遇且未缴或少缴税款情形的,扣缴义务人应承担相应法律责任"。

应该说这里的变化不属于重大变化,有助于进一步分清法律责任,但是隐藏着重要的程序。《非居民纳税人享受协定待遇管理办法》中提到,非居民纳税人自行判断是否符合享受协定待遇条件,符合条件且需要享受协定待遇的,主动向扣缴义务人提交报表要求享受协定待遇。《非居民纳税人享受协定待遇管理办法》第六条规定,"非居民纳税人未主动提交《非居民纳税人享受协定待遇信息报告表》给扣缴义务人或填报信息不完整的,扣缴义务人依国内税收法律规定扣缴"。

在税务机关后续核查中,非居民纳税人或扣缴义务人要能够证明,非居民纳税人曾在纳税期限内"主动"向扣缴义务人提交了《非居民纳税人享受协定待遇信息报告表》,但不需要向扣缴义务人提供备查资料,只需要自己留存备查。设想一下,如果非居民纳税人没有在纳税期限内主动向扣缴义务人提交《非居民纳税人享受协定待遇信息报告表》,或者不能证明主动提交过,扣缴义务人按照享受税收协定待遇的情况申报纳税,相关法律责任应怎样判断?

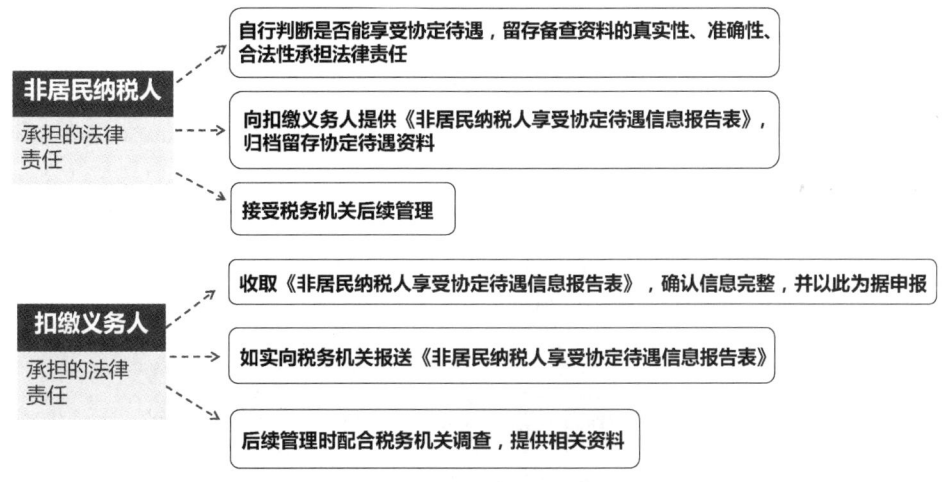

图 15-9　非居民和扣缴义务人法律责任划分

这里出现了一个新的潜在税收风险点,以前只要非居民纳税人给扣缴义务人发一份"纳税事项委托书"就可以了,其他所有事情都可以由扣缴义务人代劳。而现在《非居民纳税人享受协定待遇管理办法》明确了非居民纳税人未主动提交《非居民纳税人享受协定待遇信息报告表》给扣缴义务人或填报信息不完整的,扣缴义务人依国内税收法律规定扣缴。因此,可以说留存备查管理对非居民纳税人与扣缴义务人的工作流程管理要求提高了。

15.2.4　是否缴纳滞纳金

接下来看一个比较重要的实际操作问题,即在税务机关税收协定后续管理当中,如果发现非居民不符合享受税收协定待遇的要求,补缴税款后是否需要缴纳滞纳金的问题。首先说结论,滞纳金是要缴的,为什么呢?对该问题的分析如下:如果说非居民判断失误,使不符合享受税收协定待遇条件的非居民享受了本来不应该享受的税收优惠,造成了在中国境内少缴税款或者未缴税款的情况,非居民应该承担相应的法律责任。《非居民纳税人享受协定待遇管理办法》规定,如果非居民不符合享受税收协定的待遇又实际享受了优惠以后,除扣缴义务人没有按照规定进行扣缴申报外,应该自扣缴申报享受税收协定待遇之日起向非居民加收滞纳金。这个规定很明确地告诉了大家非居民税收协定判定错误要承担的法律责任,包括补税和缴纳滞纳金。虽然目前非居民享受税收协定待遇的流程大大简化,但非居民自行正确判断是否能享受税收协定待遇的法律责任更重。

15.3　税收协定近年发展情况

本节通过介绍近年来税收协定发展变化趋势和我国最新签订的税收协定的内容,向大家展示税收协定规则和我国相关税收协定执行文件的形成过程及其国际法源头,比如"受益所有人"、税收居民身份等重要概念在国际法中的依据和发展变化的情况。

15.3.1　BEPS 行动计划发布(2013)

目前对国际税收影响最大的理论来源是税基侵蚀和利润转移(Base Erosion and Profit Shifting,BEPS)行动计划。该计划是由经济发展与合作组织(Organisation for Economic Co-operation and Development,OECD)于 2013 年发布的,主要是为了应对国际上双重不征税和国际逃避税挑战。BEPS 行动计划目前有 15 项成果,其中与税收协定直接相关的有 5 项行动计划,这 5 项行动计划中有 2 项属于各参与国都需要遵从的最低标准,如图 15-10 所示。

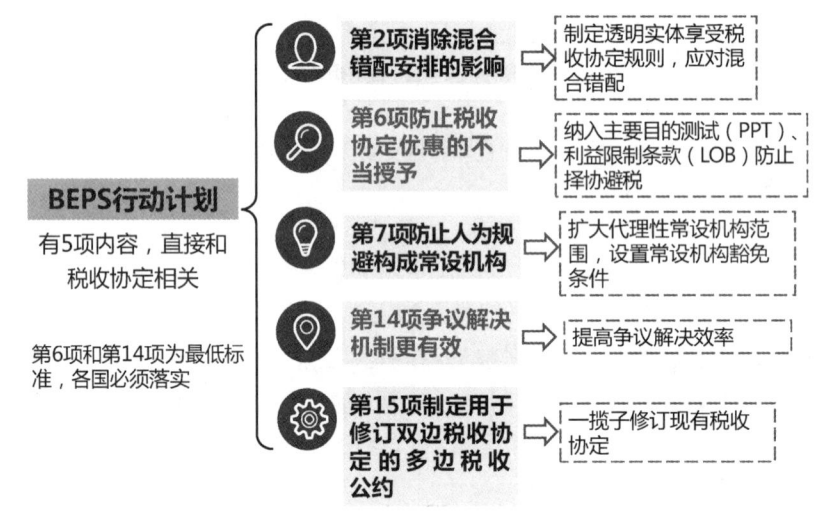

图 15-10　BEPS 行动计划主要条款

比如,第 2 项"消除混合错配安排的影响"行动计划就是关于透明实体反避税措施,类似于合伙企业这样的可穿透实体进行避税和反避税的措施,将在后续专门介绍合伙企业享受税收协定待遇的章节专门介绍。又如,第 6 项"防止税收协定不当授予"行动计划,这是一个最低标准,是接受这个行动计划的所有国家都要实施的条款。该行动计划纳入了主要目的测试和利益限制条款两项防止择协避税的措施。主要目的测试,就是通过测试申请人是否在享受税收协定时,不以获得税收优惠作为这项交易的首要安排,从合理性角度来进行审核。利益限制条款,主要是根据一系列条件进行判定申请人是否满足享受税收协定的条件,具体判定标准具有一定客观性,但是操作起来较为复杂。第 7 项"防止人为规避构成常设机构"行动计划修订的主要趋势是扩大了代理型常设机构的范围和设置了相关常设机构的豁免条件,防止一些跨国公司利用常设机构的限制条件规避构成常设机构,规避在所得来源国征税。第 14 项"争议解决机制更有效"行动计划也是一个最低标准,要求各国主管税务机关之间进行磋商设定争议解决的机制。对于以上行动计划,不同国家的立场区别很大,资本输出国和资本输入国由于自身利益的差异对税收协定不同条款的选取标准是不同的,与此相关的内容,本书将在后续章节讲到具体问题时详细介绍。

15.3.2 中国签署 BEPS 多边公约(2017)

深入理解税收协定理论,还要对 BEPS 多边公约有所了解。BEPS 多边公约是 2017 年签署的旨在快速落实与税收协定相关 BEPS 行动计划成果的法律工具。多边公约中涉及很多与协定有关的条款,比如双重税收居民身份判定规则。根据最新的 BEPS 多边公约规定,如果主管税务机关之间对于某一个纳税人的税收居民身份不能够协商达成一致,那么这个纳税人就不能够享受双边的税收协定,这实际上也给纳税人申请享受税收协定待遇增大了压力,申请人需要能够主动证明自己具备税收居民身份。这部分内容会在后续介绍税收居民身份的章节中详细说明。另外,BEPS 多边公约写入专门条款,指出税收协定旨在防止双重不征税或者少征税的目的,把这个目的明确地写在了 BEPS 多边公约的条款当中。此外,BEPS 多边公约还有防止滥用税收协定条款,比如,我国采取的主要目的测试条款部分,引入了股息低档税率条款等。中国采纳的 BEPS 多边公约条款如图 15-11 所示。

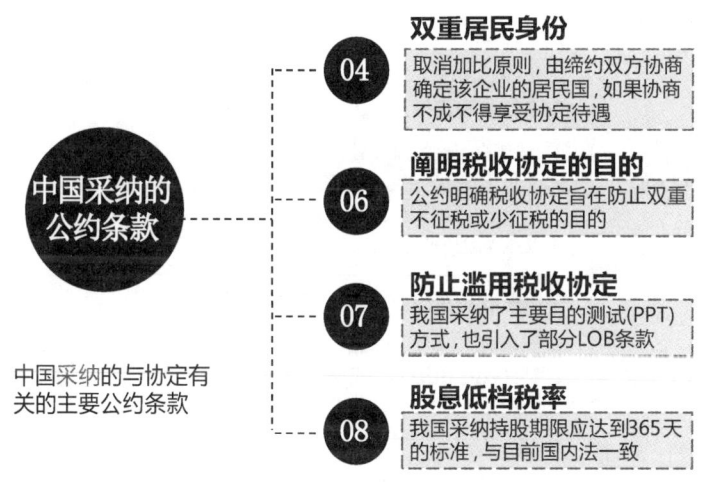

图 15-11 中国采纳的 BEPS 多边公约条款

15.3.3 解读近年税收协定修订趋势

BEPS 多边公约出台后,近几年我国对税收协定相关税收法规的修订趋势如图 15-12 所示。通过图 15-12,我们可以了解我国如何落实已签署的国际税收条约。在落实国际税收协定条约的国内立法方面,主要包括国家税务总局公告 2019 年第 35 号、《国家税务总局关于税收协定中"受益所有人"有关问题的公告》(国家税务总局公告 2018 年第 9 号)两份文件。这是比较大的国内法落实安排。除此之外,我国还陆续修订了与相关国家签署的双边税收协定。这些修订是为了适应我国从资本输入大国逐步向资本输出大国的转变,积极服务国家"一带一路"倡议的需要。

以上是近年来我国一些较有影响力的双边税收协定条款修订情况,反映了我国最新税收协定理论成果落实情况,比如近年修订的中法、中俄税收协定条款,如图 15-13 所示。

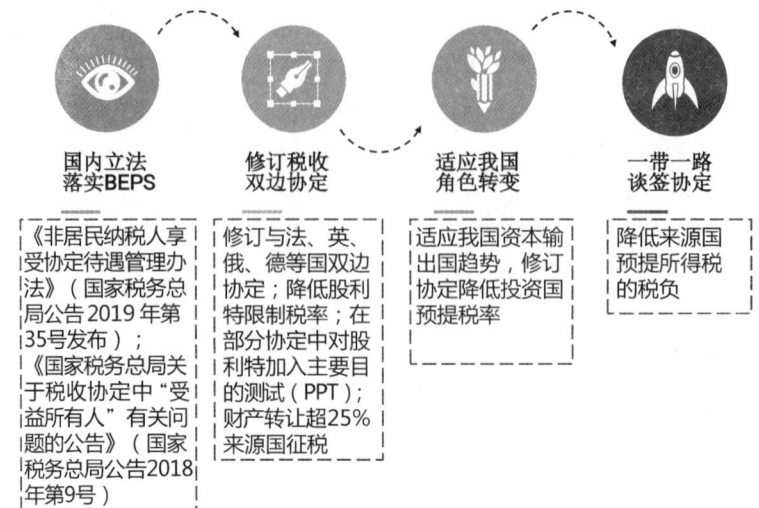

图 15-12　我国近年税收协定修订趋势

中法税收协定修订（2013年签订）
1. 约定了合伙企业的税收协定待遇问题；
2. 修订了不动产税收协定条款，加入了防止协定滥用条款，主要目的测试条款（PPT）；
3. 主权基金免税待遇。

中俄税收协定修订（2017年生效）
1. 股息增加5%优惠税率；
2. 特许权使用费预提税率降到 6%；
3. 利息在来源国免税（我国对俄金融贷款）。

图 15-13　中法、中俄税收协定修订

具体来说，中国和法国签订的税收协定修订议定书，约定了合伙企业的税收协定待遇问题，把透明实体条款落实到了双边协定条款当中；还修订了不动产的税收协定条款，加入了防止协定滥用条款，包括主要目的测试等内容。除此之外，它还规定了主权基金的免税待遇，规定以国家的名义成立的基金或者受国家直接控制的主权基金适用税收协定免税待遇的条款。① 中国和俄罗斯签订的税收协定修订条款于 2017 年生效，条款规定股息增加 5% 优惠税率，特许权使用费的优惠税率降到 6%，利息在来源国免税的税收协定优惠条款。根据这项条款我国对俄罗斯的金融贷款利息在来源国可以免税。这些修订都是反映国际税收协定服务于国家"一带一路"倡议的具体措施。

除了中法、中俄税收协定修订，还有我国和德国签订的税收协定修订，以及中国内地和中国香港特别行政区税收安排的最新修订，如图 15-14 所示。

---

① 参考资料：冯立增.新中法税收协定解析[J].国际税收，2014(1).

15 税收协定实务基础

中德税收协定修订（2014年签订）
1. 修订代理型常设机构条款，与国税发〔2010〕75号文件一致，区分代理与独立型常设机构；
2. 股息税率降到5%；
3. 抵免条款，财产收益条款。

内地香港第五税收议定书（2019年签订）
1. 双重税收居民身份规定；
2. 代理型常设机构规定；
3. 财产收益条款，防止信托、合伙企业避税；
4. 增加主要目的测试条款（PPT），只要直接或间接享受税收优惠是交易的主要目的之一，纳税人就不可享受税收优惠。

图 15-14 中德、内地香港税收协定修订

我国与德国在2014年签订的税收协定修订条款包括修改常设机构条款，使之与《〈中华人民共和国政府和新加坡共和国政府关于对所得避免双重征税和防止偷漏税的协定〉及议定书条文解释》（国税发〔2010〕75号）中的规定一致，对代理性和独立型常设机构进行了更加严谨的表述。此外，两国还将股息税收协定税率降到5%，修订了抵免条款，提高了股息间接抵免的持股比例，由10%提高到20%，同时，将中国居民公司支付给德国居民公司的股息予以从德国税基中免除的条件，由拥有该公司至少10%的资本比例提高到25%。在财产收益条款修订方面，新协定吸收了近年来我国对外谈签或修订税收协定的最新成果，对转让股份取得的收益，改变由居民国独占征税权的做法，对股份价值的50%以上直接或间接来自位于来源国的不动产，允许来源国征税；同时，对一国居民转让除上述股份以外的其他股份收益，如果在转让行为前12个月内曾经直接或间接拥有被转让股份公司至少25%的股份，赋予来源国征税权。具体执行口径应参考国税发〔2010〕75号文件以及后续相关公告和文件。①

2019年，内地与香港签订了两地税收安排第五议定书，这也是落实BEPS多边公约方面的重要安排。因为香港是内地引进外资的重要窗口，是内地主要的外资来源地区，本次修订同样体现BEPS多边公约的重要精神，具体修订的内容也涵盖多个重要的BEPS行动计划条款，为我国内地在税收协定方面防止非居民利用香港中间层实施税基侵蚀和利润转移做出了制度性安排。

本次两地税收安排的修订内容较多，其中主要修订内容包括②：①对双重税收居民身份的认定做出修订。第五议定书签订后，企业仅在双方税务主管当局通过协商对税收居民身份达成一致意见时，方能享受优惠。如果两地税务机关不能达成一致意见，则申请人不能享

---

① 参考资料：何扬，梁若莲.中德税收新协定解读[J].国际税收，2014(7).
② 参考资料：易奉菊，高淑娴.BEPS环境下我国内地与香港特别行政区签署第五议定书的影响与应对[J].国际税收，2020(2).

受税收协定待遇。②双方第五议定书还修改了代理型常设机构的规定。此条款也是根据 BEPS 行动计划的理念进行了修订,修订之后无论代理人是否实际签署合同,也不管该合同是否以被代理企业的名义订立,只要代理人在合同订立过程中发挥了主要作用,且该合同需要被代理企业转让财产或提供服务来履行,代理企业都可能构成常设机构,这将使得代理企业构成常设机构的可能性大大增加。③修改财产收益条款,防止利用基金和合伙企业避税。第五议定书吸收了 OECD 发布的《实施税收协定相关措施以防止税基侵蚀和利润转移的多边公约》的主要精神,强调信托与合伙等其他权益的转让也属于征税范围,打击了利用税收透明体避税的避税行为。④双方税收安排还增加了主要目的测试条款,以合理商业目的作为享受税收协定的主要目的之一,防止纳税人不当筹划享受税收协定安排。

16 税收居民身份税收实务与案例

本章介绍税收协定中的一个关键概念：税收居民身份及其判定规则。为说明税收居民身份的作用，本章在内容介绍上有以下安排：首先，通过一个很重要的案例来引入税收居民身份判定的概念，让大家对在实际工作中怎样运用这一概念具备基本认识；其次，为大家介绍实务工作中利用税收居民身份错配进行避税和反避税的案例；最后，介绍税务机关为我国税收居民开具税收居民身份证明的常见问题和具体操作。

16.1 税收居民身份判定规则

税收居民是指在一国负有全面纳税义务的人。税收居民包括居民企业和居民个人，这两类税收居民分别由我国《企业所得税法》和《个人所得税法》定义。但是，在一国负有纳税义务的人未必都是该国的税收居民，非居民企业和非居民个人在满足一定标准的情况下，也需要在我国缴纳企业所得税和个人所得税。在税收协定方面，如果要享受我国与某个国家或地区签署的双边税收协定优惠，首先要证明申请人是双边税收协定缔约方其中一方的税收居民。如果不具备这个身份前提，那么这个双边税收协定规定的优惠条件就与申请人无关，其不能享受。所以，判定税收居民身份是税收协定实务工作的前提条件，也是避税和反避税的焦点，掌握税收居民身份判定规则是做好税收协定工作的基础。

16.1.1 引入案例：税收居民身份判定作用

在税收实务工作中申请享受税收协定的申请人，往往需要证明自己具有税收协定其中一方的税收居民身份。在某些情况下，这类税收居民身份的证明是判定一个税收案件的关键。以下通过一个引入案例向大家介绍税收居民身份判定的详细情况。[①] 该案例是一个很经典的案例，注册在巴巴多斯的非居民企业转让其直接持有的中国境内居民企业股权，被我国税务机关判定应在我国境内缴税。以下将详细分析该非居民被判定征税的原因，案例具体情况如图16-1、图16-2、图16-3和图16-4所示。

---

① 参见：《国家税务总局关于印发新疆维吾尔自治区国家税务局正确处理滥用税收协定案例的通知》（国税函〔2008〕1076号）。

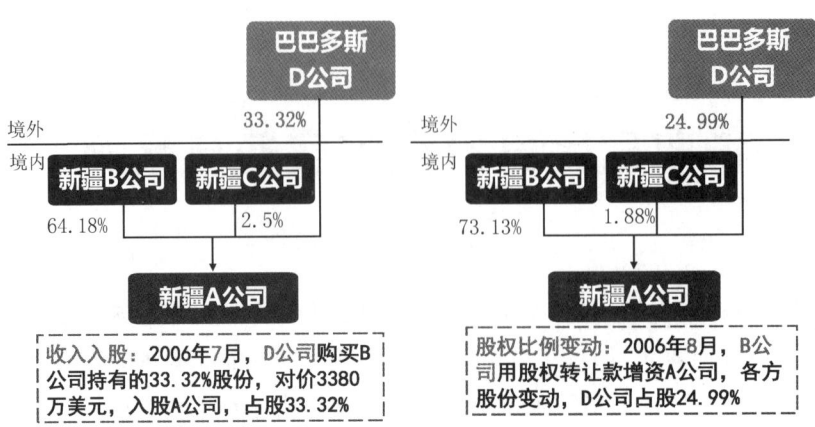

图 16-1　税收居民身份判定案例

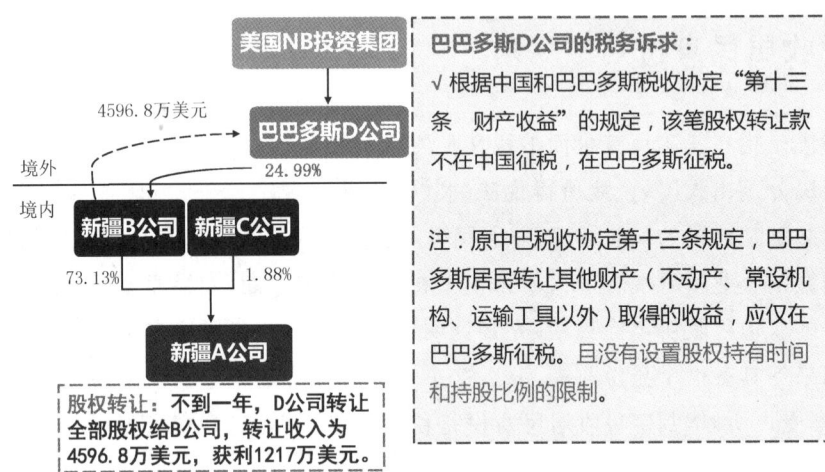

图 16-2　税收居民身份判定案例续 1

主要疑点：

√ **疑点一**：投资时间不到一年，没有共担风险共同经营，很难判断是投资还是借款（注：所得类型不同，征税判定不同）；

√ **疑点二**：关于巴巴多斯D公司税收居民身份问题，税务机关提出了疑问。巴巴多斯D公司提供了由我国驻巴巴多斯大使馆为其提供的相关证明。证明文件只提到D公司是按巴巴多斯法律注册的，证明该法律的签署人是真实的。

图 16-3　税收居民身份判定案例续 2

中国税务机关的处理：
√ 情报交换：证明巴巴多斯D公司不满足巴巴多斯税收居民身份，不能享受两国税收协定有关财产收益条款。该转让所得要在中国征税。

案例思考：
√ 思考一：该案例税务机关有几种可能的处理思路？为什么最终选择从税收居民身份角度入手？
√ 思考二：税务机关可能依据什么理由判定巴巴多斯D公司不是巴巴多斯税收居民？（该部分公开报道信息中没有提及）

图 16-4　税收居民身份判定案例续 3

巴巴多斯 D 公司收购中国境内新疆的 B 公司，股权比例是 33.32%，对价是 3 380 万美元。通过这次收购，巴巴多斯的 D 公司入股了新疆 A 公司成为股东，这是入股的第一步，也是第一次股权转让。第二次股权变动发生在 2006 年的 8 月，新疆 B 公司用股权转让的价款增资子公司新疆 A 公司，增资以后股权的持股比例上升，从之前的 64.18% 上升到 73.13%，其他的两个小股东股权比例相对下降，巴巴多斯 D 公司股权的持股比例从 33.32% 下降到了 24.99%。第三次也是最重要的股权转让，巴巴多斯 D 公司转让了全部股份给 B 公司，转让收入是 4 596 万美元，获利 1 217 万美元。

这次转让过程中，巴巴多斯 D 公司在形式上是一次股权转让，属于财产转让里面的其他财产转让。巴巴多斯 D 公司提出根据双边税收协定，要享受在中国境内不予缴纳非居民企业所得税的税收优惠。申请依据是中国和巴巴多斯税收协定第十三条财产收益的条款，该笔股权转让款不在中国征税而应该在巴巴多斯征税。在当年巴巴多斯与中国的税收协定的旧版条文中约定，巴巴多斯的税收居民只要转让其他股权的财产所取得的收益全部在巴巴多斯征税，并且这个转让没有限制条款，没有比如持股 25% 以上、持股时间要超过 1 年等限制。

案例中，税务机关对巴巴多斯非居民企业的该项股权转让享受税收协定待遇申请提出两点质疑，主要是怀疑该公司的股权入股和退出不符合商业常规，有可能存在利用股权转让的形式达到双重不征税的避税目的。

这个案例的重点是，税务机关面对这样的疑点时，有哪些可能的反避税处理方法，并且为什么最终从各种方法中选择了使用税收居民身份作为最后的处理方法，这需要考虑哪些因素。有一种处理方案是认定该交易属于明股实债。如果按照最初的怀疑，税务机关认为该案例中非居民投资入股属于明股实债，通过股权投资的形式获取债权投资收益。对于这类处理类似于一般反避税方法，但是目前实施起来难度很大，并且很难找到支持明股实债一般反避税的认定法规，严格说处于法律的空白地带，因此，总的来说该思路也仅限于怀疑，实际操作可能性不大。

至此仅剩最后一种方案，就是使用税收居民身份去考察巴巴多斯 D 公司是否满足享受中巴税收协定的前提条件。从该案例前后事实来看，这也许是税务机关唯一可行的途径。

那么,税务机关凭什么否定巴巴多斯 D 公司的税收居民身份,可以从哪些方面去考虑这个问题,有什么税收协定或者国内税法的依据?这些内容在公开案例里没有提及,也是本章要分析回答的重要问题。

16.1.2 国内法税收居民身份判定规则

税收居民分为居民企业和居民个人两大类。本节分别按照我国国内法、税收协定对税收居民企业和税收居民个人的判定标准来进行讲解。

(1) 国内法对企业税收居民身份的判定原则。国内法对企业税收居民身份的判定依据是《企业所得税法》第二条规定,《企业所得税法》所称的居民企业,是指依据中国法律在中国境内成立的企业,或者依照外国法律成立但实际管理机构在中国境内的企业。非居民企业,是指依据外国法律成立且实际管理机构不在中国境内的企业。以上我国对企业税收居民判定标准表明,我国判定企业的税收居民身份是以实际管理机构为判断标准,参考企业注册地。如果有非居民企业注册在中国境外,但是实际管理机构在中国境内,根据一系列法定程序后是可以被认定为中国居民企业的。

除了《企业所得税法》,《非居民纳税人享受协定待遇管理办法》(国家税务总局公告2019年第35号发布)修订了对非居民纳税人的表述,使得在实际工作中更加具有可操作性。该文件指出,非居民纳税人是"按照税收协定居民条款规定应为缔约对方税收居民的纳税人"。修订后的非居民纳税人的定义更为准确:享受协定待遇的主体为按照税收协定居民条款规定为缔约对方税收居民的纳税人,包括两类,一类是仅为缔约对方税收居民的纳税人;二类是缔约对方税收居民同时按我国税收法律规定为我国税收居民,但按照税收协定居民条款规定应为缔约对方税收居民的纳税人。

(2) 税收协定对企业税收居民身份的解释。根据 OECD 税收协定解释范本等税收协定文件的规定,解决非居民企业的税收居民身份问题时原则上应个案处理,应综合考虑非居民企业董事会举行地点、高管人员通常活动地点、日常管理地点、总机构所在地等情况。税收协定缔约双方税务机关对于税收协定争议问题应协商解决,如果协商无果,申请企业不享受税收协定。根据 OECD 税收协定解释范本,我国在发生非居民企业税收居民身份争议问题时,按照实际管理机构优先的原则进行税收居民身份判定。

(3) 国内法对个人税收居民身份的判定原则。对税收居民个人身份的判定与企业相比更加复杂,目前我国国内法判定个人税收居民身份的法律依据是新《个人所得税法》及其实施条例、《财政部 税务总局关于在中国境内无住所的个人居住时间判定标准的公告》(财政部 税务总局公告2019年第34号)、《财政部 国家税务总局关于非居民个人和无住所居民个人有关个人所得税政策的公告》(财政部 税务总局公告2019年第35号)。这些法律法规文件理解起来难度较大。个人税收居民定义的依据是《个人所得税法》第一条的规定,主要包括以下两类个人税收居民:一是在中国境内有住所的个人(即有中国户籍);二是在中国境内无住所(即无中国户籍)而一个纳税年度内在中国境内居住累计满183天的个人。但是请注意,这里关于无住所个人在中国境内的纳税义务的理解比较复杂。在有些情况下,在中国境内一个纳税年度内累计居住时间不满183天的非居民个人,也有可能在中国境内缴纳个人所得税,这是非居民个人税收与非居民企业相比复杂的地方,本书后续会有专门章节介绍。

(4) 税收协定对个人税收居民身份的解释。根据税收协定对个人税收居民身份的判定原则要遵循加比规则,即按照个人的永久性住所、重要利益中心、习惯性居所、国籍的顺序逐条判断个人税收居民身份。例如,对永久性住所的判定,如果境外个人长期在中国境内定居居住,可以认为其永久性住所在中国。对重要利益中心的判定,可以根据境外个人在中国境内任职,取得的是主动性所得为依据判定其重要利益中心在中国境内。

16.1.3 香港税收居民身份证明问题

下面来看关于香港税收居民身份这个问题。因为香港是我国对外开放的重要窗口,也是引入境外投资的重要来源,所以香港的税收居民认定对于境内的非居民税收工作具有重要意义。对于香港税收居民身份的认定,可以参考《非居民纳税人享受协定待遇管理办法》(国家税务总局公告2019年第35号发布),香港税收居民证明的取得还与香港税务机关关系紧密。因此,还要关注香港的具体规定,可以参考香港税务局官网"税务资料—个别人士/公司业务"下的"双重课税宽免及资料交换安排"下的"居民身份证明书"公告栏中的具体介绍。香港税收居民身份规定如图16-5所示。

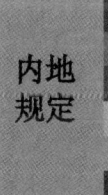

内地规定

《非居民纳税人享受协定待遇管理办法》(国家税务总局公告2019年第35号)
第七条 由协定缔约对方税务主管当局开具的证明非居民纳税人取得所得的当年度或上一年度税收居民身份的税收居民身份证明。
解读:需要取得香港税务机关的税收居民身份证明文件,取得方法参考香港税务局要求。

香港税务局

香港税务局官网"居民身份证明书"栏
1. 自2015年11月1日起,申请人不需要夹附内地税务机关发出的转介函,自行向香港税务局申请,一年一次;
2. 可以用作当年及以后连续两年,共3个年度的证明;
3. 申请资料和程序比较严格,需要提供实际管理机构说明。

图16-5 香港税收居民身份规定

16.1.4 税收协定最新修订情况

在近年税收协定最新发展情况中,与税收居民身份有关系的条款主要是BEPS多边公约第四条对税收居民身份的认定条款(图16-6)。该条款是一个认定原则上的变化,之前对于企业税收居民的认定仅采用加比原则,即以实际管理机构所在地为原则来认定税收居民身份。现在新的规则改成了协商规则,根据协商规则,两国的税务机关对于争议进行协商,如果能够协商成功,那么就按照协商结果来认定,如果不能协商一致,那么企业就不享受税收协定的优惠。目前有19个国家(或地区)采纳了BEPS公约第四条的规定,其中包括中国。其中就涉及税收协定和国内法的协调问题,我国的国内法采用的是实际管理机构原则来认定,这并不代表我国完全抛弃了实际管理机构认定的一个方法。

原税收居民身份确认规则:加比规则

加比原则(适用企业):以实际管理机构所在地确认为某一方的税收居民。

新税收居民身份确认规则:协商规则

协商规则(适用企业):加比规则容易容易被跨国公司通过税收筹划所规避。采用协商规则,必须由缔约双方协商确定该企业的居民国(或地区),如果协商不成,则该企业不得享受协定待遇。

在BEPS公约第4条中,有19个国家,包括澳大利亚、印度、日本、英国等也同意采纳这一修改,中国也是采纳国。

图 16-6 税收居民身份规则修订

16.2 错配税收居民身份避税与反避税案例

本节通过介绍3个利用税收居民身份错配避税和反避税的经典案例,来讨论在税收实务工作当中怎样通过挖掘税收居民身份信息来处理一些比较复杂的非居民税收协定问题。

16.2.1 利用香港税收居民个人身份避税怎么破

与境外个人税收居民身份认定有关的典型案例如图16-7所示。[①] S先生自称是中国香港居民,在内地公司担任董事长,取得公司分配的股息红利,申请享受个人所得税免税的税收优惠。其税收文件依据是《财政部 国家税务总局关于个人所得税若干政策问题的通知》(财税字〔1994〕20号)第二条规定,"下列所得,暂免征收个人所得税:……(八)外籍个人从外商投资企业取得的股息、红利所得"。

S先生为证明自己符合文件规定,出示了其持有的中国香港居民身份证。然而,税务机关对其持有的中国香港居民身份证提出了异议。并且,税务机关根据非居民身份判定的"加比规则"认为,由于S先生仍然持有中国内地有效户籍,其永久性住所是中国内地不是中国香港,故S先生是中国税收居民,不符合财税字〔1994〕20号文件中规定的"外籍个人"条件,最终否定了S先生的税收优惠申请。

以上案例中的申请人实际上不是外籍个人,那么是否可以认为,具有真实外籍个人身份的人士就可以避免出现这类税收风险?其实不然,举例来说,前几年我国国籍管理信息交换

---

① 案例来源:闫士亮,崔梅.揭穿"身份伪装"查补个税四百万[M].中国税务报,2017-4-7(10).

还不完善,很多移民人士在申请境外国籍后没有注销中国护照和身份证,导致部分拥有外国国籍的人士在中国境内旅行时仍然使用中国居民身份证件,这实际上给这类外籍人士申请享受税收协定带来了很大的不确定性,大大增加了其税收风险。

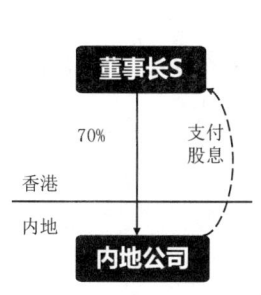

纳税人诉求:

中国香港居民个人、内地某公司董事长S先生(能够提供中国香港居民身份证),申请从其投资的内地公司取得股息收入100万元,根据《财政部 国家税务总局关于个人所得税若干政策问题的通知》(财税字〔1994〕20号)第二条的规定,免征个税。

税务机关判定过程:

1. 了解中国香港身份证件常识。

"香港居民身份证"只有居住权,没有居留权,相当于内地没有国籍的"永居权"证。只有放弃原国籍(户籍)的人士才能申请"香港永久性居民身份证"

2. 需要根据加比规则,核实中国香港税收居民身份。

根据"香港居民身份证"特点,经查询,S先生的内地户籍依然有效。根据加比规则"永久性住所——重要利益中心——习惯性住所"顺序协调双重税收居民身份:

①**永久性住所:** 内地户籍有效有自有住房,中国香港是租住;

②**重要利益中心:** 内地公司是其投资主体,经常工作地点是内地;

根据以上关系判定,S先生是内地税收居民,股息红利缴纳20%个人所得税,即100万元×20%=20(万元)

图 16-7 中国香港税收居民身份案例

16.2.2 税收居民身份与受益所有人反避税孰优

接下来看另外一个非居民税收身份案例(见图 16-8)。这个案例是我国台湾地区公司投资大陆的常见股权结构。台湾地区的A公司投资大陆,由于台湾地区和大陆之间没有生效的税收协定安排,实质上不能享受任何税收协定优惠。那么怎么办呢?中国台湾的公司通常会利用中国香港设立的中间层公司,间接投资中国大陆。本案例中,中国台湾A公司设立的中国香港B公司有固定场所,有个别员工,还专门定期召开董事会做出决议等安排。内地被投资的C公司向中国香港B公司分派股息、特权使用费等收益,向内地的税务机关申请享受内地和香港之间的税收协定待遇。

在处理这类股权结构享受税收协定待遇的案例时,优先适用《国家税务总局关于税收协定中"受益所有人"有关问题的公告》(国家税务总局公告 2018 年第 9 号)允许的股权结构来判定,如果中国香港公司是空壳公司则肯定不符合国家税务总局公告 2018 年第 9 号文件的

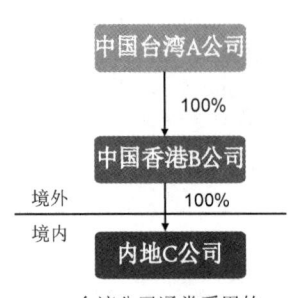

图 16-8 两种反避税方法比较案例

要求,因为中国台湾和中国大陆之间没有生效的税收安排,国家税务总局公告2018年第9号文件中的结构肯定不适用。因此,剩下可行的反避税方法:一是证明中国香港B公司具有合理商业目的,具有实质性的经营活动,这就是使用"受益所有人"概念进行反避税的方法;二是用税收居民身份去进行判定。就本案例的情况来看,涉及企业的非居民税收居民身份的疑点是较少的,因此,涉及这种结构的企业一般来说要按照"受益所有人"的方法来进行思考。

本案例中的中国香港B公司的经营安排相对来说是比较实质的,很难直接判定其经营情况是否具有实质性经营的效果。因此,利益限制条款(简称LOB规则)难以发挥作用,此时只能使用主要目的测试(PPT规则)来进行判定了。这就需要对PPT规则测试有比较深入的理解。PPT规则测试仅需要进行合理的判断即可,并不要求税务机关拿出非常严谨的证明来说明存在避税行为,合理判断和严格证明是两种完全不同的要求。

16.2.3 认定境外注册居民企业的税务风险

第三个案例是关于认定境外注册中国居民企业的问题。本案例要告诉读者,对认定境外注册中国居民企业政策把握不当会有哪些麻烦。认定境外注册中国居民企业的文件依据是《国家税务总局关于境外注册中资控股企业依据实际管理机构标准认定为居民企业有关问题的通知》(国税发〔2009〕82号)。该文件首先是一个反避税文件,根据该文件的规定,同时符合条件的,应判定其为实际管理机构在中国境内的居民企业,并实施相应的税收管理,就其来源于中国境内、境外的所得征收企业所得税。其核心判定要求是,实际管理机构在中国境内,高管履职在中国境内,财务决策在中国境内,管理文件在中国境内,一半以上高管居住地在中国境内。

在实际工作中,有很多中国境内的居民企业去境外投资设立了一些中间层公司,然后出于各种原因想把中间层公司认定为中国居民企业以享受居民企业之间分配股息免税的税收税法优惠。但是大多数企业对这个文件的理解还不够深入,只考虑到了这种认定的好处,没有考虑到其他方面的弊端。本案例的跨境股权结构如图 16-11 所示,这类申请认定境外注册中国居民企业会有以下 3 个问题:第一个同时也是最大的问题是,这类认定申请会使境外架构的作用消失,导致中间层资本灵活性和税负优势丧失;第二个问题是,在境外开曼上市的 C 公司在分配股息时,必须向其他非居民股东代扣代缴中国的预提所得税,这与当初设置开曼上市公司 C 公司的初衷完全违背,使得税负大大增加;第三个问题是,中间层境外的空壳公司一旦被认定为中国居民企业,则可能存在双重税收居民身份,在其境外投资活动中可能会产生税务风险。

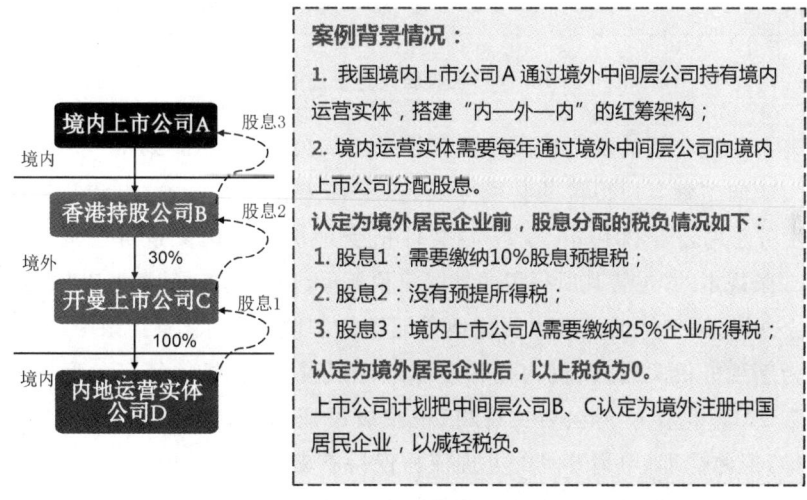

图 16-9 两种反避税方法比较案例

16.3 开具税收居民身份证明与常见问题

16.3.1 税收居民身份证明开具新规

为我国税收居民开具税收居民身份证明是我国税务机关为纳税人提供的一项税收服务措施,取得我国税务机关开具的税收居民身份证明,也是我国"走出去"企业在境外进行生产经营所需的必要材料。本节介绍我国现行的税收居民身份证明文件的新规，以及新规出台以后和以前文件相比有哪些变化，再回答几个常见的税收居民身份相关问题。目前，我国规范开具税收居民身份证明的税收文件是《国家税务总局关于调整〈中国税收居民身份证明〉有关事项的公告》（国家税务总局公告2019年第17号）。该文件更新了申请资料，明确规定由县级税务机关受理相关申请。

国家税务总局公告2019年第17号文件新规中针对申请开具中国税收居民的主要变化如图16-10所示，对开具《税收居民证明》的事项调整主要有以下三个方面：

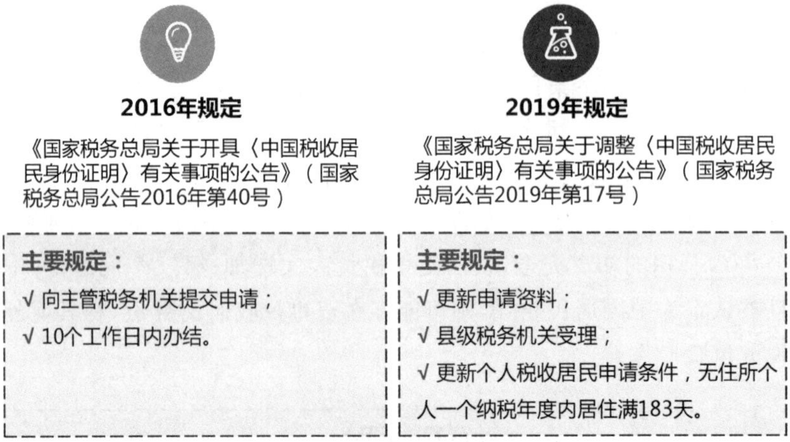

2016年规定
《国家税务总局关于开具〈中国税收居民身份证明〉有关事项的公告》（国家税务总局公告2016年第40号）

主要规定：
√ 向主管税务机关提交申请；
√ 10个工作日内办结。

2019年规定
《国家税务总局关于调整〈中国税收居民身份证明〉有关事项的公告》（国家税务总局公告2019年第17号）

主要规定：
√ 更新申请资料；
√ 县级税务机关受理；
√ 更新个人税收居民申请条件，无住所个人一个纳税年度内居住满183天。

图16-10 税收居民身份证明新规

一是调整了受理申请的税务机关。国家税务总局公告2019年第17号文件第一条明确规定，"申请人应向主管其所得税的县税务局（以下称主管税务机关）申请开具《税收居民证明》"。国家税务总局公告2019年第17号文件把受理机关由国家税务总局公告2016年第40号文件第二条规定的"主管其所得税的县国家税务局、地方税务局"调整为"主管其所得税的县税务局"。这里的调整依据是根据国税地税征管体制改革要求，原县国家税务局和县地方税务局合并为新税务机关后，新机构挂牌后承继原国税、地税机关征管的职责。因此，国家税务总局公告2019年第17号公告文件将《税收居民证明》的受理、开具机关调整为新的县税务机关名称，但原受理、申请开具的办理流程保持不变。

二是调整了部分开具事项。国家税务总局公告2019年第17号文件第二条第（四）项规定，"申请人为个人且在中国境内无住所，而一个纳税年度内在中国境内居住累计满183天的，提供在中国境内实际居住时间的证明材料，包括出入境信息等资料"。该处调整是根据新修订的《个人所得税法》及其实施条例的规定，把无住所个人税收居民在中国境内居住时间由一年调整为183天，因此国家税务总局公告2019年第17号文件对无住所个人申请开具《税收居民证明》的要求是提交在境内的实际居住证明。这里的证明文件主要是我国出入境管理部门的出入境记录等资料。

对于183天习惯性居住时间的规定，是根据新《个人所得税法》第一条的规定，"在中国境内有住所，或者无住所而一个纳税年度内在中国境内居住累计满一百八十三天的个人，为居民个人""在中国境内无住所又不居住,或者无住所而一个纳税年度内在中国境内居住累计不满一百八十三天的个人,为非居民个人"。由此可见,《个人所得税法》中对习惯性居住时间的定义通常以183天为标准,1个纳税年度内不满(小于等于)183天,不构成习惯性居住,为非居民纳税人;1个纳税年度内超过(大于)183天,构成习惯性居住,为居民纳税人。

对习惯性居住时间的详细计算规定,主要参考《财政部 税务总局关于在中国境内无住所的个人居住时间判定标准的公告》(财政部 税务总局公告2019年第34号)的计算要求。该文件对无住所个人的规定继承了原个人所得税管理政策中对境外支付的境外所得免予征税的优惠制度安排,并进一步放宽了免税条件:第一,将免税条件由构成居民纳税人不满5年,放宽到连续不满6年;第二,在任一年度中,只要有一次离境超过30天的,就重新计算连续居住年限;第三,将管理方式由主管税务机关批准改为备案,简化了流程,方便了纳税人。

以上对于无住所个人在一个纳税年度内是否满足183天的时间计算方法与原规定居住满一年的时间相比,在实际运用时具有一定的困难,需要准确理解以上文件的规定才能正确计算境内居住时间。

三是调整了部分开具事项。国家税务总局修订了调整表单样式,对其中一些项目进行了调整优化。根据国家税务总局公告2019年第17号文件的相关调整和机构改革调整情况,结合国际惯例,对申请表和《税收居民证明》样式同步进行了调整。

取得我国税务机关开具的《税收居民证明》是中国居民企业和个人"走出去"在境外维护自身合法税收权益的必要前提条件。因此,中国税收居民应该有意识地提前做好相关准备工作,积极向主管税务机关申请开具证明。具体来说,我国税收居民申请开具《税收居民证明》还需要注意以下几个方面:

首先,对于企业申请人来说,应准确填报《〈中国税收居民身份证明〉申请表》,明确申请对象和拟申请享受税收协定待遇的种类,比如需要享受股息、利息、特许权使用费等哪一类税收协定待遇,并填写相应的税收协定条款。对于比较复杂的申请对象,比如境内境外的分支机构、合伙企业中的中国居民合伙人,需要开具《税收居民证明》享受中国和对方国家签订的税收协定待遇等情况。与《〈中国税收居民身份证明〉申请表》同时提交的资料还有与拟享受税收协定待遇收入有关的合同、协议、董事会或者股东会决议、相关支付凭证等证明资料。

其次,对于个人申请人来说,应先自行判断自己属于哪一类中国税收居民。申请人为个人且在中国境内有住所的,提供因户籍、家庭、经济利益关系而在中国境内习惯性居住的证明材料,包括申请人身份信息、住所情况说明等资料。申请人为个人且在中国境内无住所,在一个纳税年度内在中国境内居住累计满183天的,需要自行判断申请年度在中国境内是否连续满6年,并提供在中国境内实际居住时间的证明材料,包括出入境信息等资料。

16.3.2 常见问题解答

对于税收居民身份的问题,除了要掌握基本理论,还需要了解一些税收实务工作中开具税收居民身份证明的具体标准,以下列举了部分常见的问题供读者参考。

问题1：纳税人应向哪个税务机关申请开具证明？

国家税务总局公告2019年第17号文件规定，申请人应向主管其所得税的县税务局申请开具《中国税收居民身份证明》。中国居民企业的境内、境外分支机构应由其中国总机构向总机构主管税务机关申请。合伙企业应当以其中国居民合伙人作为申请人，向中国居民合伙人主管税务机关申请。

问题2：个人是否可以申请开具《中国税收居民身份证明》？

答：纳税个人只要符合《个人所得税法》以及税收协定的相关判定标准，认为符合中国税收居民纳税人身份的，在与我国政府已签订税收协定的缔约国取得所得并需提供《中国税收居民身份证明》的，可向主管税务机关提出申请，经审核后可获得相应证明。

问题3：分支机构是否可以申请开具证明？

国家税务总局公告2019年第17号文件第一条规定，中国居民企业的境内、境外分支机构应由其中国总机构向总机构主管税务机关申请开具《中国税收居民身份证明》。

问题4：纳税人申请开具证明需要提供哪些材料？

（1）《〈中国税收居民身份证明〉申请表》。

（2）与拟享受税收协定待遇收入有关的合同、协议、董事会或者股东会决议、相关支付凭证等证明资料。

（3）在中国境内有住所个人提供因户籍、家庭、经济利益关系而在中国境内习惯性居住的证明材料，包括申请人身份信息、住所情况说明等资料。

（4）在中国境内无住所居民个人，而1个纳税年度内在中国境内居住累计满183天的，需要提供在中国境内实际居住时间的证明材料，包括出入境信息等资料。

（5）境内、境外分支机构通过其总机构提出申请时，还需要提供总分机构的登记注册情况。

（6）合伙企业的中国居民合伙人作为申请人提出申请时，还需要提供合伙企业登记注册情况。

问题5：企业2019年分配2016年股息红利，取得开具时间为2017年的《中国税收居民身份证明》是否有效？（需要取得所得当年或上一年度的证明）

答：根据《非居民纳税人享受协定待遇管理办法》（国家税务总局公告2019年第35号发布）的规定，享受税收协定待遇取得的税收居民身份证明的时间必须是取得所得的当年或者上一年度。取得所得的年度是2019年，那上一年度是2018年。问题中《中国税收居民身份证明》开具时间是2017年，显然是不可以的，应该拿2019年度或者2018年度的税收居民身份证明才能够享受这个协定的待遇。

问题6：《企业报送的居民身份证明》与国家税务总局发布的样式不一致时，要求企业重新开具还是咨询国家税务总局？对方国家没有固定居民身份证明样式时，是否全部受理？

答：这个问题没有标准答案，如果对方提供的税收居民身份证明与国家税务总局的样式不一致，首先要求申请人证明其提交的是最新样式，如果不能证明只能上报国家税务总局来进行解决，或者说上报上级机关核实税收居民身份证明的真实性。如果对方国家没有固定的税收居民身份证明,应取得对方国家财政或者税务主管部门或者有权利出具此类证明的机关出具的法定的证明文件,参考使用。

问题 7:如缔约对方税务主管当局对《税收居民证明》样式有要求,该如何申请办理?

如果缔约对方税务主管当局对《税收居民证明》样式有特殊要求,按照《国家税务总局关于开具〈中国税收居民身份证明〉有关事项的公告》(国家税务总局公告 2016 年第 40 号)的规定,申请人应当提供书面说明和《税收居民证明》样式,主管税务机关可以按照规定予以办理。

问题 8:非居民是否需要就不同年度的所得出具各年度居民身份证明?

答:不需要。只需要出具取得所得当年或者上一年度的证明即可,只需要一年的就可以。

问题 9:中国香港税务局开具的香港居民身份证明书的有效期是多久?

答:中国香港税务局开具的香港居民身份证明书的有效期是 3 年,包括当年以及以后的两年,税收文件依据是《国家税务总局关于在内地使用香港居民身份证明有关问题的公告》(国家税务总局公告 2016 年第 35 号)。

问题 10:各国国际运输法人证明有没有参考样式?审核时有哪些注意要点?

答:国际运输法人证明没有参考的样式,享受税收协定国际运输协定待遇的申请人可以使用能够证明其符合相关规定的身份证明的税收证明文件即可,相当于这类审核的标准进一步宽泛。

17 常设机构判定税收实务与案例

常设机构判定是非居民税收中的重点内容,也是难点内容,本章将对常设机构的概念及其在避税和反避税实践中的作用进行全面系统的介绍。在税收协定中有一个基本的理念,即税收协定是给予税收优惠的依据,而不是征税的依据。那么税收优惠和征税的依据分别是什么呢?这是非常重要的税收原理,与税收协定的作用紧密相关。《企业所得税法》规定,对于非居民在境内设立的机构场所在原则上是要征税的,但是根据税收协定,这种机构场所只有达到一定条件才征税。简要来说,有两个方面的条件:一是要达到机构场所的标准;二是要达到时间标准。如果达不到这两个条件,根据税收协定,这种行为可免于在我国境内征税。这个场所和时间的征税标准就是我们通常所说的税收协定中常设机构的概念。在税收实务中,既然存在税收协定免税条款,那么肯定有相关的避税安排,这就是人为规避构成常设机构的避税原理,当然税收协定也存在与之相对的反避税功能。本章的内容分为以下三个部分:一是介绍常设机构的判定原则,对常设机构的各种判定规则进行介绍,包括对于各种不同类型的常设机构的判定要求;二是对常设机构的具体征税问题进行介绍;三是介绍与常设机构相关的避税和反避税案例。

17.1 常设机构的判定原则

本节对常设机构的概念及其基本税收实务操作的规定进行介绍。通过这一部分的学习,读者要能够对常设机构的构成及其征税条件有正确的认识。

17.1.1 判定常设机构的征税要点

常设机构(Permanent Establishment,PE),是用来确定企业是否和某国有实质性的联系,从而使该国能对归属于该常设机构的所得进行征税的概念。根据 OECD 范本和 UN 范本,常设机构规则不仅是征税的前提条件,还是辨别应税所得的方法,只有当所得可以归属于常设机构时才可被征税。我国对于常设机构征税的国内法依据是《企业所得税法》第三条第二款的规定,"非居民企业在中国境内设立机构、场所的,应当就其所设机构、场所取得的来源于中国境内的所得,以及发生在中国境外但与其所设机构、场所有实际联系的所得,缴纳企业所得税"。在了解了常设机构征税的原则后,还需要了解怎样对常设机构进行征税及其免税规定。《企业所得税法》第四条对《企业所得税法》第三条进行了补充,企业所得税的税率为25%,对于非居民企业取得《企业所得税法》第三条第三款规定的所得,适用税率为20%

(实际按 10%征收)。

非居民企业在具体征税问题上分为两类(图 17-1):在境内设立机构场所和未在境内设立机构场所。如果对在境内设立机构场所且构成常设机构的非居民企业征税,需要按照 25%的税率征收企业所得税,征税所得分别是机构场所取得来源于境内的所得(例如机构场所取得境内的经营所得)和发生在境外但与机构场所有联系的所得(这类所得并不常见,例如取得来源于境外的经营所得)。对于未在我国境内设立机构场所但取得来源于我国境内的所得,通常需要根据《企业所得税法》第四条第三款规定的税率征收企业所得税。这类所得通常是利息、股息红利、特许权使用费、财产转让等源泉扣缴项目的所得,实际征收按照不超过 10%的税率征收。以上所得类型、征税方式和税率的判定在具体税收实务工作中是一个比较复杂的问题,总的来说,需要按照下述两个标准进行判断:一个机构场所的标准;另一个是时间的标准。

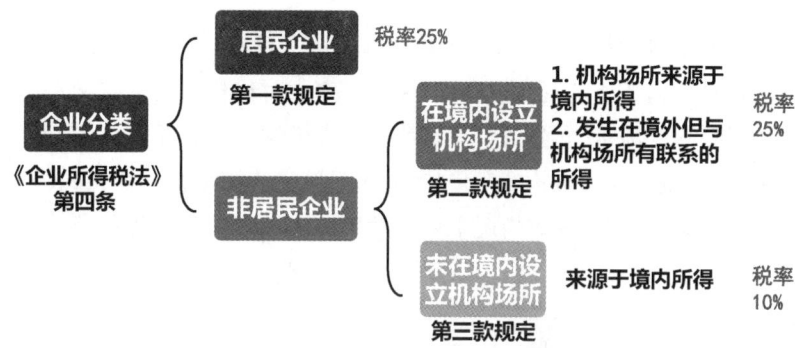

图 17-1　我国对常设机构征税要点

接下来看关于常设机构的若干征税要点,也就是当非居民企业在我国境内构成常设机构时,按照《企业所得税法》规定的 25%的税率征税时应该具体依据什么原则执行,具体如图 17-2 所示。

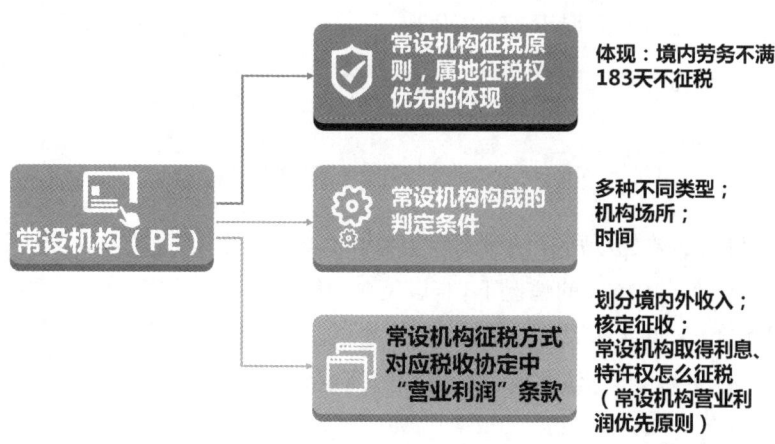

图 17-2　常设机构征税原则

对于常设机构如何征税,是一个比较复杂的问题。根据目前税收协定对常设机构的定义,有以下需要掌握的征税原则。首先,常设机构征税管辖权划分的原则是只有在构成常设机构的情况下,属地税务机关才有对常设机构取得利润的征税权。其次,需要了解机构场所构成常设机构的条件。根据税收协定中常设机构的判定条件,需要达到构成机构场所的条件(如构成摊位、厂房、仓库、房间、营业场所、办公场所),且持续时间达到183天,即在机构场所标准和时间标准同时达到要求的情况下,机构场所才构成常设机构。再次,常设机构的征税方式要符合税收协定营业利润条款,并适用营业利润优先的征税原则。如常设机构取得利息、股息红利、特许权使用费、财产转让等所得,并入常设机构营业利润征税而不是单独适用预提所得税的征税方式;划分境内外所得时,对属于境内部分的营业利润,我国通常采用核定征收等,这些都属于比较复杂的税收管理方式。

17.1.2 机构场所与常设机构

以上介绍了常设机构的征税原则,接下来具体介绍常设机构的构成条件和常设机构的类型。常设机构通常是机构场所的延续性存在,税收协定中对机构场所的定义是非常广泛的,摊位、厂房、库房、房间、营业场所、办公场所等都可以构成机构场所。在很多情况下,非居民到中国境内开展业务,自然就构成了机构场所。然而,非居民在我国境内构成机构场所和构成常设机构并不是相同的概念,两者在一定情况下可以发生转化,如图17-3所示。

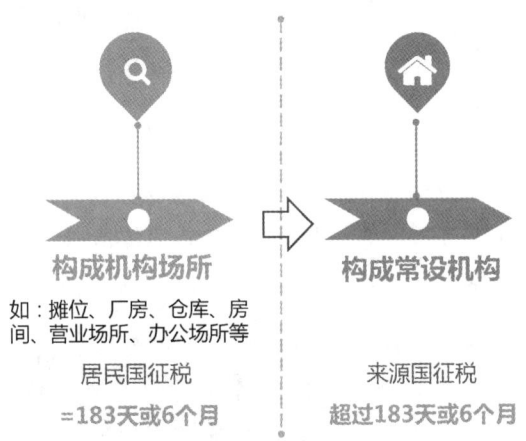

图17-3 机构场所与常设机构区别

那么,常设机构和机构场所在纳税判定上有什么区别呢?通常税收协定中以183天(或6个月)为界,在不超过183天的情况下,非居民在中国境内构成的机构场所取得营业利润可以在对方居民国征税,也就是说不在中国征税;如果非居民构成的机构场所在中国境内的存续时间超过了183天,那么应该在所得的来源国征税,即在中国境内征税。

17.1.3 常设机构的类型

根据企业经营的特点,非居民在我国境内构成的常设机构存在多种类型,主要包括劳务型常设机构、工程型常设机构和代理型常设机构,其中最常见的是劳务型常设机构,在税收实务中处理难度最大的是代理型常设机构。各种类型的常设机构划分情况如图17-4所示。

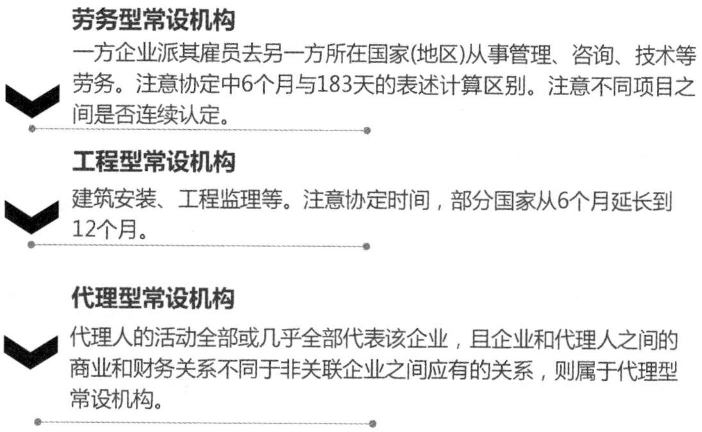

劳务型常设机构

一方企业派其雇员去另一方所在国家(地区)从事管理、咨询、技术等劳务。注意协定中6个月与183天的表述计算区别。注意不同项目之间是否连续认定。

工程型常设机构

建筑安装、工程监理等。注意协定时间,部分国家从6个月延长到12个月。

代理型常设机构

代理人的活动全部或几乎全部代表该企业,且企业和代理人之间的商业和财务关系不同于非关联企业之间应有的关系,则属于代理型常设机构。

图 17-4　各类常设机构概念与区别

对于劳务型常设机构来说,当非居民企业通过雇员或雇佣的其他人员在中国提供管理劳务、咨询劳务活动、技术服务等劳务活动时,如果在任何12个月中连续或累计超过183天(或6个月),税务机关应认为其在中国设有常设机构。判断劳务型常设机构的关键是判断来华人员是否"受雇于"境外的非居民企业。《国家税务总局关于非居民企业派遣人员在中国境内提供劳务征收企业所得税有关问题的公告》(国家税务总局公告2013年第19号)对如何判定被派遣人员与非居民企业存在事实上的受雇关系进行了明确,并解释了如何根据实际受雇原则判定非居民企业向中国境内企业派遣员工是否构成常设机构。对于这一类型的常设机构判定是非居民税收工作中的重点和难点,本书在后续第18章中将专门讨论境外派遣人员构成常设机构征税的问题。

对于工程型常设机构,OECD税收协定范本第三条指出,工程型常设机构通常包括建筑工地、建筑或安装工程。UN税收协定范本将"装配"和"与建筑工地、建筑、装配或安装工程或与之有关的监督管理活动"作为判定构成常设机构的可能条件。根据《OECD税收协定范本注释》,"建筑工地、建筑或安装工程"一语不仅包括房屋的建造,还包括建筑物、道路、桥梁或运河的翻新(不仅是纯粹的维护或者再装修),管道的铺设以及挖掘和疏浚工程等。并且"安装"一语不仅限于与建筑工程有关的安装,也包括新设备的安装,如在现有的建筑物或者室外安装复杂的机器。我国对外签订的税收协定对于工程型常设机构的定义基本与以上规定相同,主要是将建筑施工和工程安装这种类型的场所作为构成工程型常设机构的前提条件。与劳务型常设机构不同,工程型常设机构的认定时间相对较长,除183天、6个月外,还有12个月的标准,这需要视我国对外签订的具体税收协定的内容而定。

代理型常设机构的税收问题是本章讨论的重点内容。OECD税收协定范本第五条对特殊类型的代理型常设机构有如下定义:"如果一个人(独立代理人除外)在缔约国一方代表缔约国另一方的企业进行活动,有权以该企业的名义签订合同并经常行使这种权力,这个人为该企业进行的任何活动,应认为该企业在该缔约国一方设有常设机构。如果一个企业仅通过经纪人、一般佣金代理人或者任何其他独立地位代理人在缔约国一方营业,而这些代理人又按常规进行其本身业务的,则不应认为在该国构成常设机构。"从以上定义可以看出,如果代理人具有以被代理人名义与第三人签订合同的权力并经常行使这种权力,且所从事的活动不是准备性或辅助性的,那么,代理人应构成被代理人在来源国的常设机构。

需要注意的是并不是所有的代理人都构成被代理人的常设机构。根据OECD税收协定范本第五条第六款的规定,独立代理人并不能构成常设机构。因此,如何区分独立代理人和非独立代理人,是判定代理型常设机构的前提。《OECD税收协定范本注释》列出了区分独立代理人和非独立代理人的几个标准。

(1)自主营业标准。被代理人向代理人发出指令,是判断代理人对被代理人法律上存在依从性的主要标志。如果被代理人向代理人发出的指令达到"具体领导"的程度,控制达到"全面控制"的地步,那么,应当认为被代理人不符合自主营业的标准,是非独立地位的代理人。

(2)正常营业过程标准。如果一个在法律上、经济上都独立于被代理人的代理人,在营业过程中出现与独立代理人地位偏离的非正常因素,例如,以被代理人的名义签订合同,就意味着他丧失了独立地位,那么其可能被判定为被代理人的常设机构。

(3)利益分享和风险承担标准。如果代理人从事代理活动的风险由被代理人承担,代理人不能分享代理的利益,只是从被代理人那里取得佣金,那么,该代理人就构成非独立地位的代理人。反之,如果代理人与被代理人利益共享,风险共担,则表示代理人是独立的。

(4)客户数量标准。即使一个代理人以独立身份进行活动,但如果该代理人仅为一个企业工作,并且将时间和精力全部或几乎全部都贡献给该企业,那么这个代理人就失去了独立身份。

通过以上对常设机构类型的介绍可以看到,在国际税收领域判定常设机构存在较大难度,需要综合考虑多项因素,建议读者在处理涉及常设机构的税务问题时,从实质大于形式的角度出发分析商业行为背后的经济关系,并依据我国的税收文件规定做出合理判断。

17.1.4 独立代理人与非独立代理人

税收协定把从事代理型业务的常设机构按照是否独立于委托人,分为独立代理人和非独立代理人两种情况。独立代理人,是指一个专门从事代理业务,不仅为一个企业提供代理服务,也为很多其他企业提供代理服务的代理机构。常见的独立代理人包括经纪人、中间商等机构,他们获得的报酬的方式一般是通过赚取代理佣金。非居民企业如果聘请独立代理人到境内来从事活动,按照税收协定独立代理人条款的规定,通常不认为该代理人在我国境内构成常设机构。在具体判定的时候,主要从图17-5所示的4个方面来判断是否构成独立代理人。

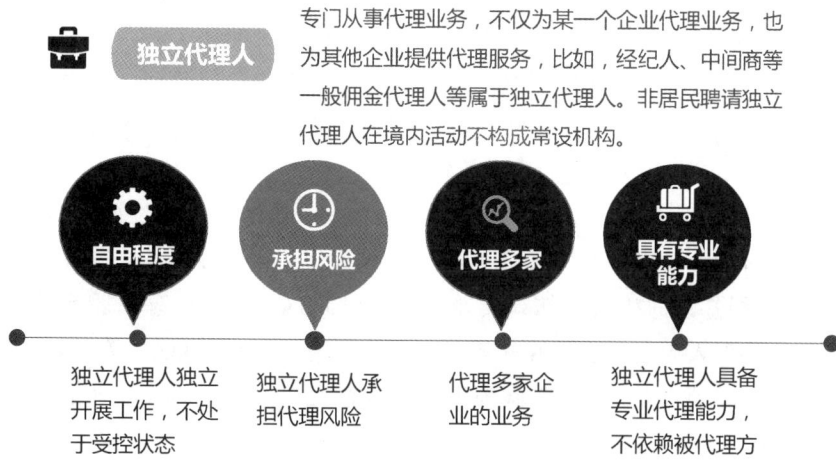

图 17-5　独立代理人特征

在税收协定中,非独立代理人通常是指有代理权,并且经常行使这种权利以被代理企业的名义去签订合同的代理人。在这种情况下非独立代理人就构成了被代理方的常设机构。在国际税收实践中,经常会出现跨国企业利用代理人避免在我国境内构成常设机构,从而避免在我国境内缴税,因此,识别非独立代理人是反避税工作的重点也是难点。非独立代理人可以是个人也可以是企业或者企业的某个部门,不一定是中国的税收居民,也有可能是境外的机构或个人。在判断代理人是否为非独立代理人时也存在 4 个条件,具体如图17-6所示。

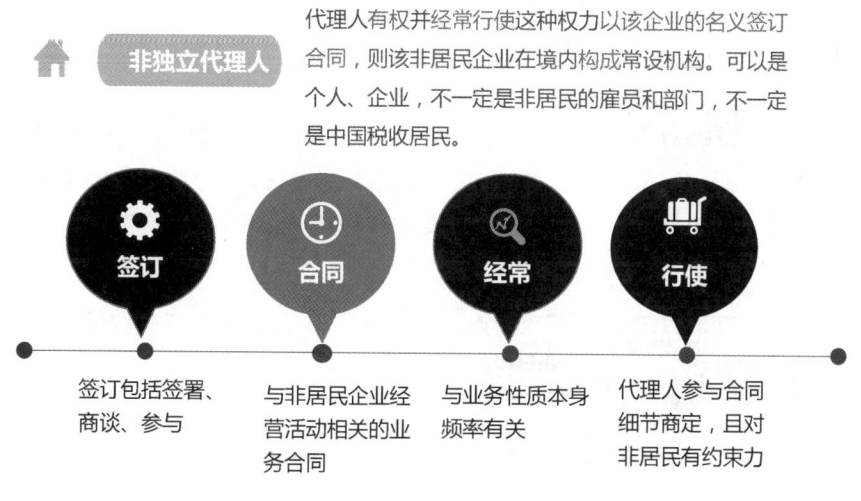

图 17-6　非独立代理人特征

在对图 17-6 中代理行为的特征的理解中,需要注意的几个关键词如下:

(1)"签订"。"以该企业的名义签订合同"这个概念的根据是《〈中华人民共和国政府和新加坡共和国政府关于对所得避免双重征税和防止偷漏税的协定〉及议定书条文解释》(国税发〔2010〕75 号)的规定,对"以该企业的名义签订合同"应做广义理解,包括不是以企业名义签订合同,但其所签合同仍对企业具有约束力的情形。"签订"不仅指合同的签署行为本身,也包括代理人有权代表被代理企业参与合同谈判,商定合同条文等。

(2)"合同"。它是指与被代理企业经营活动本身相关的业务合同。如果代理人有权签订的是仅涉及企业内部事务的合同,例如,以企业名义聘用员工以协助代理人为企业工作等,则不能仅凭此认定其构成企业的常设机构。

(3)"经常"。对于"经常"一语并无精确统一的标准,要结合合同性质、企业的业务性质以及代理人相关活动的频率等综合判断。在某些情况下,企业的业务性质决定了其虽然交易数量不大,但合同签订的相关工作却要花费大量时间,如飞机、巨型轮船或其他高价值商品的销售。如果代理人为这类企业在一国境内寻找买商、参与销售谈判等,即使该代理人仅代表企业签订了一单销售合同,也应认为该代理人满足"经常"标准,构成企业的非独立代理人。

(4)"行使"。所谓"行使"权力应以实质重于形式的原则来理解。如果代理人在该缔约国另一方进行合同细节谈判等各项与合同签订相关的活动,且对企业有约束力,即使该合同最终由其他人在企业所在国或其他国家签订,也应认为该代理人在该缔约国另一方行使合同签署权力。

17.1.5 防止利用独立代理人避税最新趋势

本节介绍利用代理人身份进行避税活动的基本模式,希望通过这个案例告诉读者代理人身份的判定在避免构成常设机构避税安排中的作用。本案例的代理模式是境外跨国集团在中国香港设立子公司P公司,同时中国香港子公司在中国内地设立了子公司S公司,构成一个三层跨境架构。常见独立代理人避税模式的交易结构如图17-7所示。

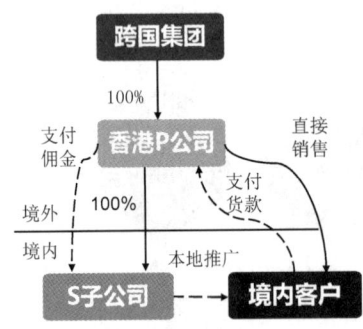

图 17-7 常见独立代理人避税模式的交易结构

这种交易模式本身看上去没有什么问题,但仔细观察可以发现,其存在的问题在于进行实质销售活动的S子公司所收取的佣金与其所承担的功能风险可能并不匹配。由于中国香港公司不在中国内地构成常设机构,因此,中国香港公司所销售货物的收入不会按照营业利润在中国内地缴税。这个时候就需要考虑中国内地的子公司S公司的代理人身份,如果是独立代理人,那么S公司获得的佣金就可以视同为合理的报酬。如果S公司不是独立代理人,那么S公司所承担的功能风险和它收取的佣金就有可能不匹配。这就是非独立代理人避税的基本模式。下面来看税收协定中对于常设机构的修订条款,该修订条款的目的是要避免类似以上避税模式情况的发生。

以 OECD 范本、内地和香港税收安排第五议定书对常设机构相关修订为例(图17-8),这些议定书提出了"紧密关联企业"的概念。根据这一修订,未来一些跨国企业集团通过中国香港设置在中国内地的关联企业,如果仅仅是销售本集团关联企业的产品,或者非关联企业的产品销售只占很小的比例,那么有可能导致该关联企业构成常设机构,中国香港公司有可能需要就产品销售的全部利润缴税。

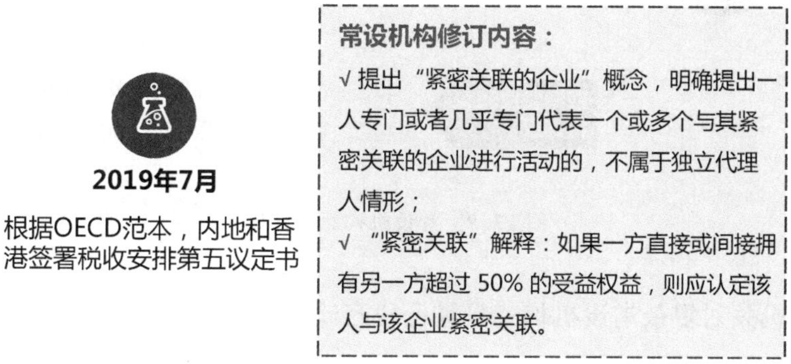

2019年7月
根据OECD范本,内地和香港签署税收安排第五议定书

常设机构修订内容:
√ 提出"紧密关联的企业"概念,明确提出一人专门或者几乎专门代表一个或多个与其紧密关联的企业进行活动的,不属于独立代理人情形;
√ "紧密关联"解释:如果一方直接或间接拥有另一方超过 50% 的受益权益,则应认定该人与该企业紧密关联。

图 17-8 常设机构条款修订内容

17.2 常设机构利润归属与常见问题

本节来讨论关于常设机构的另一个重要问题,即常设机构的利润归属问题。这个问题的实质是探讨常设机构的利润构成类型,哪些利润可以归属于被认定的常设机构而进行征税,以及对于来源于中国的利润应该怎样实施征税。

17.2.1 常设机构利润怎样分配、归谁所有

先来看常设机构来源于中国的所得有哪些类型。常设机构利润分配如图 17-9 所示。常设机构取得来源于中国境内的所得有三种类型:第一种是通过境内的营业机构取得的利润,如果构成常设机构,那么大多数情况下应该核定征收企业所得税;第二种是通过代理人取得的利润,如果非居民在境内的代理人构成常设机构,应视同为非居民通过常设机构在中国境内取得所得进行核定征收;第三种是非居民取得了与常设机构相关的利息、股息、特许权使用费,这种应该怎么进行纳税判定,是一个很有难度的问题。如果非居民取得了与境内的常设机构无关的利息、股息、特权使用费,不计入常设机构的营业利润,单独进行征税。如果取得了与常设机构相关的利息、股息、特许权使用费,那么总的原则是要把它们并入常设机构的营业利润,按照营业利润的条款来进行征税,不按照单独的源泉扣缴10%进行征税。

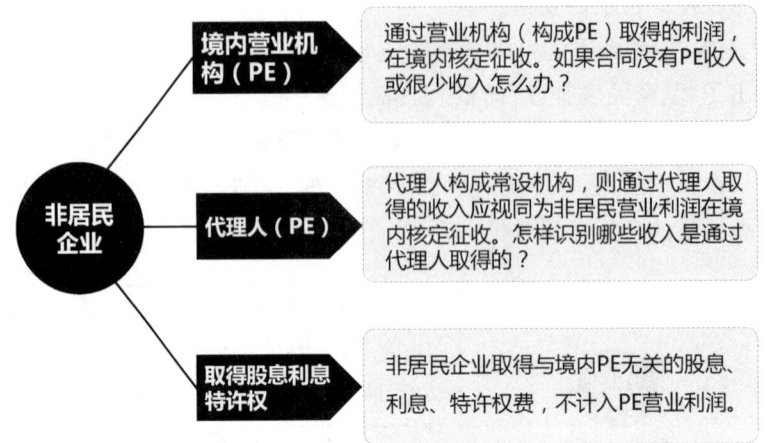

图 17-9 常设机构利润分配

17.2.2 税务机关对复杂常设机构的几种征税方式

下面来看税务机关对于复杂的常设机构的征税案例。本案例的重点不在于判定常设机构征税的理由,而在于判定征税后,税务机关有哪些可以选择的征税方式,各种不同的征税方式又有哪些特点、难点和操作要点,应该怎样选择。本案例的基本情况如下:美国公司与中国香港公司(中国香港公司是中国内地母公司的子公司)签订合同,由中国香港公司为美国公司提供相关的中国境内客户技术服务工作。但是中国香港公司仅是一个签订合同的公司,实际工作是由中国境内的母公司来完成的,中国境内母公司维护美国公司在境内的客户,提供相关的一些技术服务,并且发生有关的支出。在工作联系上,由中国境内的公司直接跟美国的公司进行联系,中国香港的公司仅仅是签订合同和收款用的公司。完成合同以后,美国公司没有把报酬支付给中国境内公司,而是直接支付给了中国香港公司。那么,在这种交易模式下会产生哪些避税问题?税务机关又会怎样进行处理?复杂常设机构安排模式如图 17-10 和图 17-11 所示。

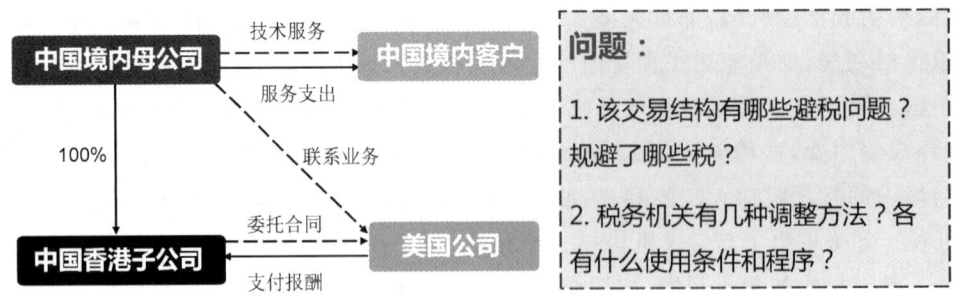

图 17-10 复杂常设机构安排模式

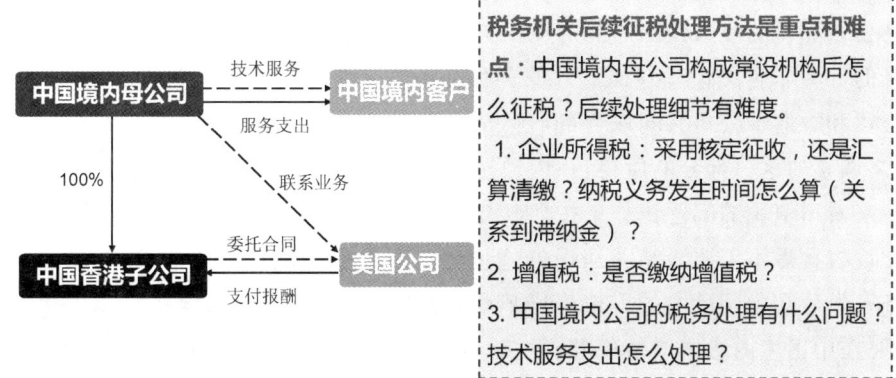

图 17-11 复杂常设机构安排模式续

对于以上交易结构,税务机关可能的处理方法是认定母公司构成了中国香港子公司的非独立代理型常设机构。这一认定的相关税收协定依据是《内地和香港特别行政区关于对所得避免双重征税和防止偷漏税的安排》第五条第五款的规定,当一个人在一方代表另一方的企业进行活动,有权并经常行使这种权力以该企业的名义签订合同,这个人为该企业进行的任何活动,应认为该企业在该一方设有常设机构。对此,企业可能提出的应对意见是,本案例中关联企业虽然负责合同条款商议,但并未行使合同签订的权力,合同均由中国香港公司在境外签订。因此,似乎中国香港子公司并没有在内地构成常设机构。

对此,税务机关对企业提出的应对意见并不认同,理由有以下两点:①国内法认定依据。国税发〔2010〕75 号文件规定,对"以该企业的名义签订合同"应作广义理解,包括不是以企业名义签订合同,但其所签合同仍对企业具有约束力的情形。②BEPS 第 7 项行动计划修订后的 OECD 税收协定范本关于代理型常设机构的条款规定,如果一个人在缔约国一方代表缔约国另一方的企业进行活动,经常订立合同,或在合同订立过程中起到主要作用,并且企业对该合同一般不再进行实质性修改……由于上述活动,企业将被视为在缔约国一方构成常设机构。最终中国香港子公司非独立代理型常设机构的认定成立。

下面第二个问题要重点看,境内的税务机关面对这类复杂的常设机构避税问题,有几种可以尝试的调整方法,各种方法的适用条件以及相关的程序是什么样的,是不是能够达到确保境内税基不受侵蚀的反避税效果?通常对于认定完常设机构的后续的征税问题有三个方面的处理难度。第一个是在企业所得税方面,采用什么样的征税方式,是核定征收,还是汇算清缴?核定征收和汇算清缴对应的对象是不同的。另外,发生纳税义务的时间应该怎么计算,这有可能会涉及滞纳金的问题。第二个是在增值税上怎样判断,如果构成常设机构,那么,境外的非居民是不是有缴纳增值税的义务?第三个是对于中国境内公司的税务处理问题,包括国内法层面的收入成本归集问题,在税务上应该怎么样处理?

先来看企业所得税方面问题的解决方法。在企业所得税上,如果构成常设机构,例如,香港公司通过内地母公司的工作取得的收入的征税原则是把香港公司所取得的收入拿到内地来进行征税。具体的实现方式有两种:一是采用核定征收的方式,对香港公司按照香港公司在内地构成常设机构的思路,把内地的母公司认定为常设机构,按照核定征收的方式,根据香港公司取得的收入按照一定的比例进行利润核定,再乘以25%税率,在内地缴税。这是最常见的一种非居民管理方式。另外一种征税方式是汇算清缴。针对内地的母公司,把内地母公司和香港子公司共同取得的收入看作整体,对中国内地常设机构整体的利润进行调整,最终调整的这一部分的所得,在内地按照25%税率以母公司的名义缴纳。

接下来看增值税的问题。如果按照核定征收的方式把境内母公司认定为常设机构,那么这个常设机构需不需要缴纳非居民的增值税?理论上来说是需要的,因为常设机构所提供的服务是发生在中国境内的。根据增值税的相关规定,如果销售服务行为发生在中国境内,是需要在中国境内缴纳增值税的。这时可能会产生一个问题,境内母公司以常设机构身份缴纳的增值税和本身缴纳的增值税是否重复,有什么不同?这个问题在实务工作中遇到的比较少,在理论上,只要划分得当不会存在重复缴税问题。但是限于我国税收征管实际状况,可能会在实际操作中遇到较多困难。

第三个是境内公司自身的成本费用支出问题。如果这些服务费用支出没有对应的收入的话,那么,按照《企业所得税法》的规定,与取得收入无关的费用是不能所得税前扣除的,这是境内母公司面对的最大税务风险。

17.2.3 常设机构认定中的常见问题

对于常设机构的认定,除了要掌握基本理论,还需要了解一些在税收实务工作中处理常设机构税务问题的具体标准。以下列举了部分常见的常设机构认定问题供读者参考。

问题1:境外公司派遣3个员工来境内工作10天,计算常设机构时按多少天算?

答:这里的时间按总体时间算,不按人时算,因此,计算常设机构的天数是10天,不是30天。因为税收协定规定,作业时间是以这个活动开始之日起到这个合同终止之日来计算的。

问题2:非居民在同一工程或商业项目签订不同合同,单个计算时间还是连续计算时间?

答:如果是同一个项目分别签订了不同的合同,在税收协定上要把这些所有不同的合同算作一个合同来看待,也就是说,要累计计算合同的入境时间。

问题3:项目开始后中途因故(材料、天气)中断,时间怎么算?

答:如果项目开始以后因为各种原因暂停,只要项目没有终止,人员没有撤离,仍然连续计算构成常设机构的时间。

问题4:非居民承接项目后,委托境内分包商开展工作,分包商工作时间是否计算常设机构时间?

答:需要计算,要把分包商所工作的时间算作非居民计算常设机构的时间。

问题5:境外企业在中国境内的项目持续数年,其中只有一次12个月内超过183天,常设机构时间是否只算这一次?

答:如果数年内只有一段时间内构成了183天,那么这个常设机构整体的时间都要算作计算构成常设机构的时间,而不是单独计算构成常设机构的时间。因为常设机构的概念不是针对某个12个月构成的,而是看整个项目的构成期间之内是不是存在任意12个月之内构成了183天。所以,按照这个理解,应该认定这个非居民企业在中国境内整个项目期间构成了常设机构。

问题6:非居民授权使用专利技术,同时入境提供服务咨询,构成常设机构,非居民收入该如何缴税?

答:如果非居民提供特许权使用费,同时入境提供服务不构成常设机构,那么服务费无论是否单独计算,都并入特许权使用费进行征税。如果构成了常设机构,那么应按照常设机构营业利润优先的原则,归属于这个常设机构的服务收入在中国境内核定征收企业所得税。如果特许权使用费能够准确划分,那么特许权使用费单独按10%征税;如果特许权使用费不能够准确划分,那么全都并入整个营业利润核定征收企业所得税。

17.3 人为规避构成常设机构避税案例

本节介绍两个人为规避构成常设机构的避税案例,一个案例是利用佣金代理人规避构成常设机构,另一个案例是通过拆分活动和收入规避构成常设机构利润归属。本节通过对这两个案例的深度讲解来分析与常设机构相关的非居民税收判定过程和依据。

17.3.1 利用佣金代理人安排规避常设机构

案例基本情况:利用佣金代理人的身份规避构成常设机构。①

案例的基本模式:中国香港的B公司的经营模式是,帮助内地A公司引入境外投资者,并根据引入的投资来获取佣金。在具体交易方面,B公司不仅要帮助A公司引入境外投资者,还要帮助A公司完善治理结构和进行上市审批。同时,B公司按照引入投资的实际金额百分比收费。B公司为了完成这项工作,委托了一些投资代表人内地来帮助A公司进行相关接收投资的准备工作。B公司要收取A公司支付的佣金时需要办理对外支付备案,B公司认为佣金收入属于境外的劳务,不在中国内地缴纳企业所得税。

针对B公司提出的纳税判定诉求,税务机关进行了充分调查核实,提出了若干调查意见,如图17-12和图17-13所示。税务机关的主要理由是,B公司在内地的主要代表机构的全部工作都是从事B公司的委托工作。根据非独立代理型常设机构的定义,代理人如具有以被代理人名义与第三人签订合同的权力并经常行使这种权力,且代理人所从事的活动不是准备性或辅助性的,则代理人应构成被代理人在来源国的常设机构。因此,我国内地主管税务机关认为B公司内地代理机构不符合独立代理人的特征,并最终认定B公司的内地代理人构成常设机构,其取得的佣金收入应在内地缴税。

---

① 参考案例:山东国税局《营业代理人构成常设代表机构以支付佣金方式向避税港转移营业利润案例分析》(2011年)。

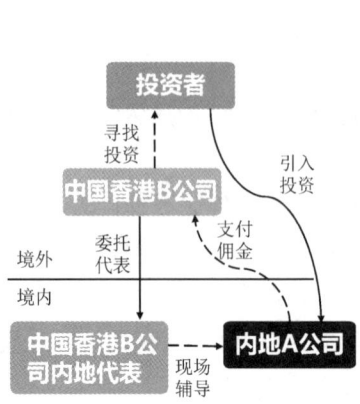

图 17-12 佣金代理人避税模式

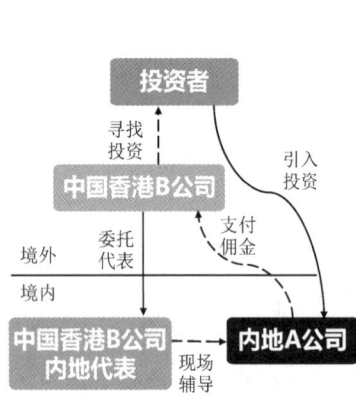

图 17-13 佣金代理人避税模式续

17.3.2 拆分活动和收入规避常设机构利润归属

第二个案例是拆分活动和收入规避构成常设机构的利润归属。[①] 这个案例非常具有代表性,境外公司的避税策划具有相当高超的技巧,并且非常了解国际税收体系中关于常设机构及其利润归属的规定,税务机关要采取相应的反避税措施非常困难。以下是双方的具体交锋过程。

---

① 案例参考:国家税务总局国际税务.安装调试进口设备劳务构成机构、场所[M]//非居民企业税收管理案例集.北京:中国税务出版社,2012.

17 常设机构判定税收实务与案例

案例基本情况：美国的 M 公司到中国境内进行工程施工（N 项目）。为了完成这个工程施工，该公司在中国境内成立了一个子公司 S 公司。M 公司主要负责工程设计，境内的子公司 S 子公司负责现场施工。同时在现场施工的时候，M 公司要派一些人到中国境内来负责现场施工的一些指导和技术工作。

M 公司提出的第一个诉求如图 17-14 所示，其认为所有的境内收入都是归属于 S 公司，并且 M 公司取得的 1.4 亿元的工程设计的对外支付属于境外劳务，不应该在中国境内缴纳企业所得税。分析该诉求可以发现，M 公司在这个案例中提出的诉求是经过深思熟虑的，如果 1.4 亿元的申请被税务机关接受，那么这 1.4 亿元就属于境外收入，可以不在中国境内缴税。如果这个目的没有达到，那么下一步 M 公司就会提出对这个 1.4 亿元进行境内外收入的划分。在这个划分的过程当中，M 公司仍然有可能得到最大的税收利益。对此，我国税务机关认为，境内 N 项目对外支付的 1.4 亿元不能都视为境外劳务所得，因为 M 公司的工程设计工作和派遣人员入境参加境内子公司 S 公司的现场施工服务，都属于同一个项目的工作事项，应该算作一个整体来考察是否构成境内常设机构。派遣人员入境时间超过 1 年，达到常设机构的认定标准，因此，应该将 N 项目取得的与常设机构有关的所得都视为常设机

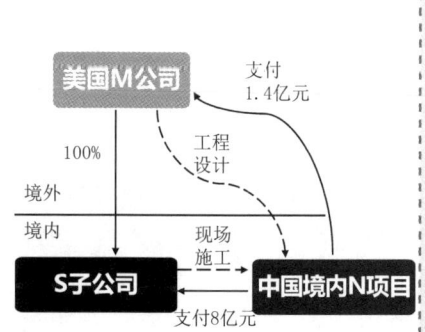

图 17-14 拆分活动避税模式

构的所得,在我国境内征税。因此,从大方向上说,1.4亿元的对外支付款将有一大部分属于境内常设机构收入,不能被划分为完全的境外所得。

美国M公司提出的第二个诉求如图17-14所示,涉及对境内外收入的划分问题。美国M公司虽然承认其派遣人员在境内构成常设机构,但提出划分境内外收入,即把1.4亿元收入拆分为归属常设机构的收入和归属美国M公司的境外收入。该诉求的本质是要对1.4亿元进行常设机构利润归属的判定,把它划分为归属于境内常设机构的收入和归属于美国M公司境外的收入两个部分。该划分意向原则上是可以接受的,但是在具体划分标准上双方存在较大争议,主要是该活动应该以什么标准划分境内外所得和具体核定征收应该适用什么利润率的争议。由于本案例的处理结果没有具体披露处理过程,因此,我们只能推测双方很有可能采用了对我国税务机关有利的境内外收入划分标准,比如具体的工作时间等比较客观的标准。但是关于M公司的我国境外的所得,我国税务机关并没有完全否定,也承认了美国M公司取得部分境外所得,不需要在我国境内征税。对于使用核定征收的利润率问题,根据《非居民企业所得税核定征收管理办法》(国税发〔2010〕19号发布)第五条的规定,税务机关可按照以下标准确定非居民企业的利润率:①从事承包工程作业、设计和咨询劳务的,利润率为15%～30%;②从事管理服务的,利润率为30%～50%。对于该设备安装调试工作所形成的常设机构,可以根据之前对常设机构性质的认定意见得出结论,如果被认定为工程型常设机构,则应执行15%～30%的核定利润率标准。

18

境外派遣人员的非居民税务风险

本章介绍境外派遣人员的非居民税务安排与常见税务风险。境外企业派遣人员入境提供劳务并从事相关工作是外资企业的常见安排,与派遣人员有关的税务风险主要集中在常设机构判定问题上。在实际工作中,境外企业派遣人员入境具有常态化趋势,通常都会超过183天构成境内常设机构。其中涉及的税务问题比较复杂,税务风险也比较大。对此本章介绍外资企业境外派遣人员的税务风险应该怎样去控制才更加符合我国税收法律法规的规定。本章的特点是税收实务操作性较强,税收理论难度不大,涉及日常派遣人员工作的细节较多。本章的主要内容分为两个部分:第一部分介绍境外派遣人员的各种常见派遣模式及其税务风险;第二部分通过案例来讲解境外派遣人员在税收上有哪些常见安排,以及为什么会产生税务风险。

18.1 境外派遣常见人员配置模式及风险

境外企业派遣人员到境内任职的安排模式主要与税收协定常设机构条款有关,因为派遣人员到中国境内有可能构成常设机构,对归属于常设机构的利润通常需要按核定征收缴纳企业所得税。

18.1.1 境外派遣人员常见任职安排模式

我国规范境外派遣人员入境的相关税收文件主要是《〈中华人民共和国政府和新加坡共和国政府关于对所得避免双重征税和防止偷漏税的协定〉及议定书条文解释》(国税发〔2010〕75号)和《国家税务总局关于非居民企业派遣人员在中国境内提供劳务征收企业所得税有关问题的公告》(国家税务总局公告2013年第19号)。在实际工作中,需要根据以上两个文件对非居民派遣人员入境的工作模式判定是否构成常设机构(图18-1),如果不构成境内常设机构则不在我国征税,反之则要征税。但是以上判定过程在劳务派遣模式下比较复杂,除了要结合文件规定,还要结合实际情况进行判定。

国家税务总局公告2013年第19号文件对境外劳务派遣是否构成常设机构提出了五大判定要素,具体包括:①接收劳务的境内企业(以下统称接收企业)向派遣企业支付管理费、服务费性质的款项;②接收企业向派遣企业支付的款项金额超出派遣企业代垫、代付被派遣人员的工资、薪金、社会保险费及其他费用;③派遣企业并未将接收企业支付的相关费用全部发放给被派遣人员,而是保留了一定数额的款项;④派遣企业负担的被派遣人员的工资、

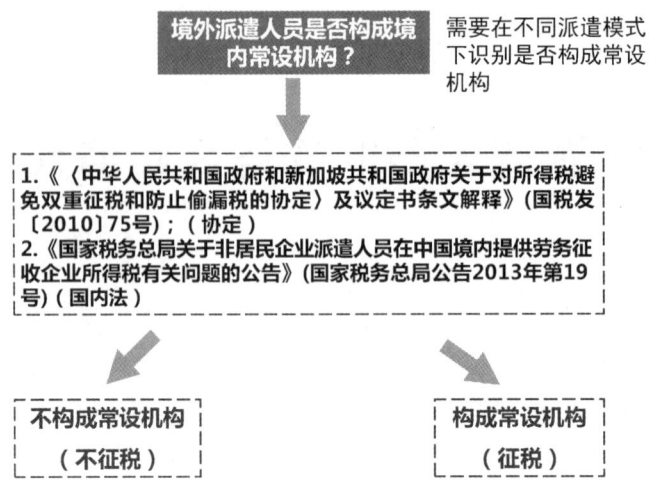

图 18-1 境外派遣判定基本模式

薪金未全额在中国缴纳个人所得税;⑤派遣企业确定被派遣人员的数量、任职资格、薪酬标准及其在中国境内的工作地点。

图 18-2 所示的判定类型和判定过程是总结境外劳务派遣两个重要文件的结果,反映了非居民劳务派遣纳税判定类别和过程,其中包含的境外劳务派遣的核心判定逻辑是非常重要的,以下详细说明。首先,需要区分境外劳务派遣的性质是什么,是一项劳务还是一种股东活动;其次,根据国家税务总局公告 2013 年第 19 号文件进行常设机构判定。这就是境外劳务派遣的主要思路。

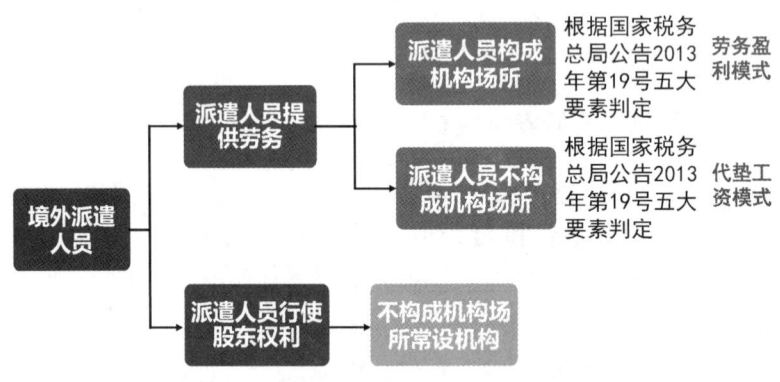

图 18-2 境外派遣人员判定类型

18.1.1.1 安全派遣模式

接下来看,根据五大判定的要素介绍境外劳务派遣中符合税收文件规定的一种模式,即安全派遣模式。在安全派遣模式中,境外的母公司向境内的子公司派遣若干人员到中国境内来提供劳务协助子公司进行工作,境内外公司需要向派遣人员支付劳务报酬。由于境外派遣人员要在境外缴纳社保等费用,通常境外派遣人员的工资有一部分由境外的母公司垫付,派遣人员在境内领取一部分工资作为工作报酬。这里指的工作通常是一种职务行为,不属于独立个人劳务。母公司替派遣人员支付了一些境外费用,境内的子公司也要把相关垫付费用还给母公司。这就是一个大致的境外劳务派遣工作模式。图 18-3 是安全派遣模式中五大要素的基本设置情况。

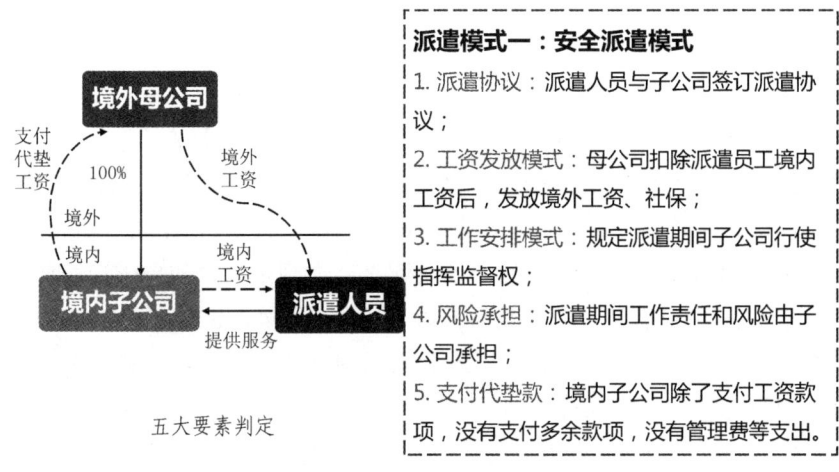

图 18-3　境外派遣安全模式

在安全派遣模式中,派遣方和境内接受方约定了明确清晰的派遣安排,按规定缴纳员工个人所得税,具有清晰的工作指挥关系和风险承担约定,支付款项不包括不合理费用。

18.1.1.2　风险派遣模式

图 18-4 是境外劳务派遣模式中的风险模式,劳务派遣风险模式在实际工作中是比较常见的。本书把这些风险特征结合起来进行对比,以提高读者对劳务派遣构成常设机构的认识。结合五大判定要素,劳务派遣风险模式通常最大的风险在于派遣协议中没有明确约定相关的责任义务,甚至没有签订正式的派遣协议,因此不能提供举证资料证明劳务的发生过程,读者可以结合图 18-4 与安全模式进行对比,理解风险模式下五大判定要素产生税务风险的来源。

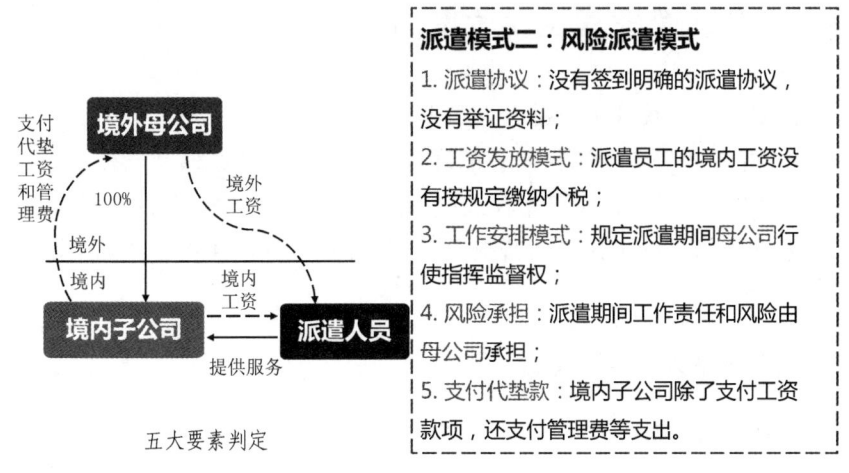

图 18-4　境外派遣风险模式

在风险派遣模式中,派遣方和境内接受方未约定明确清晰的派遣安排,未按规定缴纳员工个人所得税,不具有清晰的工作指挥关系和风险承担约定,支付款项包括不合理费用。综合来看风险派遣模式存在利用派遣支付关系转移利润的逃避缴纳税款的税务风险。

18.1.2 境外派遣模式的税务风险

国家税务总局公告2013年第19号文件介绍了判定境外劳务派遣是否构成机构场所和常设机构的五大判定因素。那么有没有例外情况使得境外劳务派遣不构成机构场所,也就不构成常设机构呢?这种例外规定在国家税务总局公告2013年第19号文件第二条中明确为,如果派遣企业仅仅是为境内企业提供行使股东权利的保障等工作就不构成机构场所,因此无论入境时间有多久,也不会构成常设机构。该条款是这样规定的,"如果派遣企业仅为在接收企业行使股东权利、保障其合法股东权益而派遣人员在中国境内提供劳务的,包括被派遣人员为派遣企业提供对接收企业投资的有关建议、代表派遣企业参加接收企业股东大会或董事会议等活动,均不因该活动在接收企业营业场所进行而认定为派遣企业在中国境内设立机构、场所或常设机构"。因此,以上股东行为是我们判定构成常设机构的一个例外的条件。

接下来再来看税务机关审核境外劳务派遣是否构成常设机构的税收文件提出了哪些要求。国家税务总局公告2013年第19号文件第五条指出,税务机关要重点审核以下资料判定境外劳务派遣行为的经济实质和执行情况,以此来判断其是否在我国境内构成机构场所,是否构成常设机构,具体包括以下内容,"(一)派遣企业、接收企业和被派遣人员之间的合同协议或约定;(二)派遣企业或接收企业对被派遣人员的管理规定,包括被派遣人员的工作职责、工作内容、工作考核、风险承担等方面的具体规定;(三)接收企业向派遣企业支付款项及相关账务处理情况,被派遣人员个人所得税申报缴纳资料;(四)接收企业是否存在通过抵消交易、放弃债权、关联交易或其他形式隐蔽性支付与派遣行为相关费用的情形"。在实际税收工作中,需要根据实际情况综合分析以上情况,判定其是否构成常设机构。

18.2 境外派遣人员非居民税收案例

本章第二节内容介绍境外劳务派遣人员非居民税收案例,主要目的是讲解非居民劳务派遣模式,加深对本章第一节原则性问题的理解。本节第一个案例是境外劳务派遣人员的四种常见模式,读者可以从这四种基本模式中找到适合自身工作需要的派遣模式。当然,这四种模式不可能把所有实际工作中的情况都包括在内,但是往往很多实际情况是根据这四种模式演变而来的。

18.2.1 详解境外派遣人员四种模式

18.2.1.1 标准派遣模式

这种模式的应用背景常见于临时派遣技术或管理人员到中国境内来解决一些临时性的问题,目的是帮助子公司处理某些超出子公司自身管理范围的事务。这种模式的特点是不用长期派驻,在问题解决以后就撤回人员。但是,在实际中这些临时性问题有可能是一个接一个出现的,所以境外公司需要安排多次派遣,比如每隔半年派遣一次。但总的来说,这些派遣行为不是长期派驻而是临时性的安排,如图18-5所示。

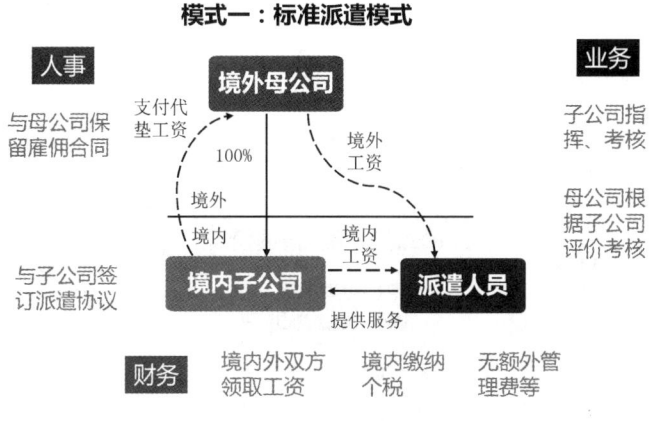

图18-5　标准派遣模式

在业务执行上,这种标准模式具有一些典型特征,在业务部门签订相关合同时应有所体现。比如,在人事管理上,母公司保留对派遣员工的雇佣合同关系,同时派遣员工与境内子公司要签订派遣协议。在业务安排上,通常约定子公司对派遣人员在境内的工作负责指挥考核,母公司根据子公司的评价,对派遣人员做出最终评价考核。在财务方面,派遣人员的工资可能在境内外都要领取,境内子公司需要替派遣员工申报扣缴境内个人所得税。境内子公司除了工资对外支付事项,没有其他的额外需要支付的费用,比如管理服务费等。图18-5反映了标准派遣服务模式的基本安排。

图18-6　标准派遣模式的纳税判定

在这里有一个关键问题,即标准派遣模式存在两种演变可能性,如图18-6所示。第一种变化情况是有可能变成征税的劳务盈利模式。这是由于被派遣人员在我国境内达到了场所和时间标准构成了常设机构。这时就需要就常设机构取得的利润在我国境内缴纳企业所得税。第二种变化情况是有可能演变为不征税的代垫工资模式。这是因为在这种情况下被派遣人员不构成常设机构,支付代垫工资不构成常设机构利润,因此不对其征税。以上两种变化中的税务风险点比较多,企业可以自身需要实现合理安排。从税务机关的角度来看,如果构成了某种机构场所,那么需要看该派遣后续是否超过183天的常设机构判定标准。

18.2.1.2 境内雇佣模式

本书称第二种模式为境内雇佣模式。该模式下,境外公司派驻某个境外人员到境内常驻工作,承担日常工作而不是完成一些临时性的工作。这种常驻有可能是管理上的需要,也有可能是技术上的需要。比如派遣境外人员到境内外资企业担任财务总监(CFO)等职务。这种劳务派遣的特点是常驻工作,那么很有可能会在境内居住超过183天。如果因此构成了常设机构,那可能会给境外母公司带来较大的税务问题。境内雇佣模式下的人事、财务、业务等安排如图18-7所示。

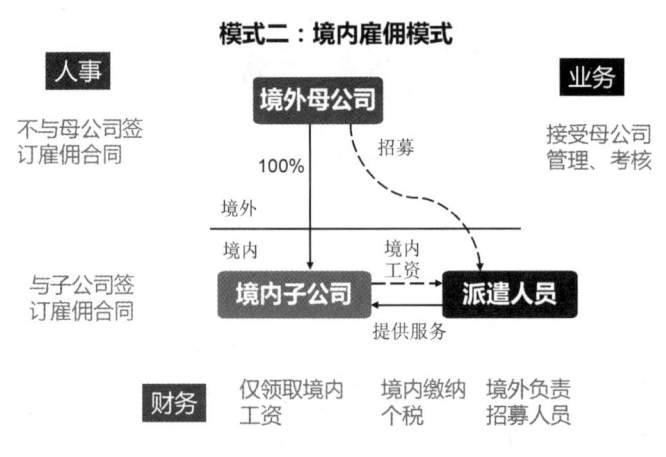

图18-7 境内雇佣模式

在以上派遣模式中,最大的特点是派遣人员不是与境外母公司签订雇佣合同,而是与境内子公司直接签订雇佣合同,并且仅从境内一方领取工资。在这种模式下,境内子公司通常不需要支付代垫境外工资,但是境外母公司仍然具有对该人员的工作考核权。这种派遣模式类似采用一种由境内公司单独雇佣的模式,那么这么做是否就不涉及境外派遣的情况呢?这只是一种比较理想的情况,在实际工作中有可能演变出其他一些问题。比如境外指派人选的选派招募问题,如果由境外公司来决定人选的话,那么这个人选有可能并不是由子公司挑选的,虽然仅和境内公司签订合同但在实际中有可能会构成图18-8所示的一种派遣情况。

图18-8 境内雇佣模式纳税判定

在图18-8的境内雇佣模式与境外母公司产生关系的情况下,境内雇佣人员很可能就会构成机构场所,也很可能会构成常设机构。这里面会涉及比较复杂的概念理解和细节判定,如果相关企业能够设计合理的派遣安排,则可以避免其中的税务风险,把这种境内派遣工作模式完全转变成类似于境内雇佣的模式。其特点是境内派遣人员不构成与境外母公司具有关联关系的常设机构,可以尽量避免构成常设机构的税务风险的问题。

18.2.1.3 盈利性项目派遣模式

本书称第三种模式为盈利性的项目派遣模式。采用该模式主要是为了完成某个项目,通常这些项目不是临时性的工作,需要在境内停留一段较长时间直到项目结束。境外派遣人员在项目工作期间与境外公司保留雇员合同关系,同时又与境内公司签订派遣协议,以境内派遣的名义出现在项目中。这种模式就是盈利性项目派遣模式。在这种模式下,有可能会出现向境外支付代垫费用的情况。但是这种模式与标准派遣模式最大的不同点在于,境内方对外支付的费用可能远远超过代垫工资的费用,因为境内是一个盈利性项目,项目实现的利润金额通常很高,远远超过工资。那么,在这种模式下,以对外支付工资的形式来支付项目的利润明显是不合理的也是不可行的。该模式的基本情况如图18-9所示。

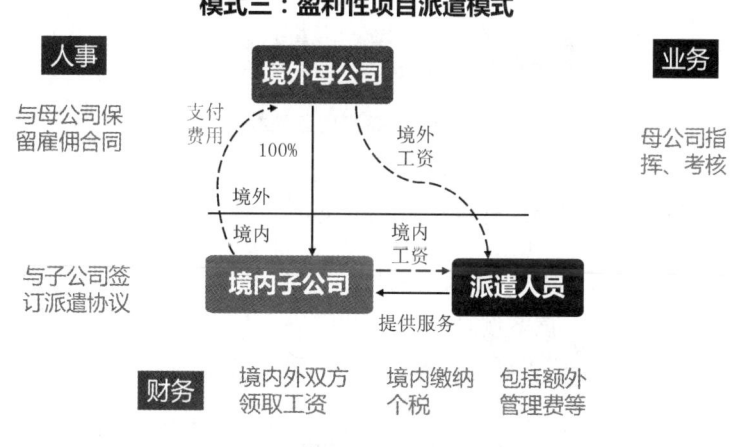

图18-9 盈利性项目派遣模式

以上盈利性项目派遣模式中,被派遣人员和境外母公司保留雇员合同关系,同时与境内子公司签订派遣协议,从境内外双方领取工资,接受母公司的指挥考核;境内子公司支付的派遣费用中除了工资部分,还包括其他管理费用等归属于境外母公司的利润。由于要支付的金额比较大,同时项目工期可能比较长超过构成常设机构的标准,因此境外非居民企业有可能为了规避在中国构成常设机构被判定征税而采用项目分割拆分等方式进行包装,把盈利性的项目包装成一种类似于代垫费用模式下的派遣项目。这种情况是税务机关需要关注的税务风险点。

18.2.1.4 董事高管模式

第四种模式是董事高管模式,如图18-10所示。该模式就是国家税务总局公告2013年第19号文件里提及的行使股东权利模式。在人事安排上,该模式通常是境外派遣人员与母公司签订了一个雇佣的合同,同时该人员在境内子公司的董事会里任职。派遣人员的工资是领取境外公司在境内任职的报酬。按照中国境内的个人所得税规定,这种外籍高管也要在中国境内缴纳个人所得税。这种高管董事模式如果符合国家税务总局公告2013年第19号文件的规定,通常不认为其构成在中国境内的机构场所,也就是说境外派遣人员仅履行股东职务的角色。从税务机关的角度来看,对于这种模式不能只看它的名称,而是要看境外派遣人员实际做了什么工作,是不是仅仅在境内履行股东权利和执行股东职责,有没有提供一些事实上的服务性质的劳务工作,这需要从功能风险的角度进行分析。

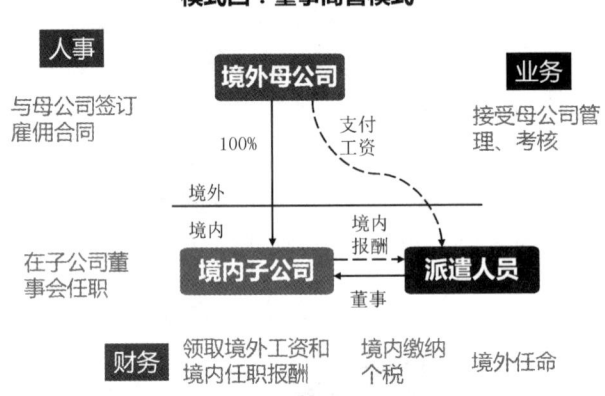

图 18-10　董事高管派遣模式

18.2.2　总部代垫外籍人员工资、社保被质疑加成

第二个案例是境外总部代垫外籍派遣人员的工资、社保被质疑存在加成收取,最后被判定征收企业所得税的案例。[①] 该案例是典型的以代垫人员工资的名义对外支付不合理费用的案例(图 18-11)。先来看该案例的基本情况,境外母公司 A 公司是一家日本公司,A 公

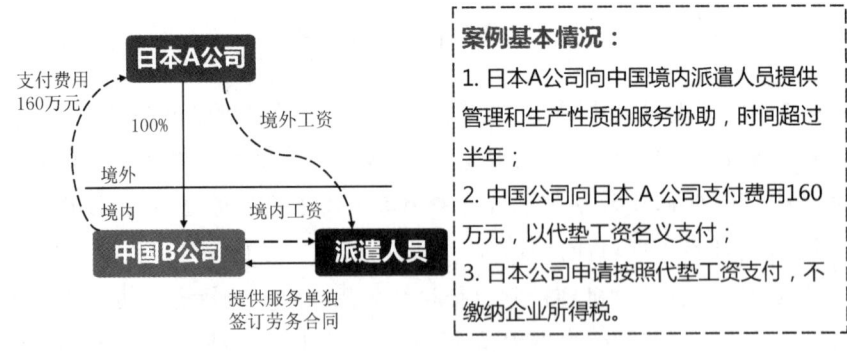

图 18-11　总部代垫外籍人员工资案例

---

① 参见:李睿.境外母公司派遣人员来子公司提供服务支付工资薪金被税局认定构成常设机构,依法补缴企业所得税[N].中国税务报,2019-6-24.

司向中国境内的子公司B公司提供生产管理和相关服务协助，同时A公司的派遣人员在境内时间超过183天。中国境内的B公司根据协议向A公司支付160万元的费用，这笔费用是以代垫工资的名义对外支付，扣缴义务人申请根据国家税务总局公告2013年第19号文件，不在中国境内缴纳企业所得税。

税务机关对以上企业采用的员工派遣模式进行调查后，发现以下疑点：①派遣日期不确定。该派遣安排中部分高管和关键技术人员存在延期和不定期任职的变更，存在前后派遣安排不一致的问题。②工资发放模式存在不确定性。境内公司B公司向境外母公司A公司支付的工资金额具有不确定性，不符合工资、薪金的基本属性，支付中包含部分奖金、补贴、住宿费等。③境外母公司实际指挥派遣人员工作。中国境内接受派遣公司B公司的任职的数量和派遣标准完全由境外A公司决定，境外母公司拥有对派遣人员的实际指挥权，这一点不符合安全派遣模式的工作模式原则。④雇佣关系存在疑点。被母公司派遣的人员保留和境外A公司的雇员合同关系，存在被认定为常设机构的潜在风险。⑤境内公司对外支付的代垫款与实际工资不匹配。境内接受派遣的B公司在向境外母公司A公司支付代垫费用时，与B公司依照派遣合同实际支付给被派遣人员的工资金额不匹配，且A公司无法提供更多举证资料证明其收取的代垫费用除工资费用外不包括其他利润所得。

税务机关针对以上问题与企业进行了深入沟通，结合各种综合情况判定境外母公司A公司不满足国家税务总局公告2013年第19号文件的要求，境外派遣人员构成了常设机构，应按照核定利润率来进行征税。

18.2.3　境外派遣人员在我国怎样缴纳个人所得税

按下来本节介绍与境外派遣人员紧密相关的个人所得税缴纳情况。从业务的完整性和税收文件的规定来看，我们需要将境外派遣人员在我国境内的个人所得税与派遣模式结合起来进行判定，而境外个人所得税问题非常复杂，因此本章仅介绍部分与境外派遣有关的概念性问题，不做具体深入的讲解。本书会在后续章节中专门介绍境外个人所得税问题。

境外公司派遣人员入境提供劳务服务，首先需要区分该服务的性质属于提供独立个人劳务，还是雇佣性质的非独立个人劳务。这两者的性质是不同的，纳税判定结果也是完全不同的。大多数情况下，被派遣入境的个人从事的是一个雇佣性质的非独立个人劳务，也就是通常所说的领取雇员工资、薪金的劳务行为。对于这类个人，首先需要判断个人在境内的居住时间，根据图18-12所示进行对照判定需要就哪部分工资、薪金缴纳个人所得税。

对于领取工资的境外派遣人员，除了根据在境内的居住时间判定不同的纳税义务，还根据该员工的职务级别判定不同的纳税标准，这是境外人员个人所得税征管比较复杂的原因之所在（图18-12和图18-13）。两种不同身份的人员，一种是普通员工，一种是高管人员，这两类人员要缴纳个人所得税的标准有较大差异。我们在具体进行这类业务的时候，应先判定劳务的类型，然后判定境外个人的身份级别，再通过本节列示的两个图，按照境内居住时间，查找对应的缴税计算方式。

境外派遣人员个税判定（非高管）

境外派遣人员需要依据：《个人所得税法》及其实施条例
财政部、税务总局公告2019年第34号
财政部、税务总局公告2019年第35号

派遣员工（非高管）个税总的判定原则如下：

普通员工境内居住时间（t）	来源于境内工资		来源于境外工资	
	境内支付	境外支付	境内支付	境外支付
t≤90天	√	免税1	×	×
90天<t<183天	√	√	×	×
t≥183天，不满6年	√	√	√	免税2（需备案）
t≥183天，满6年	√	√	√	√

注：√表示征税；×表示不征税
免税1法律依据：《个人所得税法实施条例》第五条
免税2法律依据：《个人所得税法实施条例》第四条

图18-12 境外派遣人员个税判定（非高管）

境外派遣人员需要依据：《个人所得税法》及实施条例
财政部、税务总局公告2019年第34号
财政部、税务总局公告2019年第35号

派遣员工（高管）个税总的判定原则如下：

高管境内居住时间（t）	来源于境内工资		来源于境外工资	
	境内支付	境外支付	境内支付	境外支付
t≤90天	√	免税1	√	×
90天<t<183天	√	√	√	×
t≥183天，不满6年	√	√	√	免税2（需备案）
t≥183天，满6年	√	√	√	√

注：√表示征税；×表示不征税
免税1法律依据：《个人所得税法实施条例》第五条
免税2法律依据：《个人所得税法实施条例》第四条

图18-13 境外派遣人员个税判定（高管）

以上就是本章对于境外劳务派遣非居民税收的讲解，境内企业向非居民企业代垫费用的纳税判定是非居民税收中的复杂事项，其纳税判定总的来说是依据常设机构的判定结果做出的。然而境外派遣构成常设机构的认定影响因素较多，不仅包括派遣模式、派遣性质，还与具体执行细节有较大关系，需要通过综合分析才能最终认定，在实际操作中具有较大难度。如果读者希望能够顺利掌握这部分的纳税判定规则，建议根据本章所述逻辑和常设机构纳税判定规则反复练习以加深理解。

19 "受益所有人"税收实务与案例

本章结合 OECD 税收协定范本和我国最新税收文件介绍税收协定中非常重要的"受益所有人"概念及其判定规则。"受益所有人"规则是对利息、股息、特许权使用费三种类型的源泉扣缴项目是否能够享受税收协定优惠而制定的判定规则。"受益所有人"规则是判定非居民享受税收协定待遇的核心要件。与享受税收协定待遇的其他条件相比,"受益所有人"是最重要的核心要件。在这里需要强调的是,要正确理解"受益所有人"规则在判定非居民享受税收协定待遇中起的作用,即满足"受益所有人"要件并不一定能够享受税收协定待遇,但是如果不满足"受益所有人"要件则肯定不能享受协定待遇。因为判定非居民能否享受税收协定待遇,还有其他限制条件,比如说持股比例和持股时间等条件限制。本章的内容分为两个部分:一是介绍"受益所有人"的判定规则,特别是围绕《国家税务总局关于税收协定中"受益所有人"有关问题的公告》(国家税务总局公告 2018 年第 9 号)来介绍相关判定规则;二是讲解关于"受益所有人"的重要案例,说明如何正确运用国家税务总局公告 2018 年第 9 号文件来分析问题。

19.1 "受益所有人"判定规则

在本节内容开始前先对非居民享受税收协定待遇与各项所得之间的关系建立一个总体的对应关系。可以享受税收协定待遇的所得类型有很多种,其中包括源泉扣缴类型和劳务类型两个大类。本章重点介绍的"受益所有人"条款仅与源泉扣缴中的股息、利息、特许权使用费三类所得有关。源泉扣缴中的其他项目和劳务所得适用税收协定其他规则。因此,本章的内容主要与股息、利息、特许权使用费三类所得有关,其中最重要的是股息红利所得类型,本章的主要案例都是围绕股息红利享受税收协定待遇怎样运用"受益所有人"规则的。

图 19-1 所示的税收协定中的分类关系从大方向上看包括源泉扣缴类所得享受税收协定待遇的项目和劳务服务类所得享受税收协定待遇两类。但是这两类所得类型的细类却适用具体不同的税收协定依据,其中源泉扣缴类中的股息、利息、特许权使用费所得适用税收协定中"受益所有人"条款,这是本章需要讨论的所得类型。除了以上三类所得,其他租金、股权转让、不动产转让和劳务服务类所得适用税收协定其他条款约定的享受税收协定待遇判定规则,例如股权转让通常适用持股比例、持股时间限制条款,劳务服务所得适用税收协定受雇条款等,这些适用税收协定的其他条款本书在后续章节中会分别介绍。

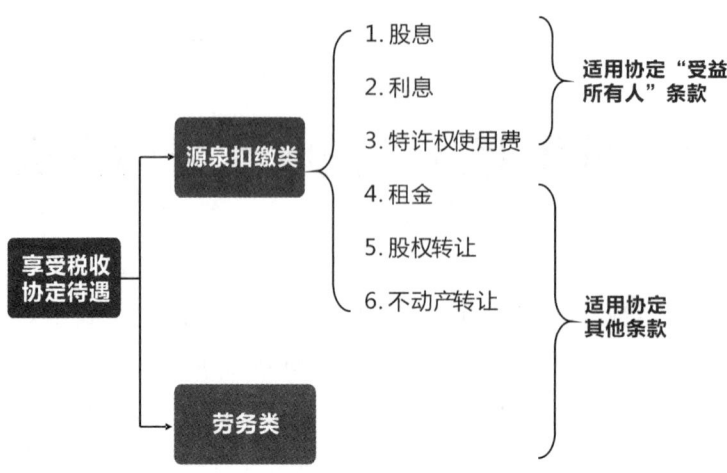

图 19-1　享受税收协定分类

19.1.1　判定"受益所有人"的作用

根据国家税务总局公告 2018 年第 9 号文件的规定,"受益所有人"是指对所得或所得据以产生的权利或财产具有所有权和支配权的人。什么叫所有权和支配权呢?就是说能够最终对这些收益进行控制和根据其需要进行自由支配的权利。"受益所有人"要点如图 19-2 所示。

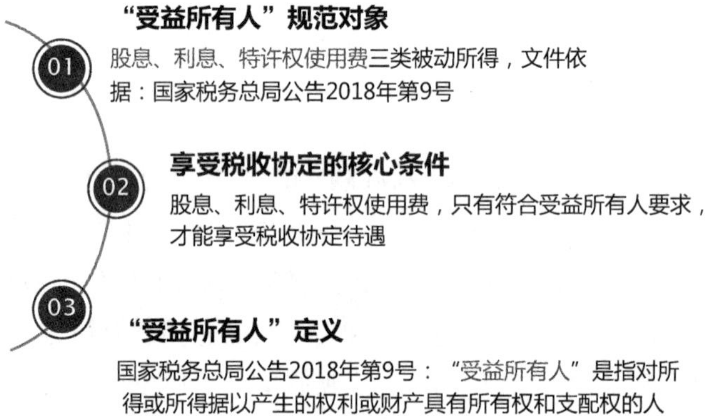

01　"受益所有人"规范对象
股息、利息、特许权使用费三类被动所得,文件依据:国家税务总局公告2018年第9号

02　享受税收协定的核心条件
股息、利息、特许权使用费,只有符合受益所有人要求,才能享受税收协定待遇

03　"受益所有人"定义
国家税务总局公告2018年第9号:"受益所有人"是指对所得或所得据以产生的权利或财产具有所有权和支配权的人

图 19-2　"受益所有人"要点

关于"受益所有人"条款的适用范围,国家税务总局公告 2018 年第 9 号文件第一句话明确规定,"为执行中华人民共和国政府对外签署的避免双重征税协定(简称'税收协定'),现就税收协定股息、利息、特许权使用费条款中'受益所有人'身份判定有关问题公告如下"。可见税收协定"受益所有人"条款是有严格的适用范围的,仅限于以上三类所得。

"受益所有人"在申请人享受税收协定待遇方面具有核心作用。根据国家税务总局公告 2018 年第 9 号文件第九条规定,在主管税务机关后续管理中,申请人因不具有"受益所有人"

身份而自行补缴税款的,主管税务机关应将相关案件层报省税务机关备案;主管税务机关认为应该否定申请人"受益所有人"身份的,应报经省税务机关同意后执行。可见不符合"受益所有人"条件的申请人会被直接否定享受税收待遇的资格。另外,我国税务机关在后续管理中否定申请人的"受益所有人"身份具有非常严格的程序,需要报请省级税务机关同意。

19.1.2 OECD 国际规则判定"受益所有人"原则

学习国家税务总局公告 2018 年第 9 号文件中的"受益所有人"规则,有必要明确该文件与国际税收理论中 OECD 税收协定范本的关系,掌握"受益所有人"规则的理论来源和我国国内法规则与国际规则的差异。首先来了解 OECD 税收协定范本中对"受益所有人"的判定。OECD 税收协定范本主要制定了两种类型的规则:一种是主要目的测试条款规则(Principal Purpose Test,PPT 规则),另一种是利益限制条款规则(Limitation on Benefits,LOB 规则)。PPT 规则是通过判断申请人的主要目的是不是获取税收利益而采用某种股权结构,是否具备正当合理的商业目的。该规则主观性比较强,因此称为主要目的测试规则。LOB 规则是通过制定各种复杂的利益限制条款来判定申请人是否具备享受税收协定待遇的资格,其中以美国的利益限制条款为代表。该规则的内涵非常复杂,OECD 制定 LOB 条款时参考了美国的相关条款。LOB 规则的优势是客观性比较强、透明度较高。我国在国家税务总局公告 2018 年第 9 号文件发布之前主要采用的是主要目的测试条款,国家税务总局公告 2018 年第 9 号文件正式引入了有限的利益限制条款来辅以对"受益所有人"的资格进行判定,这就是国家税务总局公告 2018 年第 9 号文件的设计思路。

图 19-3 展示了 OECD 税收协定范本中提出的判定"受益所有人"的三项基本原则,包括:方案一采用 PPT 规则加 LOB 规则的混合判定原则;方案二仅采用 PPT 规则的判定原则;方案三仅采用 LOB 规则的判定原则。以上三种判定规则没有绝对的好坏之分,各国可以根据自身国情采用符合本国税收管理条件和纳税人情况的规则加以运用。本章主要介绍我国当前判定"受益所有人"的具体原则,其中将涉及 PPT 规则和 LOB 规则的部分具体内容。

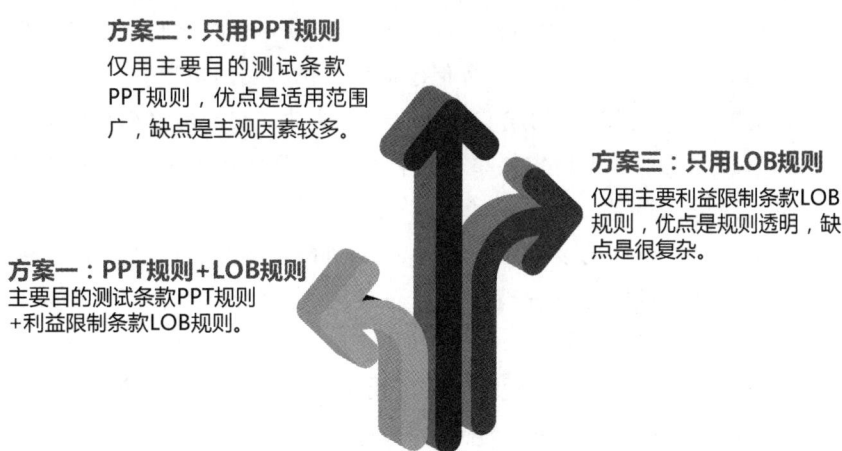

图 19-3 税收协定范本判定"受益所有人"原则

19.1.3 解读我国判定"受益所有人"新规

19.1.3.1 "受益所有人"新规体系

要理解国家税务总局公告2018年第9号文件的内容,首先需要了解文件的体系结构,有四个方面,如图19-4所示。

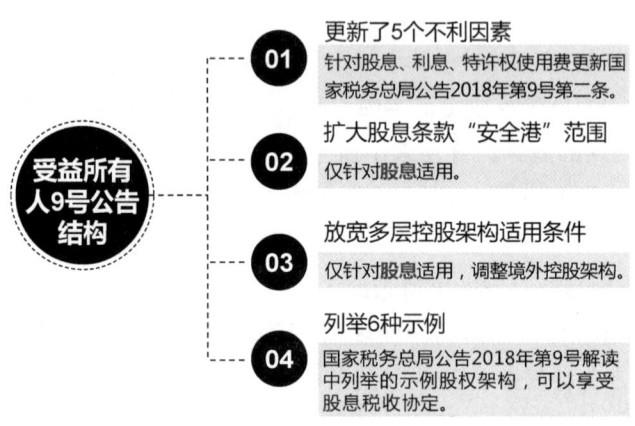

图19-4 "受益所有人"公告结构

19.1.3.2 "受益所有人"判定五个不利因素

国家税务总局公告2018年第9号文件明确规定了不利于"受益所有人"判定的5个因素。5个因素中,第一、第二个因素是针对股息的判定要点,第三个因素是针对一般条件下通用的判定要点,第四个因素是针对利息的判定要点,第五个因素是针对特权使用费的判定要点。以下来看这五个因素的具体内容。国家税务总局公告2018年第9号文件第二条规定,判定需要享受税收协定待遇的缔约对方居民(以下简称申请人)"受益所有人"身份时,应根据本条所列因素,结合具体案例的实际情况进行综合分析。一般来说,下列因素不利于对申请人"受益所有人"身份的判定:

(1) 申请人有义务在收到所得的12个月内将所得的50%以上支付给第三国(地区)居民,"有义务"包括约定义务和虽未约定义务但已形成支付事实的情形。

(2) 申请人从事的经营活动不构成实质性的经营活动。实质性经营活动包括具有实质性的制造、经销、管理等活动。申请人从事的经营活动是否具有实质性,应根据其实际履行的功能和承担的风险进行判定。

申请人从事的具有实质性的投资控股管理活动,可以构成实质性经营活动;申请人从事不构成实质性经营活动的投资控股管理活动且同时从事其他经营活动的,如果其他经营活动不够显著,不构成实质性经营活动。

(3) 缔约对方国家(地区)对有关所得不征税或免税,或征税但实际税率极低。

(4) 在利息据以产生和支付的贷款合同之外,存在债权人与第三人之间在数额、利率和签订时间等方面相近的其他贷款或存款合同。

(5) 在特许权使用费据以产生和支付的版权、专利、技术等使用权转让合同之外,存在申请人与第三人之间在有关版权、专利、技术等的使用权或所有权方面的转让合同。

19.1.3.3 "受益所有人"安全港规定

国家税务总局公告 2018 年第 9 号文件列举了 6 种示例对判定申请人是否符合"受益所有人"的各种情况进行了归纳。首先来看该公告中的安全港规则。所谓安全港，是指如果出现符合公告中示例 1、示例 2 和示例 3 的结构，则可以直接判定申请人符合"受益所有人"条件，如图 19-5 所示。

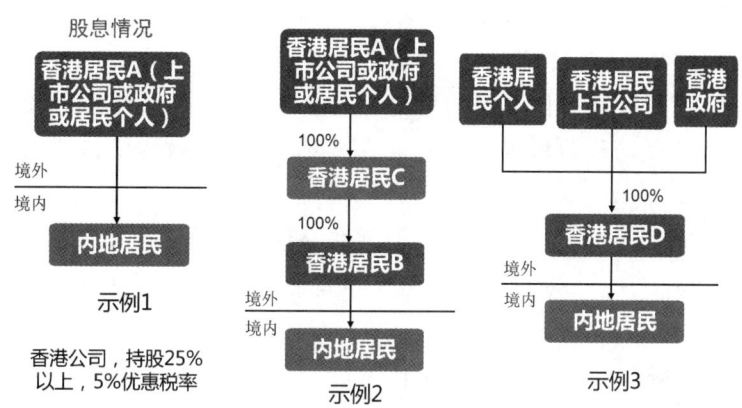

图 19-5 "受益所有人"安全港规定

19.1.3.4 "受益所有人"新规放宽享受条件

放宽享受条件是指国家税务总局公告 2018 年第 9 号文件相对于以前的"受益所有人"规则来说放宽了申请人享受税收协定待遇的条件，对符合公告示例 4、示例 5、示例 6 结构的申请人做出符合"受益所有人"规则的判定结论。这部分内容是国家税务总局公告 2018 年第 9 号文件的创新点，对这部分内容的理解难度也是比较大的。这是理解整个文件规定精神的最重要的核心内容。图 19-6 所示为国家税务总局公告 2018 年第 9 号文件列举的三种示例情况。

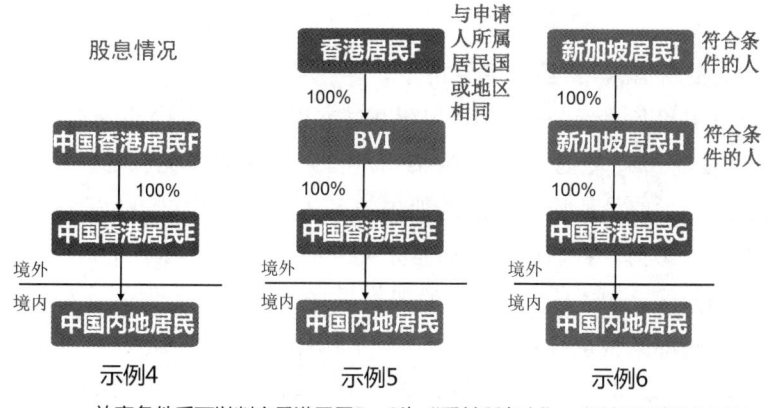

图 19-6 "受益所有人"放宽条件举例

以上内容的具体文件规定是国家税务总局公告2018年第9号文件第三条,申请人从中国取得的所得为股息时,申请人虽不符合"受益所有人"条件,但直接或间接持有申请人100%股份的人符合"受益所有人"条件,并且属于以下两种情形之一的,应认为申请人具有"受益所有人"身份:①上述符合"受益所有人"条件的人为申请人所属居民国(地区)居民;②上述符合"受益所有人"条件的人虽不为申请人所属居民国(地区)居民,但该人和间接持有股份情形下的中间层均为符合条件的人。

"符合'受益所有人'条件"是指根据国家税务总局公告2018年第9号文件第二条的规定,综合分析后可以判定具有"受益所有人"身份。

"符合条件的人"是指从中国取得的所得为股息时,根据中国与其所属居民国(地区)签署的税收协定可享受的税收协定待遇和申请人可享受的税收协定待遇相同或更为优惠的人。

在以上文件规定中,①规定对应示例5,这一条是说空壳公司申请人的股东必须与空壳公司在同一个国家(地区)。②对应示例6,这一条是说空壳公司和间接控股公司不是一个国家地区的情况。

19.1.3.5 "受益所有人"新规的执行条件

根据以上对示例5享受税收协定待遇的分析,可以总结出符合"受益所有人"规定需要具备4个条件:第一个条件是间接持股的公司F间接持股的比例要达到100%,这就意味着需要中间层全都是100%持股,这个条件是非常严格的;第二个条件是间接持股公司F具有"受益所有人"的身份;第三个条件是间接持股公司F申请享受股息税收协定待遇时与申请人属于同一国或地区的税收居民,在示例5中两者都是香港税收居民;第四个条件是满足持股比例和持股时间要求,比如持股25%以上和持股时间在12个月以上等条件。这就是符合示例5列举的满足"受益所有人"需要达到的四个必备条件(图19-7)。

同理,图19-8所示是满足国家税务总局公告2018年第9号文件示例6所列举的"受益所有人"条件时需要具备的5个条件,其中对第四个条件的理解与示例5不同,是具有较大理解难度的事项。其本质是排除了申请人G公司以上的股权架构中出现空壳避税的公司。

19.1.3.6 "受益所有人"新规否定架构

接下来综合国家税务总局公告2018年第9号文件中几个示例的要求,为大家展示的在实际工作中运用"受益所有人"规则对复杂架构进行判定时的常见问题。图19-9中左边和右边分别是两种不同的跨境架构。左边的架构较多适用于中国"走出去"的企业去境外上市搭建的一系列的境外架构。右边的架构通常是境外的公司到中国来设立外商投资企业经常采用的复杂持股的架构。图19-9中左边的架构根据以上对该公告的分析,很难满足"受益所有人"的条件,右边的架构也很难满足该公告中要求的"受益所有人"条件。

对于图19-9左边架构来说,由于BVI公司和中国香港公司不属于同一个国家或地区的企业,同时从BVI公司往下至中国香港公司的中间层结构都不属于"符合条件的人",因此无法适用国家税务总局公告2018年第9号文件示例5或示例6的"受益所有人"架构,不能享

19 "受益所有人"税收实务与案例

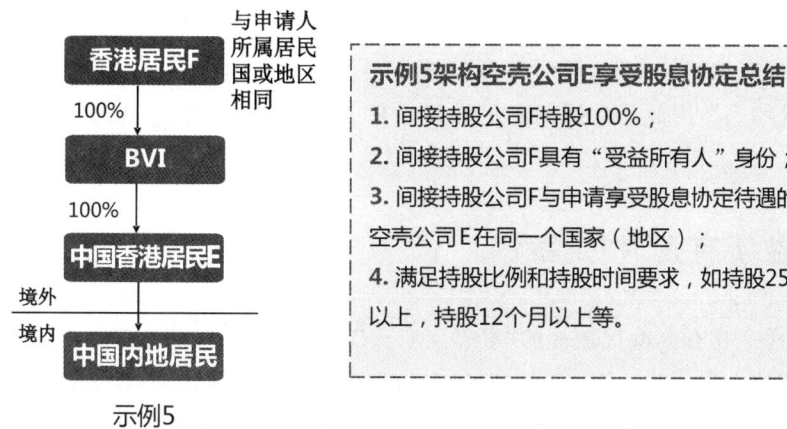

图 19-7 "受益所有人"示例 5 架构分析

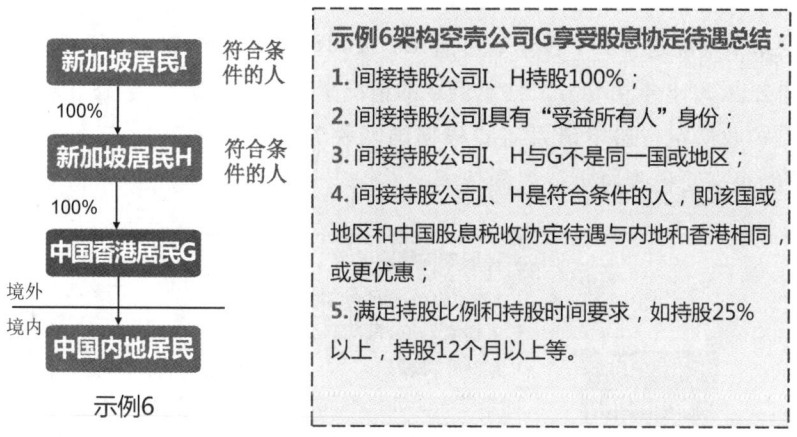

图 19-8 "受益所有人"示例 6 架构分析

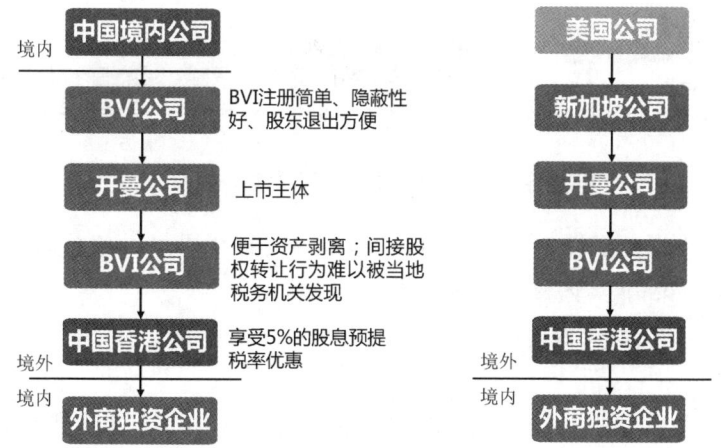

图 19-9 常见不满足"受益所有人"架构分析

191

受税收协定待遇。对于图 19-9 中右边的架构来说,同样由于新加坡公司和中国香港公司不属于同一个国家或地区的企业,同时从新加坡公司往下至中国香港公司的中间层结构都不属于"符合条件的人",因此无法适用示例 5 或示例 6 的"受益所有人"架构也不能享受税收协定待遇。

19.2 "受益所有人"判定案例

本节介绍两个具有典型代表性的"受益所有人"判定案例。这两个案例是对国家税务总局公告 2018 年第 9 号文件中各项示例所体现的判定规则的具体运用,深入研究这两个典型案例,是更加深入理解该公告内容并且与实际工作相结合的必要途径。

19.2.1 导管公司的避税架构

本案例的基本情况是有一个香港上市的 WL 公司控股香港的 BY 公司,BY 公司提出比照国家税务总局公告 2018 年第 9 号文件示例 4 的情况享受税收协定待遇(图 19-10)。[①] 本案例需要关注的是税收协定待遇申请人需要根据国家税务总局公告 2018 年第 9 号文件准备哪些资料,以及能否享受税收协定待遇的依据。

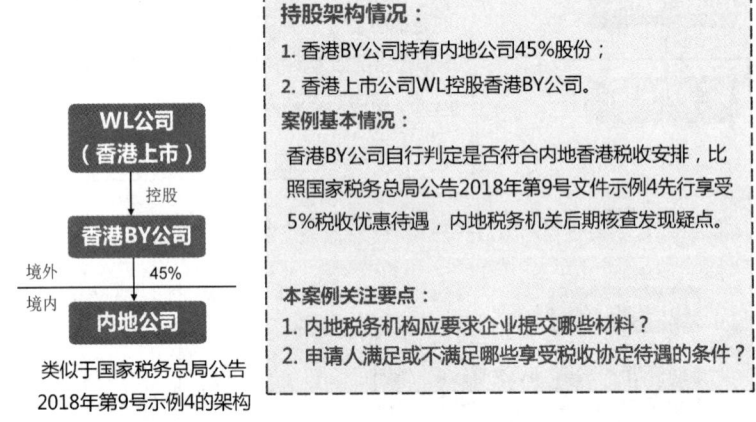

图 19-10　申请享受税收协定案例分析(1)

本案例中申请人准备了以下 8 项材料,来举证说明符合国家税务总局公告 2018 年第 9 号文件要求的股权架构,具体材料内容如图 19-11 所示。

在本案例中,申请人提交的若干资料归纳起来可以分为 6 项有利条件和两项不利条件,如图 19-12 所示。

对比国家税务总局公告 2018 年第 9 号文件的安全港原则,其要求上市公司要持有香港

---

① 案例参考:国家税务总局国际税务司.探求真实股权结构否定"受益所有人"[M]//税收协定执行案例集.北京:中国税务出版社,2019.

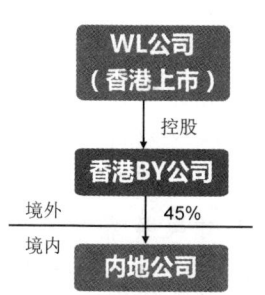

图 19-11　申请享受税收协定案例分析(2)

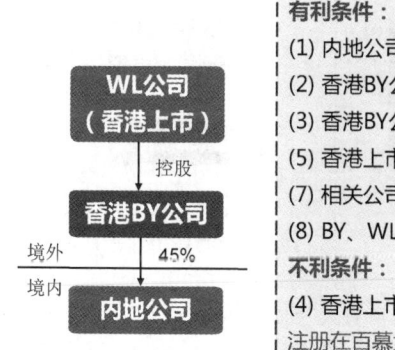

图 19-12　申请享受税收协定案例分析(3)

申请人的股份比例必须达到100%,而本案例中的持股比例是95%,因此申请条件出现了硬伤。综合以上两点不利条件,该申请人不符合"受益所有人"的要求,因此不能够享受税收协定待遇,对于已经事前享受过的5%优惠税率,应补缴税款和滞纳金。

19.2.2　特殊架构下"受益所有人"判定

第二个案例是比照国家税务总局公告2018年第9号文件示例5和示例6重新构建的另外两种架构,这两种架构更加复杂,核心要点是分析是否满足"受益所有人"的判定要求。本案例中的股权架构与示例5、示例6比较类似,但也有重要差异,与示例5的差异是最上层的是新加坡公司而不是中国香港公司,与示例6的差异是中间层是BVI公司而不是新加坡公司,因此最终结论是这个案例中的申请人香港E公司不符合"受益所有人"的判定条件。

接下来看这个案例的一个重要变形,是否符合国家税务总局公告 2018 年第 9 号文件对"受益所有人"的要求,如图 19-14 所示。这个变形的结构与图 19-13 中的股权结构差异在于中间层的 BVI 公司被替换成了中国香港公司,替换后该股权结构仍然与示例 5、示例 6 存在差异。在该案例中,最上层的新加坡 I 公司具有"受益所有人"身份,具备享受税收协定待遇的前提条件。对于股息税收协定待遇的申请人中国香港 G 公司来说,是否能够享受税收协定待遇,需要根据国家税务总局公告 2018 年第 9 号文件示例 6 来进行分析判定。根据国家税务总局公告 2018 年第 9 号文件示例 6 的结构,最上层新加坡公司以下至中国香港公司的股权结构应该符合同属于新加坡公司的限定条件,只有这样才属于"符合条件的人"。然而图 19-14 案例中最右侧的股权结构中新加坡至中国香港 G 公司的中间层公司不是新加坡

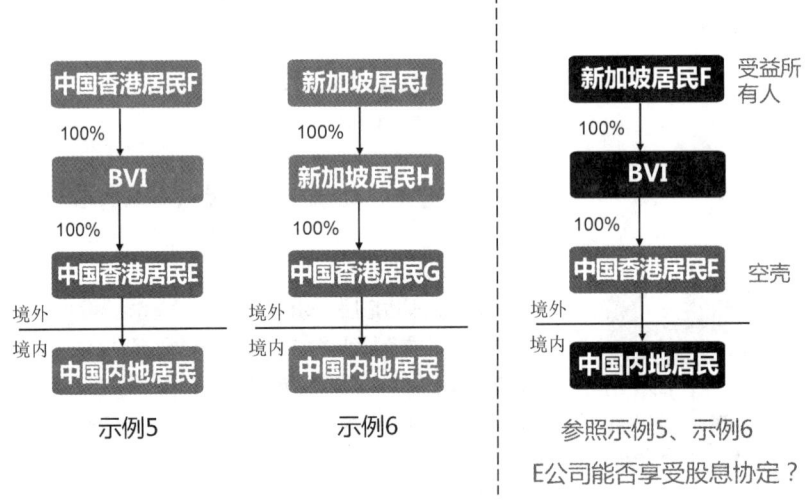

图 19-13　特殊架构下"受益所有人"判定案例(1)

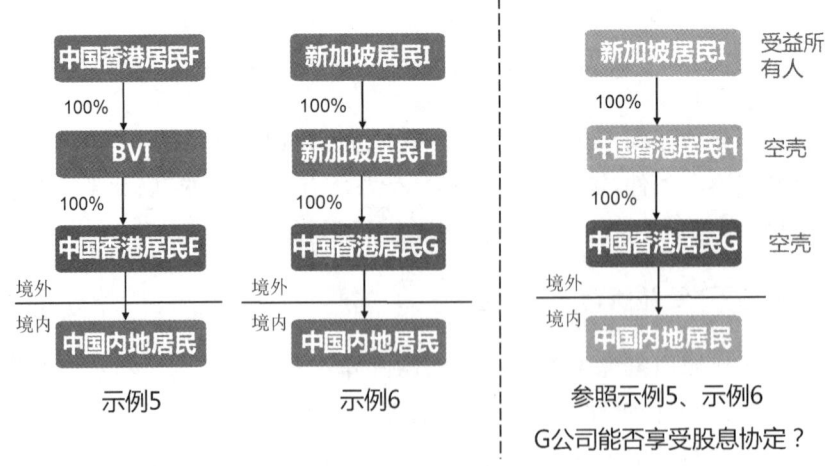

图 19-14　特殊架构下"受益所有人"判定案例(2)

公司而是中国香港公司,与最上层新加坡公司 I 不属于同一国家,因此在细节上不符合示例 6 的结构要求,最终不能认定申请人符合"受益所有人"身份,不能享受税收协定待遇。

本章主要根据我国的税收协定"受益所有人"公告介绍了享受税收协定待遇的文件要求,以及对文件列举的几种示例情况进行了对比说明,从实际案例出发不仅从正面分析了符合国家税务总局公告 2018 年第 9 号文件规定的情况,也从反面介绍了一些不符合"受益所有人"判定规则的案例。希望读者能够对国家税务总局公告 2018 年第 9 号文件中"受益所有人"相关规定反复加深理解,在实务工作中准确运用文件精神完成复杂背景下的纳税判定。

20 股息税收协定税收实务与案例

本章对非居民取得股息红利这种类型的所得应怎样判定享受税收协定待遇进行专题介绍。在非居民取得的各项所得中,股息红利所得是非常重要的所得类型,不仅表现在税收金额上,更重要的体现是在一系列判定股息红利享受税收协定待遇的税收理论体系上,包括非居民企业和非居民个人取得股息红利的不同处理方法等。因此,有必要通过专门的章节为读者讲解非居民取得我国境内的股息红利所得在我国应该怎么样缴税,可以享受哪些税收优惠待遇等问题。本章的内容分为两个部分:第一个部分介绍非居民享受股息税收协定的要点,本章将从我国国内法和OECD国际税收规则两个角度出发,为大家对比介绍非居民纳税人的缴税规定、优惠措施和限制条件等内容,这是本章的重点内容;第二个部分是根据以上内容通过两个案例分析非居民享受税收协定优惠的具体实务操作问题。

20.1 享受股息税收协定待遇要点

非居民取得来源于中国境内的股息所得享受税收协定优惠,这里的税收优惠是指与正常按照国内法缴纳所得税的税率相比较的结果。因此,想要了解股息项目的税收优惠及其规则,需要先对国内法在没有税收优惠下的缴税规定有正确认识。然而,非居民取得来源于我国的股息红利所得应该根据国内法按什么税率缴纳所得税,是一个在实务工作中比较复杂的问题。非居民企业取得来源于中国境内的股息红利所得按10%税率缴纳企业所得税是比较简单的,但是对于非居民个人应该按照什么税率缴纳个人所得税则面临较复杂的情况,特别是存在国内法和税收协定优惠的时候,这类问题将变得更加复杂。本节在讲解税收协定的判定规则及其税收优惠的同时,对比讲解我国国内税收法规对非居民取得来源于我国境内的股息的缴税规定,通过对比明确税收协定对于股息项目的税收优惠体现在什么方面,才能加深对股息红利享受税收协定优惠的理解。

20.1.1 我国享受股息税收协定待遇的条件

我国国内税收法规中,规范非居民享受股息税收协定优惠的重要文件是《国家税务总局关于执行税收协定股息条款有关问题的通知》(国税函〔2009〕81号)。该文件是我国执行税收协定股息条款,落实我国对外签订税收协定承诺的主要国内法依据。该文件中最重要的条款有以下三条,本书进行具体介绍。

国税函〔2009〕81号文件第二条提出了非居民享受股息协定待遇条件的四项原则性条

件,具体来说,包括:①税率就低原则,"如果税收协定规定的税率高于中国国内税收法律规定的税率,则纳税人仍可按中国国内税收法律规定纳税";②税收居民身份原则,"应是税收协定缔约对方税收居民";③受益所有人原则,"应是相关股息的受益所有人";④所得类型原则,"应是按照中国国内税收法律规定确定的股息、红利等权益性投资收益"。

国税函〔2009〕81 号文件第三条提出了非居民为公司的享受税收协定应同时符合三项特殊性条件,具体包括,"(一)对方税收居民根据税收协定规定应限于公司;(二)对方税收居民直接拥有的比例均符合规定比例(一般是 25% 或 10%);(三)对方税收居民直接拥有该中国居民公司的资本比例,在取得股息前连续 12 个月以内任何时候均符合税收协定规定的比例"。

国税函〔2009〕81 号文件第四条规定,"以获取优惠的税收地位为主要目的的交易或安排不应构成适用税收协定股息条款优惠规定的理由,纳税人因该交易或安排而不当享受税收协定待遇的,主管税务机关有权进行调整"。

以下来看在税收实务工作中国税函〔2009〕81 号文件若干原则的运用情况。图 20-1 所示总结了不同身份的非居民取得股息红利应该在我国缴纳税款的税率,从总结的缴税情况来看,非居民个人取得股息红利的国内法优惠幅度大于税收协定优惠幅度,符合条件的外籍个人非居民不用在我国境内缴纳股息红利个人所得税。

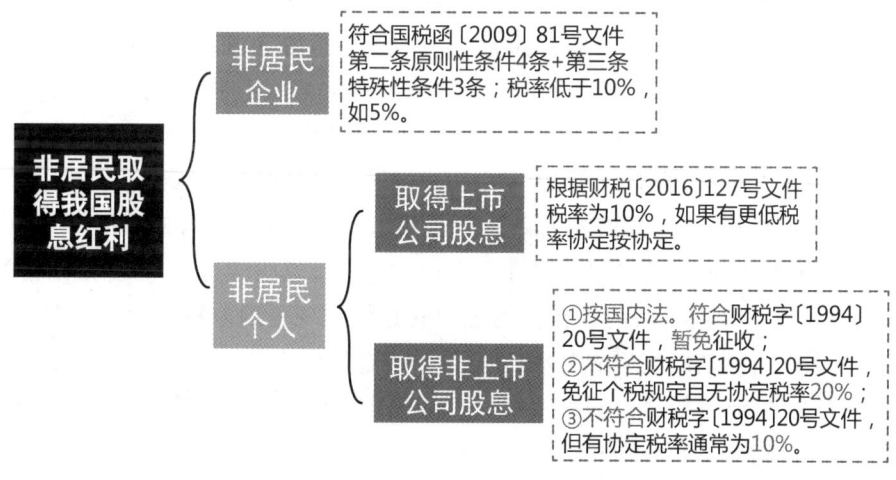

图 20-1　非居民取得股息红利优惠分类

20.1.2　主要目的测试要点(PPT 规则)

主要目的测试规则简称 PPT 规则,是判定是否能够享受税收协定待遇的一种判定方法。根据 OECD 税收协定范本(2017 版)对主要目的测试条款的介绍,"如果可以合理地认为获取某项协定利益是直接或间接地产生该项交易的主要目的之一,则可以拒绝给予协定利益"。要掌握主要目的测试规则需要对以下两个重要概念准确理解:一是"主要目的之一(one of the principal purposes)"概念,在 OECD 税收协定范本中对主要目的的范围的表述是

"主要目的之一",不是"主要目的"也不是"唯一目的"。这说明只要申请人获取税收协定利益是其考虑的主要目的之一即可满足主要目的测试的要求,而不需要这种目的是唯一的或最主要的。二是"合理地认为(reasonable to conclude)"概念,在这里的"合理地认为"不等同于税务机关要列举证据"证明"获取税收协定利益是"主要目的之一",只需要合理判断,在这种情况下可以看到 PPT 规则是一种主观性较强的判定方法,很大程度上取决于税务机关的主观认识和专业经验。

与 OECD 税收协定范本中的主要目的测试条款对应的我国国内法的落地法规是国税函〔2009〕81 号文件第四条的规定。根据该条款,我国税务机关可以运用主要目的测试条款中的"合理地认为"概念,结合文件的其他规定去判定申请人享受税收协定的资格。

20.1.3 利益限制条款测试要点(LOB 规则)

利益限制条款测试规则简称 LOB 规则,是通过一系列明确限定的条件判定申请人是否能够享受税收协定优惠的一种判定方法。OECD 税收协定范本对利益限制条款的介绍主要有以下三个方面。

(1) 合格的人测试。合格的人包括居民个人、政府、上市公司。对于合格的人的测试,在我国落实税收协定的国内法文件《国家税务总局关于税收协定中"受益所有人"有关问题的公告》(国家税务总局公告 2018 年第 9 号)第四条中有明确规定,"下列申请人从中国取得的所得为股息时,可不根据本公告第二条规定的因素进行综合分析,直接判定申请人具有'受益所有人'身份:(一)缔约对方政府;(二)缔约对方居民且在缔约对方上市的公司;(三)缔约对方居民个人;(四)申请人被第(一)至(三)项中的一人或多人直接或间接持有 100%股份,且间接持有股份情形下的中间层为中国居民或缔约对方居民"。

在 OECD 税收协定范本合格的人测试条款中,还包括所有权测试和税基侵蚀测试规定。例如,在所有权测试中,合格的人的子公司(100%直接或间接持股)也应是合格的人,反之为不通过该测试。这项测试内容在国内法中的具体体现是国家税务总局公告 2018 年第 9 号文件第三条。在税基侵蚀测试中要求,支付给不合格的人的可扣除经常性支付,占总所得 50%以下为通过测试,反之为不通过测试。这项测试内容具体在国内法中的体现是国家税务总局公告 2018 年第 9 号文件第二条。

(2) 积极营业活动测试。积极营业活动,是指进行了实质性的管理和经营活动,为自身的投资管理开展业务不是积极营业活动,银行、保险、证券除外。这一规则在国家税务总局公告 2018 年第 9 号文件第二条第(二)项中表述为,"申请人从事的具有实质性的投资控股管理活动,可以构成实质性经营活动;申请人从事不构成实质性经营活动的投资控股管理活动,同时从事其他经营活动的,如果其他经营活动不够显著,不构成实质性经营活动"。

(3) 衍生优惠测试。根据该规则,如果本企业不是合格的人,但一定比例以上股份被同等受益人拥有,则本企业可以享受本协定的优惠。国家税务总局公告 2018 年第 9 号文件第三条即是根据这一规则制定的。但是目前我国采用的是 100%的持股标准,高于 OECD 税收协定范本中的持股比例。

20.2 典型股息税收协定案例

本节介绍两个典型的股息税收协定案例的处理情况,特别是对于案例的分析思路和运用税收文件做出判定的过程,希望能够对读者有所启发。

20.2.1 上市公司为什么不能享受协定优惠

本案例是一个多层架构下中国香港上市公司申请享受内地和香港税收安排的协定优惠的案例。案例中各公司的股权结构如图 20-2 所示。中国香港上市公司 A 公司的注册地是开曼,开曼 A 公司 100% 持有 BVI 公司 B 公司的股权,B 公司又 100% 持有中国香港 C 公司的股权。C 公司从中国内地 D 公司取得股息分配所得,自行判断符合税收协定 5% 优惠税率享受条件。C 公司的基本情况有 6 项,那么香港 C 公司是否能够享受税收协定优惠呢?

从企业的角度来看,C 公司申请享受税收协定优惠大致有两条路径可以选择,分别如图 20-3 所示。

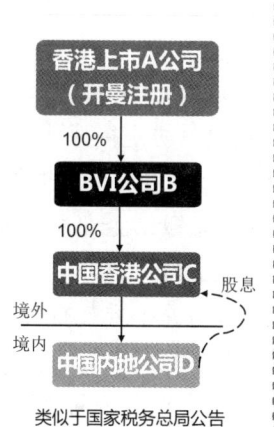

类似于国家税务总局公告 2018年第9号文件示例5架构

1. **案例背景情况**:
(1) 内地公司D公司于2018年分配股息6 000万元,自行判断符合税收安排条件,扣缴5%非居民企业所得税;
(2) 香港C公司有2名董事会成员,年管理费24万元;
(3) 香港C公司除了持股,没有其他营业和收入;
(4) 香港C公司的投资活动由A公司协助,并支付一定费用给A公司,按比例承担本公司董事工资;
(5) A公司是香港上市公司,员工1 000人,有实质经营;
(6) 香港C公司提交了2019年的税收居民身份证明。

问题:
该笔股息6 000万元能否享受税收安排5%优惠税率待遇?

2. **这个案例中企业有两条实现路径**:

方案一:最直接的是企业证明香港C公司符合"受益所有人"。从案例情况来看,企业是这么准备的,包括股息分配的一些资料都有;

方案二:使用"受益所有人",国家税务总局公告2018年第9号文件示例5的架构"香港居民100%——BVI100%——香港居民大于25%——内地公司"。

最终结果:
税务机关否定方案①;
企业无法满足方案②的附属条件。

图 20-2 境外上市公司申请协定优惠案例

本案例的最终结果是申请人 C 公司可供选择的两条申请享受税收协定待遇的路径都不可行，申请人既无法直接证明 C 公司符合"受益所有人"，又不能按照国家税务总局公告2018 年第 9 号文件的要求满足示例 5 的结构要求。那么为什么 C 公司无法满足这些要求，问题出在什么地方？从税务机关的角度来说，可能存在哪些问题导致申请人无法享受税收协定待遇？以下是对本案的分析。

对于方案一来说。根据国家税务总局公告 2018 年第 9 号文件第二条的规定，下列因素不利于对申请人"受益所有人"身份的判定：申请人有义务在收到所得的 12 个月内将所得的 50% 以上支付给第三国（地区）居民，其中"有义务"包括约定义务和虽未约定义务但已形成支付事实的情形。根据申请人 C 公司的情况，其做得较好的方面是：①给 C 公司安排了人员，并且编列预算、工资分配方案，人员也是香港永久居民；②较为合理地安排了其与 A 公司之间的业务关系，包括工作报酬支付等。但是我国税务机关认为申请 C 公司还有不利的方面，包括：①财务上，C 公司收到股息后 1 个月内，将之转给了中国香港上市公司 A 公司；②C 公司投资控股活动不显著，没有实质性，无法提供投资相关的前期调研、投资分析、投资实施等证据。故综合判定申请人 C 公司不符合"受益所有人"身份。

对于方案二来说。税务机关认定其不满足享受税收协定的前提条件，即具备符合条件的税收居民身份。根据国家税务总局公告 2018 年第 9 号文件第八条的规定，"税收居民身份证明均应证明取得所得的当年度或上一年度的税收居民身份"。本案例中申请人 C 公司取得2018 年分配的股息，应该提交 2017 年或 2018 年税收居民身份证明，但是申请人 C 公司提交的是 2019 年的税收居民身份证明，不符合文件规定，因此申请人 C 公司的税收居民身份与文件规定不符，不具备享受税收协定待遇的前提条件。

20.2.2　QFII 投资上市公司怎样享受税收协定待遇

本节第二个案例介绍合格的境外机构投资者（Qualified Foreign Institutional Investor，QFII）投资我国境内的上市公司，需要通过哪些流程享受股息税收协定待遇。① QFII 是在我国货币没有实现完全可自由兑换和资本项目尚未开放的情况下，有限度地引进外资、开放资本市场的一项过渡性的制度。当前 QFII 取得来源于境内的股息缴纳企业所得税和享受税收协定有专门的税收文件规定，分别是《中国居民企业向 QFII 支付股息、红利、利息代扣代缴企业所得税有关问题》（国税函〔2009〕47 号）和《国家税务总局关于委托投资情况下认定受益所有人问题的公告》（国家税务总局公告 2014 年第 24 号）两份文件。其中国税函〔2009〕47 号文件对 QFII 支付股息、红利、利息代扣代缴企业所得税有关问题明确如下：第一，QFII 取得来源于中国境内的股息、红利和利息收入，应当按照企业所得税法规定缴纳10% 的企业所得税。如果是股息、红利，则由派发股息、红利的企业代扣代缴；如果是利息，则由企业在支付或到期支付时代扣代缴。第二，QFII 取得股息、红利和利息收入，需要享受税收协定（安排）待遇的，可向主管税务机关提出申请，主管税务机关审核无误后按照税收协

---

① 参见：国家税务总局国际税务司.委托投资判定"受益所有人"[M]//税收协定执行案例集.北京：中国税务出版社，2019.

定的规定执行;涉及退税的,应及时予以办理。

国家税务总局公告 2014 年第 24 号文件规定,对 QFII 通过委托投资人投资取得收益提出享受税收协定待遇申请,应向税务机关提供投资链条各方(包括该非居民、投资管理人或投资经理、各级托管人、证券公司等)签署的与投资相关的合同或协议,以及能够说明投资业务的其他资料,资料内容应包括委托投资本金来源和组成情况以及各方收取费用或取得所得的约定;投资收益和其他所得逐级返回至该非居民的信息和凭据,以及对所得类型认定与划分的说明资料;税务机关为判定受益所有人所需要的其他资料。相关流程如图 20-3 所示。

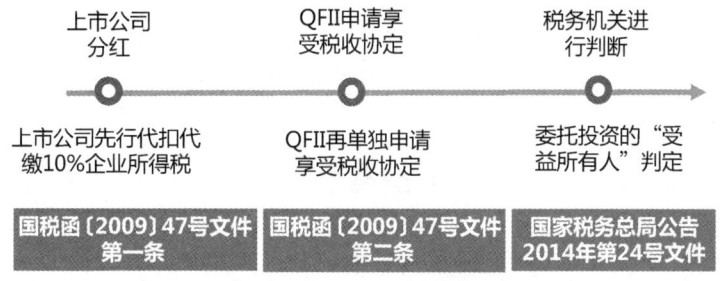

图 20-3 QFII 享受协定优惠流程

本案例是一个注册在阿联酋的 QFII 非居民企业 A 公司,通过中间的投资银行委托人投资于中国境内的上市公司。上市公司分派股息时不是直接分配给非居民企业 A 公司,而是分配给投行 2,再由投行 2 将股息返给投行 1,再由投行 1 支付给最终出资人非居民企业 A 公司。本案例中的 QFII 提出享受税收协定待遇,在税收居民身份和"受益所有人"身份上具有优势,因为该阿联酋的主权基金可以享受税收协定安全港待遇,在身份和资格上没有困难。但是,由于该 QFII 是通过委托方式间接投资境内上市公司,因此需要按照国税函〔2009〕47 号文件和国家税务总局公告 2014 年第 24 号文件的要求,准备提交委托投资证明材料,如图 20-4 所示。

本案例中比较特殊的地方是 QFII 委托专业投资机构投资于中国境内的上市公司,因此在享受税收协定优惠时,需要提供投资链条中的各方信息,如委托投资方的情况证明。国家税务总局公告 2014 年第 24 号文件将"委托投资"界定为非居民将自有资金直接委托给境外专业机构用于对居民企业的股权、债权投资。其中的"境外专业机构"是指经其所在地国家或地区政府许可从事证券经纪、资产管理、资金以及证券托管等业务的金融机构。在委托投资期间,境外专业机构将受托资金独立于其自有资金进行专项管理。境外专业机构根据相应的委托或代理协议收取服务费或佣金,受托资金的投资收益和风险应由该非居民取得和承担。除此之外,申请人还要能够证明资金流向的性质,因为在层次返还投资收益时,委托投资机构通常会收取一部分资金作为投资管理报酬,此时需要提供各委托账户之间银行支付的信息,证明资金流向非居民企业的资金流向和扣款证明真实可信,能够证实层层支付的是成本费用性质的款项,而不是支付中间层投资性质所得款,如图 20-5 所示。

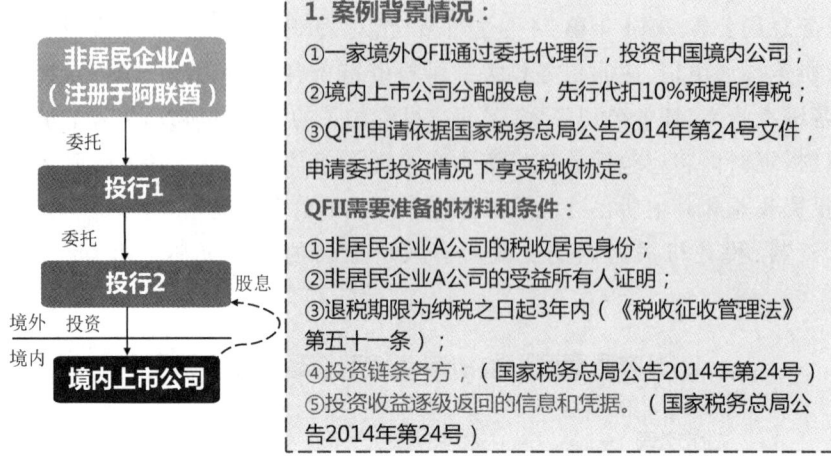

图 20-4　QFII 享受协定优惠案例

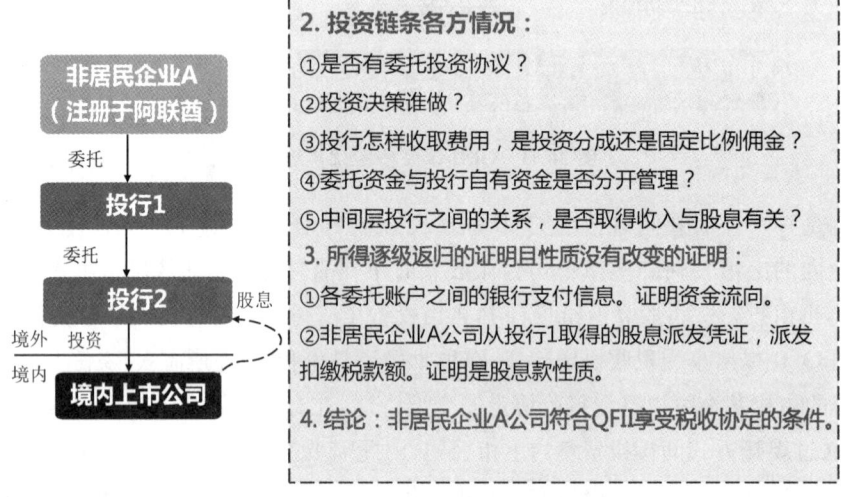

图 20-5　QFII 享受协定优惠案例续

本章讲解了非居民企业享受股息税收协定待遇的税收协定规则和国内法落实税收协定的立法情况，并且以境外上市公司和 QFII 两类非居民企业申请享受税收协定待遇的典型案例来阐明相关税收协定原则的运用情况。读者在理解我国国内税收协定立法规则的时候，需要着重关注国际规则与国内规则之间的异同，并在实际工作中加以理解。

21

合伙企业(基金)税收协定

上一章介绍了境外投资人通过 QFII 委托投资方式投资我国境内上市公司的相关税收问题,在实际工作中还有一类更常见的投资结构,即境外投资人通过合伙企业(基金)投资我国境内的企业,因此有必要对合伙企业形式的投资取得投资收益在税收上的缴税规定和能够享受哪些税收协定的优惠进行专门介绍。为了掌握合伙企业(基金)投资的基本情况,我们首先通过以下引入案例来了解本章要解决的问题,即境内有限合伙企业投资基金向境外投资人分配股息是否缴纳预提税,如图 21-1 所示。

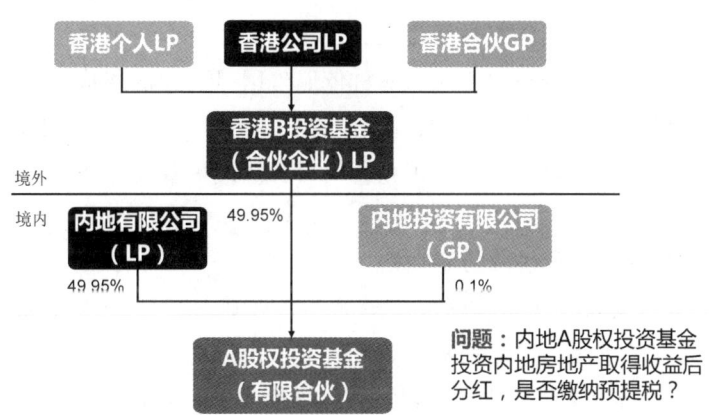

图 21-1 合伙基金分配股息示例

以上引入案例里,一个在香港注册成立的合伙企业 B 投资基金与内地的两个合作方共同投资成立了内地有限合伙 A 股权投资基金。如果 A 股权投资基金投资房地产取得收益后对外分配股息,那么 B 投资基金应该怎样在中国内地缴税?该案例是一个非常典型的投资架构。为了回答这个问题,我们需要掌握合伙企业享受税收协定待遇的基本规则和实务中的一些纳税判定方法,这是本章主要向读者介绍的内容。

21.1 合伙企业享受协定待遇基本规则

要解决合伙企业(基金)在我国跨境投资税务工作中的缴税问题,需要对合伙企业在我国税收立法中的法律身份定位进行准确把握,再探讨合伙企业在我国税收协定相关规定方面的执行情况。通过对这两方面税收文件的准确理解,我们才能在实务工作中灵活运用合伙企业纳税判定规则,做出符合税法规定的税务处理。

21.1.1 我国合伙企业享受协定待遇法规

21.1.1.1 合伙企业身份内外有别

在介绍税收协定内容之前需要先明确一个重要法律概念,我国法律对于合伙企业的定义是内外有别的。根据《中华人民共和国合伙企业法》(以下简称《合伙企业法》)第二条的规定,"本法所称合伙企业,是指自然人、法人和其他组织依照本法在中国境内设立的普通合伙企业和有限合伙企业"。根据这一条可以认为我国《合伙企业法》只对在中国境内设立的合伙企业适用,反之境外成立的合伙企业不适用于我国《合伙企业法》的规定。那么在具体缴税方面应该怎样操作呢?根据《合伙企业法》第六条的规定,"合伙企业的生产经营所得和其他所得,按照国家有关税收规定,由合伙人分别缴纳所得税",这就是我们常见的合伙企业"先分后税"的法律规定出处。

对于境外成立的合伙企业适用我国企业所得税法的规定。根据《企业所得税法》第二条的规定,"本法所称非居民企业,是指依照外国(地区)法律成立且实际管理机构不在中国境内,但在中国境内设立机构、场所的,或者在中国境内未设立机构、场所,但有来源于中国境内所得的企业"。那么什么是依照外国(地区)法律成立的企业?根据《企业所得税法实施条例》第三条的规定,"企业所得税法第二条所称依照外国(地区)法律成立的企业,包括依照外国(地区)法律成立的企业和其他取得收入的组织"。因此,我们可以得出一个很重要的结论,在境外注册成立的合伙企业适用我国企业所得税法的税收管理规定,而不适用我国合伙企业的税收管理规定。

21.1.1.2 合伙企业适用税收协定规则

境外合伙企业享受税收协定待遇应该遵循什么规则,是我国国际税收实务工作领域的新课题,目前的现实情况是我国之前对外签订的大多数税收协定中都没有与合伙企业享受税收协定待遇相关的安排。本节从我国国内法和国际税收协定规则两个角度来理解这个问题。我国目前与合伙企业享受税收协定待遇相关的国内税收法规文件是《国家税务总局关于税收协定执行若干问题的公告》(国家税务总局公告 2018 年第 11 号),这是我国税收实务工作中判断合伙企业能否享受税收协定待遇的基本依据。但是该文件不是凭空产生的,它属于我国对外签订的税收协定相关条款中的国内法的衔接落地条款。该文件在一些合伙企业享受税收协定待遇的理论方面,参考了 OECD 合伙企业报告的税收透明体理论。需要注意的是,国家税务总局公告 2018 年第 11 号文件对合伙企业享受税收协定的解释规定,仅适用于与我国税收协定中有税收透明体(合伙企业)条款的国家或地区,目前税收协定中没有该条款的对方国家(地区)不适用国家税务总局公告 2018 年第 11 号文件相关规定。目前我国对外签订的具有合伙企业条款的税收协定国家还比较少,其中以中国和法国双边税收协定最具代表性。

根据国家税务总局公告 2018 年第 11 号文件第五条第(一)项税收透明体(合伙企业)条款规定,"依照中国法律在中国境内成立的合伙企业,其合伙人为税收协定缔约对方居民的,该合伙人在中国负有纳税义务的所得被缔约对方视为其居民的所得的部分,可以在中国享受协定待遇"。这是目前合伙企业合伙人在我国享受税收协定待遇的原则性规定,该规定目前能够适用的范围非常有限,但是该原则相关的税收协定规则比较复杂,后续本章对几种有代表性的情况分别说明。

21.1.2 合伙企业在境内、合伙人在境外

接下来根据国家税务总局公告2018年第11号文件第五条第(一)项来了解境外合伙企业的具体判定情况。

为了方便说明,本节把合伙企业及其合伙人的情况分为两种类型分别介绍。首先来看第一种常见情况,合伙企业是境内成立的合伙企业,合伙人是境外非居民。如图21-2所示,法国投资人投资中国境内合伙企业,该境内合伙企业投资中国境内公司。中国境内被投资公司分配股息给中国境内的合伙企业,合伙企业再分配给法国的合伙人。在这种投资结构下,怎样判断法国的合伙人能否享受股息税收协定优惠?要解决这个问题,需要根据国家税务总局公告2018年第11号文件第五条第(一)项进行两个步骤的判定:第一步,判定该合伙人是否在中国境内负有纳税义务。由于法国合伙人从中国境内取得股息红利收益,根据企业所得税法源泉扣缴规定,法国合伙人取得来源于中国境内的所得具有在中国境内的纳税义务,境外企业在中国境内负有纳税义务是申请享受税收协定优惠的前提条件;第二步,判定该合伙人是否属于法国的税收居民,这个需要申请人出具法国的税收居民身份证明来证明自己的身份,如果这个合伙人是法国的税收居民,那么他可以享受中法税收协定优惠,如果不是法国税收居民,那么就无法享受中法税收协定优惠。通过这两步判定后并不等于可以立即享受税收协定优惠,还需要继续判定其是否具备"受益所有人"身份,如果这些都具备则可以享受税收协定优惠。

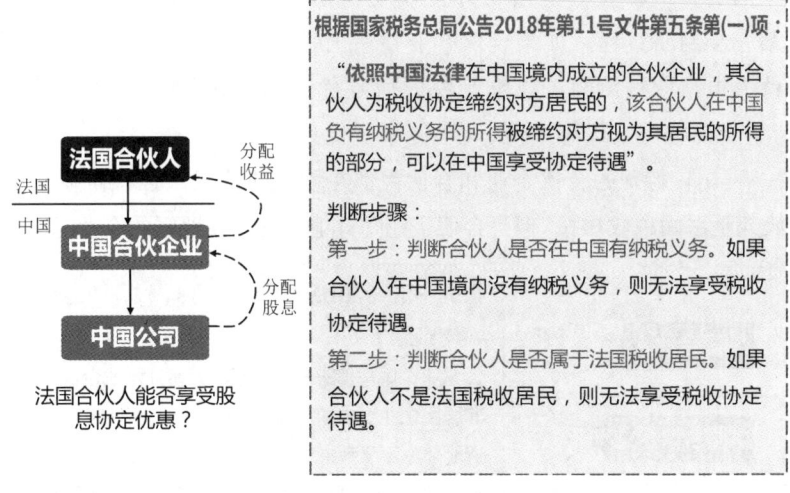

图21-2 合伙企业在境内,合伙人在境外

21.1.3 合伙企业、合伙人都在境外

在税收实务工作中还有一种常见情况,即法国的合伙企业直接向中国境内的被投资公

司投资,没有在境内设立合伙企业这一层级。这种情况比上一种情况更复杂了一些,具体投资结构如图21-3所示。

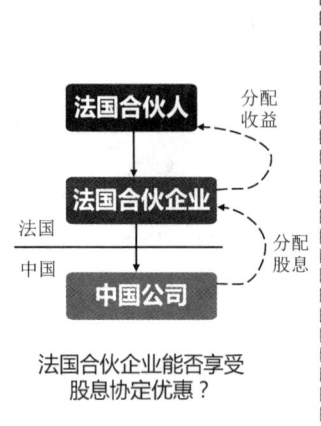

图 21-3　合伙企业和合伙人都在境外

中国被投资公司直接向法国合伙企业分配股息红利,法国合伙企业再向投资人分配,在这种情况下法国合伙企业的合伙人能否享受税收协定优惠?国家税务总局公告2018年第11号文件第五条第(二)项规定,"依照外国(地区)法律成立的合伙企业,是中国企业所得税的非居民企业纳税人。除税收协定另有规定的以外,只有当该合伙企业是缔约对方居民的情况下,其在中国负有纳税义务的所得才能享受协定待遇"。前两步判断与上一种情况相同,重点来看第三步判断过程。如果合伙企业在法国是税收透明体,那么合伙企业所得由合伙人纳税,合伙人根据取得份额可以享受税收协定优惠;如果合伙企业不是透明实体,合伙企业可以申请享受税收协定优惠,合伙人不能享受优惠。

接下来看一种比较特殊的合伙企业和合伙人都在境外的情况。合伙企业和合伙人不在同一个国家,合伙人是法国税收居民,但是合伙企业是其他第三国或地区的企业,如图21-4所示。

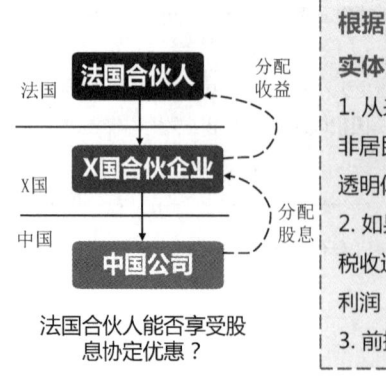

图 21-4　境外合伙企业和合伙人不在一国

这种投资结构在实际工作中更加常见,比如境外投资人投资于中国香港的合伙企业,再通过该合伙企业投资于中国境内的公司。这种投资结构涉及3个国家或地区对合伙企业的税收性质认定,只有在境外国家或地区同时认定合伙企业为税收透明体的情况下,法国合伙人才有可能享受税收协定优惠。

21.2 合伙企业享受税收协定待遇案例与分析

本节通过分析合伙企业享受税收协定的案例,向读者说明如何准确运用合伙企业享受税收协定理论于税收实务案例的处理过程。本节介绍两个具有代表性的典型案例:一个案例是核实法国合伙企业享受税收协定优惠资格的身份判定案例,身份判定问题有时候会成为影响享受税收协定待遇的难题;另一个案例是境外自然人投资境外合伙企业怎样享受税收协定优惠,该案例涉及境外个人怎样适用税收优惠的认定问题。

21.2.1 法国合伙企业享受税收协定待遇身份

本案例是法国合伙企业申请享受中法税收协定的案例①。该案例情况比较简单,投资架构只有一层,即法国合伙企业 B 公司直接向中国境内的 A 公司投资入股 53%,在投资持有期间中国境内 A 公司做出分配决议,法国合伙企业 B 公司提出要享受税收协定优惠待遇,按照 5% 的税率缴纳股息红利预提所得税。案例基本情况如图 21-5 所示。

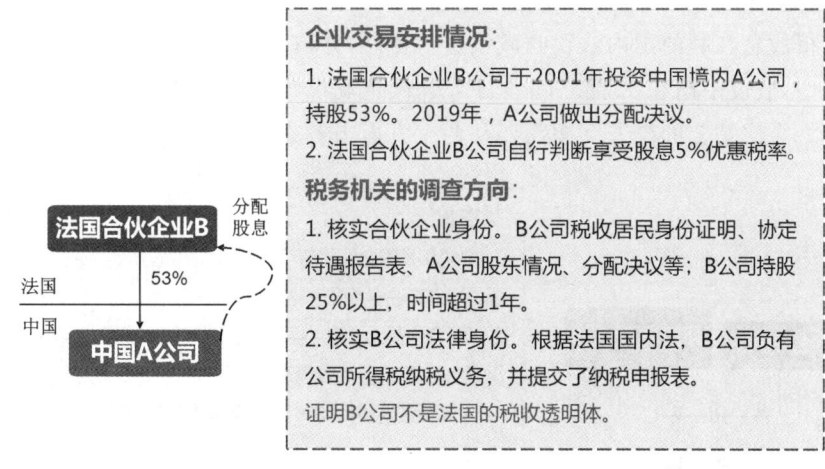

图 21-5 法国合伙企业享受协定案例

本案例在处理时,除了核实该合伙企业享受股息税收协定的限制条件,还需要面对的最重要的问题,即核实法国合伙企业的身份。首先判断该合伙企业是不是法国税收居民,如果该合伙企业属于法国税收居民,那么接下来应该看该合伙企业是属于税收实体居民还是税

---

① 参见:国家税务总局国际税务司.境外成立的合伙企业享受税收协定待遇[M]//税收协定执行案例集.北京:中国税务出版社,2019.

收透明体居民。国家税务总局公告2018年第11号文件明确规定,除了税收协定(安排)另有规定,只有当境外合伙企业在其设立国被视为税收实体时,才可享受协定待遇。实践中,合伙企业能否享受协定待遇,其"税收实体"认定是关键。税务机关在审核纳税人报送的备案资料时,应关注该纳税人是否根据其国内法,因住所、居所、成立地、管理机构所在地或其他类似标准,在其居民国负有纳税义务。如果根据缔约对方国内法,合伙企业不符合上述条件,则即使缔约对方税务主管当局以享受协定待遇为目的为其开具了税收居民身份证明,也不能充分证明该合伙企业是税收协定意义上的缔约对方居民,因而此合伙企业也就不具有享受协定待遇的资格。

在以上分析思路指引下,税务机关根据中法两国税收协定和国家税务总局公告2018年第11号文件的有关规定,认定法国合伙企业B公司在法国负有纳税义务,属于法国税收居民,具有享受协定待遇的资格。同时,税务机关认定法国合伙企业B公司具有股息所得"受益所有人"身份,符合享受协定待遇的条件,并且属于税收实体,具备享受中法两国税收协定优惠的资格。

21.2.2 非居民个人能利用合伙基金取得免税股息吗

本案例是境外非居民个人通过合伙基金取得免税的股息红利,应该怎样征税,非居民个人能够享受什么税收优惠待遇。本案例与以上案例最大的不同是本案例中作为合伙企业的合伙人是境外自然人,而不是企业。那么能否利用税收协定中的纳税虚体条款直接让非居民个人享受税收协定优惠呢?这是本案例的重点分析内容。同时,在了解本案例时还应对非居民个人从境内取得股息红利的国内法税收政策进行梳理,并与税收协定的优惠对照掌握。

本案例中,假设中国和X国之间签订了合伙企业税收协定条款,并遵循OECD合伙企业报告原则。合伙基金的税务问题需要从两个方面来考察,如图21-6所示。

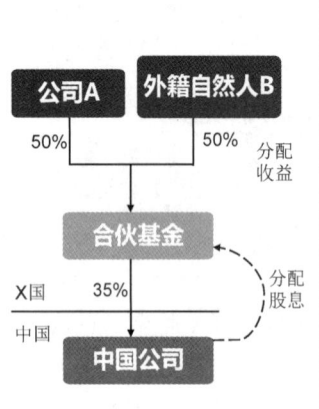

图21-6 非居民个人境外合伙基金案例

该案例的分析思路非常重要,对以上两个关键问题可以分别按照图 21-7 所示的分析思路展开分析,讨论在不同情况下应在中国缴纳税款的纳税判定。需要提醒大家注意的是,对这两个问题不同的判定结果可能导致适用不同的税种,有可能缴纳企业所得税,也有可能缴纳个人所得税。

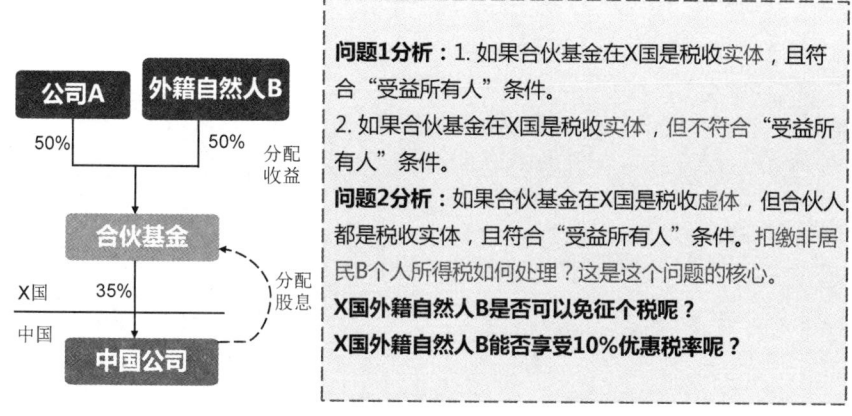

图 21-7 非居民个人境外合伙基金案例续

根据图 21-7 所示的分析内容。

问题 1:如果合伙基金在 X 国内是纳税实体,非居民股息收益怎样在中国缴税?

解答这个问题需要分两种情况:一是如果合伙基金在 X 国是税收实体,且符合"受益所有人"条件。合伙基金是中国企业所得税法下的非居民企业纳税人,享受税收协定待遇。境外 X 国的合伙基金两个合伙人应按 X 国国内法纳税,与中国无关。二是如果合伙基金在 X 国是税收实体,但不符合"受益所有人"条件。合伙基金是中国企业所得税法下的非居民企业纳税人,其不具备享受税收协定的核心要件"受益所有人"资格,因此不能享受税收协定待遇。境外 X 国的合伙基金两个合伙人应按 X 国国内法纳税,与中国无关。

问题 2:如果合伙基金在 X 国内是纳税虚体,非居民股息收益怎样在中国缴税?

如果合伙基金在 X 国是税收虚体,但合伙人都是税收实体,且符合"受益所有人"条件,根据税收协定,合伙基金合伙人可以享受税收协定待遇。对于合伙人之一的非居民企业 A 公司来说,可以直接按照优惠税率缴纳企业所得税。对于另一个合伙人非居民个人 B 来说,所得税的处理比较复杂,是这类问题的核心。如果该案例被判定需要缴纳个人所得税,那么根据目前我国国内法和对外签订税收协定安排,可能出现三种缴税情况。①最基本的情况是根据《个人所得税法》第三条第(三)项的规定,个人取得股息个人所得税税率20%,因此非居民个人按《个人所得税法》缴税时法定税率是 20%;②根据我国税收文件《财政部 国家税务总局关于个人所得税若干政策问题的通知》(财税字〔1994〕20 号)第二条第(八)项的规定,"外籍个人从外商投资企业取得的股息、红利所得"暂免征收个人所得税的规定,非居民个人如果能够举证证明满足外籍个人相关条件,那么个人所得税税负可以降至零;③根据我国对外签订的税收协定,大多数税收协定条款中,非居民个人取得来源于中国境内的股息红利个人所得税税收协定优惠税率为10%。

本案例的特殊之处在于非居民个人是通过境外合伙基金持有境内公司的股权，而不是直接持有，因此本案例的核心问题在于投资结构非居民个人是应享受免征个人所得税的优惠待遇还是按照10%的优惠税率缴纳个人所得税？比较遗憾的是，目前对于该问题还没有明确的文件依据支持免税或征税的纳税判定，我们在实际工作中需要针对个案具体分析。

22 税收协定与境外所得税收抵免

税收协定有两项重要功能:一是反避税功能,防止出现跨境税基侵蚀和利润转移,二是防止双重征税的税收抵免安排,这是一项非常重要但是很多读者不太了解的功能。我国适用税收协定抵免安排的主要是"走出去"经营的企业和个人。根据税收协定抵免安排,我国税收居民在境外实际缴纳的所得税可以在一定条件下抵免应在我国境内缴纳的所得税。通过这一安排相当于把我国税收居民实际在境外缴纳的部分所得税视同已在我国境内缴税,以此达到消除双重征税的目的。境外所得税收抵免的主体包括企业和个人,其中企业的抵免计算方法复杂程度远高于个人,本章将具体介绍企业和个人的税收抵免操作原理和主要法规规定。从内容上看,本章分为三节:第一节介绍国际双重征税产生的原因和解决方法;第二节介绍我国"走出去"居民企业的境外所得税收抵免规则和具体计算方法,但是由于企业境外所得税收抵免内容非常多也非常复杂,本书的主要目的只是为读者搭建理解企业境外所得税收抵免的思考体系,以及具体实施的主要路径和计算原理,因此本书对这部分的内容并不涉及这方面特别复杂的计算案例,本书重点在于告诉大家应该怎么去理解这件事情;第三节介绍我国税收居民个人境外所得税收抵免文件规定。个人的境外所得税收抵免相对于企业来说要简单很多,这部分内容与个人所得税计算体系有关,目前在我国属于比较新的税收法规内容,本书介绍个人境外所得税收抵免的基本原则并通过一个案例来告诉大家应怎样计算。

22.1 双重征税及其税收协定解决方法

了解国际双重征税产生的原理和消除国际双重征税的方法,是学习企业和个人境外所得税收抵免内容的重要前提。本节对国际双重征税产生的理论和基本的解决方法进行介绍,为读者理解后续内容做好准备。

22.1.1 双重征税的产生原理

双重征税又称重复征税,通常是指两个国家的税收权力机关依照各自的税收管辖权对同一纳税人的同一笔所得,各自按其本国的税法在同一纳税期间内征收同一或类似的税种。

双重征税产生的原理,通常是由不同的法律税制和经济制度方面的差异引起的,因此它分为法律性双重征税和经济性双重征税两种类型。法律性双重征税,是指两个不同国家在税收法律上规定对同一纳税人采取不同的征税原则而引起的重复征税。例如,两个不同的国家采取不同的税收管辖权,其中A国采取居民管辖权,B国采取地域管辖权,那么对在A国居住的B国居民而言,将承担两个国家缴纳税款的义务。经济性双重征税,通常是指对同一所得两国税务机关先后按照不同的税种征了两次所得税。例如,对A国公司经营利润征收了企业所得税后,分配给B国的投资个人投资者,个人投资者在B国又缴纳了个人所得税,这种两次征所得税行为即对同一项经营所得发生了重叠征税。需要提示读者注意的是,税收协定中解决双重征税的类型一般指的是法律性双重征税引起的重复征税,着重解决由于两国税制管辖冲突对纳税人造成的同一所得被重复征税的现象;对于经济性的重复征税,如果不与国内税法发生冲突,或者不在税收协定商定范围之内则不属于国内法和税收协定需要解决的事项。

22.1.2 双重征税的解决方法

在了解国际双重征税产生的原理之后,接下来本节将重点介绍目前税收协定框架内避免双重征税的主要方法。图22-1中介绍了四种避免或者消除国际双重征税的主流方法,包括免税法、抵免法、税收饶让、协商退税。其中,免税法是一国单方面做出的国内法规定,其他三种是双方协商的结果;协商退税是一种发生双重征税的事实后双方所采取解决重复征税的办法,其他三种是一种事前解决的办法;税收饶让通常是发达国家与发展中国家签订的一种保护发展中国家税收优惠能够实际落实不会发生税收转移的一种安排,随着我国从资本输入国向资本输出国转变,税收饶让安排已逐渐淡出我国对外签订的双边税收安排的诉求条款。

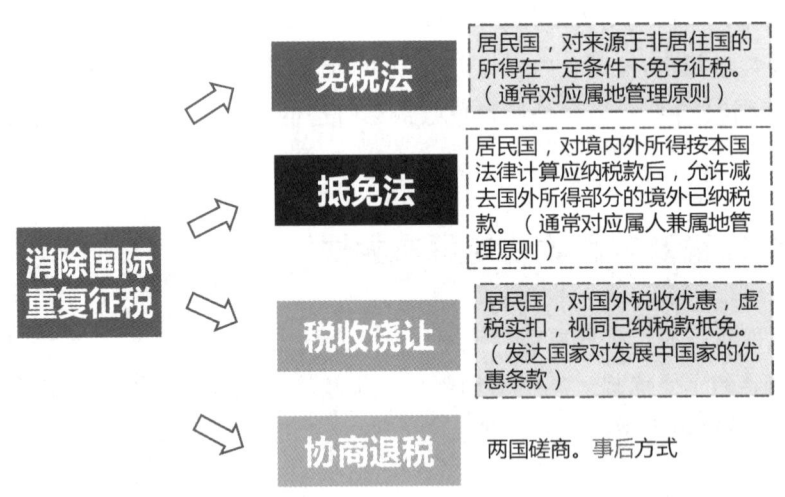

图22-1 消除国际双重征税框架与方法

在众多消除双重征税的方法中,除抵免法外,其他方法在我国实际实施中应用的局限性很大。例如,目前我国国内法没有实行免税法的规定,税收饶让条款仅针对特殊情况下的避免双重征税,磋商退税仅对特定依申请的个案启动磋商程序,应用范围很窄。综合来看,只有抵免法的应用范围最广。因此,本章接下来重点介绍抵免法的体系结构和应用方式。抵免法大致分为企业的境外所得税收抵免和个人的境外所得税收抵免两种形式。其中企业的抵免中还可以分为直接抵免和间接抵免两种针对不同境外结构的纳税人的实施方式,对这部分的理解是企业境外所得税收抵免的难点。对于个人而言,由于不存在个人层层持股的问题,因此个人的抵免通常是以直接抵免方式进行。抵免法的体系构成,如图22-2所示。

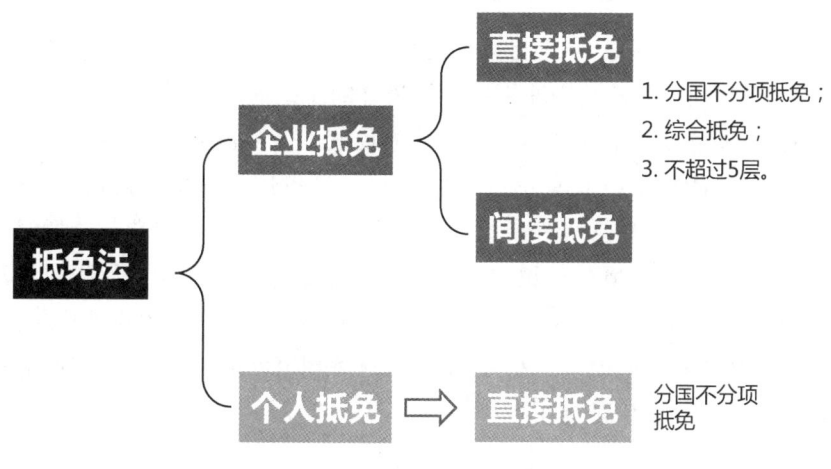

图 22-2 抵免法分类使用情况

22.2 企业境外所得税收抵免

我国"走出去"企业境外所得税收抵免计算申报的原理比较复杂,要准确掌握这部分的内容需要先对我国企业境外所得税收抵免法规有所了解,在此基础上再按照本章为读者梳理的企业境外所得税收抵免体系分步骤讲解企业境外所得税收抵免的操作逻辑。

22.2.1 企业税收抵免税收规定

对企业境外所得的税收抵免原则性来源于《企业所得税法》,其第二十三条规定,"企业取得的下列所得已在境外缴纳的所得税税额,可以从其当期应纳税额中抵免,抵免限额为该项所得依照本法规定计算的应纳税额;超过抵免限额的部分,可以在以后五个年度内,用每年度抵免限额抵免当年应抵税额后的余额进行抵补:(一)居民企业来源于中国境外的应税所得;(二)非居民企业在中国境内设立机构、场所,取得发生在中国境外但与该机构、场所有实际联系的应税所得"。该条款做出了企业可抵免的境外所得税必须是在境外实际缴纳的税款的原则性规定。

《企业所得税法》第二十四条,"居民企业从其直接或者间接控制的外国企业分得的来源于中国境外的股息、红利等权益性投资收益,外国企业在境外实际缴纳的所得税税额中属于该项所得负担的部分,可以作为该居民企业的可抵免境外所得税税额,在本法第二十三条规定的抵免限额内抵免"。该条款明确了企业境外所得可以实行直接抵免和间接抵免的法律依据,即从直接控制的外国企业分得的股息收益可以直接抵免,从间接控制的外国企业分得的股息可以抵免实际负担的部分。

除了《企业所得税法》的规定,企业境外所得税收抵免的具体执行规定有多个文件,其中最重要的有三个文件如下。

(1)《财政部 国家税务总局关于企业境外所得税收抵免有关问题的通知》(财税〔2009〕125号)。该文件对企业境外所得税收抵免做出了原则性规定,包括可抵免分国别的境外所得税税额和抵免限额的计算原则,不得抵免的境外所得税税额规定等。根据该文件第四条,"可抵免境外所得税税额,是指企业来源于中国境外的所得依照中国境外税收法律以及相关规定应当缴纳并已实际缴纳的企业所得税性质的税款。但不包括:(一)按照境外所得税法律及相关规定属于错缴或错征的境外所得税税款;(二)按照税收协定规定不应征收的境外所得税税款;(三)因少缴或迟缴境外所得税而追加的利息、滞纳金或罚款;(四)境外所得税纳税人或者其利害关系人从境外征税主体得到实际返还或补偿的境外所得税税款;(五)按照我国企业所得税法及其实施条例规定,已经免征我国企业所得税的境外所得负担的境外所得税税款;(六)按照国务院财政、税务主管部门有关规定已经从企业境外应纳税所得额中扣除的境外所得税税款"。该条规定列举了若干不能抵免的实际在境外缴纳的企业所得税税款,是重要的抵免计算依据。

(2)《企业境外所得税收抵免操作指南》(国家税务总局公告2010年第1号发布)。该文件是对财税〔2009〕125号文件原则性规定的具体细化操作指引。该文件内容很多,涉及具体抵免计算的各个方面,并列举若干案例进行讲解,是理解企业境外所得具体实施的重要文件。

(3)《财政部 国家税务总局关于完善企业境外所得税收抵免政策问题的通知》(财税〔2017〕84号)。该文件是对财税〔2009〕125号文件的补充规定。该文件规定在现行计算企业境外所得抵免的分国不分项抵免法的基础上,增加了不分国不分项的综合抵免法,并将抵免层级从三层扩大至五层。该文件增加了企业境外抵免的可选择范围和把更多的境外企业分支机构纳入可抵免层级。

22.2.2 抵免模式一:分支机构抵免模式

我国企业在境外投资经营,从企业搭建的境外组织架构来看,可以分为两种类型:一是在境外设立分公司这类非法人性质的分支机构;二是在境外设立子公司这类具有法人资格的境外被投资企业。这两个境外结构的税收抵免计算原理和过程是不同的,本章分别进行介绍,先看比较简单的境外抵免结构,分支机构抵免模式如图22-3所示。

对于我国企业在境外设立的分支机构,需要在汇算清缴时汇总计算境外分支机构的所得并入总机构所得,按中国税法计算应缴纳税款,再进行抵免计算。其税收文件依据是财税〔2009〕125号文件第三条,"(一)居民企业在境外投资设立不具有独立纳税地位的分支机构,其来源于境外的所得,以境外收入总额扣除与取得境外收入有关的各项合理支出后的余额为应纳税所得额。各项收入、支出按企业所得税法及实施条例的有关规定确定。居民企

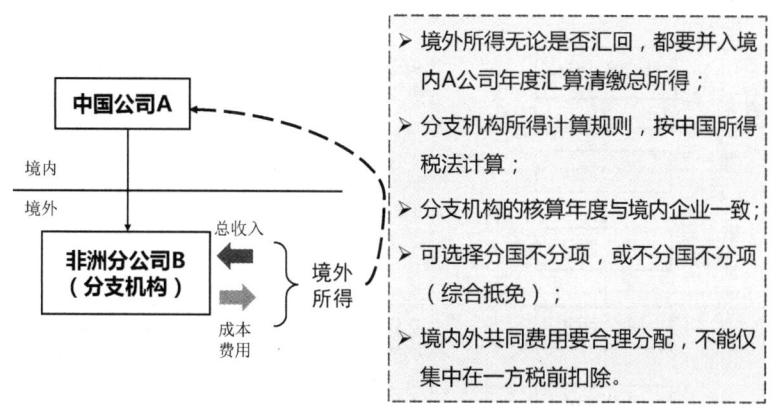

图 22-3 分支机构抵免模式

业在境外设立不具有独立纳税地位的分支机构取得的各项境外所得,无论是否汇回中国境内,均应计入该企业所属纳税年度的境外应纳税所得额。……(四)在计算境外应纳税所得额时,企业为取得境内、外所得而在境内、境外发生的共同支出,与取得境外应税所得有关的、合理的部分,应在境内、境外应税所得之间,按照合理比例进行分摊后扣除"。

通过以上文件规定可以看到,对于分支机构的境外经营所得,重点在于境外利润和共同费用两个要点的处理。对于境外利润来说,无论境外利润是否汇回中国境内均应该计入企业年度所得,然而对于境外分支机构的亏损,文件并没有规定可以汇总抵减境内总机构的盈利。对于共同费用来说,文件强调境内外发生的共同费用应该按照合理的比例进行分摊,假如境内外共同发生的费用没有分摊则有可能降低境内总机构的境内应税所得,当境外分支机构发生亏损时就会造成境内总机构少缴企业所得税,从而产生税务风险。

22.2.3 抵免模式二:子公司抵免模式

接下来了解企业境外所得税收抵免的另一种模式,即母子公司抵免模式。首先需要明确母子公司之间的利润传递的方式、所得类型和所得抵免的关系,这是理解子公司抵免模式的关键。在母子公司之间常见的利润传递方式包括子公司向母公司支付股息、利息和特许权使用费,子公司收取下层支付的股息、利息和特许权使用费后,形成自己的利润和所得;子公司可以选择通过支付利息、特许权使用费这类税前利润的转移方式给母公司,也可以选择通过税后的股息红利利润转移方式支付给母公司。这两种利润转移方式区别很大。税前利润转移方式会形成上层公司的经营利润,而税后利润转移方式形成股息所得具有稳定性。这就带来了税收抵免上的差异。境内母公司可以通过股权控制关系在境外设置多个层级的子公司,每个子公司都可以从其下层级的子公司获得股息红利投资收益并最终分配回境内,这时在母子公司之间就存在一个嵌套的抵免结构,如图 22-4 所示。这个嵌套结构里面包括母公司收到的下一层子公司分配股息、利息、特许权使用费等直接缴纳的预提税的所得,这也是一个直接抵免层级。同时,这部分母公司取得的所得中,还有另外一个部分间接取得的负担下层子公司分配上来所得缴纳的税额,这部分称为间接抵免。

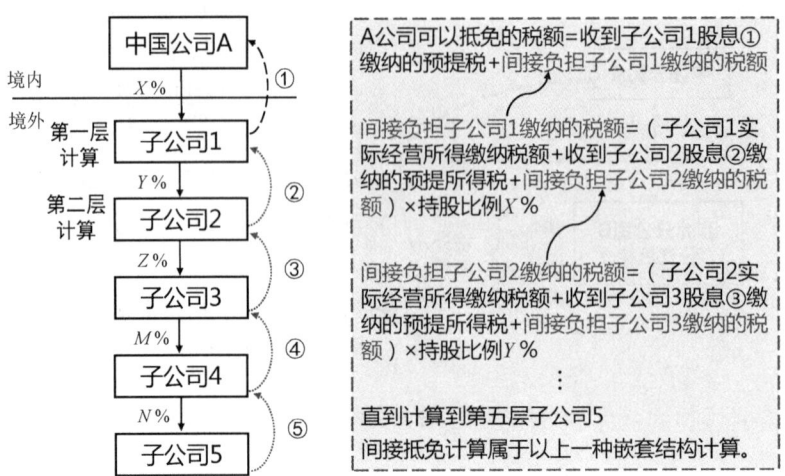

图 22-4 子公司抵免模式

对于子公司抵免模式的规律,可以从图 22-5 中进行总结。我们可以看到,在母子公司结构下有可能同时存在直接抵免和间接抵免两种情况。如果母公司取得的是子公司经营所得形成的股息,那么一定存在着直接抵免的关系。

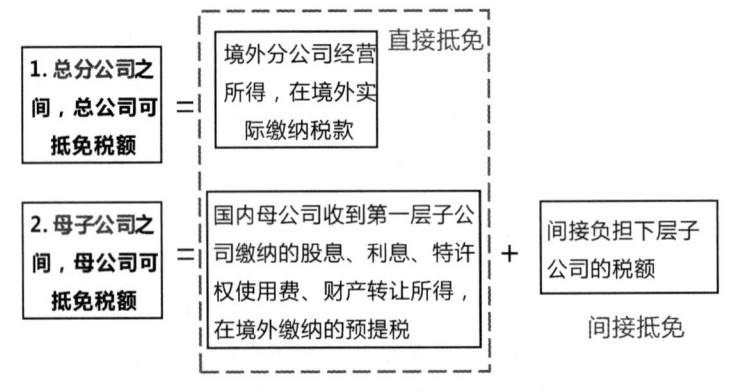

图 22-5 直接抵免间接抵免总结

如果存在多层架构和多层分配股息的情况,那么就会出现间接抵免的情况。所以说,直接抵免和间接抵免不是针对某一种所得的,不是说取得经营所得就是直接抵免,取得股息红利所得就叫作间接抵免。直接抵免和间接抵免与利润传递方式和层级有关。

除了以上介绍的嵌套抵免关系,影响抵免计算的重要因素还有各层级的持股比例。根据财税〔2009〕125 号文件、财税〔2017〕84 号文件的规定,在计算实际间接负担的税额时,仅限于五层直接或间接持股总计 20% 以上的外国公司,并且每层外国企业的单一上层企业都需直接持有其 20% 以上股份。也就是说,在实际操作中不能仅看到五层就认为可以抵免,还要计算该层级的直接和间接持股比例,才能确定可以抵免的层级和每个层级可抵免的企业。子公司抵免计算如图 22-6 所示。

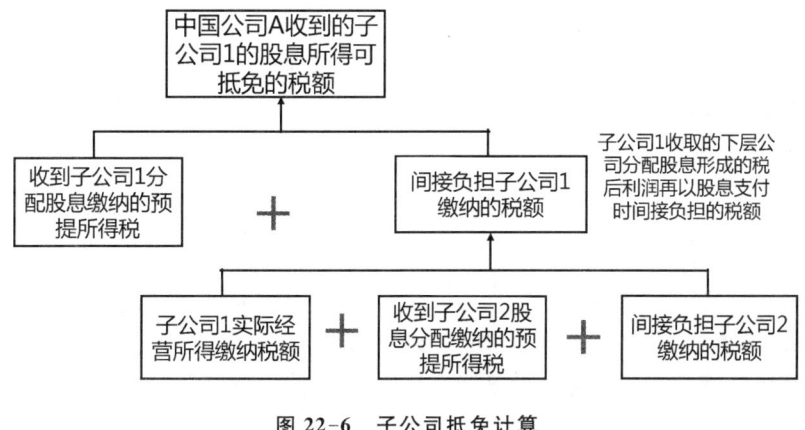

图 22-6 子公司抵免计算

22.3 个人境外所得税收抵免

我国系统性地规范个人境外所得税收抵免的税法规定发布时间并不久,目前主要文件规定是《财政部 税务总局关于境外所得有关个人所得税政策的公告》(财政部 税务总局公告 2020 年第 3 号)。该文件对我国个人境外所得税收抵免的规定具有开创性,填补了以前这方面的法律空白,提出了很多具有重要意义的可操作性规定。除此之外,它规定的个人境外所得税收抵免比企业所得税的抵免的操作简单很多。

22.3.1 个人税收抵免基本规定

22.3.1.1 个人可抵免境外所得类型

财政部、税务总局公告 2020 年第 3 号文件第一条列举了个人的可以抵免的所得类型。可以抵免的所得范围和个人所得税法保持一致,从工资、薪金所得到劳务报酬偶然所得等,一共是 9 项个人所得类型。

22.3.1.2 抵免限额计算方法

在抵免限额的计算上,财政部、税务总局公告 2020 年第 3 号文件采取的是分国且分项的计算方法,也就是说在计算抵免限额的时候要按照不同国家的不同类型所得分别计算抵免限额。计算完以后汇总到一起计算出个人在某一个国家的抵免限额总额。如果个人在不同国家都有所得,则把这些不同国家的抵免限额加起来,得出汇总的全部可以抵免的总限额,这就叫作分国且分项计算抵免限额法。

该计算抵免限额的规定来源于财政部、税务总局公告 2020 年第 3 号文件第二条规定,即居民个人应当依照《个人所得税法》及其实施条例规定,按照以下方法计算当期境内和境外所得应纳税额:①居民个人来源于中国境外的综合所得,应当与境内综合所得合并计算应纳税额。②居民个人来源于中国境外的经营所得,应当与境内经营所得合并计算应纳税额。居民个人来源于境外的经营所得,按照《个人所得税法》及其实施条例的有关规定计算的亏损,不得抵减其境内或他国(地区)的应纳税所得额,但可以用来源于同一国家(地区)以后年度的经营所得按中国税法规定弥补。③居民个人来源于中国境外的利息、股息、红利所得,财产租赁所得,财产转让所得和偶然所得(以下称其他分类所得),不与境内所得合并,应当分别单独计算应纳税额。

22.3.1.3 实际抵免税额方法

在实际工作中计算抵免限额后,还需要实际操作进行税款抵免。在实际抵免税额时,在抵免金额上,不能超过计算出的可抵免限额;在实际抵免税额的范围上,只要是某一个国家内的抵免限额,通过综合所得、经营所得、其他所得计算而来的抵免限额,都可以放在一起进行抵免和结转,这被称为"分国不分项"的实际抵免操作方法。

该实际抵免税额的规定来源于财政部、税务总局公告 2020 年第 3 号第六条规定,即居民个人一个纳税年度内来源一国(地区)的所得实际已经缴纳的所得税税额,低于依照本公告第三条规定计算出的来源该国(地区)该纳税年度所得的抵免限额的,应以实际缴纳税额作为抵免额进行抵免;超过来源该国(地区)该纳税年度所得的抵免限额的,应在限额内进行抵免,超过部分可以在以后 5 个纳税年度内结转抵免。

22.3.1.4 税收抵免管理创新

对于在实际抵免工作中的一些常见问题和容易引发争议的情况,财政部、税务总局公告 2020 年第 3 号文件从方便纳税人的角度出发规定了若干创新性的管理办法,主要涉及放宽抵免凭证等方面,归纳起来包括:①未提供符合要求的纳税凭证,不予抵免;②居民个人境外已纳税,未申报的,可以追溯 5 年抵免;③境外实际缴纳税额有变化的,重新计算并办理补退税,不加收税收滞纳金,不退还利息;④无法提供纳税凭证的,可同时凭境外所得纳税申报表(或者境外征税主体确认的缴税通知书)以及对应的银行缴款凭证办理境外所得抵免事宜。

22.3.2 个人境外所得抵免计算规则

接下来看境外所得税收抵免的计算方法,其基本原理是计算取得所得的各国的抵免限额,经与实际缴税金额进行对比后得出某国的实际抵免额,再汇总为个人年度实际抵免总额,完整的计算体系如图 22-7 所示。

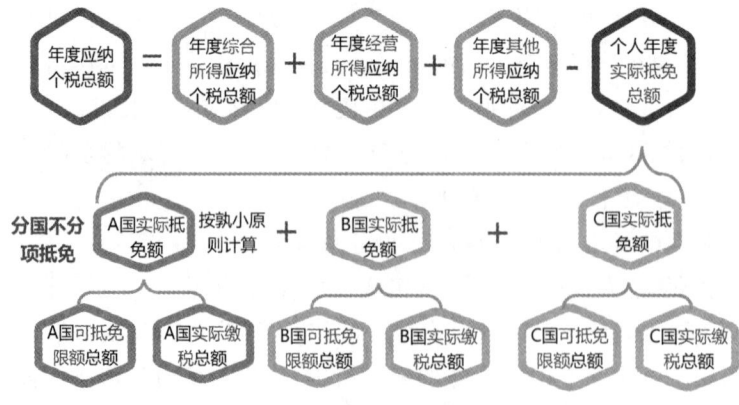

图 22-7 个人境外所得抵免额体系

接下来以 A 国为例讲解 A 国实际抵免额的计算方法。A 国实际抵免额是一个比大小的结果，比较的是 A 国可以抵免限额总额和 A 国实际缴纳税额总额的大小，取较小的值作为 A 国实际抵免额的金额。在这两个数据之中，由于 A 国实际缴税总额可以从个人在 A 国的纳税申报表中得知金额，是一个不需要计算的事实。因此，计算 A 国可抵免限额总额是计算的关键。从图 22-8 可知，A 国可抵免限额总额由三大部分组成，分别是 A 国的综合所得抵免限额、A 国的经营所得抵免限额和 A 国的其他所得抵免限额。

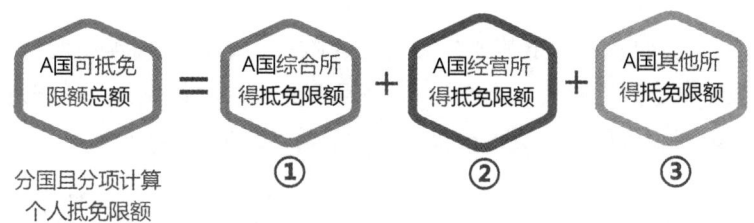

图 22-8　A 国可抵免限额计算图

A 国综合所得的抵免限额计算方法如图 22-9 所示。该公式的意思是先把个人在境内境外的所有综合所得汇总，按照中国境内的个人所得税法规定计算出应该缴纳的个人综合所得税税额，然后用各国取得的综合所得的收入额进行分配得出 A 国的综合所得抵免限额。

图 22-9　A 国综合所得抵免限额计算图

A 国经营所得的抵免限额如图 22-10 所示。对于经营所得，按国别仅汇总计算盈利的正所得，对于亏损的国家的经营所得不予汇总计算个人所得税［按照《个人所得税法》及其

图 22-10　A 国经营所得抵免限额计算图

实施条例的有关规定计算的亏损,不得抵减其境内或他国(地区)的应纳税所得额,但可以用来源于同一国家(地区)以后年度的经营所得按中国税法规定弥补]。简单来说,就是只能汇总计算盈利国家的个人经营所得,亏损国家的经营亏损待累计产生盈利时再并入计算,并且没有期限。

以下是 A 国其他分类所得抵免限额的计算方法。根据财政部、税务总局公告 2020 年第 3 号文件第二条第(三)项的规定,居民个人来源于中国境外的利息、股息、红利所得,财产租赁所得,财产转让所得和偶然所得(以下称其他分类所得),不与境内所得合并,应当分别单独计算应纳税额。也就是说,对于其他分类所得应按照每一项不同类型所得按照中国的个人所得税法应该缴纳的所得税税额进行计算,并且不和境内的其他分类所得进行合并,按照境内和境外分别适用中国的个人所得税税率进行计算,如图 22-11 所示。

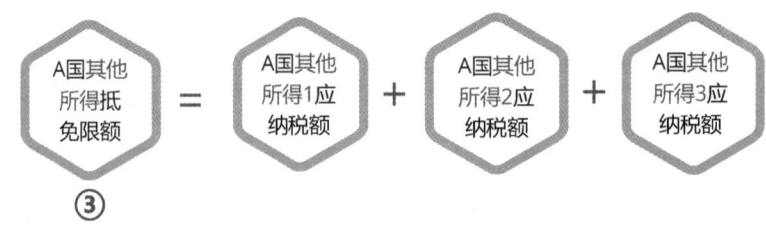

图 22-11　A 国其他分类所得抵免限额计算图

案例:通过以上介绍个人境外所得抵免的具体规定后,还需要通过一个具体的案例来进一步了解在计算个人境外所得税收抵免时重要细节的处理。以下是本案例的基本情况:假设中国境内税收居民个人王先生取得的上年度的各项收入分别是,综合所得中的工资、薪金所得,经营所得,股息、利息所得和其他所得中的财产的租赁所得。在计算个人所得税相关税款的时候,需要分清特定所得的收入和收入额是不同概念。例如,在综合所得中,工资收入等于工资收入额,但是特许权使用费的收入不等于收入额,有关区别如图 22-12 所示。

单位:万元

	综合所得(工资)	经营所得	利息、股息所得	财产租赁所得
境内	40	40	30	20
境外(A国)	30	-20	20	10

案例:
1. 假设中国居民个人王先生取得以上年度收入,计算境外所得抵免限额。
2. 综合所得包括:工资、劳务报酬、稿酬、特许权使用费。为方便计算假设专项扣除、专项附加扣除为0。
3. 工资收入额=工资收入;
工资应纳税所得额=收入额-6万元-专项扣除-专项扣除附加;
劳务报酬、特许权使用费收入额=应纳税所得额=收入×(1-20%);
稿酬收入额=应纳税所得额=收入×(1-20%)×70%。

图 22-12　个人境外抵免案例

22.3.2.1 计算综合所得抵免限额

综合所得抵免限额计算需要合并境内外综合收入汇总计算全部综合所得的应纳税额,再根据综合所得收入占比计算 A 国的综合所得抵免限额。

(1) 年度综合所得应纳个人所得税总额 =(年度收入额 - 6 万元 - 专项扣除 - 专项附加扣除)× 税率 - 速算扣除数 =(40 + 30 - 6 - 0 - 0)× 30% - 5.292 = 13.908(万元)。

以上计算税率表是根据《个人所得税扣缴申报管理办法(试行)》(国家税务总局公告 2018 年 61 号)附件《个人所得税预扣率表一(居民个人工资、薪金所得预扣预缴适用)》计算得出。

(2) A 国综合所得抵免限额 = 综合所得个人所得税总额 × A 国收入额 ÷ 总收入额 = 13.908 × 30 ÷ 70 = 5.96(万元)。

22.3.2.2 计算经营所得抵免限额

计算经营所得抵免限额需要合并境内外收入计算应纳税额,再分配计算经营所得在 A 国的抵免限额。

(1) 年度经营所得应纳个人所得税总额 = 40 × 税率 - 速算扣除数 = 40 × 30% - 4.05 = 7.95(万元)。

以上计算税率表是根据《财政部 税务总局关于 2018 年第四季度个人所得税减除费用和税率适用问题的通知》(财税〔2018〕98 号)附件二《个人所得税税率表二(个体工商户的生产、经营所得和对企事业单位的承包经营、承租经营所得适用)》计算,并且在计算年度经营所得个人所得税总额时不考虑境外亏损额。

(2) A 国经营所得抵免限额 = 经营所得应纳个人所得税总额 × A 国经营应税所得额 ÷ 境内外经营应税所得额合计 = 经营所得应纳个人所得税总额 × 0 ÷ 境内外经营应税所得额合计 = 0。

22.3.2.3 计算股息、利息所得抵免限额

计算股息、利息抵免限额需要分别计算按中国税法在 A 国取得的各项其他所得的应纳个人所得税,并且不与境内其他所得合并。

(1) 年度股息、利息所得应纳个人所得税总额 = 30 × 20% + 20 × 20% = 10(万元)。

(2) A 国股息、利息所得抵免限额 = 按我国税法应纳个人所得税额 = 20 × 20% = 4(万元)。

22.3.2.4 计算财产租赁所得抵免限额

计算财产租赁所得抵免限额,分别计算按中国税法在 A 国取得的财产租赁所得应纳个人所得税,并且不与境内其他所得合并。

(1) 年度财产租赁所得应纳个人所得税总额 =(20 + 10)×(1 - 20%)× 20% = 4.8(万元)。

(2) A 国财产租赁所得抵免限额 = 按我国税法应纳个人所得税额 = 10 ×(1 - 20%)× 20% = 1.6(万元)。

注:根据《个人所得税法》第六条第(四)项的规定,财产租赁所得,每次收入不超过 4 000 元的,减除费用 800 元;4 000 元以上的,减除 20% 的费用,其余额为应纳税所得额。

22.3.2.5 计算 A 国抵免限额合计及抵免方法

(1)"分国且分项"计算 A 国可抵免限额合计。

A 国抵免限额合计 = 综合所得抵免限额 + 经营所得抵免限额 + 利息、股息所得抵免限额 + 财产租赁所得抵免限额 = 5.96 + 0 + 4 + 1.6 = 11.56(万元)。

(2)"分国不分项"抵免方法。

如果王先生 2022 年在 A 国享受减免税 50% 后实际缴纳 5 万元,根据财政部、税务总局公告 2020 年第 3 号第五条的规定,"居民个人从与我国签订税收协定的国家(地区)取得的所得,按照该国(地区)税收法律享受免税或减税待遇,且该免税或减税的数额按照税收协定饶让条款规定应视同已缴税额在中国的应纳税额中抵免的,该免税或减税数额可作为居民个人实际缴纳的境外所得税税额按规定申报税收抵免"。该减免税额可以作为实际缴纳税款,那么则王先生可以按 10 万元申报在 A 国可以抵免的境外所得税税额。

王先生 2022 年度在我国应缴纳个人所得税总额 = 年度综合所得应纳个人所得税总额 + 年度经营所得应纳个人所得税总额 + 年度其他所得应纳个人所得税总额 − 10 = 13.908 + 7.95 + (10 + 4.8) − 10 = 36.658 − 10 = 26.658(万元)。

如果王先生在 A 国实际缴纳税款大于 11.56 万元,则当年度王先生可以按照在 A 国计算的抵免限额 11.56 万元计算个人所得税,未来 5 年内可以用来自 A 国的抵免限额超过实际缴纳额中补扣。

王先生本年度在我国应缴纳个人所得税总额 = 年度综合所得应纳个人所得税总额 + 年度经营所得应纳个人所得税总额 + 年度其他所得应纳个人所得税总额 − 11.56 = 13.908 + 7.95 + (10 + 4.8) − 11.56 = 36.658 − 11.56 = 25.098(万元)。

23

外国企业常驻代表机构和国际运输

本章介绍外国企业常驻代表机构和国际运输两项业务的税务处理及其中的税收协定适用问题。这两项内容从总体上来看属于国际税收中出现频率不高的税收业务,在纳税判定过程中存在一定的烦琐程度,在某些方面存在较大处理难度。外国企业常驻代表机构,是很多境外企业由于各种原因没有在中国境内设立独立的法人机构或分支机构,仅设立一些层级更低的代表机构,这些代表机构代表境外企业从事一些中国境内的联络性和辅助性的事务工作,不直接从事主要的生产经营活动,因此我们把这样一类机构称为外国企业常驻代表机构。从税收协定的角度来看,这些常驻代表机构很可能已经在我国境内构成了常设机构,因此需要按照常设机构的管理标准来进行税收征管,由此就产生了常驻代表机构的一系列税收问题。国际运输业务,根据我国同其他大多数国家签订的国际运输协议,凡是满足国际运输条件的运输业务不在我国境内征税,在缔约国对方征税,因此国际运输业务存在纳税判定的税收风险。如果判定某项国际运输行为不在我国征税,那么根据税收协定其全部收入都不用在中国境内进行缴税。这其中存在一定的误判风险,对税收政策的理解掌握要求较高。

23.1 常驻代表机构税务管理

先来看常驻代表机构的税务管理问题。本节要讲解常驻代表机构的本质特征、在我国企业所得税法中的税收身份、对常驻代表机构的征税逻辑这几大问题。

23.1.1 常驻代表机构税务管理文件

我国对常驻代表机构税收管理的法律规范文件是《外国企业常驻代表机构税收管理暂行办法》(国税发〔2010〕18号发布)。该文件第二条对常驻代表机构做出了定义,"本办法所称外国企业常驻代表机构,是指按照国务院有关规定,在工商行政管理部门登记或经有关部门批准,设立在中国境内的外国企业(包括港澳台企业)及其他组织的常驻代表机构"。也就是说办理税务登记的常设代表机构需要事前取得我国工商行政管理主管部门的注册登记资格,这是税收管理规范的对象。该文件对常驻代表机构作用的定位是业务联络、寻找客户、咨询、销售助理、采购、设计等。这就告诉大家常驻代表机构的特点是提供辅助性的和准备性的活动,为境外的企业提供便利。

对常驻代表机构的征税依据是《企业所得税法》第二条,"企业分为居民企业和非居民企业。本法所称非居民企业,是指依照外国(地区)法律成立且实际管理机构不在中国境内,但在中国境内设立机构、场所的"。这一条就包括对在中国设立的机构场所常驻代表机构征收企业所得税的税法依据。依据《企业所得税法》第三条的规定,"非居民企业在中国境内设立机构、场所的,应当就其所设机构、场所取得的来源于中国境内的所得,以及发生在中国境外但与其所设机构、场所有实际联系的所得,缴纳企业所得税"。该条规定了对常驻代表机构取得的哪些所得征税的问题,原则上是对取得来源于中国境内的所得征税。对于构成我国境内常设机构的外国企业常驻代表机构,根据《企业所得税法》的原则应该按照常设机构的标准来进行征税。常设机构怎么缴税呢?根据我国税法的规定和税收协定的解释,常设机构应按照其产生的利润,按照营业利润优先的原则征税,也就是说要把与常设机构有关的所有类型的利润都按照经营利润在中国境内缴税,具体缴税规则如图23-1所示。通常按照核定征收核定利润率后按照25%企业所得税税率缴税。

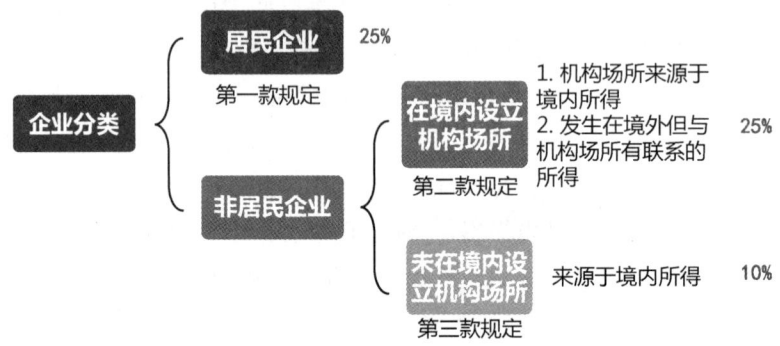

图23-1 常驻代表机构适用税率

需要提示读者的是,常驻代表机构并不能直接等同于常设机构。我们在实际工作中如果混淆了两者的概念,容易错误适用相关税收法律规定,导致不能正确享受税收协定待遇。根据《〈中华人民共和国政府和新加坡共和国政府关于对所得避免双重征税和防止偷漏税的协定〉及议定书条文解释》(国税发〔2010〕75号)的常设机构条款的例外规定,如果境外企业在我国出于仓储、展览、采购及信息收集等活动目的设立的具有准备性或辅助性的固定场所,不应被认定为常设机构。如果不构成我国的常设机构,则在我国境内就不构成独立的纳税主体,可以根据税收协定条款申请享受免税待遇。

接下来了解常驻代表机构在税务管理方面的具体要求。在具体的征税方式上,税收文件对常驻代表机构征税提出三种类型(图23-2)。第一种类型,对于具备核算条件的常驻代表机构按照据实申报征税。所谓据实申报,就是收入减去可扣除的成本费用得到应税所得后乘以25%税率计算出应纳税额缴税。但是这一要求比较严格,要求常驻代表机构必须具备核算能力,业务处理必须规范,也就是说,具备完整的财务核算体系,这对大多数常驻代表机构来说是较难具备的。因此,大多数不具备据实申报条件的常驻代表机构通常是按照核定征收缴税。核定征收又分为按照收入核定和按照经费支出换算收入核定两种方式。第二种类型,对于一些享受税收协定优惠的常驻代表机构,比如说对于双方政府性质的一些代表机构以及某一些可能具有非盈利性质的机构等给予免税等优惠政策。第三种类型,按照功能风险匹配的原则进行缴税。这实际上是一种反避税安排。有的常驻代表机构取得收入比较隐蔽,或者收入不体现在账面上,就会产生功能风险和收益不匹配的问题,这就对常设机构管理提出了更高的要求。对于大部分正常经营的常驻代表机构来讲,通常不涉及这类比较复杂的问题,其最基本的要求就是能够准确地核算收入或成本并按时申报。

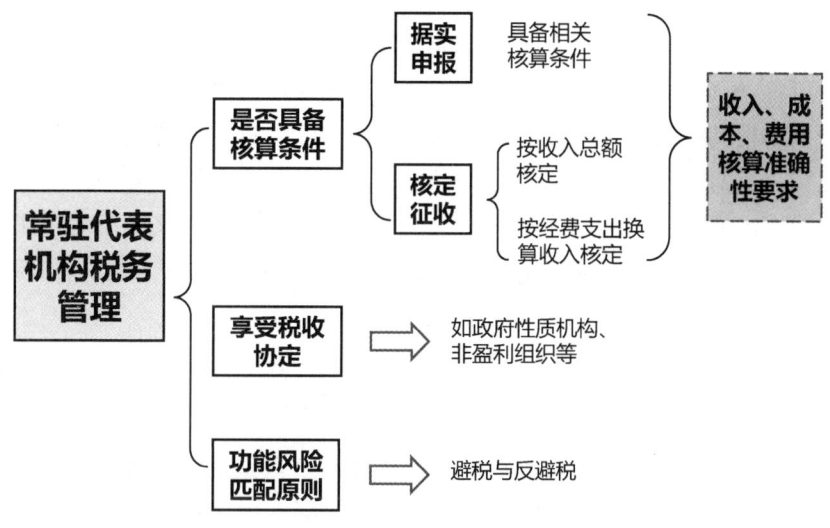

图 23-2 常驻代表机构管理类型分类

接下来,本节根据税收文件的规定,具体讲解常驻代表机构核定征收的两种常见方式及其细节操作规定。根据国税发〔2010〕18 号文件第七条的规定,"对账簿不健全,不能准确核算收入或成本费用,以及无法按照本办法第六条规定据实申报的代表机构,税务机关有权采取以下两种方式核定其应纳税所得额:(一)按经费支出换算收入;(二)按收入总额核定应纳税所得额"。核定征收是在常驻代表机构核算不健全的情况下采用的企业所得税征收方式。这里需要特别指出的是,核定征收特指企业所得税,在增值税方面一般没有核定征收的征收方式。对于绝大部分企业来说,增值税都必须按照一般纳税人或者小规模的要求来进行管理。以下分别对两种核定征收方式的具体规定进行介绍。

23.1.1.1 按收入总额核定

按照收入总额核定企业所得税是大多数能够取得收入的常驻代表机构所采用的税款核定方式。据国税发〔2010〕18 号文件第七条第(二)项的规定,按收入总额核定应纳税所得额适用于可以准确反映收入但不能准确反映成本费用的代表机构。企业所得税额计算公式为:

$$应纳企业所得税额 = 收入总额 \times 核定利润率 \times 企业所得税税率(25\%)$$

准确掌握按照收入总额核定征收管理的要点是准确把握"收入总额"的概念。该文件中所说的收入总额,是指包括常驻代表机构完整的收入,在日常核算中不能以收抵支,瞒报收入。此外,收入总额还有一层含义,是指包括与功能风险匹配的收入总额。这个概念比较抽象,也就是说常驻代表机构有时候取得的收入并不直接体现在其直接收入中,有可能其带来的收入体现在其他企业的收入里,这里主要是针对跨国企业转移利润的一种反避税规定。

23.1.1.2 按经费支出换算收入核定

按照经费支出换算收入核定企业所得税适用不取得收入但会发生经常性支出的常驻代表机构。其是一种把常驻代表机构的经费支出视同为获得收入利润而发生的支出采用的税款核定方式。按经费支出换算收入核定的理论基础是境外企业通过代表处的工作获取了来源于中国的所得,根据功能风险匹配原则,代表处也应获取合理的营业利润,如果本身没有收入按照据实申报,应考察整体境外企业集团的获利情况,进行功能风险调整,调整所得和利润对常驻代表机构征税。

按照经费支出换算收入核定的税收文件是国税发〔2010〕18号文件第七条第(一)项,按经费支出换算收入适用于能够准确反映经费支出但不能准确反映收入或成本费用的代表机构。其计算公式:

$$应纳税所得额 = 本期经费支出额 \div (1 - 核定利润率) \times 核定利润率$$
$$应纳企业所得税额 = 应纳税所得额 \times 企业所得税税率(25\%)$$

准确掌握按照经费支出换算收入核定征收管理的要点是准确把握"经费支出"的范围。根据国税发〔2010〕18号第七条的规定,经费支出额包括在中国境内、外支付给工作人员的工资和薪金、奖金、津贴、福利费、物品采购费(包括汽车、办公设备等固定资产)、通信费、差旅费、房租、设备租赁费、交通费、交际费、其他费用等。对于各项支出的核算要求如下:

(1) 购置固定资产支出、搬迁装修费支出,一次性作为经费支出额换算收入计税。

(2) 利息收入不得冲抵经费支出额;发生的交际应酬费,以实际发生数额计入经费支出额。

(3) 以货币形式用于我国境内的公益、救济性质的捐赠、滞纳金、罚款,以及为其总机构垫付的不属于其自身业务活动所发生的费用,不应作为代表机构的经费支出额。

(4) 其他费用,包括为总机构从中国境内购买样品所支付的样品费和运输费;国外样品运往中国发生的中国境内的仓储费用、报关费用;总机构人员来华访问聘用翻译的费用;总机构为中国某个项目投标由代表机构支付的购买标书的费用。

23.1.2 案例:常驻代表机构税款计算

23.1.2.1 经费支出换算收入核定案例

接下来了解一个常驻代表机构的简单案例。在这个案例中,境外的A公司在中国境内设立了一个常驻代表机构B,其发生的一个季度的成本费用包括工资福利费、采购办公家具费用、电话网络费、差旅费、交际费、公益捐款、办公费等。常驻代表机构B没有健全的财务核算制度,只能够采用核定方式来缴纳税款。具体的核定方式是按照经费支出换算收入,如图23-3所示。

在该代表机构的成本经费换算中,公益捐款的2万元排除在总经费之外,因为对外捐赠不属于与生产经营相关的成本费用支出。

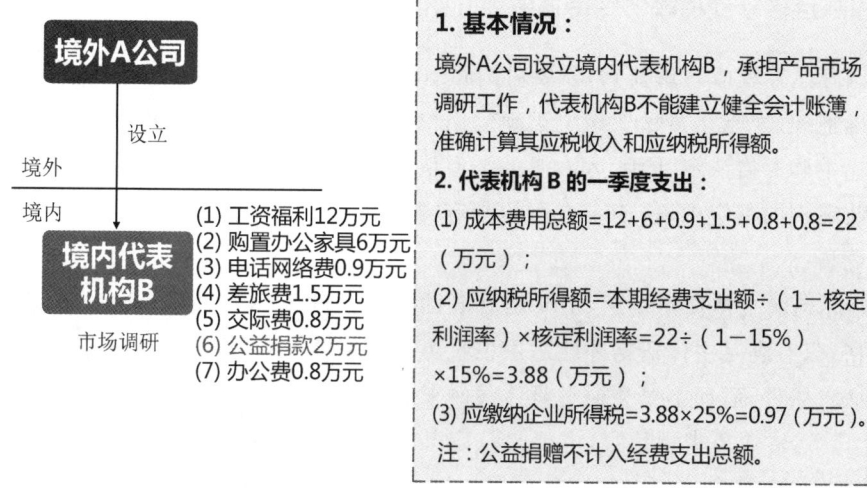

图 23-3 常驻代表机构税款计算案例 1

23.1.2.2 收入总额核定案例

第二个常驻代表机构采用收入总额核定征收企业所得税案例。假设该常驻代表机构年度的收入总额是 100 万元,按照收入核定征收如图 23-4 所示。

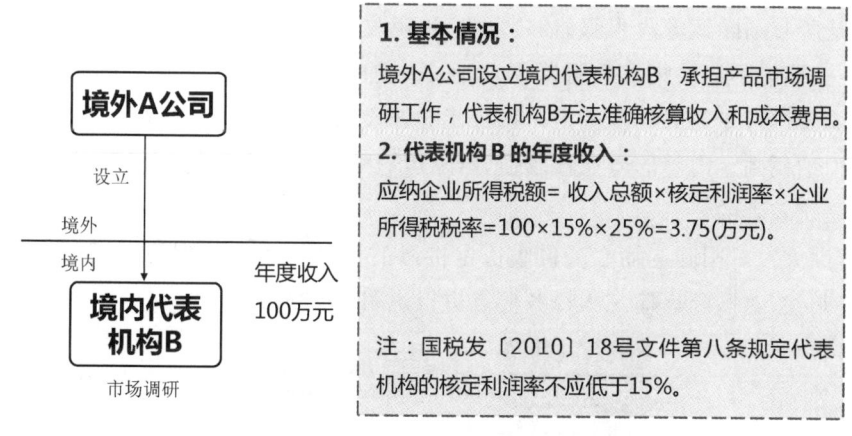

图 23-4 常驻代表机构税款计算案例 2

这里需要注意的是,根据国税发〔2010〕18 号文件第八条的规定,常驻代表机构的核定的利润率不应该低于 15%,原则上应该根据常驻代表机构所从事的行业利润率水平来进行核定。

23.2 国际运输税收协定与纳税风险识别

国际运输涉及税收协定与税务风险识别的内容,其比常驻代表机构的难度更大,因为国际运输包含了很多航运专业特点,在纳税判定方面有一套比较特殊的管理体系。

23.2.1 国际运输享受税收协定待遇要点介绍

掌握国际运输税收管理要点,需要对国际运输税收体系构成进行概括,对其逻辑背景有宏观性准确把握,才能在实际工作中正确运用税收政策。国际运输的税务要点归纳起来包括国际运输主体资格认定、国际运输业务类型认定、国际运输收入范围认定三大主要部分。在具体税收案例的判定中,这三个方面的判定内容都有可能产生税收争议。以下对这三个要点进行分析。

(1) 国际运输主体资格认定,主要是看该国际运输的主体是否具备税收协定规定的免税待遇资格,只有满足主体资格才能适用税收协定的免税待遇,因此国际运输主体资格的证明材料是必备条件,后面本章会通过具体案例来进行介绍。

(2) 国际运输业务类型认定,主要是认定某种国际运输业务取得的相关收入是否满足国际运输税收协定规定的收入类型的定义。因为开展国际运输的方式有很多种,有直接运输方式,也有通过租赁的方式进行运输,总的来说通过自己开展运输取得的收入是满足税收协定要求的收入类型。如果仅是通过出租设备这种形式取得的运输收入,则不属于可以享受国际运输协定的收入类型,而是属于一种设备租赁的收入。因此,判断是运输收入还是租赁收入是处理国际运输协定业务中的重点和难点,需要运用国际运输专业概念进行判定。

(3) 国际运输收入范围认定,是指对可以享受税收协定待遇的国际运输收入范围进行规范,并不是所有国际运输收入都能够适用享受税收协定待遇的收入范围。比如说,从事国际运输的企业取得了运输收入和附属收入,那么这些附属收入是否属于国际运输协定中的免税收入,需要进行专门的纳税判定。国际运输享受税收协定待遇存在以上三个主要的判定内容,其中纳税判定内容的专业性较强,国际运输税收协定案件的处理难度总体上是比较高的,难度是比较大的。

为了帮助大家对国际运输享受税收协定待遇的业务要点加深理解,以下将从税收文件规定的角度出发,对国际运输三大税务要点进行说明(图23-5)。

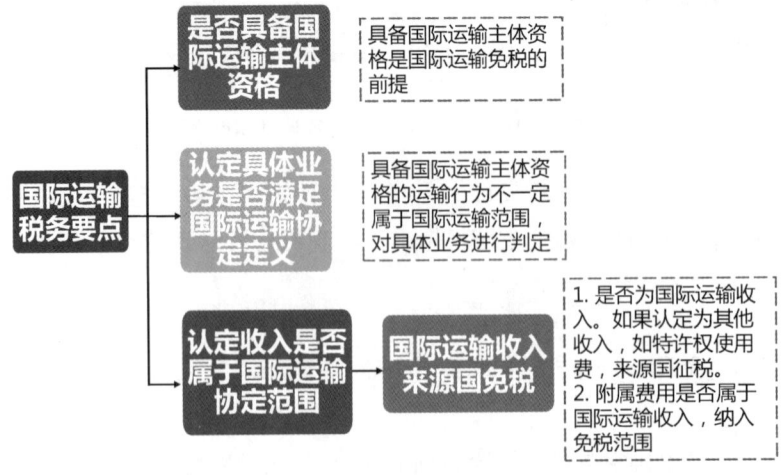

图 23-5 国际运输享受税收协定要点

23.2.1.1 国际运输主体资格认定的税法规定

根据《非居民企业从事国际运输业务税收管理暂行办法》(国家税务总局公告2014年第37号发布)第五条的规定,"非居民企业应自有关部门批准其经营资格或运输合同、协议签订之日起30日内,自行或委托代理人选择向境内一处业务口岸所在地主管税务机关办理税务登记,并同时提供经营资格证书、经营航线资料、相关业务合同以及境内联系人等相关信息"。该文件明确非居民从事国际运输在我国享受税收协定待遇主体资格认定的程序,即应在取得行业主管部门批准后,30日内向口岸地税务机关办理税务登记,并报送相关资料。这是非居民企业后续享受税协定待遇的前提工作。如果后续非居民企业开展的业务与提交资料不符(如航线)则难以享受税收协定待遇。

23.2.1.2 国际运输业务类型认定的税法规定

根据国家税务总局公告2014年第37号文件第二条的规定,"本办法所称从事国际运输业务,是指非居民企业以自有或者租赁的船舶、飞机、舱位,运载旅客、货物或者邮件等进出中国境内口岸的经营活动以及相关装卸、仓储等附属业务。非居民企业以程租、期租、湿租的方式出租船舶、飞机取得收入的经营活动属于国际运输业务。非居民企业以光租、干租等方式出租船舶、飞机,或者出租集装箱及其他装载工具给境内机构或者个人取得的租金收入,不属于本办法规定的国际运输业务收入"。

从业务开展过程来看,国际运输协定对于国际运输业务的定义有两个要点:一是运输起止点之一是中国境内,或者起止点都在境外,起止都在境内的不符合国际运输定义,起止点定义根据航线审批文件确定;二是业务范围除了运输还包括附属业务。

从具体的业务形式上来看,其专业性较强,可能需要在相关专业人士的协助下才能完成认定工作。具体来说,属于国际运输的,可以适用免税的业务形态包括:①程租。程租,是指远洋运输企业为租船人完成某一特定航次的运输任务并收取租赁费的业务。②期租。期租,是指远洋运输企业将配备有操作人员的船舶承租给他人使用一定期限,承租期内听候承租方调遣,不论是否经营均按天向承租方收取租赁费的租赁。③湿租。湿租是租用飞机的一种方法。由出租人提供飞机并附带完整的机组人员和维修、燃油等设备,承租人只经营使用,向出租人支付租金。

属于租赁所得但不是国际运输业务不能享受免税的业务形态包括:①光租。由船舶所有人向租船人提供不配备船员的船舶,在约定的期间内由租船人占有、使用和营运,租船人按合同约定支付租金的租船业务方式。②干租。仅涉及飞机的租赁,不包括机组和备件。承租人必须自己提供机组、燃油,甚至自己提供维修服务。

23.2.1.3 国际运输收入范围认定的税法规定

根据国家税务总局公告2014年第37号文件第七条的规定,国际运输业务收入总额,是指非居民企业运载旅客、货物或者邮件等进出中国境内口岸所取得的客运收入、货运收入的总和。客运收入包括客票收入以及逾重行李运费、餐费、保险费、服务费和娱乐费等;货运收入包括基本运费和各项附加费等。以上这些收入是可以享受税收协定免税的收入范围,超出以上范围的收入不能享受国际运输免税待遇。在实务工作中,非居民提供的享受税收协定待遇的资料需要能够对所取得的收入准确归类,并提供相应的收入证明资料才能按照税收文件规定享受免税待遇。

23.2.2 国际运输税务管理案例

本案例是关于国际运输税收协定执行的判定案例,具有相当典型的代表性(图 23-6)。①韩国的 X 公司为韩国税收居民,其营业范围是运输业船舶租赁。根据国家税务总局公告 2014 年第 37 号文件的要求,从事国际运输的企业取得了我国相关主管部门的审批同意以后 30 日内要向口岸地的主管税务机关报送相关资料进行税务登记,但是在韩国 X 公司税务登记中只有船舶租赁一个项目而没有其他的项目。韩国 X 公司把船和员工一起出租给中国境内公司,向口岸地主管税务机关申请享受中韩国际运输税收协定免税待遇,对于其取得来源于中国境内航运公司支付的船舶的租金国际运输收入在中国免税。

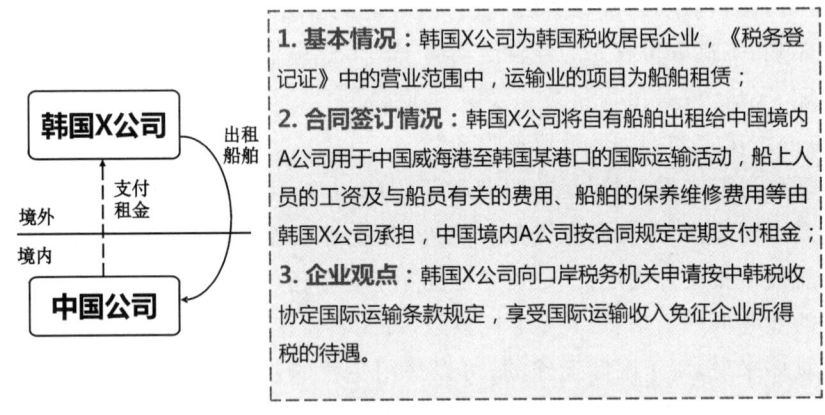

图 23-6 国际运输享受税收协定案例(1)

在本案例中,中国主管税务机关通过仔细的调查发现了以下两类疑点。

第一类疑点如图 23-7 所示,共有三个。据此疑点分析,税务机关得出结论,韩国 X 公司的国际运输资质不能够证明其开展了国际运输业务,即使该公司后来又去韩国相关的部门补办了国际运输的资质,但是中国主管税务机关仍然认为该公司虽然具有了资质,但是不代表其从事了国际运输业务,具有实质性的经营行为。通过以上分析可以发现,税务机关在本案例中的纳税判定标准是比较高的。

与第一类疑点是对韩国 X 公司的国际运输主体资格提出质疑不同,第二类疑点是从韩国 X 公司从事国际运输业务类型的角度提出了质疑。该质疑有两个疑点,如图 23-8 所示。通过对业务类型的质疑进行分析,中国主管税务机关得出的结论是韩国 X 公司取得的出租船舶所得不属于国际运输所得,不能享受中韩国际运输税收协定的免税待遇,这项所得应该

---

① 案例来源:《国家税务总局关于印发山东省国家税务局执行税收协定涉及国际运输案例的通知》(国税办发〔2011〕34 号)。

判定为租赁所得。在税收协定中,该类所得属于特许权使用费的条款,应按照特许权使用费,征收10%的企业所得税。

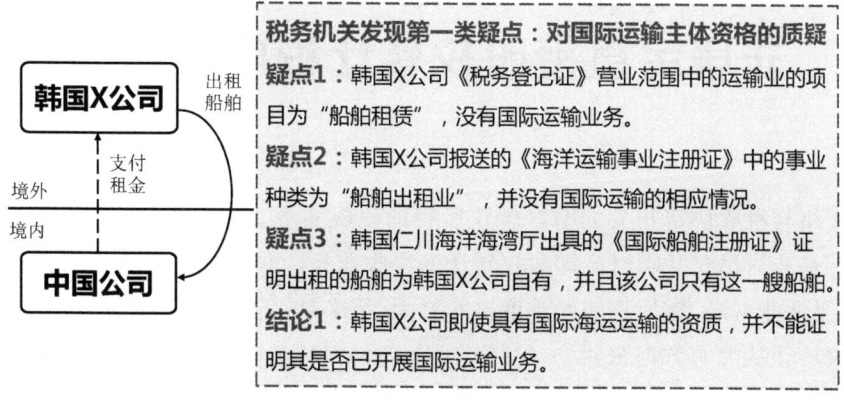

图23-7 国际运输享受税收协定案例(2)

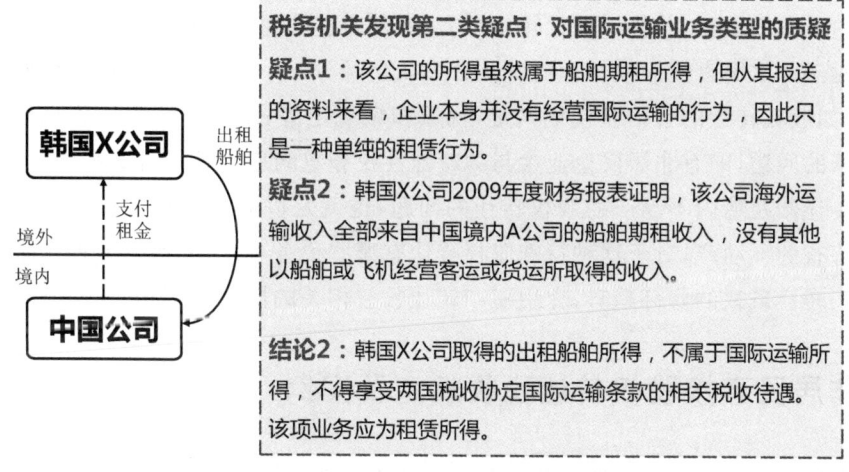

图23-8 国际运输享受税收协定案例(3)

通过这个经典的国际运输税收协定案例,我们可以看到,对于国际运输案例的审查的方向不是唯一的,可以从资质、收入、经营、所得,甚至财务报表业务收入类型等多方面进行考察。通过这个案例,我们可以看到中国境内主管税务机关当时是根据综合因素的分析对非居民企业的业务实质做出了纳税判定。从这个案例的处理过程中,我们可以看到国际运输业务的处理难度实际上是很大的,需要学习和实践的内容是很丰富的。

24

非居民直接股权转让税收实务与案例

本章介绍与税收协定相关的财产转让所得的税收实务。在实务中,非居民财产转让大多数情况下是非居民权益类财产即股权转让的税收业务。非居民股权转让的税务内容分类比较多,重要性非常高,掌握理解的难度也非常大,历来是企业和税务机关关注的重点内容。非居民股权转让从大的方向来说分为非居民直接股权转让和非居民间接股权转让两种方式,其中非居民直接股权转让与税收协定的相关性较高,并且与非居民间接股权转让的税务规定区别较大,因此本书把非居民直接股权转让归入税收协定类别中集中讲解,后续章节再专门对非居民间接股权转让集中进行介绍。所谓非居民直接股权转让,是指非居民直接持有中国境内企业的股权,并将该股权转让出去,不是通过中间层公司进行转让的股权转让方式。本章对于非居民直接股权转让的讲解分为四个部分:一是介绍非居民直接股权转让的税务规定,如股权转让的管辖缴税地判定,税款扣缴规定等;二是介绍非居民直接股权转让中比较特殊的问题,即有非居民企业参与的特殊性税务重组应该按照什么模式进行;三是介绍非居民转让涉及境内不动产的股权转让的问题,也就是以股权转让的形式但实质上是转让股权所持有的不动产,对于这种特殊股权转让有哪些税务规定;四是结合近年来国际上税收协定财产转让条款的修订趋势,介绍财产转让收益相关的协定内容。

24.1 非居民直接股权转让税收规定及案例

本节介绍非居民直接股权转让的税务规定及代表性案例。掌握非居民直接股权转让的税务规定可以为后续学习非居民间接股权转让打下良好基础。非居民间接股权转让比非居民直接股权转让复杂很多,但是在一些原则性的征税规定上是相通的,我们通过学习非居民直接股权转让,可以了解很多关于间接股权转让的处理原则,并且后续在处理间接股权转让的时候有一个基本的思路,即把间接股权转让的问题转化为直接股权转让进行处理。因此,本节对非居民直接股权转让规定的介绍是非常重要的。

24.1.1 非居民企业股权转让税务分类及规定

首先,来了解非居民股权转让的大致税务分类情况,为后续理解做好准备。非居民的股权转让按照业务关系类型来看,可以分为三大类:一是直接股权转让;二是间接股权转让;三是不动产的股权转让。不动产股权转让有可能是直接转让,也有可能是间接转让,但由于它涉及很特殊的转让行为,也就是股权中包括不动产,按照税收协定的分类标准可以对其单独进行介绍。分类情况如图24-1所示。

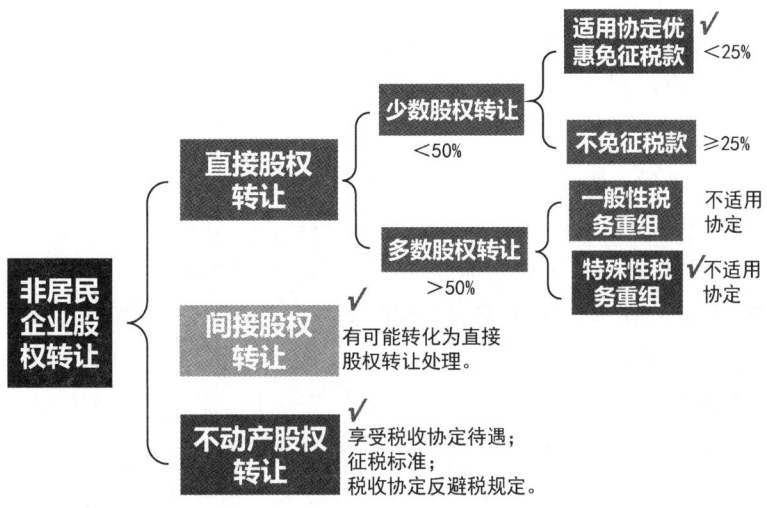

图 24-1 非居民企业股权转让税务分类

根据转让股权的比例,直接股权转让可以分为少数股权转让和多数股权转让。通常小于50%的股权转让是少数股权转让。在少数股权转让中,如果股权转让比例小于25%,有可能适用税收协定中的其他收益条款,不在中国境内缴纳税款。对于股权转让比例超过了50%的转让行为,从会计和税收上来讲,这种股权转让涉及公司控制权的变化转移,属于重大的股权重组问题,且一般不适用税收协定免税条件。在间接股权转让中,重要处理思路是把间接股权转让在一定条件下转化为直接股权转让进行处理,在后续章节中会有专门介绍,本章中仅作为概念进行讲解。在不动产的股权转让中,核心事项是判定不动产股权转让的征税权是否在中国,这需要满足税收协定待遇中的若干条件才能做出判定。此外,协定针对的不动产股权转让往往还有一些反避税条款,这也是需要重点掌握的内容。

其次,介绍非居民直接股权转让中非常典型的转让场景,并结合该情景来介绍非居民直接股权转让的基本税务规定。如图24-2所示,中国香港非居民A公司直接持有中国内地B公司股权,并将股权转让给美国C公司,股权被转让方是B公司。我们来看相关征税权、征税依据、缴税地等重要税务规定。

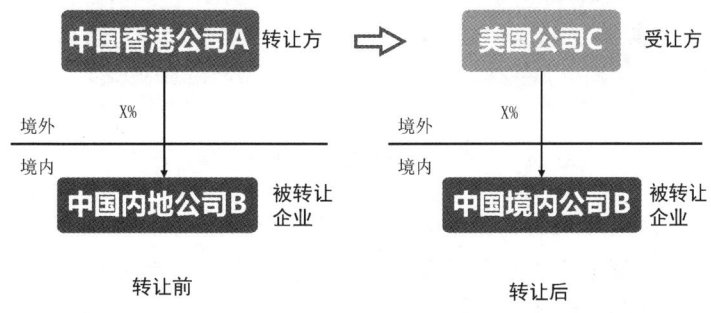

图 24-2 非居民企业直接股权转让示意图

24.1.1.1　征税依据

根据《企业所得税法实施条例》第七条第（三）项的规定，权益性投资资产转让所得按照被投资企业所在地确定所得来源地。由于被投资企业是 B 公司，该股权转让的所得来源地是中国境内，我国对此拥有税收管辖权。

24.1.1.2　税款缴纳地

根据《国家税务总局关于非居民企业所得税源泉扣缴有关问题的公告》（国家税务总局公告 2017 年第 37 号）第十六条的规定，"对企业所得税法实施条例第七条规定的不同所得，所得发生地主管税务机关按以下原则确定：（二）权益性投资资产转让所得，为被投资企业的所得税主管税务机关"。在本案例中，股权价款的支付方是境外公司，难以代扣代缴，因此对于这类两头在外的非居民直接股权转让，应在被投资企业所在地即 B 公司所在地缴纳税款。

24.1.1.3　税款计算

根据国家税务总局公告 2017 年第 37 号文件第三条的规定，应纳税额 = 应纳税所得额 × 适用税率 = 应纳税所得额 × 10% = （股权转让收入 − 股权净值）× 10% = （股权转让各项总收入 − 股权计税基础）× 10%。其中，股权转让收入，是指股权转让人转让股权所收取的对价。它包括货币形式和非货币形式的各种收入。股权净值，是指取得该股权的计税基础。股权的计税基础是股权转让人投资入股时向中国居民企业实际支付的出资成本，或购买该项股权时向该股权的原转让人实际支付的股权受让成本。股权在持有期间发生减值或者增值，按照国务院财政、税务主管部门规定可以确认损益的，股权净值应进行相应调整。企业在计算股权转让所得时，不得扣除被投资企业未分配利润等股东留存收益中按该项股权所可能分配的金额。

如果以上案例中，股权的受让方不是境外公司而是一家上海的 C 公司，如图 24-3 所示，由于股权转让所得的来源和税款计算原则不变，那么需要关注的重点是股权转让税款的缴纳地点。

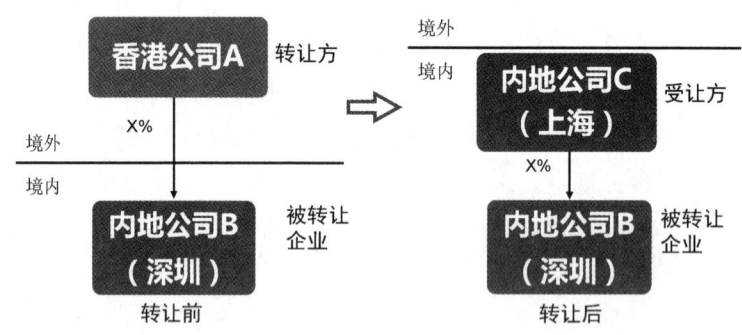

图 24-3　非居民企业直接股权转让缴税地

根据国家税务总局公告 2017 年第 37 号文件第七条的规定，"扣缴义务人应当自扣缴义务发生之日起 7 日内，向扣缴义务人所在地主管税务机关申报和解缴代扣税款"。同时，根据《企业所得税法》的规定，扣缴义务人未依法扣缴或者无法履行扣缴义务的，由纳税人在所得发生地缴纳。纳税人未依法缴纳的，税务机关可以从该纳税人在中国境内其他收入项目的支付人应付的款项中,追缴该纳税人的应纳税款。从政策规定来看,扣缴义务人扣缴税款和非居民企业缴纳税款是存在先后顺序的。当C公司作为扣缴义务人,履行代扣代缴义务时,在C公司所在地上海申报缴纳税款即可。如果C公司没有按照规定履行代扣代缴义务,未扣缴税款,非居民企业A公司应在所得发生地,即被投资企业B公司所在地深圳缴纳股权转让企业所得税。

24.1.2 非居民个人股权转让税收规定

以上介绍的是非居民企业直接股权转让的税务要点,作为对比,本节介绍非居民个人直接转让中国境内股权的税务规定。首先,如果非居民个人转让的是中国境内上市公司的股权,其股权转让所得是暂免征收个人所得税的。文件依据是《财政部 国家税务总局 证监会关于沪港股票市场交易互联互通机制试点有关税收政策的通知》(财税〔2014〕81号)和《财政部 国家税务总局 证监会关于深港股票市场交易互联互通机制试点有关税收政策的通知》(财税〔2016〕127号)。这两个文件对通过香港市场投资中国境内上市公司的企业和个人投资者取得的股票转让差价所得,暂免征收所得税,并且对非居民个人买卖中国境内的上市公司的股票差价免征增值税。

对于非居民个人转让中国境内非上市公司的股权取得收益,按照《个人所得税法》第三条第(三)项的规定,利息、股息、红利所得,财产租赁所得,财产转让所得和偶然所得,适用比例税率,税率为20%。在税收协定优惠方面,根据《〈中华人民共和国政府和新加坡共和国政府关于对所得避免双重征税和防止偷漏税的协定〉及议定书条文解释》(国税发〔2010〕75号)第十三条"财产收益"条款,通常在转让前12个月内持股低于25%,且不动产价值比例低于50%,可以免于在中国缴纳个人所得税。关于增值税方面,如果非居民个人转让中国境内非上市公司取得差价收益,不需要在中国境内缴纳增值税,因为非上市公司股权不是金融商品,不属于增值税征税范围。在此有必要提醒各位读者,非居民个人取得股权转让收益和外籍个人取得股息分红免缴个人所得税是有区别的两个概念,应注意区分。

接下来了解非居民个人股权转让中比较特殊的一种情况,即非居民个人间接股权转让问题。非居民个人间接股权转让的基本模式如图24-4所示。如果非居民个人转让其持有的BVI公司30%股权,是否应在中国境内缴纳个人所得税?

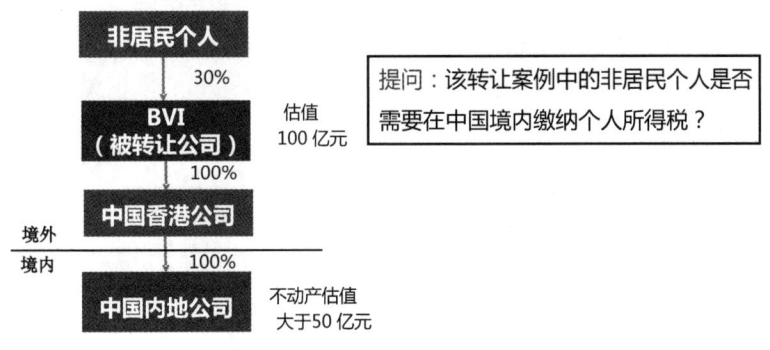

图24-4 非居民个人间接股权转让

以上案例比较复杂,从股权转让案件的性质来看,属于非居民个人间接转让中国境内公司股权;从股权价值构成来看,股权价值构成中不动产价值占有重要比例;从现实情况来看,我国目前没有关于非居民个人间接转让的税收文件规定。就本案例来说,目前我国虽然没有对一般意义上的非居民个人间接股权转让发布税收文件规定,但是对于某些特殊情况是有法可依的。根据《财政部 税务总局关于境外所得有关个人所得税政策的公告》(财政部 税务总局公告 2020 年第 3 号)第一条第(七)项的规定,"转让对中国境外企业以及其他组织投资形成的权益性资产,该权益性资产被转让前三年(连续 36 个公历月份)内的任一时间,被投资企业或其他组织的资产公允价值 50% 以上直接或间接来自位于中国境内的不动产的,取得的所得为来源于中国境内的所得"。在本案例中,如果 3 年内被间接转让的股权有 50% 以上价值来源于中国境内的不动产构成,则视同为直接取得中国境内所得缴纳个人所得税。

24.2 非居民企业特殊性税务重组税收规定及案例

本节内容是非居民直接股权转让中的特殊情况——非居民企业特殊性税务重组的相关税法规定和案例。本节将通过一个典型案例来向大家介绍非居民享受特殊性税务重组需要具备哪些条件。

24.2.1 非居民企业特殊性税务重组政策规定

本节中的案例是一个资本市场上的公开案例[①],也是一个曾经失败的案例。我们在学习掌握这部分内容时,要清楚地了解这个案例失败的原因以及正确的重组模式是什么。本案例的基本交易结构如图 24-5 所示,非居民企业意大利意迩瓦萨隆诺控股股份公司(以下简称投资公司 1)100% 持有境外的另外一个非居民企业意大利意迩瓦萨隆诺投资有限公司(以下简称投资公司 2),投资公司 2 持有境内张裕集团 33% 股份。投资公司 1 在境外进行了一次吸收合并,吸收合并投资公司 2,导致中间层消失变成投资公司 1 直接持有境内上市公司张裕集团的股份。

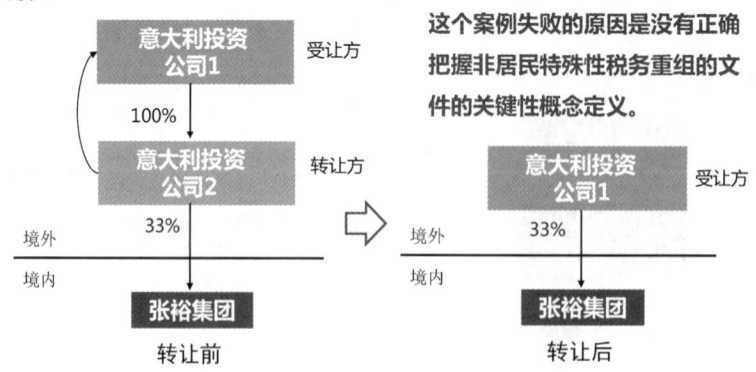

图 24-5 张裕集团股权转让案例

---

① 参见:《山东省烟台市芝罘区人民法院行政判决书》[(2015)芝行初字第 16 号]。

要理解该案例特殊性税务重组失败的原因,需要先对我国特殊性税务重组文件规定有所了解。

24.2.1.1 特殊性税务重组原则性规定

我国对于特殊性税务重组的原则性规定是《财政部 国家税务总局关于企业重组业务企业所得税处理若干问题的通知》(财税〔2009〕59号)第五条对特殊性税务重组的规定,需要同时符合下列条件,适用特殊性税务处理规定。

(1) 具有合理的商业目的,且不以减少、免除或者推迟缴纳税款为主要目的。

(2) 被收购、合并或分立部分的资产或股权比例符合财税〔2009〕59号文件第一条规定的比例[股权收购比例不低于50%,依据《财政部 国家税务总局关于促进企业重组有关企业所得税处理问题的通知》(财税〔2014〕109号)第一条]。

(3) 企业重组后的连续12个月内不改变重组资产原来的实质性经营活动。

(4) 重组交易对价中涉及股权支付金额符合财税〔2009〕59号文件第六条规定比例(股权支付对价不低于85%)。

(5) 企业重组中取得股权支付的原主要股东,在重组后连续12个月内,不得转让所取得的股权。

24.2.1.2 跨境特殊性税务重组的规定

根据财税〔2009〕59号文件的规定,如果申请特殊性税务重组待遇的企业是跨境重组,那么需要满足更加严格的特殊性税务重组条件,即还要满足财税〔2009〕59号文件第七条规定。该条规定了3种跨境特殊性税务重组模式:①非居民企业向其100%直接控股的另一非居民企业转让其拥有的居民企业股权,没有因此造成以后该项股权转让所得预提税负担变化,且转让方非居民企业向主管税务机关书面承诺在3年(含3年)内不转让其拥有受让方非居民企业的股权;②非居民企业向与其具有100%直接控股关系的居民企业转让其拥有的另一居民企业股权;③居民企业以其拥有的资产或股权向其100%直接控股的非居民企业进行投资。

根据《国家税务总局关于非居民企业股权转让适用特殊性税务处理有关问题的公告》(国家税务总局公告2013年第72号)第一条的规定,"本公告所称股权转让是指非居民企业发生《通知》①第七条第(一)、(二)项规定的情形;其中《通知》第七条第(一)项规定的情形包括因境外企业分立、合并导致中国居民企业股权被转让的情形"。该条规定说明涉及非居民的合并分立等情形也适用股权转让条款管理。这是本案例适用财税〔2009〕59号文件第七条第(一)项规定的税收文件依据。

24.2.1.3 跨境特殊性税务重组管理规定

在报送资料和审核流程上,根据国家税务总局公告2013年第72号文件第二条规定,非居民完成股权变更后,30日内备案。根据该文件第三条规定,需要报送以下资料:

(1)《非居民企业股权转让适用特殊性税务处理备案表》。

---

① 《通知》是指财税〔2009〕59号文件。

(2) 股权转让业务总体情况说明,应包括股权转让的商业目的、证明股权转让符合特殊性税务处理条件、股权转让前后的公司股权架构图等资料。

(3) 股权转让业务合同或协议(外文文本的同时附送中文译本)。

(4) 工商等相关部门核准企业股权变更事项证明资料。

(5) 截至股权转让时,被转让企业历年的未分配利润资料。

根据该文件第五条规定,主管税务机关应当自受理之日起 30 个工作日内就备案事项进行调查核实、提出处理意见,并将全部备案资料以及处理意见层报省级(含自治区、直辖市和计划单列市)税务机关。

24.2.2 非居民企业特殊性税务重组为什么失败

通过介绍上述文件规定,可以看到涉及非居民企业跨境特殊税务重组的文件规定是很复杂的。在这个案例中,境外公司的重组形式是吸收合并,但是在我国税务机关看来,根据我国税收文件的规定,这种境外的吸收合并引起的境内公司股权变更,视同为股权转让处理。这里涉及非常重大的认定性质问题,因为吸收合并和股权转让的特殊性税务重组文件规定是完全不同的。以下是该案例在实际发生股权转让认定后的重组情况,企业认为符合财税〔2009〕59 号文件第七条规定(图 24-6)。

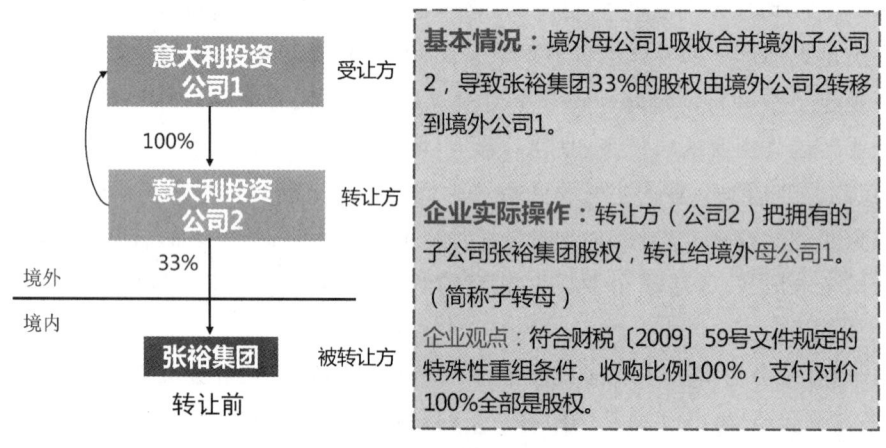

图 24-6 张裕集团股权转让案例续 1

然而,对于企业的主张,我国税务机关的观点是企业的股权支付做法不符合财税〔2009〕59 号文件第七条第(一)项"非居民企业向其 100% 直接控股的另一非居民企业转让其拥有的居民企业股权"规定。该条指的是应该由母公司(投资公司 1)向自己 100% 控股的子公司(投资公司 2)转让母公司自己拥有的张裕集团 33% 的股权,才符合条件(简称母转子)。符合财税〔2009〕59 号文件第七条第(一)项的重组结构应该如图 24-7 所示。

本案例的重组结构不满足财税〔2009〕59 号文件第七条第(一)项的规定,属于子公司(投资公司 2)向母公司(投资公司 1)转让张裕集团股权(简称子转母),故本案例不能享受非居民跨境特殊性税务重组免税待遇。

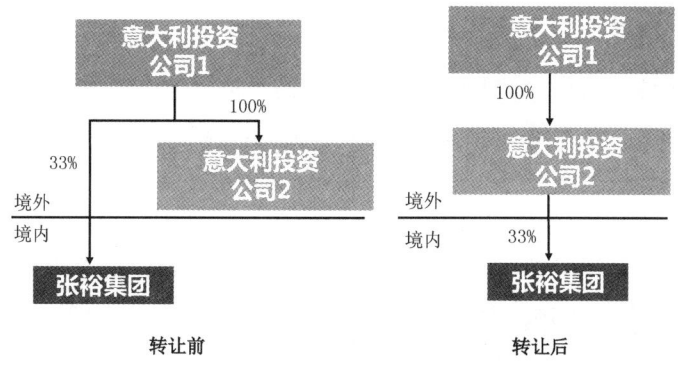

图 24-7 张裕集团股权转让案例续 2

24.3 非居民不动产股权转让税收规定及案例

本章第三个部分介绍非居民不动产转让的税务规定和案例。该内容分为两个部分来介绍：一是介绍非居民直接转让不动产的税务规定，包括计税依据等；二是介绍非居民通过转让股权来间接转让其持有不动产的税务处理规定，这种情况在实务工作中更加普遍。

24.3.1 非居民直接转让不动产税收规定

首先来看非居民企业直接转让不动产的税务规定。非居民企业直接转让其持有的不动产的征税依据是《企业所得税法》第十九条第（二）项，"非居民企业取得本法第三条第三款规定的所得，按照下列方法计算其应纳税所得额"。《企业所得税法实施条例》第七十四条规定，"企业所得税法第十六条所称资产的净值和第十九条所称财产净值，是指有关资产、财产的计税基础减除已经按照规定扣除的折旧、折耗、摊销、准备金等后的余额"。具体计算过程如图 24-8 所示。

计税依据：应扣缴的企业所得税 = 财产转让所得 × 10%
　　　　＝（收入全额 - 财产净值）× 10%
　　　　＝（收入全额 - 资产的计税基础 + 折旧 + 摊销 + 准备金等）× 10%

纳税地点：不动产所在地 [依据《企业所得税法实施条例》第七条第（三）项]

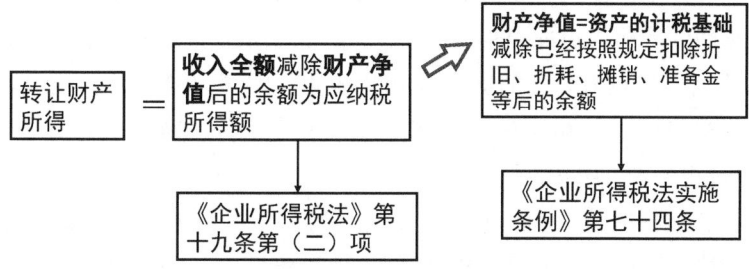

图 24-8 非居民转让不动产规定

24.3.2 非居民股权转让不动产税收规定

接下来重点关注非居民通过股权转让不动产的税务规定。所谓股权转让不动产,相当于非居民通过转让名下持有的公司股权,间接转让中国境内的不动产。对于这样的股权转让,根据国税发〔2010〕75号文件第十三条的规定,如果被转让股权的公司在中国境内,只要满足两个条件之一,中国税务机关就有权征税:一是被转让公司股份价值50%以上直接或间接由位于中国的不动产组成(即不动产价值>50%);二是转让前12个月内曾直接或间接持有至少25%资本(持股比例≥25%)。需要注意的是,以上两个条件不需要同时具备,而是两者满足其一即可征税。

24.3.3 非居民股权转让不动产的征税

接下来看本节非居民股权转让不动产案例,该案例的基本情况如图24-9所示。非居民企业中国香港A公司转让中国内地B公司股权,B公司名下持有不动产构成股权价值的重要来源。A公司把持有的B公司20%股权转让给开曼D公司。从表面判定,由于A公司转让的股权持股比例小于25%,那么根据内地和香港的税务安排,有可能享受税收协定其他财产转让条款安排,不在内地缴纳企业所得税。那么该案例是否符合税收协定安排呢?

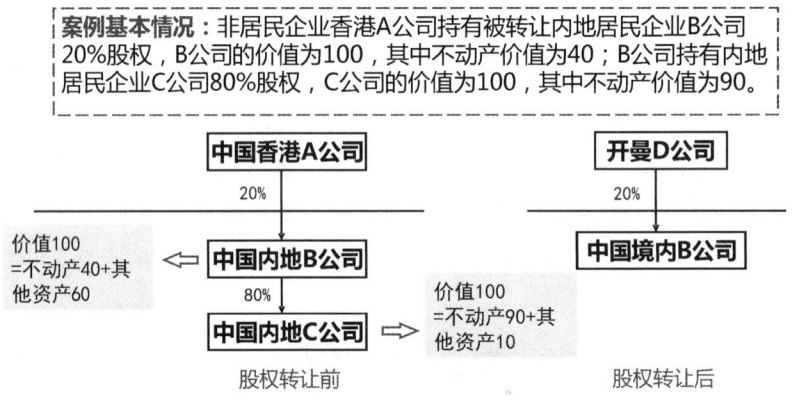

图24-9 非居民转让不动产规定

非居民直接转让中国境内公司的股权纳税判定时,不仅要看股权转让比例,更重要的是分析被转让对象的资产构成情况,只有这样才不会被表面的持股比例掩盖股权转让的实质。根据A公司持有的两层境内公司的资产构成情况,其涉及不动产的价值构成情况,因此需要按照国税发〔2010〕75号文件第十三条财产收益的两个条件来具体进行计算不动产的价值占比,具体计算过程如图24-10所示。

经过计算,该案例中非居民企业香港A公司直接股权转让中的不动产价值占比大于50%。根据税收协定财产收益条款安排,中国内地税务机关享有征税权,该股权转让的所得香港A公司应在内地主管税务机关缴纳企业所得税。

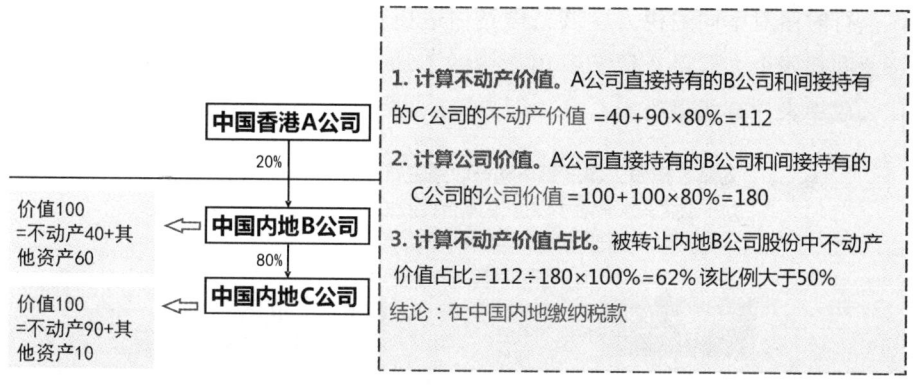

图 24-10 非居民转让不动产规定续

24.4 财产收益税收协定修订趋势

接下来介绍税收协定财产收益条款的修订趋势和一些具有代表性的修订情况。近年来,OECD 组织不动产相关的财产收益修订的核心内容是保障不动产所在国的优先征税权不受侵蚀。因为目前国际上很多不动产转让往往被包装成了股权、信托、集合投资收益工具等形式的转让。如果仅根据股权转让形式就判定征税权归属,那么不动产所在国的税基就会受到严重的侵蚀和损害。为了打击这样一种避税行为,近年来的税收协定对财产转让相关的税收条款进行了很多修订和补充。图 24-11 展示了目前税收协定财产收益条款修订中的三个主要方向。

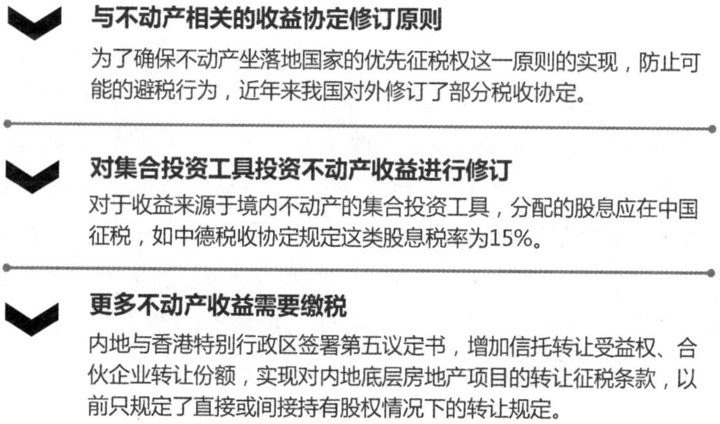

与不动产相关的收益协定修订原则

为了确保不动产坐落地国家的优先征税权这一原则的实现,防止可能的避税行为,近年来我国对外修订了部分税收协定。

对集合投资工具投资不动产收益进行修订

对于收益来源于境内不动产的集合投资工具,分配的股息应在中国征税,如中德税收协定规定这类股息税率为15%。

更多不动产收益需要缴税

内地与香港特别行政区签署第五议定书,增加信托转让受益权、合伙企业转让份额,实现对内地底层房地产项目的转让征税条款,以前只规定了直接或间接持有股权情况下的转让规定。

图 24-11 税收协定财产收益条款修订

下面看一个简单的关于集合投资工具的税收协定案例。在这个案例中,一个德国公司和德国个人分别投资了中国境内的不动产集合投资工具,并且从这个集合投资工具取得了分配的股息。根据中德之间的税收协定,对于这种新型的集合投资工具所分配的股息应该按照税收协定 15% 的税率在中国境内缴纳所得税。那么这里 15% 的股息税收协定优惠税率在具体执行时面对不同纳税人应该怎样具体适用呢？比如在图 24-12 所示的案例中，境外德国企业和德国个人取得来源于我国境内的不动产集合投资工具分配的股息时，分别应该按照什么税率来计算所得税？

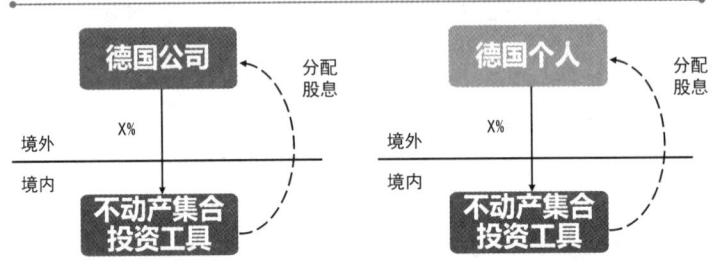

图 24-12　税收协定集合投资工具条款修订

这是两个非常重要的问题。这个问题的答案和中德税收协定中约定的集合投资工具的股息税率 15% 有什么关系呢？难道公司和个人面对的税率是不一样的吗，这里涉及我们对税收协定的理解以及国内法与税收协定之间的关系问题。如果大家能够准确解答这个问题，则表明大家通过本书税收协定章节的学习，对于税收协定的判定问题有了比较深入的理解。

中德税收协定集合投资工具条款中专门新增了一款规定，"如果据以支付股息的所得或收益由投资工具直接或间接从投资于第六条所规定的不动产所得，在该投资工具按年度分配大部分上述所得或收益，且其来自上述不动产的所得或收益免税的情况下，不应超过股息总额的 15%"。增加此项规定主要是考虑到纳税人通过集合投资工具等投资于不动产取得的股息，在性质上更接近不动产所得，根据税收协定范本对不动产的征税原则，对于不动产应由来源国行使无限征税权。虽然中德新修订的税收协定规定集合投资工具分配股息的税率为 15%，但按照税收协定与国内法对纳税人孰优的原则，非居民企业通过该投资工具取得所得的实际有效税率仍然为我国《企业所得税法实施条例》规定的 10% 税率。而对于非居民个人取得这类所得的情况则更为复杂。首先需要判定该所得是否属于《财政部　国家税务总局关于个人所得税若干政策问题的通知》（财税字〔1994〕20 号）关于外籍个人从外商投资企业取得的股息、红利所得予以免税的范围，如果属于该文件规定免税范围，那么根据国内法与税收协定孰优的原则应予以免税；如果不属于该文件规定的免税范围，那么正常情况下根据国内法应按照 20% 的个人所得税率缴纳个人所得税，同样根据国内法与税收协定孰优的原则应按照税收协定 15% 的税率征收个人所得税。

25 间接股权转让法规背景

非居民间接股权转让是国际税收领域的高端业务,也是对税收影响非常大的特殊业务。为了帮助读者系统了解非居民特别是非居民企业的间接股权转让业务,本书将用5个章节系统地介绍间接股权转让的税收实务问题。这5个章节的内容比较丰富,包括间接股权转让相关概念背景、税收法规体系,以及具体案例操作等税收实务工作中的常见事项。本书间接股权转让系列章节的体系结构如图25-1所示。

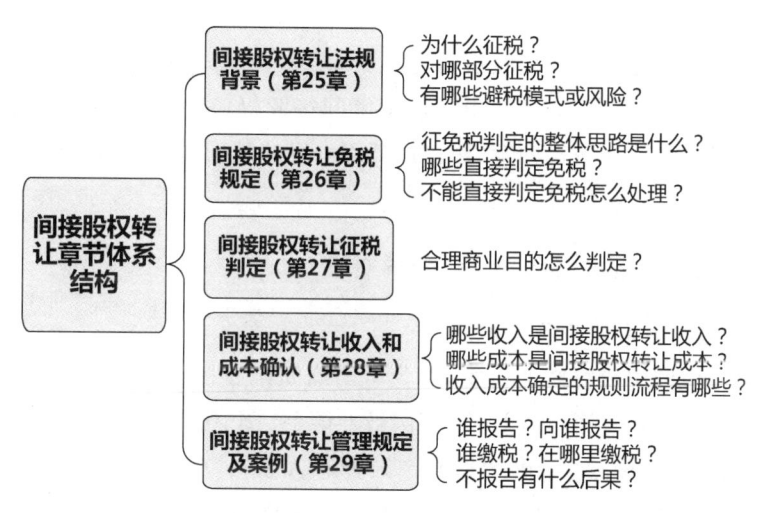

图25-1 本书间接股权转让章节体系

间接股权转让是国际税收领域非常重要的内容,这是由目前我国引进外资的融资结构决定的。我国境内的很多公司在境外寻求融资或上市,需要搭建比较特殊的跨境投资架构,以便境外投资者在投资退出阶段比较灵活,多数境外投资者会采用间接股权投资模式。在这种情况下,境外间接股权转让的本质是转让中国境内一些公司的股权。然而,这样的一种股权退出行为是一种容易产生避税的交易行为。因此,间接股权转让也是税务机关跨境税收监管的重点。我国税收法规中专门规范非居民企业间接股权转让的税收文件是《国家税务总局关于非居民企业间接转让财产企业所得税若干问题的公告》(国家税务总局公告2015年第7号),其中包括纳税义务的判定、转让所得的计算等多个方面的内容。然而,国家税务总局公告2015年第7号文件的内容并不完善,很多重要操作细节仍然缺乏相对清晰的税收指引,比如间接股权转让成本的确定就有很多情况需要进一步解释,又如中国境内应税财产的范围也需要进一步明确。这些内容虽然在国家税务总局公告2015年第7号文件中没有明确,但是实际工作中仍然有一些自下而上的理解,这些内容和国家税务总局公告2015年第7号文件中已有规范条款共同构成了非居民企业间接股权转让的实际执行案例。因此,本书在介绍非居民企业间接股权转让的税收实务内容时,除了介绍已有税收文件规定,还会通过示例的方式向大家介绍一些实务工作中常见的做法和这样做的原因。这些税收文件条款和文件以外的理解对大家建立合理的非居民间接股权转让事项的理论架构起了重要作用。

本章的主要内容包括三个部分:第一个部分讲解间接股权转让的若干个重要概念,包括征税对象、征税范围、征税依据;第二个部分讲解间接股权转让征税在法理上的根据,与一般反避税法规的联系;第三个部分介绍实务工作中常见的间接股权转让的避税模式,以此来加强对间接股权转让法规体系要点的理解。

25.1 间接股权转让涉及的重要概念

本章的第一个重要部分是间接股权转让涉及的重要概念。这一部分从国家税务总局公告2015年第7号文件内容出发,归纳出准确理解间接股权转让文件内涵的几个重要概念,这是后续讨论间接股权转让纳税判定、税款计算等内容的基础,因此这部分的内容是非常重要的。

25.1.1 "间接转让中国应税财产"概念(征税对象)

25.1.1.1 间接转让中国应税财产

理解间接转让中国应税财产的概念,是为了明确间接股权转让的征税对象是谁。以下通过一个案例(图25-2)来进行说明。该案例最上层是一个开曼公司,开曼公司是本次股权转让的转让方(卖方),开曼公司100%持有中国香港A公司,中国香港A公司100%直接持有中国内地的B公司,中国内地B公司又100%持有中国内地C公司的股权,这是一个四级股权结构。在这个股权结构中,转让方开曼公司将被转让方中国香港A公司股权转让给BVI公司。

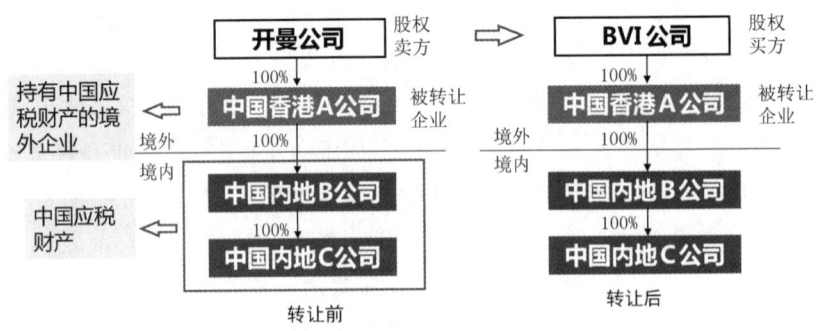

图25-2 间接转让中国应税财产概念

在本案例中，B公司和C公司在间接股权转让概念中的定位，称为中国应税财产，即B公司和C公司是以股权财产形态出现的位于中国境内的企业资产。那么，什么叫作间接转让中国应税财产呢？根据国家税务总局公告2015年第7号文件第一条的规定，"间接转让中国应税财产，是指非居民企业通过转让持有中国应税财产的境外企业股权及其他类似权益，产生与直接转让中国应税财产相同或相近实质结果的交易，包括非居民企业重组引起境外企业股东发生变化的情形"。在以上概念中，中国应税财产包括的财产类型很多，如不动产、股权、机构场所等，但是在这些财产中最重要的是股权。

25.1.1.2　间接转让中国财产

"间接转让中国财产"与"间接转让中国应税财产"的概念相比，少了"应税"两个字，两字之差却是划分征税和不征税的纳税判定要点，因此有必要在了解比较特殊的"间接转让中国应税财产"概念后再对更为一般性的"间接转让中国财产"有所了解，通过对比加深对间接股权转让概念的理解。"间接转让中国财产"的范围比"间接转让中国应税财产"的范围更广，它是指只要在股权转让交易中所涉及的所有被间接转让股权所涵盖的中国境内财产。根据国家税务总局公告2015年第7号文件第一条对间接转让中国应税财产的定义，只有间接转让按照中国税法应该在中国缴纳企业所得税的财产，才能称为间接转让中国应税财产。理解这句话有一定的难度，但是这一点恰恰是理解间接股权转让的关键要点，如图25-3所示。

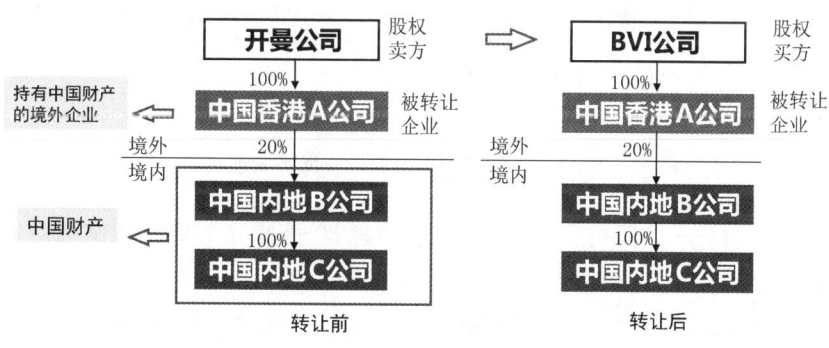

图25-3　间接转让中国财产概念

在图25-3所示的间接股权转让关系中，境外非居民企业开曼公司直接转让中国香港A公司股权实现间接转让中国内地B公司和中国内地C公司股权的目的。从转让结构上来看，该转让属于国家税务总局公告2015年第7号文件定义的间接股权转让，被间接转让的B公司和C公司是否属于"间接转让中国应税财产"呢？根据内地和香港地区签订的税收安排第十三条"转让第四款所述以外的任何股份取得的收益，而该项股份相当于一方居民公司至少25%的股权，可以在该一方征税"。也就是说，如果通常情况下非居民企业转让非房地产不动产股权不超过25%，我国境内税务机关不对该直接股权转让征税企业所得税。对照以上示例，在间接转让情况下由于间接持股比例为20%，小于25%，即便把间接股权转让视同为直接股权转让也不需要在我国境内缴纳企业所得税。因此，可以说以上示例中被间接转让的B公司和C公司属于"间接转让中国财产"但不是"间接转让中国应税财产"。

25.1.2 "归属于中国的应税财产"概念（征税范围）

以上讲到的两个概念中对应的案例都是中间层香港公司仅持有内地公司的情况。然而在实际工作中，中间层香港公司很多时候除了持有内地公司股权，还同时持有其他境外公司的股权。这时整个被转让的资产包，包括中国香港公司、中国内地公司和美国公司三个部分的内容，即图25-4虚线框中的部分表示整体被转让的财产范围。实线框里面标注的财产范围是国家税务总局公告2015年第7号文件定义的中国的应税财产。美国公司的股权财产虽然属于这次被间接转让的财产范围，但不是中国应税财产的范围。这个概念是非常重要的，关系到实务工作中确定间接转让中国应税股权转让对价的大小。

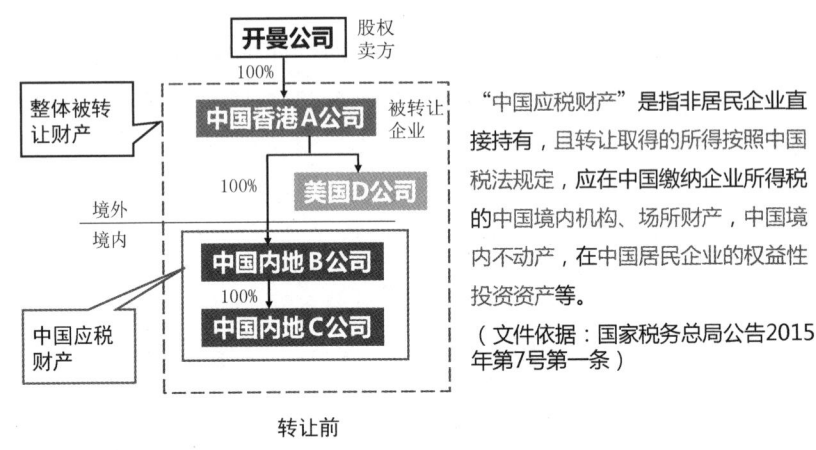

图25-4 归属于中国的应税财产概念

为了加深对"归属于中国的应税财产"概念的理解，大家还需要具体掌握对以下两种情况下股权转让的对价确定范围。

情况一，如果被转让相关A公司的价值是100，其中，归属于中国应税财产为80，归属于美国的财产价值为20，那么其中归属于中国的应税财产是80还是100？应对哪部分财产征税？对于这种情况，如果被转让相关A公司的价值是100，其中，归属于中国应税财产为80，归属于美国的财产价值为20，那么仅对其中的80在中国征税。理由是根据间接股权转让中对"间接转让中国应税财产"的定义，只有80的部分是归属于中国的财产，而另外20的部分是归属于美国的财产，不属于文件定义的征税范围。

情况二，如果被转让相关A公司的价值为100，其中，归属于中国应税财产为120，归属于美国的财产价值为-20，那么其中归属于中国的应税财产是100还是120？应对哪部分财产征税？如果被转让相关A公司价值100，其中，归属于中国应税财产为120，归属于美国的财产价值为-20，那么应对其中的120在中国征税。这是因为被转让整体的价值100是由归属于中国的财产部分120和归属于美国的财产部分-20构成的，其中100是总体价值的，并不代表应归属于中国的被转让财产部分，应该将总体价值还原为单项归属于中国的应税财产价值部分即 120 的部分。

接下来对间接转让中国应税财产的概念,做一个简单归纳和总结,如图 25-5 所示。

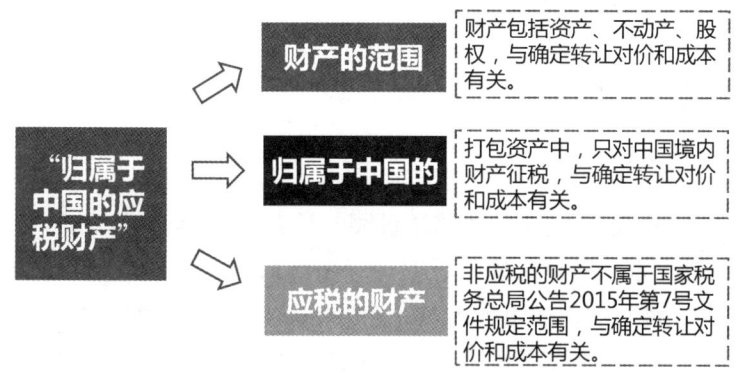

图 25-5　归属于中国的应税财产总结

25.1.3　间接股权转让的征税方式(征税依据)

接下来需要根据国家税务总局公告 2015 年第 7 号文件的要求,对非居民企业间接股权转让的征税判定逻辑进行总结,如图 25-6 所示。按照文件的规定,在遇到非居民间接股权转让时,要从转让形式上判断这个股权转让是直接股权转让还是间接股权转让。如果是直接股权转让,那么按照直接股权转让进行处理。

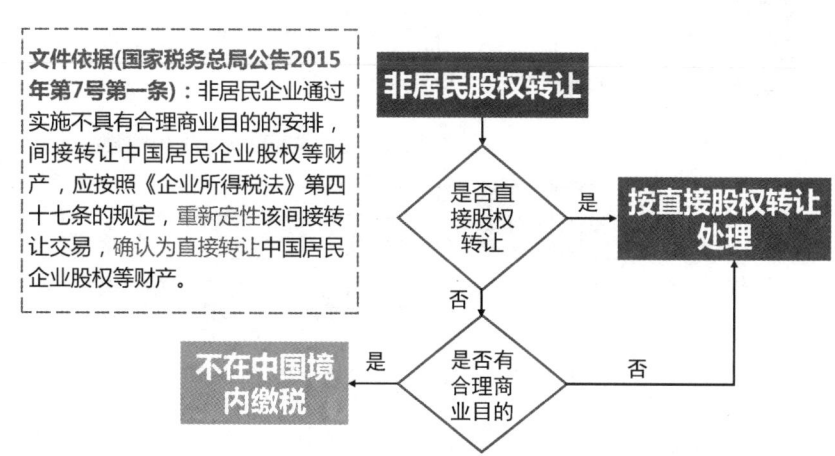

图 25-6　间接股权转让征税判定逻辑

如果这次股权转让不是直接股权转让,那就是间接股权转让。接下来要判定间接股权转让是否具有商业合理目的。如果具备合理商业目的,那么不在中国境内缴税;如果不具备合理商业目的,则应按照国家税务总局公告 2015 年第 7 号文件第一条把该间接股权转让重新定性为直接股权转让,按照直接股权转让征税处理。我们需要对照以上间接股权转让判定模式来理解间接股权转让的征税的逻辑和征税依据。

25.2　一般反避税法规与国家税务总局公告 2015 年第 7 号文件

本节主要讲述国家税务总局公告 2015 年第 7 号文件在我国一般反避税法规体系中的地位，以此来加深读者对间接股权转让法规的理解。

25.2.1　一般反避税法规介绍

首先，我们对我国一般反避税的法规体系做一下系统性了解。在我国，一般反避税法规是《一般反避税管理办法（试行）》（国家税务总局令第 32 号发布）。该法规的立法层级比普通税收文件高。该文件在法规适用领域，采用排除法定义一般反避税法规适用范围，也就是说排除两种情况，其他情况都可以适用一般反避税办法进行调整。这两种情况，一是跨境的交易以外的交易，也就是说境内交易不适用一般反避税办法；二是涉嫌逃避税款、欠缴税款、骗税、抗税以及虚开发票的行为，以上行为也不适用一般反避税办法。其次，一般反避税办法以无合理商业目的作为避税的重要特征。再次，在调整原则上，一般反避税办法规定了三条调整原则，如图 25-7 所示。

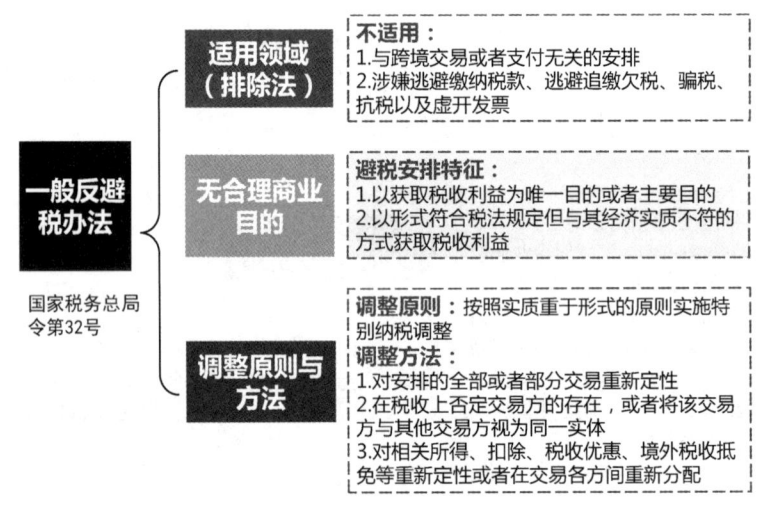

图 25-7　一般反避税法规框架

以间接股权转让为例，如果一个间接股权转让被判定没有合理商业目的，则根据国家税务总局公告 2015 年第 7 号文件的规定，可以将它重新定性为直接股权转让交易，按照直接股权转让交易征税。这种对交易的重新定性就是一般反避税办法规定的调整方法之一。因此，可以说我国间接股权转让公告规定实际上就是一般反避税办法在非居民间接股权转让领域中的一种具体应用。

25.2.2　一般反避税法规与国家税务总局公告 2015 年第 7 号文件的关系

除了前文所介绍的内容，我国一般反避税体系还有哪些重要的具体运用领域和调整方法呢？图 25-8 所示介绍了我国反避税体系的两大组成部分及其主要领域。

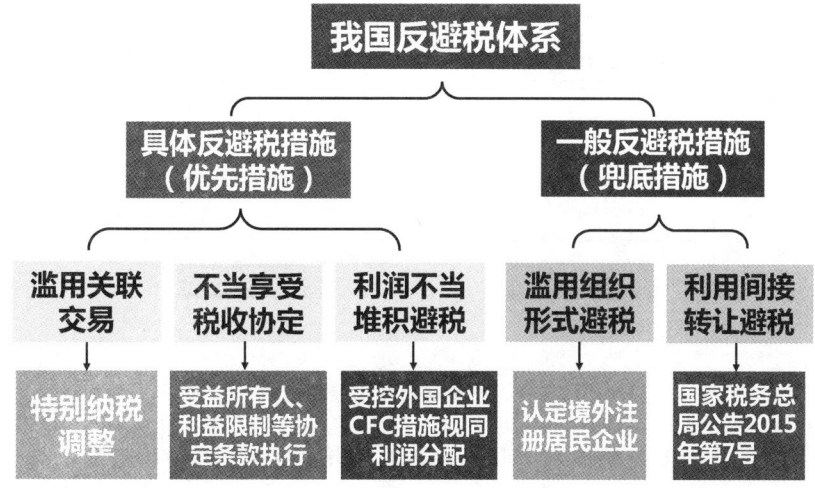

图 25-8　我国反避税体系图示

我国反避税体系由具体反避税措施和一般反避税措施两大部分组成。在具体反避税措施方面，包括应对滥用关联交易的特别纳税调整反避税措施，应对不当享受税收协定的"受益所有人"规则等反避税措施，应对利润不当堆积的受控外国企业等。这些具体反避税措施优先于一般反避税措施适用于具体税收案件。对于一般反避税措施，也就是兜底的反避税措施，包括间接股权转让规定等。

以上内容就是本章从法理来源上对我国间接股权转让和我国反避税的体系做的梳理，这对于我们准确理解国家税务总局公告 2015 年第 7 号文件在整个国际税收体系中的地位能够起重要的作用。

25.3　利用间接股权转让的避税模式有哪些

境外间接股权转让是一种纳税判定难度较大的交易模式，也是避税行为较为集中的领域。本节将对目前已经出现的一些常见的利用间接股权转让进行避税的模式进行总结，为读者后续加深对间接股权转让税收业务的理解指明需要重点关注的方向和要点。

25.3.1　避税模式一：设计复杂的持股中间层

设计复杂的境外中间持股结构是最常见的一种避税模式。复杂的中间持股层归纳起来主要有三个方面的作用：一是利用中间层税率低或不征税，可以使用复杂结构逃避监管；二是利用中间层信息保密不公开，"外转外"信息很难获取；三是可以实现境内股权转让境外化，隐藏非居民企业实际控制人的身份。在图 25-9 所示的间接股权转让结构中，中国境内自然人通过设立在境外的中间层持有境内公司，通过转让中间层达到间接转让境内公司的目的。

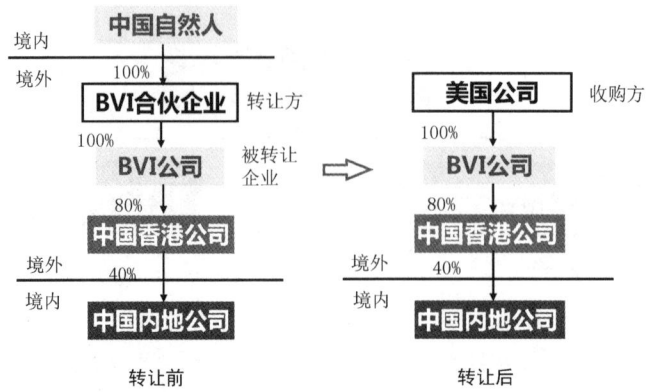

图 25-9 间接股权转让避税模式一

该间接股权转让的实质是境内实际控制人转让境内的企业股权,然而与境内自然人直接股权转让相比,在实际的税收利益方面减少了一半。因为根据我国《个人所得税法》规定,个人股权转让的税率是 20%,而通过把个人股权转让转化为非居民股权转让,可以适用 10% 企业所得税税率,实际税负大幅下降。

25.3.2 避税模式二:创造"合理商业目的"条件

第二种常见的避税模式是人为设置能够满足合理商业目的若干判定标准的要素,避免间接股权转让被判定为不具备合理商业目的从而被重新定性为直接股权转让而被征税。图 25-10 所示的股权结构的例子中,中间层直接持股的香港公司原本是一个没有经营实质的公司,根据间接股权转让的法规规定,很有可能被判定为没有合理商业目的而被征税。该公司为了避免被认定为不具有合理商业目的,对中间层香港公司进行了一系列包装。

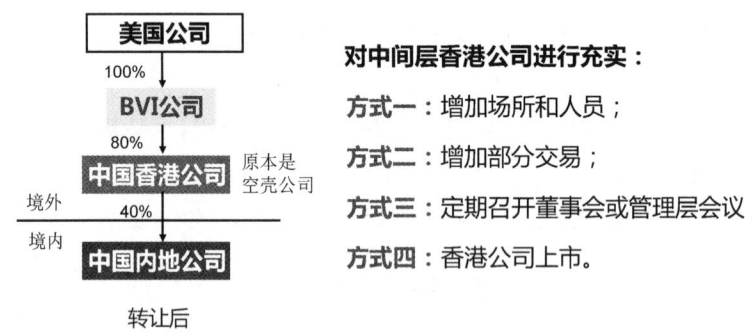

图 25-10 间接股权转让避税模式二

以上四种改变中间层公司商业合理性的方式由上到下会导致反避税难度逐步增大。以注册上市公司为例,在我国间接股权转让判定商业合理性的因素中上市公司属于安全港因素之一,而在香港成为上市公司的要求与内地的区别非常大,有可能成为境外公司的避税方法。这需要在实际工作中多方考察进行判断。

25.3.3 避税模式三：平价或低价转让

第三种常见的避税模式是通过平价或者低价转让股权，达到降低股权转让所得的目的。这类避税模式的特点包括，如果间接股权转让中包括多个被转让的不同实体，则可能的避税方式包括利用不同实体的公允市价评估困难，操纵中国境内应税财产的评估结果从而逃避监管；利用关联企业之间的交易，使股权交易对价总体偏低以达到减少应税所得目的；在转让各方之间采用抵消交易，低估股权转让合同价款。

关于这类避税模式可以参看以下具体案例（图 25-11）。在该案例中，美国公司控制了两个境外公司，分别是 BVI 公司和开曼公司。美国公司为了调整集团内业务，将 BVI 公司下属的各层公司转让给开曼公司。由于该股权转让难以满足特殊性税务重组的要求，因此在交易价格上采用零对价转让中国香港公司，这给我国税务机关评估本次股权转让的价格带来了一定的困难。

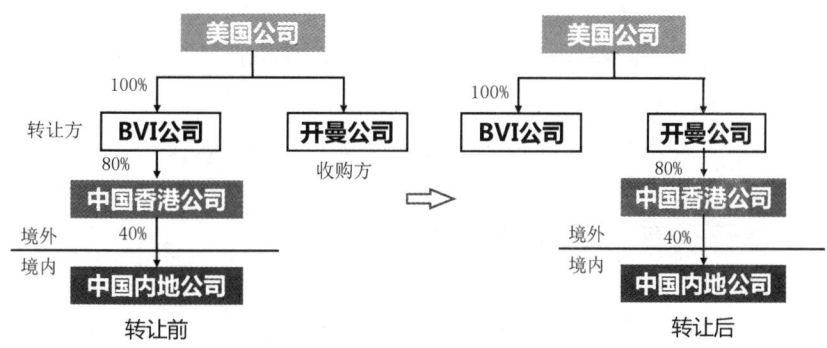

图 25-11　间接股权转让避税模式三

25.3.4 避税模式四：多次转让增加计税基础

还有一种间接股权转让的避税模式，即通过多次转让使得原计税基础在转让过程当中增加。其中涉及间接股权转让中的深层次问题，即多次股权转让的计税基础之间是什么关系，间接股权转让股权成本的确认规律等复杂而核心的问题。比如，对于多次转让的股权交易对象来说，如果以前历次的间接股权转让都没有缴税，本次股权转让的计税基础应如何认定？引起股权成本变动的原因有很多，如果多次转让之间又有新增投资进入，转让成本如何确定？中间层的资产负债变动对中国应税财产范围的影响有可能造成应税所得确认范围的变动。由于存在以上这些间接股权转让成本的认定难点，在实际工作中发生以上情况时，应怎样进行认定？要解决以上问题，需要对间接股权转让收入和成本的形成变化理论进行深入理解。这些问题将在后续相关章节中进行集中介绍。

26 间接股权转让免税规定

本章介绍非居民间接股权转让的免税规定。上一章讲到判断非居民间接股权转让是不是要在中国境内缴税,关键要看其是否具有合理商业目的。这是进行非居民间接股权转让案例处理的第一个非常重要的判定步骤,因为准确判断是否产生纳税义务,是进行后续各项税务处理的前提。如果第一步判定错误,就有可能导致后续所有努力都付诸东流。本章第一部分介绍间接股权转让商业合理性的判定标准,这一标准又被称为灰港原则;第二部分介绍非居民企业间接股权转让的绿港原则,如果符合这些判定条件股权转让的,可以直接被认定为具有合理商业目的的,不需要征税;第三部分介绍绿港原则中的一个特殊情况,这个特殊情况理解起来比较困难,它是为符合条件的跨国企业集团内部调整股权结构设定的免税待遇,但是要享受这些免税待遇需要的条件比较高,纳税判定难度较大。

26.1 判定是否具有合理商业目的(灰港原则)

所谓灰港原则,是税收实务界业内的一个形象的称呼,意思就是说该项判定结果存在不确定性,判定结果有可能征税也有可能不征税。本节将对这一系列判断合理商业目的的灰港原则进行阐述。

26.1.1 判断是否具有合理商业目的

灰港原则的具体判断标准来源于《国家税务总局关于非居民企业间接转让财产企业所得税若干问题的公告》(国家税务总局公告 2015 年第 7 号)第三条。文件要求综合判断,整体考虑与间接转让中国应税财产交易相关的所有安排,结合实际情况,综合分析以下相关因素:①境外企业股权主要价值是否直接或间接来自中国应税财产;②境外企业资产是否主要由直接或间接在中国境内的投资构成,或其取得的收入是否主要直接或间接来源于中国境内;③境外企业及直接或间接持有中国应税财产的下属企业实际履行的功能和承担的风险是否能够证实企业架构具有经济实质;④境外企业股东、业务模式及相关组织架构的存续时间;⑤间接转让中国应税财产交易在境外应缴纳所得税情况;⑥股权转让方间接投资、间接转让中国应税财产交易与直接投资、直接转让中国应税财产交易的可替代性;⑦间接转让中国应税财产所得在中国可适用的税收协定或安排情况。

需要注意的是,以上所列的灰港原则各项判定因素,仅是税收文件中提出的参考方向,文件并没有对这些判断标准设定具体的指标值。这些概念在运用时有一定的灵活性,这也是灰港名称的含义。为了方便读者理解灰港各项原则,本书对该原则进行了总结归纳,从更细化的层面来理解灰港原则的各项判断标准,如图26-1所示。

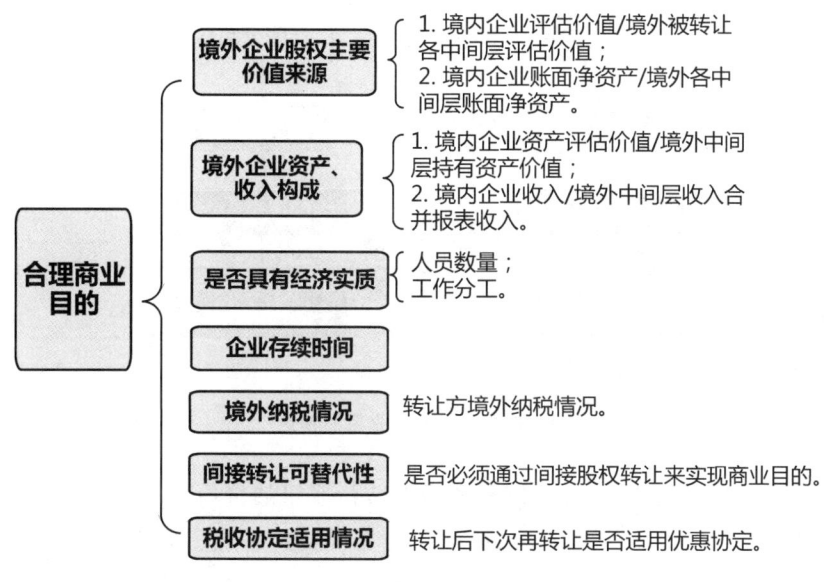

图 26-1　合理商业目的构成

如图26-1所示,对于合理商业目的的构成要素需要从7个主要方面进行考察,通过综合判断得出结论。其中包括:①境外企业股权主要价值来源。该项主要是对境内被转让企业的价值占整体价值的比例进行分析,目前采取的价值分析方法主要是公司整体价值评估或公司账面净资产评估两种方式,分别评估境内部分和境外部分的价值情况。②境外企业资产、收入构成。这部分的考察也是间接股权转让中的重点分析内容,需要对境内企业和境外中间层企业资产价值进行评估,对境内企业收入和境外中间层收入进行分析,需要查阅企业母公司合并报表收入。③是否具有经济实质。对于企业经济实质的分析主要是考察企业的实际经营情况,业务开展情况,人员数量和工作分工等情况。④企业存续时间。该项标准主观性较强,没有统一的时间可以参考,主要根据企业经营情况判断。⑤境外纳税情况。该项也属于一项参考标准,如果间接股权转让后境内税负转移至境外或者境内境外都不缴纳税款,该项情况可能对转让方不利。⑥间接转让可替代性。该项标准需要考察企业股权转让是否必须通过间接股权转让来实现商业目的,如果有其他可以替代的方案,企业应该做出合理解释。⑦税收协定适用情况。该项标准是考察企业本次股权转让后下次再转让是否适用税收协定优惠。如果存在这样的情况,企业有可能存在利用本次间接股权转让达到少缴纳税金的目的。以上7种情况中的很多项目并不存在明确的判定标准,需要在实际工作中结合具体案例,从综合分析的角度出发加以判断。

26.1.2　合理商业目的判定案例

以下通过一个比较简单的案例来帮助读者加深对灰港原则的理解。本案例中,间接股权转让前后有 4 层股权架构,被转让公司是境外的开曼公司,股权转让前后股权结构如图 26-2 所示。我们需要了解该间接股权转让是否符合灰港原则中的判断标准。

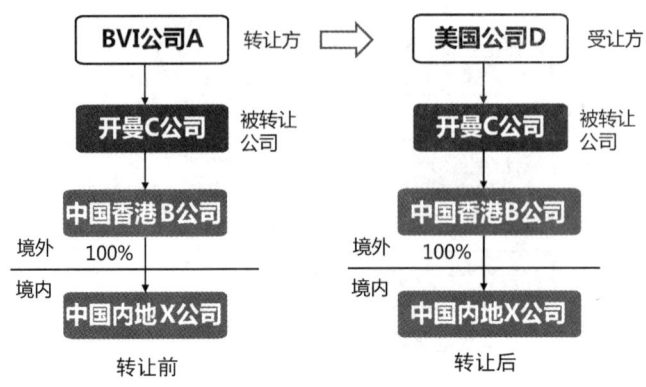

图 26-2 合理商业目的判定

运用灰港原则进行判断时,首先需要考虑被转让股权的价值来源和被转让实体的收入来源;其次,需要考虑中间层的功能,判断中间层是否仅具备融资通道功能和持股功能;再次,进行税负分析。以上就是间接股权转让灰港原则的分析思路,根据该思路,本案例中被转让股权的价值来源、收入来源、产品销售地,主要来自境内 X 公司;中间层各公司仅作为融资通道,并没有实际功能;股权转让收益基本来源于境内实体;中间层公司位于低税地或避税地对本次转让不征税。根据这些情况综合判断该间接股权转让不具有合理商业目的,应重新定义交易性质,视为直接转让境内 X 公司股权的行为,在中国境内征税。

26.2 免税的间接股权转让(绿港原则1)

绿港原则,是对国家税务总局公告 2015 年第 7 号文件第五条中两项条款的形象化表述,其意思是如果间接股权转让的条件满足该公告第五条任意一款的规定,则可以直接判定该间接股权转让具有合理商业目的,不需要在我国境内缴纳企业所得税。

26.2.1 公开市场股权交易

绿港原则的税收文件依据是国家税务总局公告 2015 年第 7 号文件第五条第(一)项,非居民企业在公开市场买入并卖出同一上市境外企业股权取得间接转让中国应税财产所得。这句话虽然内容不多,但是要准确理解和掌握仍然有一定难度。所谓公开市场,是指公开交易的证券交易所,其中也包括境外的证券交易市场。并且,这种公开交易行为,需要同时符合在公开市场买入并且卖出两种情况。下面通过一个具体的一个案例对其进行说明(图 26-3)。

在本案例中,境外风险投资公司 A 取得开曼公司 C 的未上市原始股,属于上市前购入的股份;在开曼 C 公司在美国上市后,A 公司在公开证券市场转让其持有的上市公司 C 公

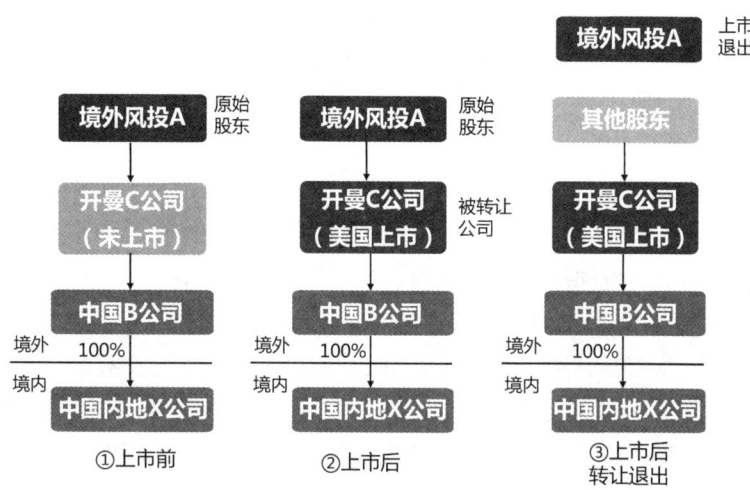

图 26-3 公开市场股权交易示例

司的股权,此时根据我国间接股权转让第一项绿港原则规定,由于其不满足在公开市场购入这一条件,因此即使在公开市场出售也不能享受免税待遇。这个案例是第一项绿港原则的反例,在税收实际工作中会经常遇到,因此不能仅以在公开市场出售股权就简单认为股权转让方符合国家税务总局公告 2015 年第 7 号文件绿港原则规定。

26.2.2 符合协定的免予征税的转让

第二项绿港原则的税收文件依据是国家税务总局公告 2015 年第 7 号文件第五条第(二)项,在非居民企业直接持有并转让中国应税财产的情况下,按照可适用的税收协定或安排的规定,该项财产转让所得在中国可以免于缴纳企业所得税。符合税收协定安排而免于在中境内缴纳企业所得税的情况比较复杂,可能存在多种免税情况。下面介绍两种常见的间接转让模式。

第一个案例的间接股权转让结构如图 26-4 所示,中国香港公司转让新加坡的 A 公司,

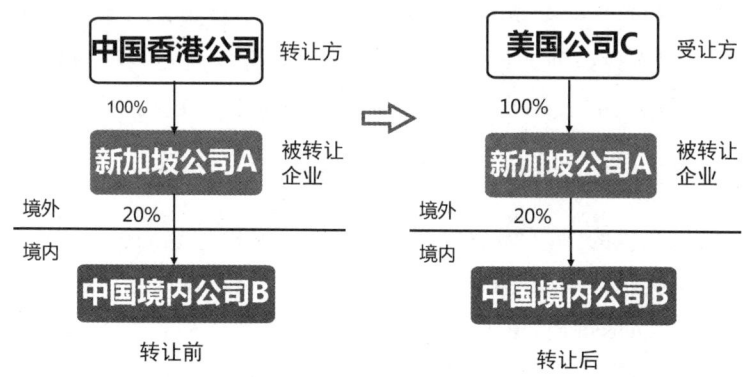

图 26-4 符合协定的免于征税示例

间接达到转让中国内地 B 公司的目的。假如新加坡 A 公司直接持有中国境内公司的股权比例和持股情况符合中国和新加坡税收协定的安排,即新加坡 A 公司间接持有中国境内不动产价值小于 50%,且持股时间在任意 12 个月内持股比例小于 25%。根据税收协定,如果新加坡 A 公司直接转让中国境内公司股权,此时即使新加坡 A 公司是个空壳公司,不具有实质经营,也不在中国境内缴纳企业所得税。如果这种情况变成间接股权转让,这种间接股权转让也是不用在中国境内缴税的,这就是符合税收协定免税条款的间接股权转让绿港原则。

如果把以上案例中的中间层新加坡公司换成 BVI 公司,同样满足中间层间接持有中国境内不动产价值小于 50%,且持股时间在任意 12 个月内持股比例小于 25%,此时该间接股权转让是否符合绿港原则?答案是否定的。由于 BVI 地区与我国没有签订税收协定,当然不可能存在财产收益项目的税收协定优惠,对此 BVI 的非居民企业无论直接转让什么比例的股权份额都需要在我国缴纳企业所得税,因此在图 26-5 所示的案例中间接股权转让结构不能享受绿港原则免税条款。

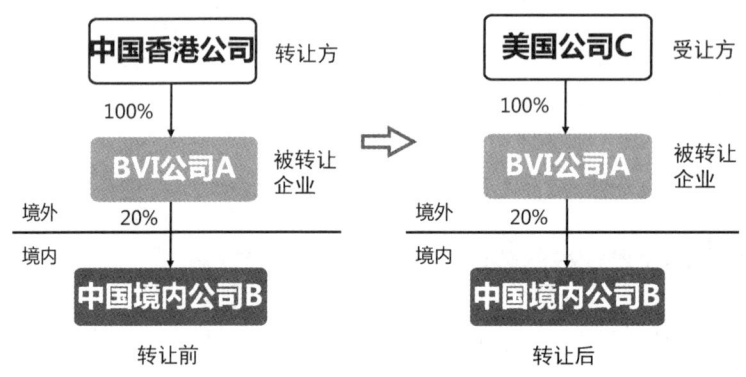

图 26-5 不符合协定的免于征税示例

26.3 免税的集团内重组(绿港原则 2)

本节介绍间接股权转让中的第二条绿港原则。该项免税规定是为跨国集团内部重组所提供的优惠条件,可以有效地降低集团内部由于企业经营发展需要所规划股权架构的调整成本。该项绿港优惠原则由一系列规定共同组成,在实际操作过程中比较复杂。

26.3.1 集团内免税的间接股权转让重组规定

集团内可以适用免税的间接股权转让规定,出自国家税务总局公告 2015 年第 7 号文件第六条。该条明确间接转让中国应税财产同时符合三个条件的,应认定为具有合理商业目的,可以享受集团内重组的待遇,免于在中国境内缴纳企业所得税。这三条分别是:第一条是界定关联关系的条款,在关联关系上必须要有符合相关规定的关联关系,这种关系主要体现在持股比例上;第二条是后续交易限制条款,也就是说,即使本次重组满足了免税的股权转让条件,如果后续交易中出现了损害中国税收利益的情况,那么也不符合免税重组条件;

三是重组对价支付条款,要求全部股权支付转让对价,排除了现金支付套现情况。接下来本节将分别对这三项要求进行分析说明。

26.3.2 界定关联关系的条款

绿港原则三项必备条件中的第一项界定关联关系条款,出自国家税务总局 2015 年第 7 号公告第六条第(一)项,"交易双方的股权关系具有下列情形之一:1.股权转让方直接或间接拥有股权受让方 80% 以上的股权;2.股权受让方直接或间接拥有股权转让方 80% 以上的股权;3.股权转让方和股权受让方被同一方直接或间接拥有 80% 以上的股权"。

但以上股权比例存在例外规定,"境外企业股权 50% 以上(不含 50%)价值直接或间接来自中国境内不动产的,本条第(一)项第 1、2、3 目的持股比例应为 100%"。上述间接拥有的股权按照持股链中各企业的持股比例乘积计算。该项排除条款把大多数房地产企业排除在外。因此,我们在实际工作中首先应判断被转让企业的行业性质,然后再去分析关联关系控股比例。以下对这三种转让情况举例分析。

26.3.2.1 股权转让方直接或间接拥有股权受让方 80% 以上的股权

如图 26-6 所示,境外母公司 A 公司把下属中国香港公司股权转让给 B 公司(以下简称母转子),在股权比例和转让方式上符合国家税务总局公告 2015 年第 7 号文件第六条第(一)项规定。

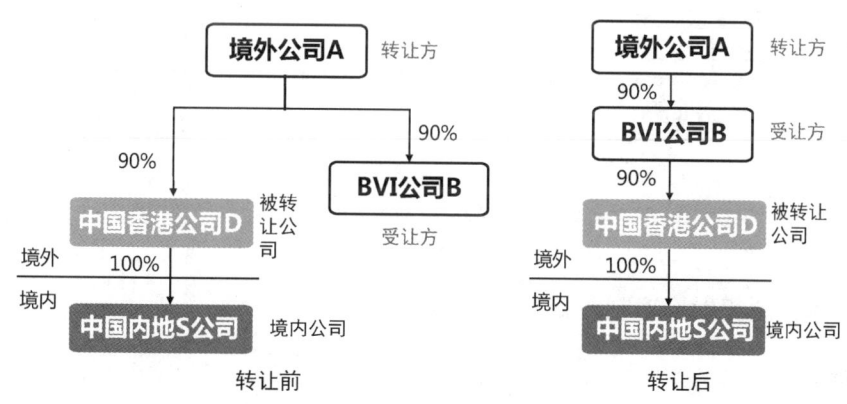

图 26-6 "母转子"股权转让示意图

26.3.2.2 股权受让方直接或间接拥有股权转让方 80% 以上的股权

如图 26-7 所示,境外子公司 B 公司把下属开曼公司股权转让给其母公司境外 A 公司(简称子转母),在股权比例和转让方式上符合国家税务总局公告 2015 年第 7 号文件第六条第(一)项规定。

26.3.2.3 股权转让方和股权受让方被同一方直接或间接拥有 80% 以上的股权

如图 26-8 所示,境外母公司 A 公司下属子公司开曼 C 公司把其下属中国香港公司股权转让给其同属于母公司 A 公司的另外一个子公司 B 公司(简称子转子),在股权比例和转让方式上符合国家税务总局公告 2015 年第 7 号第六条文件第(一)项规定。

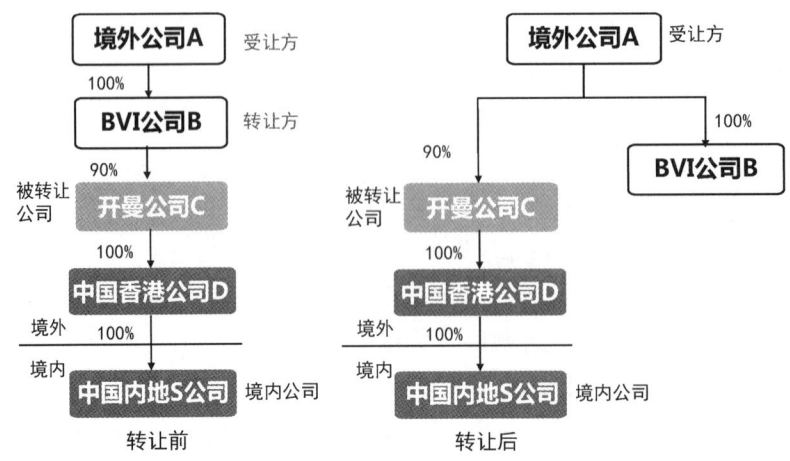

图 26-7 "子转母"股权转让示意图

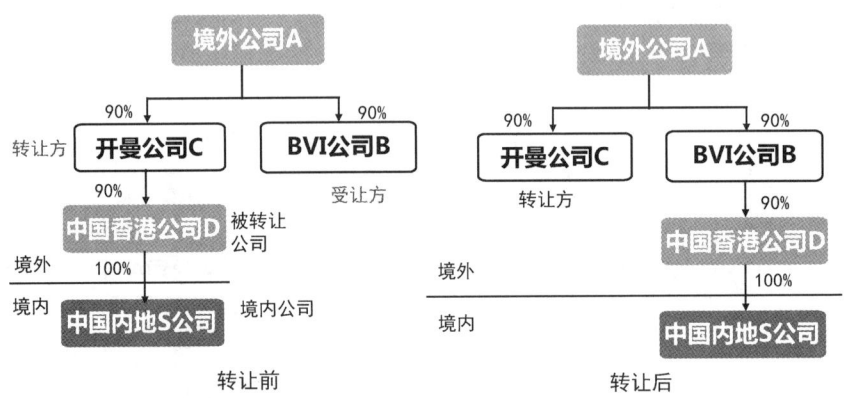

图 26-8 "子转子"股权转让示意图

26.3.3 后续交易和对价限制条款

绿港原则三项必备条件中的第二项必须具备的条件是满足后续交易的限制条件。该条款出自国家税务总局公告 2015 年第 7 号文件第六条第（二）项，"本次间接转让交易后可能再次发生的间接转让交易相比在未发生本次间接转让交易情况下的相同或类似间接转让交易，其中国所得税负担不会减少"。该条要求本次申报的间接股权转让以后再次发生的间接股权转让交易不能减少在中国的税负。如果税负减少，那么有可能第一次间接股权转让的合理性会被否定，被认定为不能适用绿港原则规定的间接股权转让免税条件。以下看一个对两次股权转让前后税负对比的案例。股权转让结构如图 26-9 所示，在第一次间接股权转让时满足了集团内股权转让的股权限制条件，假设符合集团内重组的免税规定。

关键是看第二次间接股权转让的情况（图 26-10）。在第一次间接股权转让中受让方是集团内的某国 B 公司，第二次转让中 B 公司将股权转让给了集团外的受让方 BVI 的 E 公司。如果某国 B 公司所在国与中国签订了相关股权转让税收协定，对于这类股权转让不在中国征税。然而,接下来发生的第二次股权转让中如果某国B公司股权转让BVI的E公司不用缴纳企业所得税,这时我们对比前后两次交易,就会发现与未发生第一次间接股权转让交易相比,在中国境内负担的税负是减少的。

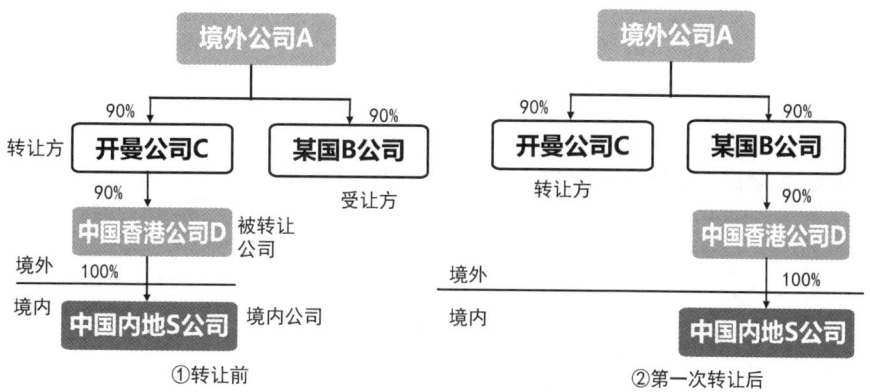

第一步:利用集团内重组免税的间接股权转让

图 26-9 第一次股权转让交易情况

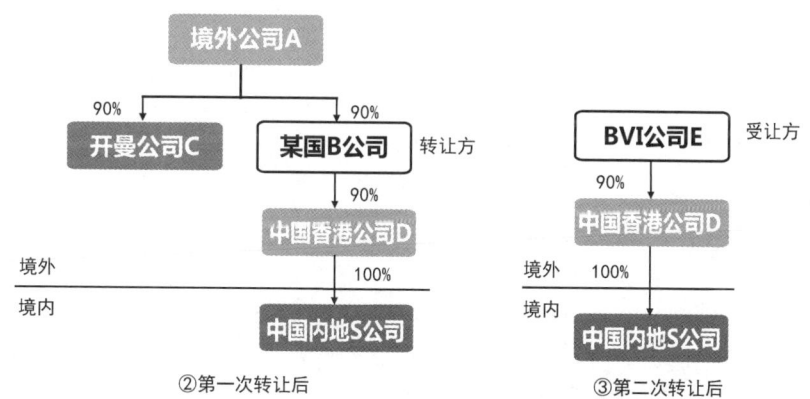

第二步:利用某国与中国的税收协定实现不征税转让

图 26-10 第二次股权转让交易情况

绿港原则三项必备条件中的第三项对价限制条款,出自国家税务总局公告 2015 年第 7 号文件第六条第(三)项,"股权受让方全部以本企业或与其具有控股关系的企业的股权(不含上市企业股权)支付股权交易对价"。只有满足特定非股权支付对价要求才能符合该股权支付的对价限制条件。这项条件理解起来是比较困难的,它涉及股权支付对价的支付比例和支付方式,不仅仅是全部支付股权对价就能够满足的,还需要支付特定要求的企业的股权。

股权受让方全部以本企业或与其具有控股关系的企业的股权(不含上市企业股权)支付股权交易对价的条件限制出自《财政部 国家税务总局关于企业重组业务企业所得税处理若干问题的通知》(财税〔2009〕59号)第二条,"本通知所称股权支付,是指企业重组中购买、换取资产的一方支付的对价中,以本企业或其控股企业的股权、股份作为支付的形式"。在这里股权受让方支付的股权转让对价如果全部是以股权形式支付,需要满足"本企业"条件或"其控股企业的股权"条件,并且该股权是非上市公司股权。理解该条款的关键是对"本企业"和"其控股企业的股权"这两项的理解。"本企业"是指受让企业,"其控股企业的股权"是指股权受让企业直接控股子公司的股权,文件依据是《企业重组业务企业所得税管理办法》(国家税务总局公告 2010 年第 4 号发布)第六条,"《通知》第二条所称控股企业,是指由本企业直接持有股份的企业"。这里的"《通知》"是对《财政部 国家税务总局关于企业重组业务企业所得税处理若干问题的通知》(财税〔2009〕59 号)的简称。

27 间接股权转让征税判定

上一章我们了解了间接股权转让的免税规定即绿港原则,本章介绍间接股权转让的另一个重要原则,即征税的红港原则。红港原则也是对间接股权转让复杂征税标准的一种通俗称呼,如果间接股权转让的过程中触及红港原则规定的标准,则可以直接判定为征税。红港原则是从灰港原则的几条判定标准中衍生出来的,大家在理解红港原则时可以把它与绿港原则和灰港原则进行对比理解。本章分为两节:第一节介绍直接判定不具有合理商业目的的标准,即红港原则,主要由4条标准构成;第二节介绍两个比较典型的间接股权转让纳税判定案例。

27.1 直接判定不具有合理商业目的(红港原则)

间接股权转让红港原则,即直接判定该转让行为不具有合理商业目的判定标准,该原则来源于《国家税务总局关于非居民企业间接转让财产企业所得税若干问题的公告》(国家税务总局公告2015年第7号)第四条,"除本公告第五条和第六条规定情形外,与间接转让中国应税财产相关的整体安排同时符合以下情形的,无需按本公告第三条进行分析和判断,应直接认定为不具有合理商业目的"。该条规定从股权价值、资产和收入、经济实质、转让税负4个方面,对间接股权转让提出4项负面标准。需要注意的是,必须同时符合4项负面标准的情况下才能直接判定不具有合理商业目的。上述规定中"除本公告第五条和第六条规定情形外",实际上是和其他条款组成了一个判定体系,在使用红港原则判定前应采用绿港标准进行考察,对于不同时具备红港4项条件的股权转让,应按其他标准进行判定,具体判定体系如图27-1所示。

以上非居民企业间接股权转让的判定总体流程图可以作为在实际工作时采用的整体策略流程,按照既定的判定标准逐项进行分析,能够最大限度地避免遗漏重要判定程序。

27.1.1 中国应税财产价值超过75%

接下来通过4个案例举例为大家分别介绍红港原则的4个条件在实际工作中的应用情况。红港原则的第一条是进行应税财产价值的判定,其判定依据来自国家税务总局公告2015年第7号文件第四条第(一)项,"境外企业股权75%以上价值直接或间接来自中国应税财产"。计算75%的价值标准的关键是明确价值的构成部分和用什么具体价值指标进行

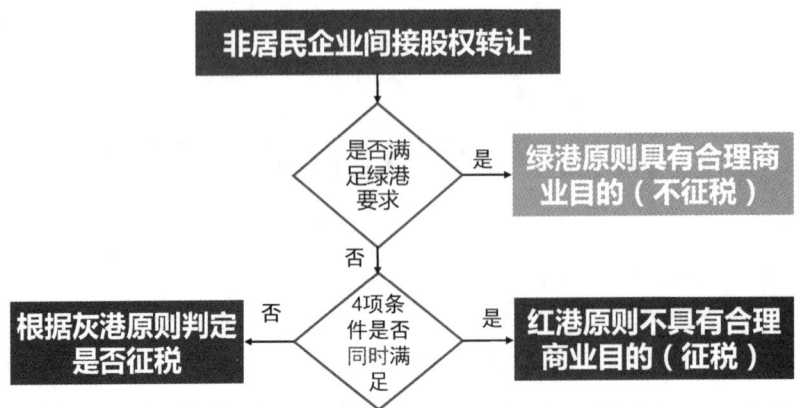

图 27-1 合理商业目的总体判定要求

判断。具体案例如图 27-2 所示,被转让整体是一个跨境架构包括境内和境外的若干企业,其中,被转让公司是开曼 S 公司,被间接转让的中国应税财产是境内 B、C 两家公司。

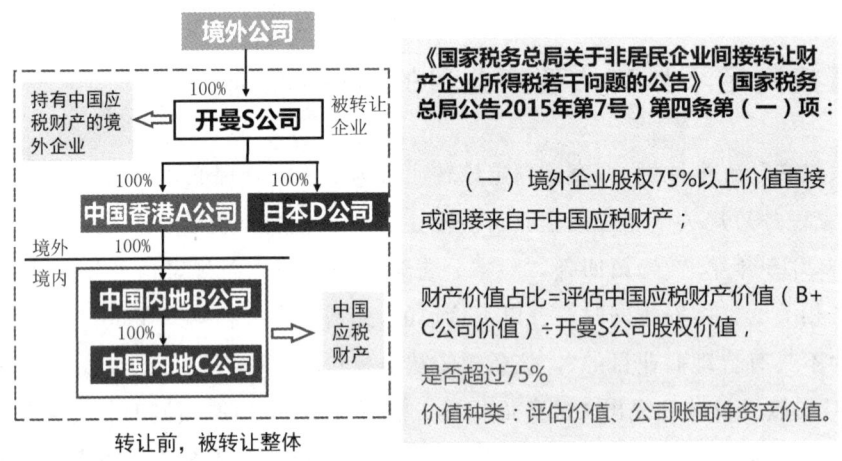

图 27-2 中国应税财产价值标准

计算中国应税财产价值占比的方式应该是 B、C 两部分的价值与总体被转让价值进行比较,而具体价值指标可以根据需要选择恰当指标。

27.1.2 资产或收入超 90% 来源于中国境内

红港原则的第二条是进行资产或收入来源判定,其判定依据来自国家税务总局公告 2015 年第 7 号文件第四条第(二)项,"间接转让中国应税财产交易发生前一年内任一时点,境外企业资产总额(不含现金)的 90% 以上直接或间接由在中国境内的投资构成,或间接转让中国应税财产交易发生前一年内,境外企业取得收入的 90% 以上直接或间接来源于中国境内"。这里提到的是资产或收入只要有一项达到 90% 以上来源于中国即可判定达到红港判定标准(图 27-3)。

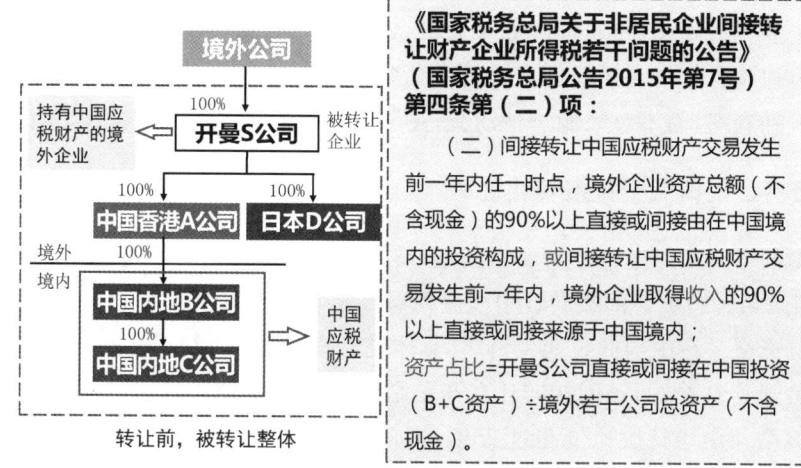

图 27-3 资产或收入来源于标准

以上资产和收入标准相当于站在开曼 S 公司角度的中国境内企业的资产、收入与合并报表范围的合并资产(不含现金)、合并收入的比较结果。

27.1.3 不具有经济实质

红港原则的第三条是进行经济实质判定,其判定依据来自国家税务总局公告 2015 年第 7 号文件第四条第(三)项,"境外企业及直接或间接持有中国应税财产的下属企业虽在所在国家(地区)登记注册,以满足法律所要求的组织形式,但实际履行的功能及承担的风险有限,不足以证实其具有经济实质"(图 27-4)。

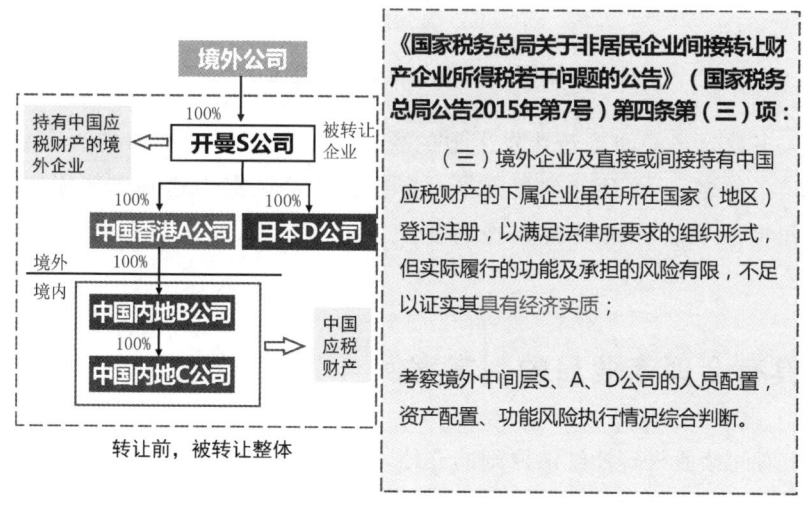

图 27-4 不具有经济实质

在以上案例中,要考察境外中间层的人员配置、资产配置、风险功能执行的情况来判断其是否具备经济实质。但是在实务工作中,这里没有比较明确的指标进行判定,只能根据综合情况来进行判定,同时需要注意具备经济实质与具有经营行为是不同的概念。如果说某公司具有一定的人员和业务,我们只能说它具备经营行为,是一种客观现状,还不能够直接下结论说该公司具有经济实质。因为经济实质往往强调一种积极的经营活动,从积极的经营中取得收入和利润,而不是来源于被动、消极的收入行为,这是考察经济实质的一个要点。

27.1.4　间接转让税负低于直接转让税负

红港原则的第四条是进行经济实质判定,其判定依据来自国家税务总局公告2015年第7号文件第四条第(四)项,"间接转让中国应税财产交易在境外应缴所得税税负低于直接转让中国应税财产交易在中国的可能税负"。具体交易案例如图27-5所示,境外BVI的A公司转让对象是开曼C公司,该间接转让在开曼是不缴税的,而如果按照直接转让进行,转让方中国香港B公司由于持股比例超过25%,因此需要在中国境内缴纳所得税,这就是间接转让和直接转让的税负差异。

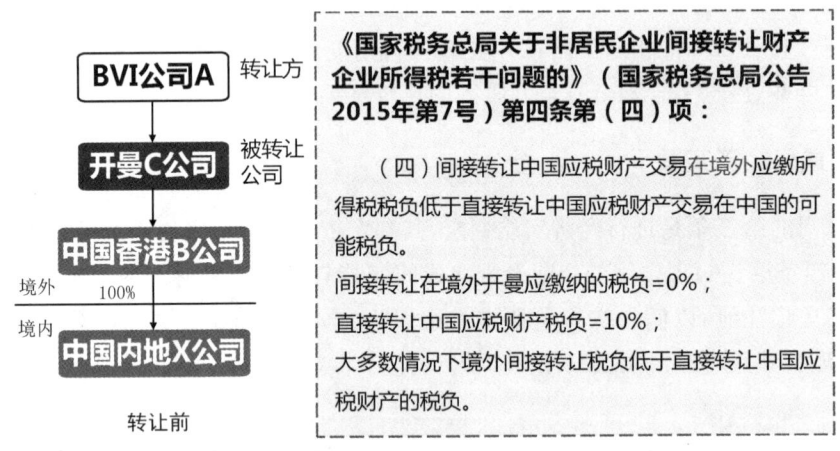

图27-5　间接转让税负低于直接转让税负

事实上大多数公司的间接转让发生地的税负都要低于中国境内的法定税率,该条件仅是4项判定条件之一,单独达到标准不一定会被直接认定为达到红港原则。该原则实际是要提示间接股权转让的各方需要特别关注在低税率地区的非居民间接股权转让问题。

27.2　不具有合理商业目的判定案例

经过以上对间接股权转让红港原则的介绍,本节继续分析两个不具有合理商业目的的典型判定案例,具体了解这些判定原则在实际工作中的应用情况。

27.2.1　儿童投资主基金案合理商业目的判定

2017年6月13日,中国最高人民法院公布了第一批十大典型案例,其中包括一起典型的非居民企业间接股权转让案例,即儿童投资主基金(The Children's Investment Master Fund,以下简称 TCI 公司)税案。该税案历时 5 年,前后历经多次行政复议、判决终于有了结论。TCI 公司将就其间接转让中国境内财产,缴纳 4.5 亿元税款。

TCI 公司为设立于开曼群岛上的一家公司。TCI 公司持有 Chinese Future Corporation (注册地为开曼,以下简称 CFC 公司)26.32% 股权。CFC 公司下设有全资控股公司香港国汇有限公司(以下简称香港国汇),香港国汇持有杭州国益路桥经营管理有限公司(以下简称杭州 G 公司)95% 的股权。2011 年 9 月 9 日,TCI 公司将 26.32% 的 CFC 公司股权转让给境外公司 Moscan Development Limited(以下简称 MDL 公司)。该股权交易架构如图 27-6 所示。

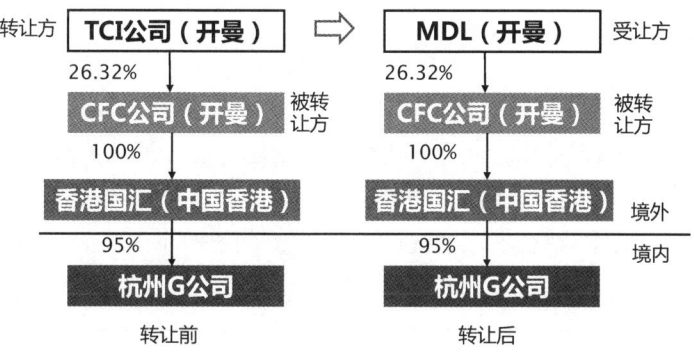

图 27-6 儿童投资主基金案交易情况

图 27-7 为转让方非居民企业 TCI 公司提出的该间接股权转让具有合理商业目的的主要理由。

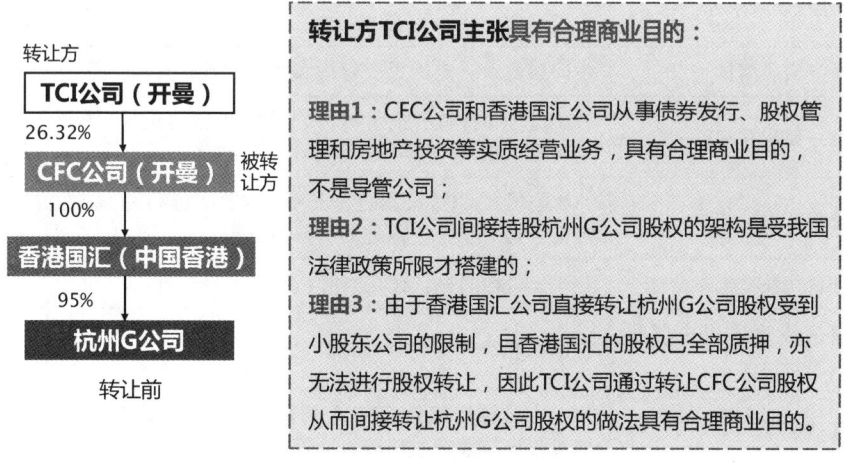

图 27-7 儿童投资主基金案合理商业目的的判定(1)

对于 TCI 公司提出的诉求,税务机关却主张其不具备合理商业目的,税务机关的主要理由如图 27-8 所示。

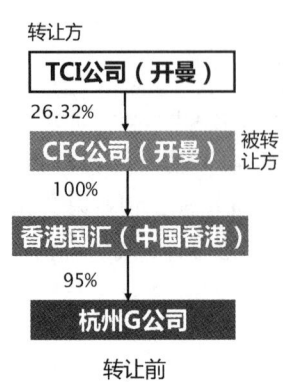

图 27-8　儿童投资主基金案合理商业目的的判定(2)

税企双方争议的焦点是对于该股权转让是否具有合理商业目的的判断。对此,《国家税务总局关于非居民企业间接转让财产企业所得税若干问题的公告》(国家税务总局公告 2015 年第 7 号)第三条列举了 8 项测试要点。判断合理商业目的,应整体考虑与间接转让中国应税财产交易相关的所有安排,结合实际情况综合分析 8 项因素列示如表 27-1 所示。

表 27-1　TCI 公司国家税务总局公告 2015 年第 7 号文件 8 项测试结果分析

序号	测试项目	案情分析	测试结果是否对纳税人主张有利
1	股权价值来源	该案股权价值来源几乎全部来源于中国境内的杭州 G 公司的股权	不利
2	资产、收入来源	该案持股架构中资产、收入的来源几乎全部是来源于中国境内的杭州 G 公司	不利
3	经济实质测试	中间层具有一定的投资管理和融资功能	有利
4	境外架构存续期	TCI 公司间接持有杭州 G 公司的时间长达 6 年,但该架构是从杭州 G 公司获得高速公路经营权后搭建的	不利
5	是否在境外纳税	TCI 公司和 CFC 公司位于开曼,不缴纳所得税,香港国汇公司对来源于内地的所得不征税	不利
6	可替代性	TCI 公司称间接转让在当时具有不可替代性	有利
7	间接转让适用中国税收协定情况	中国没有与开曼签订税收协定	不利
8	其他因素	TCI 公司转让部分 CFC 公司股权后,CFC 公司的其他股东也陆续把股权转让给了 MDL 公司	不利

通过以上测试分析可以看出,开曼 TCI 公司在搭建该股权架构时,税收因素占有相当重要的地位。该股权转让具有明显的税收筹划痕迹,其香港中间层具有的部分投资和融资功能不能替代其转让中国境内财产的实质目的,这些功能相比中国境内公司来说,所起的作用

和价值贡献几乎可以忽略不计。正是出于以上理由，税务机关和法院才会做出否定其存在合理商业价值的决定。

27.2.2 集团内重组间接股权转让为什么被征税

本案例同样是一个非常具有代表性的案例。① 该案例中的转让方是巴巴多斯 E 公司，受让方是巴巴多斯公司100%控股的母公司 U 公司，被转让公司是中国香港 S 公司。本次转让构成间接转让中国内地公司的交易结构，转让前后股权关系如图 27-9 所示。

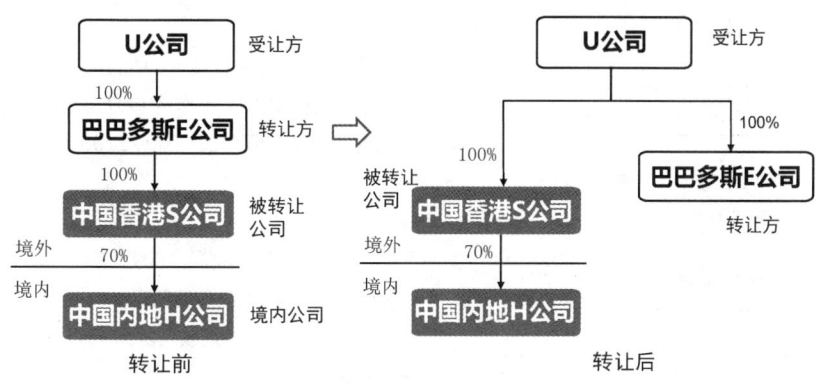

图 27-9 集团内重组间接股权转让案例(1)

通过股权转让关系可以发现，本次间接股权转让属于境外 U 公司集团内重组。根据判定间接股权转让纳税判定模式第一步，应判定该转让是否满足集团内重组的绿港原则。根据国家税务总局公告 2015 年第 7 号文件第六条集团内重组的三项条件，该股权转让满足股权持股关系大于 80%，但是不满足重组对价支付条件，受让方支付的对价中包括现金对价，不是 100%股权支付。因此，该间接股权转让不能适用绿港原则免税待遇。具体情况如图 27-10 所示。

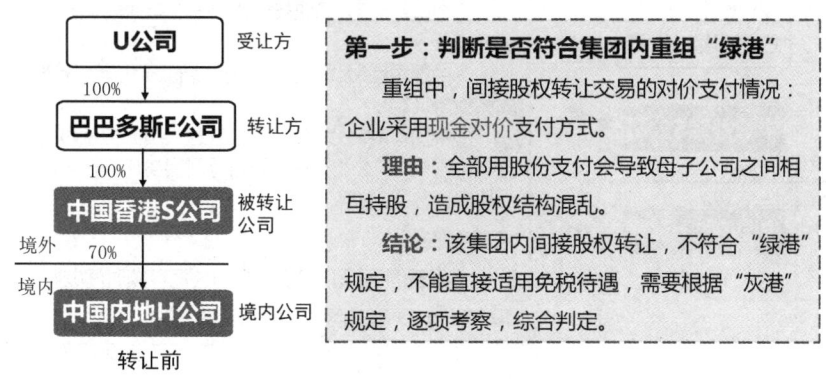

图 27-10 集团内重组间接股权转让案例(2)

---

① 参见：方亚军,李千阳,王隆,武战营.反避税情报完善证据链,智破钻税收"空当"难题[N].中国税务报,2013-5-24(07).

根据间接股权转让纳税判定模式第二步,如果该股权转让不适用绿港规定,则采用红港4项标准进行判定;如果同时满足红港原则规定,则直接判定为不具有合理商业目的。但是在红港原则的财产价值占比、资产收入占比、经济实质和税负比较4项条件中,中国境内应税财产收入占比没有达到90%以上,因此不能直接适用红港原则判定不具有合理商业目的。具体判定如图27-11所示。

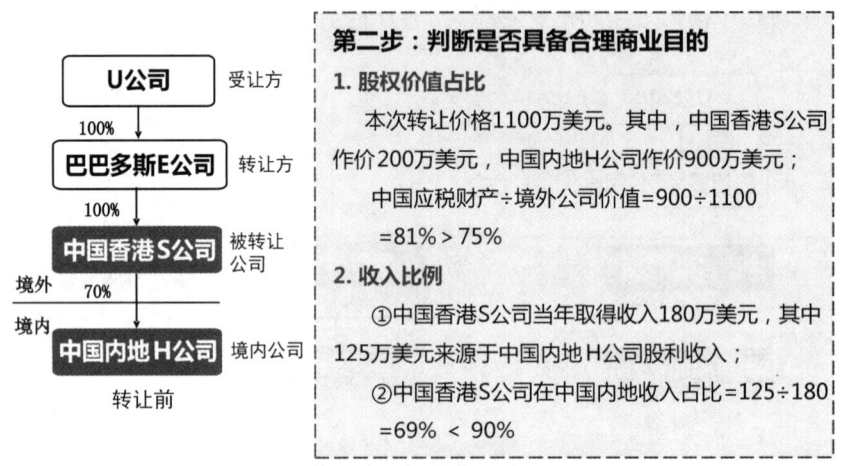

图 27-11　集团内重组间接股权转让案例(3)

根据间接股权转让纳税判定模式第三步,进入灰港原则测试阶段。根据灰港判定标准,主要判定要点列示如图27-12所示。

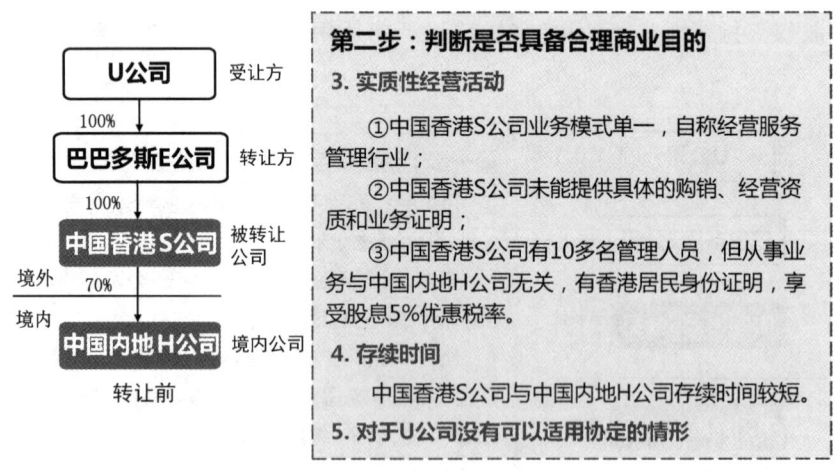

图 27-12　集团内重组间接股权转让案例(4)

根据以上分析整体考虑与间接转让中国应税财产交易相关的所有安排,结合实际情况综合分析8项因素列示如表27-2所示。

表 27-2　U 公司国家税务总局公告 2015 年第 7 号文件 8 项测试结果表

序号	测试项目	案情分析	测试结果是否对纳税人主张有利
1	股权价值来源	该案股权价值来源几乎全部来源于中国境内的 H 公司股权	不利
2	资产、收入来源	该案持股架构中境内资产、收入的来源小于 90%	有利
3	经济实质测试	中间层无经营管理 H 公司有关业务的职能	不利
4	境外架构存续期	存续时间较短,香港 S 公司和内地 H 公司相继成立	不利
5	是否在境外纳税	巴巴多斯 E 公司和中国香港 S 公司对境外所得不征税	不利
6	可替代性	有可替代性,可以通过直接转让达到同样效果	不利
7	间接转让适用中国税收协定情况	虽与巴巴多斯有税收协定但不适用税收协定	有利
8	其他因素	无	—

通过以上的 8 项测试因素分析可以发现,综合分析判断的结果对 U 公司不利的因素占比较多,对其有利的只有 2 项,因此综合分析的结果可以认为该间接股权转让不具备合理商业目的,其本质就是转让中国境内应税财产的行为,应该在中国境内缴纳企业所得税。

28 间接股权转让收入和成本确认

了解非居民企业间接股权转让的免税和征税判定规则后,接下来最核心的内容是掌握间接股权转让在征税条件下股权转让所得的计算方法,其中就涉及间接转让中国应税财产的收入和成本确认问题。本章是间接股权转让部分的核心内容。然而,现状是国家税务总局公告2015年第7号文件中没有明确间接股权转让中相关收入和成本的计算细则,因此本章部分内容是目前税收文件中没有明确规定的内容,这些做法是从已有税收实践中总结出来的,这是读者在学习本章内容之前需要了解的情况。本章对三个方面的内容进行介绍:一是介绍间接股权转让的收入确认和排除问题,也就是说哪些收入应该纳入应税所得的计算范围,哪些不纳入,其中涉及收入确认的基本的思路和原则。二是介绍间接股权转让成本的确认和排除问题,也就是股权转让的计税基础应该怎样计算,股权转让的计税基础确认原则是处理间接股权转让的核心内容。三是介绍特殊情况下收入和成本的确认方式。

28.1 间接股权转让收入确认和排除范围

本节介绍间接股权转让收入确认和排除的原则以及为什么要进行这些调整转化,只有从基本逻辑上理解了间接股权转让的收入和成本确认思路,才能准确进行从股权转让合同金额到转让中国应税财产收入额的调整转化。这个调整过程是一个比较复杂的过程,需要大家仔细理解。

28.1.1 税法对股权转让所得确认原则

对于股权转让收入成本确认的文件依据是《国家税务总局关于非居民企业所得税源泉扣缴有关问题的公告》(国家税务总局公告2017年第37号)第三条。该条规定了基本的股权转让所得确认原则,即"股权转让收入减除股权净值后的余额为股权转让所得应纳税所得额。股权转让收入是指股权转让人转让股权所收取的对价,包括货币形式和非货币形式的各种收入。股权净值是指取得该股权的计税基础。股权的计税基础是股权转让人投资入股时向中国居民企业实际支付的出资成本,或购买该项股权时向该股权的原转让人实际支付的股权受让成本"。用公式可以表示为:

$$
\begin{aligned}
股权转让应纳税额 &= 应纳税所得额 \times 适用税率 = 股权转让所得应纳税所得额 \times 10\% \\
&= (股权转让收入 - 股权净值) \times 10\% \\
&= (股权转让各项总收入 - 股权计税基础) \times 10\%
\end{aligned}
$$

以上文件规定的内容通常是直接股权转让条件下的股权转让所得。在间接股权转让条件下，由于存在境外中间层，以上公式的具体表达方式就会出现变化。根据以前章节介绍的国家税务总局公告2015年第7号文件第一条、第二条的要求可以发现，转让中国境内应税财产不等于整个间接股权转让合同签订金额，因此需要进行必要转换。以下公式表达的是将一般性的股权转让公式表达成适合间接股权转让的公式的情况：

间接股权转让应纳税额＝（股权转让各项总收入－股权计税基础）×10%
　　　　　　　　　＝（转让中国应税财产收入－转让中国应税财产计税基础）×10%

如图28-1所示，为了达到以上直接股权转让公式到间接股权转让公式的转变，需要根据三步走的调整原理先把境外间接股权转让签订的合同转让金额调整到境外股权转让收入，再调整到转让中国应税财产的转让收入。

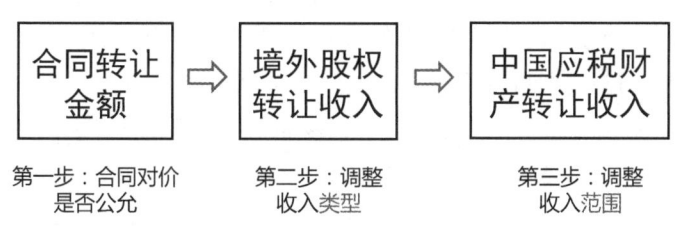

图28-1　间接股权转让收入调整三步原理

28.1.2　间接股权转让收入确认步骤

第一步：确定间接股权转让合同对价是否公允。股权转让合同金额调整的第一个步骤是考虑整体股权转让合同金额是否符合公允价值情况，确定转让对价的合理性。这是进行后续调整的基础。具体来说，可以考察以下内容：交易双方是否具有关联关系，合同价格是否明显偏低，股权价值评估方法是否适当等。这些判断内容的核心就是股权交易价格的适当性，如果关联企业之间的交易的股权价格有可能存在偏低或其他隐藏收入，在实际工作中可以借助资产评估来客观了解股权转让的总体合同金额的合理性。

第二步：调整收入类型。什么是调整收入的类型呢？就是把境外股权转让合同金额调整为境外股权转让收入。实际中的股权转让合同金额中包括很多不同形式的转让对价，需要按照收入的标准进行调整，把总体合同转让金额调整为境外股权转让的收入额。为什么要进行这种调整呢？因为股权转让合同中有可能不包括部分的转让对价收入，因此要把这类对价纳入收入当中计算所得。比如有些非货币性资产支付的对价，就要评估其价值，把这部分转让所得计入间接股权转让收入当中去。图28-2中加号表示的就是需要调整增加股权收入金额。常见的调整内容是把豁免的债务、抵消交易、固定资产交易、存货交易等金额计入股权转让收入。

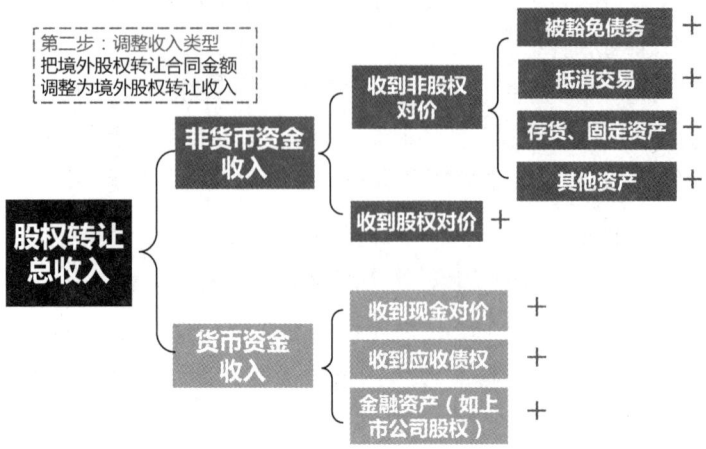

图 28-2 间接股权转让收入调整第二步

第三步：调整收入范围。调整收入范围，是指根据国家税务总局公告 2015 年第 7 号文件对"归属于中国应税财产"的规定，把境外股权转让总收入调整为归属中国境内的应税财产的股权转让收入，调整过程可以用以下公式来表达：

$$\text{中国应税财产股权转让收入} = \text{股权转让总收入} - \text{归属于境外的财产价值} - \text{归属于中国的非应税财产价值}$$

接下来用一个图示来介绍间接股权转让收入第三步调整过程，如图 28-3 所示。图左边虚线框中表示的是本次间接股权转让的整体价值，实线框里表示的是间接股权转让中被间接转让的中国应税财产价值。其中归属于境外中间层的财产价值的组成部分见图 28-3 说明中的计算过程。

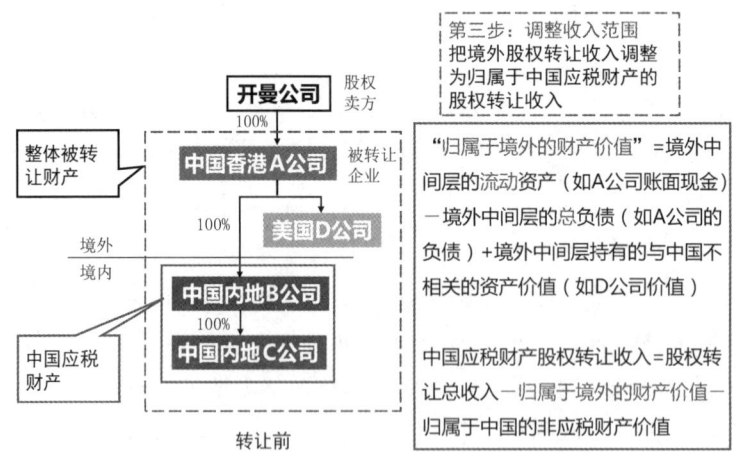

图 28-3 调整间接股权转让收入范围

以上公式中"归属于境外的财产价值"是调整重点难点，目前没有操作执行细则，在实际工作中对该部分财产价值的调整观点存在较多不同理解。但是一般来说，应加上境外中间层持有的流动资产,如被转让的中国香港 A 公司的账面现金、流动性金融资产等,同时减去境外中间层的总负债,如被转让的中国香港 A 公司的全部负债,再加上境外中间层持有的与中国无关的资产价值,如以上美国 D 公司的资产价值,这部分可能需要经评估等方法确定。

28.1.3　间接股权转让收入确认案例

在了解股权转让收入的调整原理和过程后,接下来通过一个案例来介绍中国应税财产转让收入应该怎样具体计算。某间接股权转让持股情况和股权转让条件如图 28-4 所示,在这个案例中,股权转让情况是非常复杂的,不是国家税务总局公告 2015 年第 7 号文件中几条抽象原则可以完全概括的。案例的要求是计算归属于境内的间接股权转让收入是多少,其中的难度是很大的。

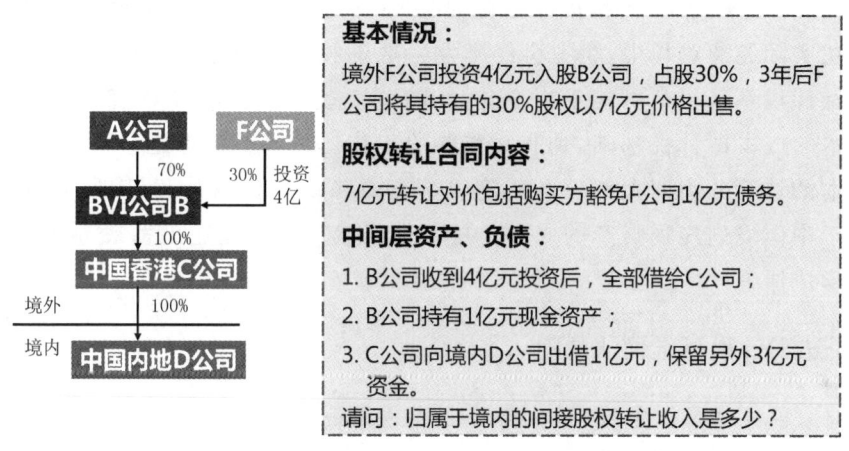

图 28-4　间接股权转让收入确认案例(1)

接下来看下面部分内容(图 28-5),在这部分中要对中间层 B 公司、C 公司的资产和负债的情况进行分析。B 公司和 C 公司各自的资产负债情况不同,需要专门对相关企业的资产进行列示分析,包括区分长期资产、短期资产和固定资产、流动资产等情况,特别需要关注的是境外中间层负债情况,按照以下公式进行计算。

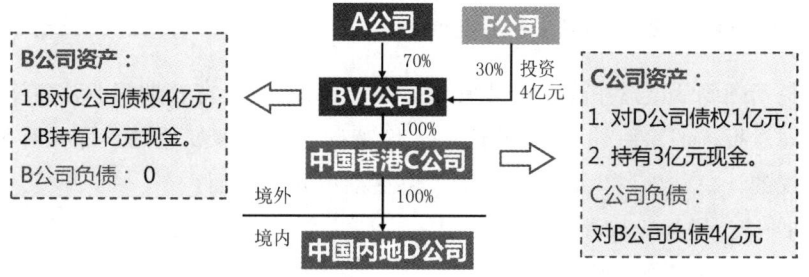

图 28-5　间接股权转让收入确认案例(2)

(1) 归属于境外的财产价值＝境外中间层的流动资产－境外中间层的总负债＋境外中间层持有的与中国不相关的资产价值。

(2) 中国应税财产股权转让收入＝股权转让总收入－归属于境外的财产价值－归属于中国的非应税财产价值。

在本案例中,归属于境内的间接股权转让收入＝合同总金额＋豁免债务－中间层资产＋中间层债务＝(合同金额)＋(豁免债务)－[(B公司现金)＋(B对C的债权)＋(C公司持有现金)＋(C对D债权)]×30%＋(C对B的债务)×30%＝7＋1－(1＋4＋3＋1)×30%＋4×30%＝6.5(亿元)。

28.2 间接股权转让成本确认和排除范围

间接股权转让成本确认和排除范围是最终确定间接股权转让应税所得的核心要素。由于在实际经营过程中,企业会经常发生融资和资本转移的情况,因此企业经营几年后其初始计税基础很有可能发生变化。找出这些变化规律,正确确认股权转让时点被转让股本的成本即计税基础,是非常重要的工作。从本节的标题中可以看到,间接股权转让成本的计算分为两大部分的内容:一是要确认应计入计税基础的成本,二是要排除不属于中国境内应税财产的成本。接下来仍然从文件规定出发来考察股权转让计税基础的形成原理。

28.2.1 税法对计税基础确认原则

根据国家税务总局公告2017年第37号文件第三条的规定,股权的计税基础(即股权净值),是股权转让人投资入股时向中国居民企业实际支付的出资成本,或购买该项股权时向该股权的原转让人实际支付的股权受让成本。股权在持有期间发生减值或者增值,按照国务院财政、税务主管部门规定可以确认损益的,股权净值应进行相应调整。企业在计算股权转让所得时,不得扣除被投资企业未分配利润等股东留存收益中按该项股权所可能分配的金额。多次投资或收购的同项股权被部分转让的,从该项股权全部成本中按照转让比例计算确定被转让股权对应的成本。

28.2.2 间接股权转让成本的确认思路

股权计税基础确认概念中有一个非常重要的原则是,股权持有期间非法定事由,即除财税主管部门同意批准的事由外,股权转让的计税基础是不能够变化的。那么有哪些法定事由可以对股权的计税基础产生影响呢？主要包括以下几个方面:

(1) 追加投资,增加股权计税基础。

(2) 撤资减资,减少股权计税基础。

(3) 公允价值买卖股权后,改变股权计税基础,以公允价值购入的股权基础确定。

(4) 资本公积转增资本(实收资本或股本),不增加股权计税基础[《国家税务总局关于贯彻落实企业所得税法若干税收问题的通知》(国税函〔2010〕79号)第四条〕。

(5) 盈余公积、未分配利润转增资本,视同为先分配利润再投资,因此会导致计税基础增加。

在了解股权计税基础的一般概念和变化规则后,对于间接股权转让中的中国应税财产计税基础认定观点,目前主要有两种。需要提醒读者注意的是,这两种观点是在实际工作中总结提炼出来的,目前还没有明确的文件规定做出规范。具体如下:

观点一:应以境外投资人投资额作为计算计税基础的依据。这一观点的理由是,由于在很多实际案例中,境外投资人的投资款不一定会进入中国境内的实体,因此在计算某个境外投资人的股权转让成本时,应以其实际投资额作为扣除依据。

观点二:应以实际投入中国境内的资金按比例为计算计税基础的依据。如果按境外投资人的投资额计算,则没有考虑实际投入我国境内的资金。这一观点的理由是,根据国家税务总局公告2017年第37号文件第三条对计税基础的定义"投资入股时向中国居民企业实际支付的出资成本",该条款强调实际投入概念,由于很多情况下境外投资人的投资不一定会进入中国境内的实体,如果将境外投资全部认定为可以扣除的股权成本,则会侵蚀我国的税基。

28.2.3 间接股权转让计税成本确认案例

下面通过一个案例来对间接股权转让两种观点的计税基础计算结果进行分析比较。该案例初始情况如图28-6所示,最上层境外A公司,初始投入100亿元至中国境内D公司,并通过中间层BVI公司和中国香港C公司间接持有D公司股权。因此,在初始情况下,D公司的实收资本即初始投资成本是100亿元。

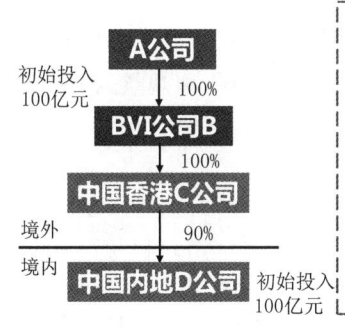

1. 初始情况:

境外A公司通过一系列中间层投资中国境内D公司,投资成本为100亿元,D公司实收资本为100亿元。

初始情况下,归属于中国应税财产的股权计税基础

根据"计税基础是投资入股时向中国居民企业实际支付的出资成本"(国家税务总局公告2017年第37号第三条),中国应税财产D公司股权计税基础是100亿元。

图28-6 间接股权转让成本确认案例(1)

该案例中比较困难的问题是该股权结构下的后续投资成本确认问题。如图28-7所示,假如后续境外A公司引入了一个财务投资人F公司,并且以BVI公司作为投资平台邀请F公司进入。F公司投资了500亿元,估值远高于A公司的初始投资100亿元,但是F公司所占的股权只有20%,因此投资后BVI公司的实收资本就变成了600亿元,持股比例是A公司持股80%,F公司持有20%,F公司投资经过中间层后只有480亿元进入中国境内公司成为实收资本。

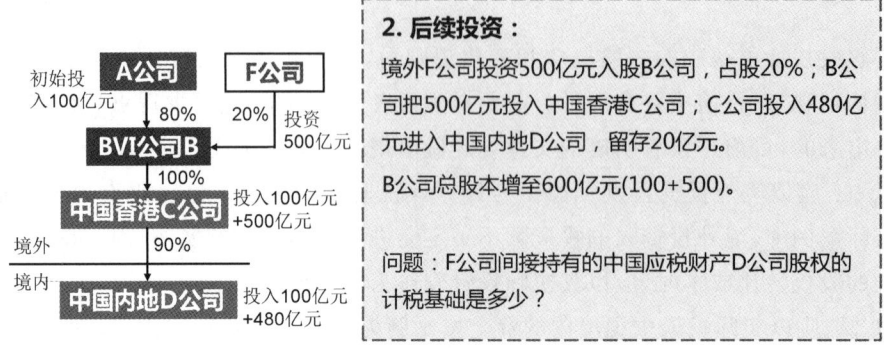

图 28-7　间接股权转让成本确认案例(2)

将来 F 公司作为财务投资人在公司估值提高后进行股权转让退出,这就是一个典型的间接股权转让问题。这里关键的问题是确定 F 公司可以扣除的间接股权转让成本是多少。那么根据以上两种股权计税基础确认观点,F 公司的股权成本应该怎样计算呢？根据观点一,F 公司以实际投入的 500 亿元作为其间接持有中国境内应税财产的计税基础,这一观点比较直接。根据观点二,F 公司应以实际投入中国境内的投资为基础按持股比例计算间接持有中国境内股权的计税基础。目前在实际工作中并没有明确的文件对上述两种观点做出具体规定,需要根据个案情况进行分析计算。

28.3　影响转让所得的特殊问题

还有一些影响间接股权转让所得的特殊问题,同样影响收入和成本的确定。由于目前没有明确的文件依据,各地有很多各自的实践经验,但无论采用哪种观点,都需要看谁的主张更能提供有利的理论和举证资料。

28.3.1　中间层打包转让

第一种特殊情况是中间层打包转让,如图 28-8 所示。在这个间接股权转让框架里,中间层是比较复杂的结构,其特点是中间层的很多公司并不是空壳公司,而是具有功能价值的实体企业,这是转让的第一个难点。这些境外标的物公司的公允价值应该怎么样确定、收益怎样评估划分境内外价值,没有统一划分标准,实际中操作难度很大。第二个难点是涉及境外多个公司的持股结构问题,中间层的投资和债权债务的问题,这些问题都会影响中国境内应税财产价值的确认,中间层越复杂,这个问题就越难处理。第三个难点是由于采用了不同的评估方法,因此有可能会产生不同的评估结果,到底哪种评估更合理难以取舍。对于这些难点,目前现有文件中很少有指导性的意见,只能够凭借经验去处理这些问题。

28　间接股权转让收入和成本确认

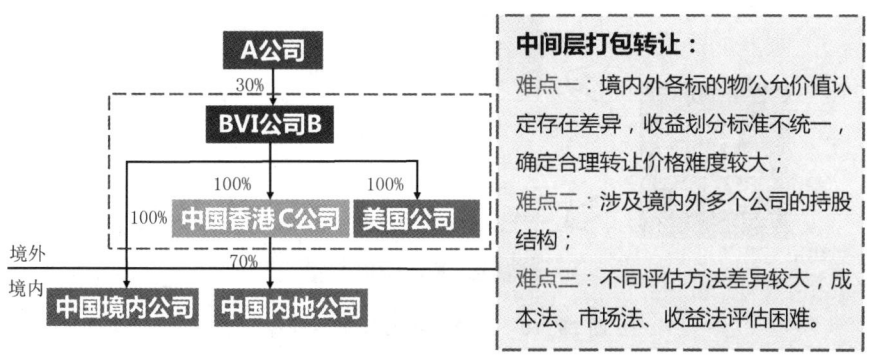

图 28-8　间接股权转让中间层整体转让

28.3.2　中间层多次转让

第二种特殊情况是中间层如果经历了多次转让，其成本应该怎么确认，如图 28-9 所示。图 28-9 中的中间层被转让公司开曼公司以下的股权结构没有改变，经过多次转让，那么历次股权转让的股权计税基础之间有什么连续的关系？假如经过多次转让后，中国境内实际投入的成本没有变化，仍然保持初始投资的情况，只是境外的不同层级之间的投入发生了变化，那么这种情况之下股权实际转让成本怎么确定？后续投资者如果没有资金实际进入，中国境内股权成本怎么考虑？这些存在争议的问题目前还没有明确的理论去应对解决。

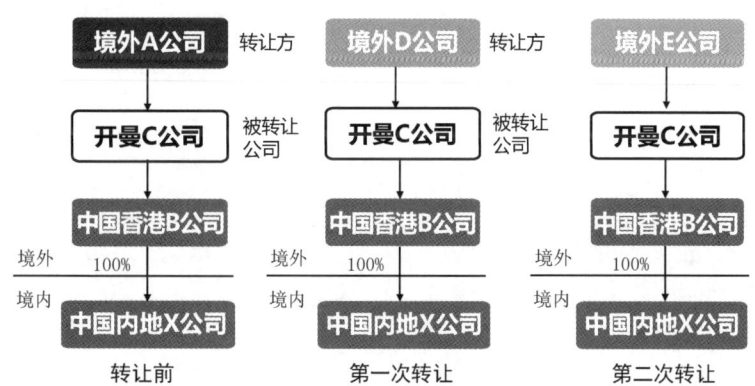

图 28-9　间接股权转让中间层多次转让

28.3.3　对赌问题

第三种特殊情况是对赌。如果转让双方约定利益补偿条款，股权转让后一定期间内要达到某种约定的经营成果。如果没有达到则股权转让方要向股权购买方支付补偿。对于这种补偿要不要调整初始股权转让收入，如果调整则很有可能出现退税问题。在实际工作中，目前没有明确的规定要求这类补偿款做退税处理还是不做退税处理。对赌问题的两种处理思路如图 28-10 所示。

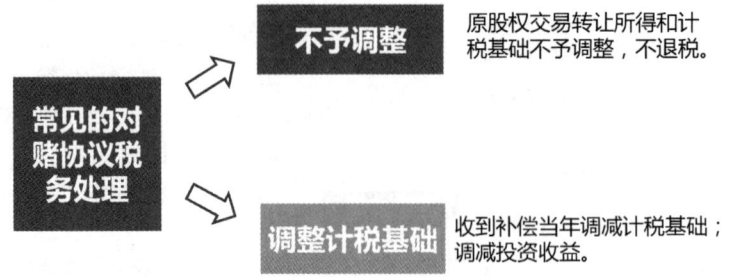

图 28-10 间接股权转让对赌问题

以下通过一个实际的案例分析对赌条款的作用。某省税务机关对企业提出对赌退税的批复内容如下(该内容属于公开信息):"你公司《关于对赌协议利润补偿企业所得税相关问题的请示》收悉,经研究,现答复如下:依据《中华人民共和国企业所得税法》及《中华人民共和国企业所得税法实施条例》关于投资资产的相关规定,你公司在该对赌协议中取得的利润补偿可以视为对最初受让股权的定价调整,即收到利润补偿当年调整相应长期股权投资的初始投资成本。特此函复。"在该批复中,某省税务机关对企业申请对赌利润补偿的诉求做出的批复认为,对赌协议中取得的利润补偿可以视为最初受让股权价格的调整,把它视作为原合同的补充修订,因此企业可以据此申请退税。

29 间接股权转让的管理规定及案例

本章是间接股权转让系列章节的最后一章。本章的内容是介绍间接股权转让在我国的税收征管程序性规定。这部分内容也是我国间接股权转让公告中的重要内容。这一部分的规定关系到之前间接股权转让的税收政策怎样落实执行和税款怎样入库的管理问题,因此也是读者学习间接股权转让税收知识必须掌握的内容。本章的内容分为两个部分:第一个部分介绍间接股权转让的若干管理规定;第二个部分介绍间接股权转让在我国缴纳的税款在各地税务机关之间怎样分配,它是现实中比较复杂敏感的问题。本章还以一个公开披露的典型案例的税款计算分配方案为例讲解税款分配的重要原则和操作细节。

29.1 间接股权转让的管理规定

本节归纳了《国家税务总局关于非居民企业间接转让财产企业所得税若干问题的公告》(国家税务总局公告 2015 年第 7 号)有关间接股权转让税收征管措施的重要规定,其中包括间接股权转让的报告要求,即由谁报告股权转让信息、报告责任怎样划分、没有报告的法律后果是什么,还包括间接股权转让补缴税款利息的计算方法、缴纳税款的汇率计算方法及计算举例等内容。

29.1.1 间接股权转让报告的规定

间接股权转让报告,是指间接股权转让发生后,相关方向税务机关报告股权转让相关信息。在间接股权转让信息报告中,大家需要解决 5 个方面的问题,如图 29-1 所示。

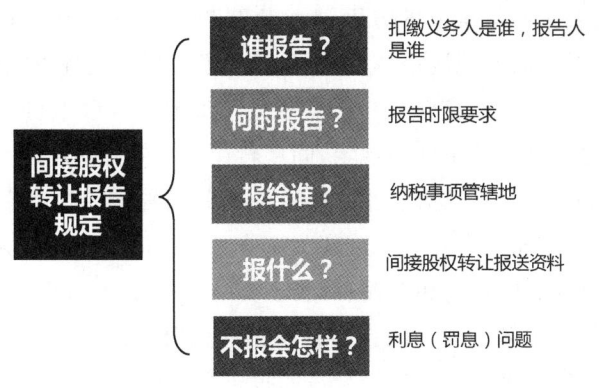

图 29-1 间接股权转让报告内容

以上五个问题的实质是在探讨间接股权转让法律责任的划分和承担问题,这些重要问题是贯穿国家税务总局公告 2015 年第 7 号文件的重要线索。本节从这 5 个问题出发,分别对照间接转让公告的管理规定来了解文件要求。

29.1.1.1 报告主体

间接股权转让由谁来报告,该问题的实质是间接股权转让的报告主体由谁来承担。对于间接股权转让的可能报告主体,主要有三个相关方:一是间接股权转让的股权购买方也就是扣缴义务人;二是间接股权转让的股权转让方;三是被间接转让的股权的企业和其他相关方。这三类间接股权转让的潜在报告方的报告动机可能各不相同,其承担的法律责任也不尽相同。本节分别对这三方的报告要求进行说明。

(1) 股权购买方(扣缴义务人)报告要求。对于扣缴义务人的认定问题,国家税务总局公告 2015 年第 7 号文件第八条规定,"间接转让不动产所得或间接转让股权所得按照本公告规定应缴纳企业所得税的,依照有关法律规定或者合同约定对股权转让方直接负有支付相关款项义务的单位或者个人为扣缴义务人"。根据该条款,在我国间接股权转让以股权转让价款支付方为扣缴义务人,并且扣缴义务人不限于境内的支付方,对境外支付方也有法律约束力。

(2) 股权转让方报告要求。对于股权转让方的法律责任,扣缴义务人应当自扣缴义务发生之日起 7 日内向扣缴义务人所在地主管税务机关申报和解缴代扣税款。扣缴义务人发生到期应支付而未支付情形,应按照《国家税务总局关于非居民企业所得税管理若干问题的公告》(国家税务总局公告 2011 年第 24 号)第一条规定进行税务处理。

(3) 其他相关方的报告要求。间接股权转让的其他相关方包括被间接股权转让的中国境内企业、股权转让的筹划方等股权转让买卖双方以外的相关方。对于其他相关方的报告要求,国家税务总局公告 2015 年第 7 号文件第九条和第十条做出规定,"间接转让中国应税财产的交易双方及被间接转让股权的中国居民企业可以向主管税务机关报告股权转让事项,并提交以下资料"和"间接转让中国应税财产的交易双方和筹划方,以及被间接转让股权的中国居民企业,应按照主管税务机关要求提供以下资料"。

对于间接股权转让的报告流程判定如图 29-2 所示。

关于报告责任有两个非常重要的方面请读者思考,即:为什么间接股权转让公告规定各方报送资料是自愿报送而非强制报送,出于什么考虑。国家税务总局公告 2015 年第 7 号文件规定各方自愿报送,未对间接转让中国应税财产交易设定强制性的报告义务。国家税务总局公告 2015 年第 7 号文件第九条规定,间接转让中国应税财产的交易双方和被间接转让股权的中国居民企业可以(非强制)向主管税务机关报告该转让事项,并提交相关资料。这与原间接股权转让规定相比有较大的改变:一是由强制报告义务变为交易相关方自主选择是否报告信息;二是提交的资料相对简单,属于交易必备资料,无需额外准备,为报告主体提供便利;三是可报告的主体扩展为间接转让中国应税财产的交易双方及被间接转让股权的中国居民企业,有利于交易相关方选择合适的报告主体和途径。

虽然国家税务总局公告 2015 年第 7 号文件对间接转让中国应税财产交易没有设定强

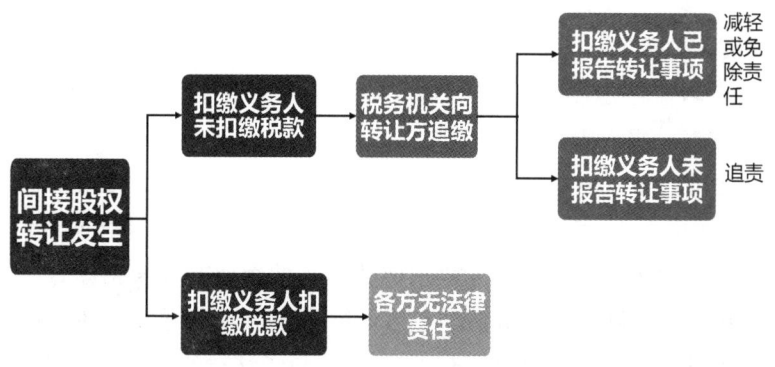

图 29-2　间接股权转让报告责任

制的报告义务,由纳税人或扣缴义务人自行判定是否报告并提交资料,但是国家税务总局公告 2015 年第 7 号文件第八条规定,如果该交易需缴纳中国企业所得税,是否提交资料的法律后果是有区别的,旨在鼓励纳税人或扣缴义务人主动报告并提供相关资料。

29.1.1.2　报告时限

间接股权转让的报告时限,是指发生间接股权转让纳税义务后扣缴义务人应申报纳税的时限。该时限与股权转让缴税及税款利息计算有关,因此也非常重要。有关间接股权转让的报告时限,国家税务总局公告 2015 年第 7 号第八条规定,"扣缴义务人未扣缴,且股权转让方未缴纳应纳税款的,主管税务机关可以按照税收征管法及其实施细则相关规定追究扣缴义务人责任;但扣缴义务人已在签订股权转让合同或协议之日起 30 日内按本公告第九条规定提交资料的,可以减轻或免除责任"。

根据以上文件规定,扣缴义务人在股权变更后 7 日内有扣缴税款的义务,是否产生纳税义务需要相关方准确判断。如果扣缴义务人在自行判断没有产生纳税义务的情况下,仍然在股权转让合同签订后 30 日内向主管税务机关报告了间接股权转让资料,则未来如果被判定缴税可以减免未扣缴税款的责任。

29.1.1.3　报告对象

间接股权转让的报告对象,是指在实际股权转让业务中相关各方向哪个主管税务机关报告间接股权转让事项及资料的问题。该问题在实际工作中是一个很突出的难题,因为如果被间接股权转让的企业涉及多个税收管辖地,这时报告和缴税是非常麻烦的。对于这个问题,国家税务总局公告 2015 年第 7 号文件第十二条规定,"股权转让方通过直接转让同一境外企业股权导致间接转让两项以上中国应税财产,按照本公告的规定应予征税,涉及两个以上主管税务机关的,股权转让方应分别到各所涉主管税务机关申报缴纳企业所得税"。

对于间接股权转让的主管税务机关,根据国家税务总局公告 2017 年第 37 号文件第十六条第(二)项规定,"权益性投资资产转让所得,为被投资企业的所得税主管税务机关。因此如果间接股权转让涉及多个境内企业的时候,应向每个企业的所在地主管税务机关报告"。根据该条规定,当间接股权转让的被转让企业涉及我国境内多个被投资企业对应的税务机关时,根据文件规定的原则应该是向每个主管税务机关分别沟通。可见这种情况下的间接股权转让工作量是比较大的。

29.1.1.4 报告内容

对应间接股权转让各方需要报告的内容,根据报告的性质可以分为自愿报告时的内容和被税务机关要求时的报告内容。

(1) 自愿报告的内容。根据国家税务总局公告2015年第7号文件第九条的规定,"交易双方、被转让中国居民企业,可以自愿报送以下资料:(一)股权转让合同或协议(为外文文本的需同时附送中文译本,下同);(二)股权转让前后的企业股权架构图;(三)境外企业及直接或间接持有中国应税财产的下属企业上两个年度财务、会计报表;(四)间接转让中国应税财产交易不适用本公告第一条的理由(注:即主张免予征税的理由)"。

(2) 被税务机关要求时的报告内容。根据国家税务总局公告2015年第7号文件第十条的规定,"间接股权转让被调查时,交易双方、被转让中国居民企业、筹划方,提交资料:(一)本公告第九条规定的资料(已提交的除外);(二)有关间接转让中国应税财产交易整体安排的决策或执行过程信息;(三)境外企业及直接或间接持有中国应税财产的下属企业在生产经营、人员、账务、财产等方面的信息,以及内外部审计情况;(四)用以确定境外股权转让价款的资产评估报告及其他作价依据;(五)间接转让中国应税财产交易在境外应缴纳所得税情况;(六)与适用公告第五条和第六条有关的证据信息"。

29.1.1.5 未报告的法律责任

从国家税务总局公告2015年第7号文件第九条和第十条的规定可以看到,我国税务机关鼓励间接股权转让的交易双方和相关各方出于纳税遵从的目标主动报送股权转让信息,并且这种报送并不是强制性要求,文件用"可以"两字而非"应"进行表述。同时,如果税务机关在反避税调查过程中要求其他相关方提供资料,则其他相关方有义务按照文件要求提供间接股权转让的涉税资料。

29.1.2 利息缴纳的规定

如果间接股权转让发生股权变更后,扣缴义务人没有及时扣缴税款,税务机关除追缴税款外还可以对股权转让方加收利息。请注意,这里加收的是利息而不是滞纳金。对于加收利息有几个要点需要明确,即加收利息起算时间、利息率、加收时间。间接股权转让补税加收利息的税法依据是《企业所得税法》及其实施条例的相关规定,本书对计算加收利息的要点总结如下,方便读者理解:

(1) 税务机关追缴间接股权转让方应纳税款时,除追缴应纳税款,还应按照《企业所得税法》及其实施条例的规定对股权转让方加收利息。税法依据是《企业所得税法》第四十八条规定,税务机关依照本章规定做出纳税调整,需要补征税款的,应当补征税款,并按照国务院规定加收利息。

(2) 在计算加收利息的起止日期上,《企业所得税法实施条例》第一百二十一条规定,从税款所属纳税年度的次年6月1日起至补缴税款之日止的期间,按日加收利息,加收的利息不得在计算应纳税所得额时扣除。

（3）在计算加收利息使用的利率上，《企业所得税法实施条例》第一百二十二条规定，利息应当按照税款所属纳税年度中国人民银行公布的与补税期间同期的人民币贷款基准利率加5个百分点计算。

来看一个利息计算的简单举例：某企业间接股权转让应补缴税款100万元。利息加收时间从次年20×8年6月1日起至20×9年11月8日止，共计526天。银行一至五年内贷款基准利率为4.75%，由于股权转让方未报送资料，实际执行的利息率＝"基准利率＋5%"＝4.75%＋5%＝9.75%。应加收利息金额＝100×9.75%÷365×526＝14.05（万元）。

29.1.3 汇率适用的规定

汇率折算问题主要产生于境外股权转让方在境外按照外币折算，进入我国境内换汇后以人民币缴纳税款及利息时涉及的汇率折算方法问题。这个过程主要需要解决的是税款计算和缴纳时选择汇率的问题。对于不同情况下选择汇率的规定，根据国家税务总局公告2017年第37号文件第四条可以总结如图29-3所示。

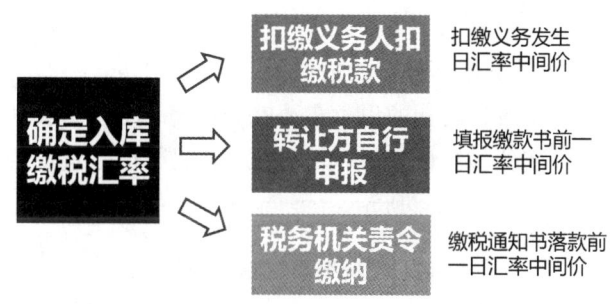

图29-3　间接股权转让汇率选择

接下来，需要按照汇率折算应该缴纳的人民币税款的金额，根据以下公式进行换算：

$$\text{间接股权转让应纳税款} = \left(\text{转让外币收入} \times \text{以上三种情况选取汇率的中间价} - \text{计税基础} \times \text{以上三种情况汇率中间价}\right) \times 10\%$$

需要注意的是，此处计算应纳税款不是用（收入－计税基础）×汇率这样的公式进行计算。这是一个计算过程中的关键细节。这是因为多次投资和股权转让的情况下每次的币种有可能是不同的，不能用同一种汇率来计算。

计算完外币折算人民币应缴纳的税款后，仍然有可能在实际汇款时产生汇兑差异，这是因为境外纳税人在计算汇率时和实际买入人民币时不是按同一个汇率计算的，存在中间汇率和买入价汇率的差异，还有可能存在汇款延迟导致汇率波动产生汇兑差异。对于以上汇率差异导致的实际到账税款差异的解决办法是，使用倒算法，即根据先用缴税日中间价汇率计算人民币应缴税额，再用实际汇款日的外汇买入价倒算当天应支付的外币金额进行汇款。接下来看一个汇率计算的示例，非居民企业A公司股权投资和转让情况如下：

（1）初始投资入股：非居民企业A公司2018年投资100万美元。

（2）第二次投资入股：非居民企业A公司2019年投资入股50万欧元。

（3）股权转让日：2022年1月15日，非居民企业A公司把所有股权转让，取得收入

1 000万美元。

（4）申报缴纳税款日：2023年5月10日，非居民企业A经过协商决定自行缴纳税款，并于当日填开缴款书。当日假定汇率人民币兑美元和欧元的中间价分别为：1美元 = 6.6元人民币，1欧元 = 7.2元人民币。

应纳税款 = [1 000×6.6 - (100×6.6 + 50×7.2)]×10% = 558(万元人民币)

29.2 各地税务机关税款分配原则及案例

本节主要介绍一个间接股权转让中的操作难题，即中国境内间接股权转让税款如果涉及境内多个地方的被转让财产，那么境外转让方是否需要在中国各地税务机关税款分配应缴纳的总税款，以及具体分配的原则和方法。这个问题涉及各地税务机关之间的协调问题，比较复杂。本节以公开税款分配案例为背景介绍这项工作应该怎样开展、其中存在哪些问题。

29.2.1 股权转让税款各地分配原则

29.2.1.1 股权转让税款分配问题产生的原因

在什么情况下境外间接股权转让的税款需要在我国境内进行分配呢？以上讲到间接股权转让导致中国境内多个实体被实际转让时需要分配税款，但是这种说法并不具体。以下通过一个案例来进行说明，如图29-4所示。

图 29-4　间接股权转让税款分配起因

以上两种境外间接持股架构的区别在于，图29-4左边的持股结构中是通过内地一个持股D公司控制内地各地子公司，右边的持股结构是中间层香港C公司直接持有内地各地子公司，没有内地控股公司。那么哪种结构下的间接股权转让需要在我国境内做股权转让税款分配？对于该问题目前存在两种主要观点：第一种观点认为在图29-4左边的股权结构中，间接股权转让方应该仅在内地D公司所在地申报缴纳税款，不需要再进一步往下将税款分摊到内地D公司下属的北京公司、天津公司、上海公司。第二种观点认为图29-4右边的股权结构中，间接股权转让方应该将税款分摊到其直接持股的北京公司、天津公司、上海公司。对于以上两种税款分配的观点,目前没有明确的文件具体规定,需要在实际工作中根据具体个案情况分析处理。

29.2.1.2 税款分配原则和方法

首先来看非居民企业缴纳的间接股权转让税款的分配原则是什么。根据国家税务总局公告 2015 年第 7 号文件第十二条原则性规定,股权转让方通过直接转让同一境外企业股权导致间接转让两项以上中国应税财产,按照该公告的规定应予征税;涉及两个以上主管税务机关的,股权转让方应分别到各所涉主管税务机关申报缴纳企业所得税。如果各地税务机关对此申报金额没有异议,则正常缴税入库;如果各地税务机关对税款分配产生争议,各主管税务机关应相互告知税款计算方法,取得一致意见后组织税款入库;如不能取得一致意见的,应报其共同上一级税务机关协调。

在具体分配方法上,间接股权转让税款分配的参考依据是《国家税务总局关于沃尔玛收购好又多股权事项的批复》(税总函〔2013〕82 号),该文件是公开文件,其中提到税款分配的依据是,使用被收购中国公司实际出资额、年末净资产和全年营业收入三项指标进行分配,每项指标占三分之一权重。净资产为负数的,视同净资产为零。也可以使用总资产、工资总额等指标,具体选择哪个指标取决于各地主管税务机关协商结果。

29.2.2 沃尔玛公司间接股权转让

在了解税款分配的基本情况后,接下来看一个具体案例。图 29-5 所示是境外间接股权转让前的股权结构,转让前中国台湾 BHCL 公司通过中间层 BVI 的 BCL 公司直接持有中国大陆 60 多家好又多公司。本次间接股权转让的收购方是美国著名超市企业沃尔玛公司,收购平台是 BVI 的 MMVI 公司。

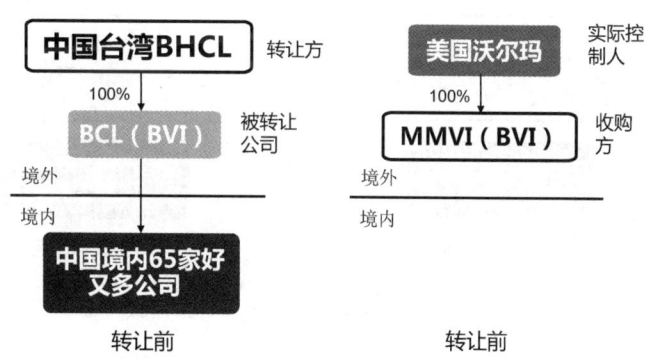

图 29-5 沃尔玛公司收购好又多公司案例

该案例的股权转让通过两步实现,图 29-6 所示是第一步股权转让,2007 年 BHCL 公司把其持有的 35% BCL 公司股权转让给沃尔玛公司所持有的 MMVI 公司,形成共同持有的股权结构。

对于本次股权转让,根据国家税务总局的批复,2007 年发生的第一次股权转让不需要征税,这是因为当时规范非居民企业间接股权转让的税收文件是依据 2008 年企业所得税法

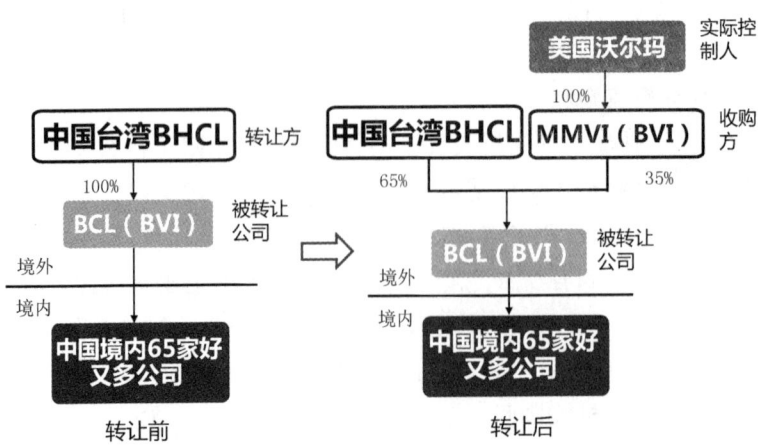

图 29-6 沃尔玛公司收购好又多公司第一次转让

设立的,而本案例中第一次股权转让发生在 2008 年之前,因此不适用间接股权转让征税规定。如果第一次股权转让发生在 2008 年之后,则需要在中国境内缴纳企业所得税。

2012 年股权转让双方进行了第二次间接股权转让,美国的沃尔玛公司通过中间层收购了剩下的 65% 的股权,形成了图 29-7 右边的股权结构,对于该股权转让税务机关判定需要缴纳股权转让所得税。

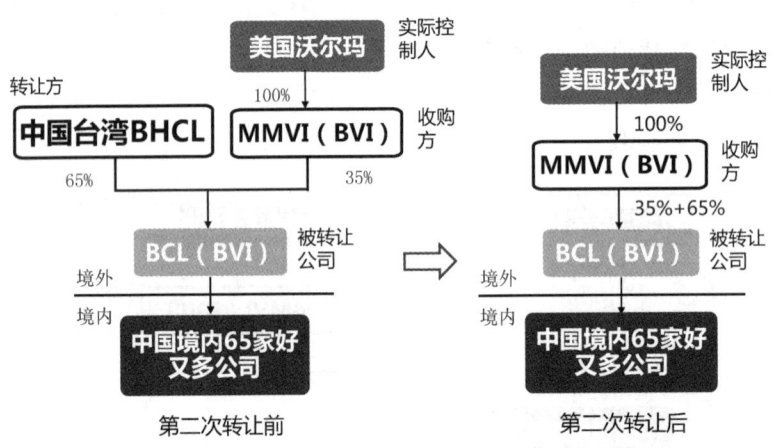

图 29-7 沃尔玛公司收购好又多公司第二次转让

对于第二次股权转让,主要了解学习的点有三个:一是本次股权转让的股权转让对价增加了放弃债权金额作为对价的一部分;二是中国境内各家好又多公司的转让成本确定;三是本次股权转让各地税款的确认方式。第二次转让纳税分析如图 29-8 所示。

分配股权转让收入到中国境内 65 家好又多公司所在地收入分配具体方案是综合使用各家好又多公司 2012 年 5 月 31 日实际出资额、2011 年年末净资产和 2011 年全年营业收入三项指标进行分配,每项指标占 1/3 权重。分配指标确定后,以 2012 年 5 月 31 日实际出资额进行分配时,初始投资为美元的,采用交易当日,即 2012 年 6 月 15 日国家公布的汇率中

图 29-8　第二次转让纳税分析

间价（1∶6.308 9）换算为人民币。如果以 2011 年年末净资产进行分配,有某家公司净资产为负数,则将其视同净资产为零参与分配。最终分配情况可以参考表 29-1 所列。

表 29-1　间接股权转让收入分配情况

序号	总收入 1	三项指标权重 2	某地应分得收入 $3(3 = 1 \times 2)$
1	4.765 亿美元	X%	A
2	4.765 亿美元	Y%	B
3	4.765 亿美元	Z%	C
……			
合计		100%	4.765 亿美元

通过表 29-1 计算分配到某个地方的股权转让收入用分配比例乘以总转让收入 4.76 亿美元,以上计算过程体现出的股权转让税款分配的原则和具体方法就是沃尔玛公司收购好又多公司公司案例中对大家启示最大的地方。虽然该案例对税款分配的计算细节还有一些地方并不明确,可能涉及企业的商业秘密,但是已经披露的税款分配计算的要素和分配的过程,仍然能够对我们解决类似的案例有重要启发。

30 无住所个人所得税体系

本书从第 30 章至第 34 章的 5 个章节将集中介绍无住所个人所得税的税收体系和各类型所得的个人所得税的计算规则。相对于非居民企业概念来说，涉外个人所得税税收体系中纳税人的分类非常复杂，常见的概念如无住所个人、境外个人、外籍个人、无住所居民个人、无住所非居民个人等，都是国际税收体系下的名词概念。这些概念既有联系交叉又有区别。通常在正式税收文件中使用无住所个人作为对各类境外个人的规范性称谓，然而无住所个人概念对于缺少国际税收基础的读者来说往往容易被误解，因此本书在非严格文件体系下，为了便于描述，有时会采用境外个人的名称，请大家注意。境外个人所得税是我国税收体系中非常复杂的内容，也是比较新的内容。随着 2019 年我国新《个人所得税法》实施，涉及境外个人所得税的部分以全新的面貌出现在大家面前，因此系统总结学习这部分的内容是全面系统掌握非居民税收的必经途径。以下是本书无住所境外个人税收体系结构，本书重点从理论概念入手，对境外个人四项主要所得，分别介绍区分国内法和税收协定规则，并详细介绍相关的税收征管流程。本书境外个人所得税的章节体系结构如图 30-1 所示。

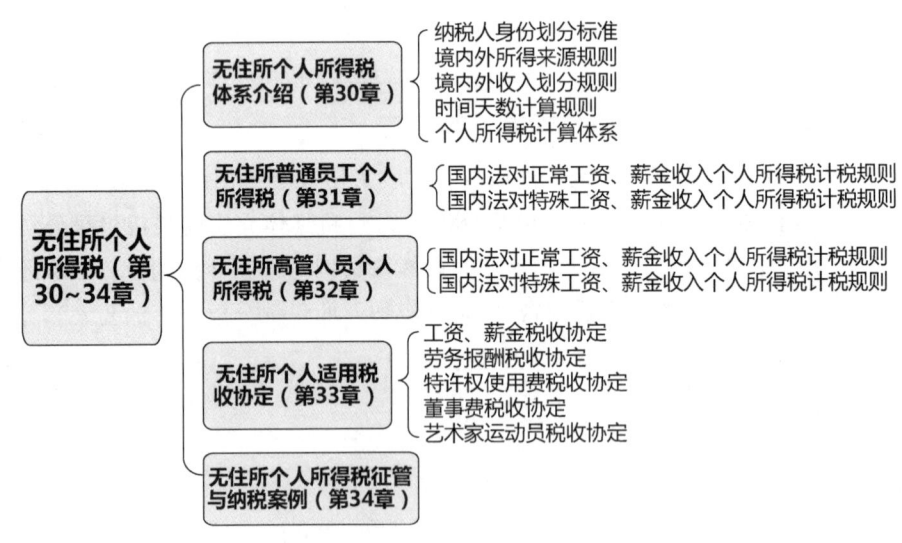

图 30-1 境外个人所得税章节体系

国际税收在无住所个人所得税部分有一个很重要的学习规律，即区分各类纳税人的概念，掌握无住所个人所得税体系框架，为后续理解更深的内容打下基础。本章在体系结构上分为四节：第一节介绍无住所个人所得税的学习方法，帮助大家搭建基本的学习框架和思考方法；第二节介绍无住所个人的一些重要概念，作为后续讨论理解其他概念的基础；第三节介绍无住所个人所得税计算体系构成，其中包括各主要所得类型的计算思路；第四节介绍无住所个人时间天数计算规则，这是区分无住所个人纳税义务的重要标准。

30.1 无住所个人所得税学习方法

本章专门使用一节的篇幅介绍无住所个人所得税的学习方法，这是因为无住所个人所得税中涉及的纳税人概念非常多，形成了独特的复杂体系。这与非居民企业相比是完全不同的概念。比如说，就纳税人身份而言，非居民企业的纳税人身份是单一的，但是在无住所个人税收体系下，纳税人根据不同标准能够划分为很多不同类型的纳税人，分别适用不同的国内法规定和税收协定安排。因此，要掌握这么一个复杂的知识体系，就必须对该体系有一个整体框架上的了解，才能有针对性地使用合理方法学习，达到事半功倍的效果。

接下来，本节将对我国个人所得税法规定的个人所得项目及学习的重点进行介绍，图30-2向各位读者展示了对于境外个人各所得项目的学习难度和不同角度的重要性分类。

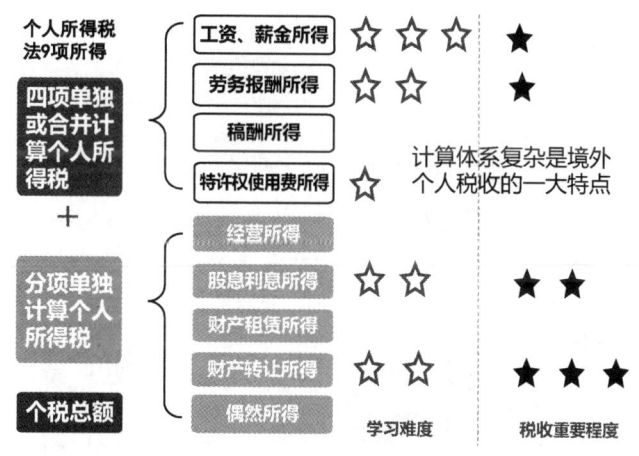

图30-2 个人所得体系构成情况

个人所得税中常见的工资、薪金所得项目是本书介绍的重点内容。它的计算类型非常多，是境外个人所得税9个所得项目里最复杂的，其他所得项目与工资、薪金相比要简单得多。然而，如果从不同的角度来看，会得出完全不同的结论，工资、薪金的重要性在于覆盖面广，涉及的纳税人人数众多，因此其受关注程度最高。但是如果从税款金额大小来看，境外个人工资、薪金所得的税额却不是最多的，大多数工资、薪金纳税人是分散的小额纳税人。相对而言，资本项目下的股息红利和股权转让个人所得税的金额则大得多。因此，在掌握无住所个人所得税相关内容时建议从总体上把握以下三个方面：一是从实际需求出发合理确定学习方向，从税收实务工作中最常见的业务出发掌握各类所得基本的征税要点，不要在初学阶段于某个方面涉入过深；二是要结合我国个人所得税法对各项境内个人所得的税收规定，对照学习无住所个人所得税相关内容，不能把两者割裂开来理解税收政策；三是重视产生大额个人所得税和高风险的所得类型项目的学习,如个人股权转让、个人财产转让等重大高风险事项,这类所得事项通常是非常规和临时性事项,每次情况都不相同,需要个案处理。如果涉及享受税收协定的内容则处理起来会比较复杂,相关税务风险较高,需要通过专门的学习才能准确掌握。

30.2 无住所个人所得税重要概念

学习境外个人所得税相关知识时有一个最重要的概念,即无住所个人的概念。根据我国个人所得税法,从无住所概念出发,后续有很多不同的纳税人身份,准确进行身份类型判定是合法合规纳税的前提。

30.2.1 无住所个人概念体系

按照我国个人所得税法对税收管辖权的划分,可以把自然人分为两大类:一类是有住所个人,其纳税义务是对全球所得负有纳税义务;另一类是无住所个人,负有有限的部分所得纳税义务,分类情况如图30-3所示。

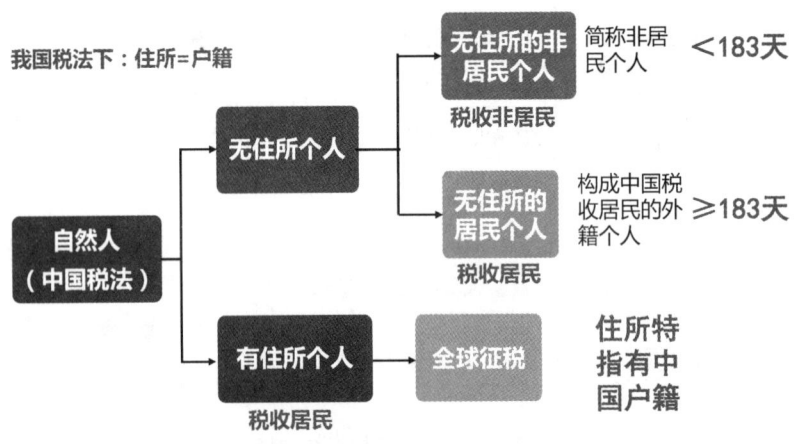

图 30-3 税收居民个人身份划分

在我国个人所得税法体系下,有住所指的是有中国户籍,它是一个法律概念,并不是说在中国有房子或有居住地就是有住所,同样也不是实际居住的概念。在实际工作中,通常以没有中国户籍作为判断无住所个人的标准。无住所个人又分为无住所非居民个人和无住所居民个人两个概念。根据我国《个人所得税法》第一条的规定,无住所非居民个人是指在中国境内无住所又不居住,或者无住所而一个纳税年度内在中国境内居住累计不满183天的个人,为非居民个人。此处以无住所个人在我国境内居住时间作为判定是否为无住所非居民的标准。

在无住所个人中还有一类人员,虽然没有中国户籍,但是在中国境内居住超过183天,具有比无住所非居民更多的纳税义务。根据我国《个人所得税法》第一条,无住所居民个人是指在中国境内无住所而一个纳税年度内在中国境内居住累计满 183 天的个人。

30.2.2 无住所个人相关时间天数

接下来需要了解无住所个人所得税计算中几个重要的时间概念。这些不同的时间概念在不同的计算场景下是重要的计算参数，为最终计算无住所个人应缴纳的个人所得税发挥作用。以下分别介绍公历天数、停留天数、居住天数、工作天数 4 个时间概念。这些时间概念的定义分别是依据《个人所得税法》及其实施条例、《财政部 税务总局关于在中国境内无住所的个人居住时间判定标准的公告》（财政部 税务总局公告 2019 年第 34 号）、《财政部 税务总局关于非居民个人和无住所居民个人有关个人所得税政策的公告》（财政部 税务总局公告 2019 年第 35 号）等法律法规做出的规定。由于这些时间概念在具体运用中需要结合具体要求来分析使用，本章会先对无住所个人所得税相关计算体系进行部分铺垫，然后再对以上概念的具体计算要求和运用细节进行总结，此处仅结合图 30-4 做概念性介绍。

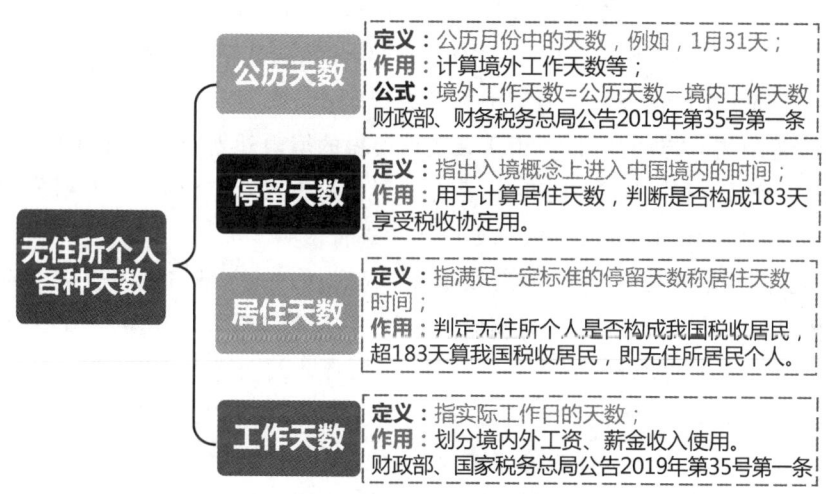

图 30-4　境外个人各类天数概念

30.2.3 无住所个人所得来源归属规则

无住所个人所得税纳税判定的重要前提是对《个人所得税法》规定的 9 项所得进行所得归属地判断，如果某项所得来源归属于中国境内则我国具有征税权，反之则不属于我国税务机关管辖，这就是掌握各项所得来源归属规则的重要意义所在。

30.2.3.1　受雇所得来源判定

受雇所得在个人所得税 9 项所得中指的是工资、薪金所得和劳务报酬所得。这两类所得在判定所得来源时具有共同特点，在所得性质上属于受雇于他人提供劳动取得的积极所得，因此将其归于一类所得类型集中介绍。但是工资、薪金所得和劳务报酬所得是有区别的，简单来说工资、薪金是个人与任职受雇单位具有劳动合同关系，属于雇佣与被雇佣关系，而劳务报酬相当于个人独立提供劳务取得报酬，不是雇佣关系。

受雇所得的来源判定方法是相同的,即只与是否在中国境内工作有关,与支付报酬一方是谁、在境内支付还是在境外支付没有关系,只要取得受雇所得的人在中国境内工作,则该受雇所得的来源就归属于中国境内。需要注意的是,虽然所得来源是来源于中国境内,但是不一定在中国境内缴税,这就是无住所个人税收的复杂性。所得来源与实际缴税不一定存在必然关系,但是所得来源归属于中国是在中国境内缴纳税款的前提,因此所得来源判定是进行纳税判定的必要程序。

对于以上受雇所得来源判定的论述,其税法依据是《个人所得税法实施条例》第三条规定,因任职、受雇、履约等在中国境内提供劳务取得的所得,不论支付地点是否在中国境内,均为来源于中国境内的所得。财政部、国家税务总局公告2019年第35号第一条规定,个人取得归属于中国境内工作期间的工资、薪金所得为来源于境内的工资、薪金所得。

30.2.3.2 工资、薪金收入的境内外划分

对于受雇所得,在实际工作中常见的是某个无住所个人为完成某项整体工作往返于境内和境外进行工作,其在中国境内工作过,但只属于其工作地点之一。如果因其在中国境内工作即对其全部受雇所得判定为来源于中国境内则不符合实际,因此产生了划分境内外所得问题,即把全部受雇所得报酬按照某种标准进行划分计算,将其中一部分所得归于来源于中国境内的受雇所得,再进行征税。由于在受雇所得的境内外划分问题中主要是对工资、薪金进行划分,劳务报酬相对简单,且工资、薪金的所得与收入紧密相关,收入划分的可操作性更强,因此本节主要对工资、薪金的收入划分问题进行说明。

具体来说,需要划分工资、薪金境内外收入有两种情况:一是与境内外雇主同时签订劳动合同;二是仅在境外单位任职,且当期同时在境内、境外工作的。其税收文件依据是财政部、国家税务总局公告2019年第35号第一条,无住所个人在境内、境外单位同时担任职务或者仅在境外单位任职,且当期同时在境内、境外工作的,按照工资、薪金所属境内、境外工作天数占当期公历天数的比例计算确定来源于境内、境外工资、薪金所得的收入额。表30-1是对无住所个人所得来源与境内外收入划分标准的总结。

表30-1 无住所个人工资、薪金来源与划分

任职受雇情况	工作地点	是否划分境内外收入	征税权
仅受雇于境外	1. 仅境外工作	×	境外
	2. 仅境内工作	×	境内
	3. 同时在境内、境外工作	要划分	境内、境外
仅受雇于境内	4. 仅境外工作	×	境外
	5. 仅境内工作	×	境内
	6. 同时在境内、境外工作	有可能划分	境内、境外
同时受雇于境内、境外	7. 仅境外工作	×	境外
	8. 仅境内工作	×	境内
	9. 同时在境内、境外工作	要划分	境内、境外

30.2.3.3 受雇所得以外所得来源

相较于综合所得中的两项受雇所得,其他所得的来源判定比较简单,如图30-5所示。

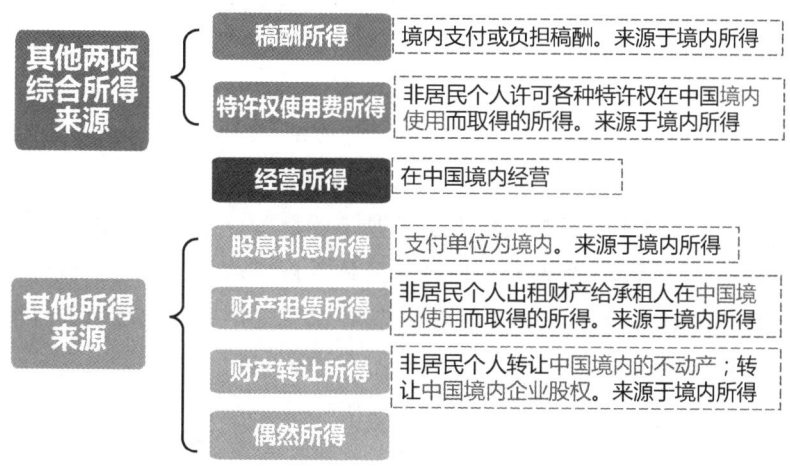

图 30-5 个人所得来源判定

以上所得来源的税收法规依据是《个人所得税法实施条例》第三条,财政部、税务总局公告 2019 年第 35 号文件第一条第(四)项等。

30.3 无住所个人所得税计算体系构成

本节介绍的内容是无住所个人 4 项主要所得的计算体系构成和无住所个人不同所得分别对应的计算逻辑线条。无住所个人 4 项主要所得个人所得税大致的计算思路是,首先把不同类型的收入转换为收入额。在个人所得税概念中,"收入"与"收入额"是不同的,收入通常是指税前收入金额,收入额与应税所得额类似,因此计算个人所得税时需要把收入转换或调整成收入额。接下来再用收入额计算出应纳税所得额,最后用应纳税所得额或直接用收入额乘以适用税率计算出应缴纳的个人所得税额。

本节重点介绍的内容是工资、薪金的个人所得税计算逻辑线条,无住所个人在计算收入时首先要把总收入划分为境内外收入两部分(也有可能不需要划分),再根据其居住时间结合不同的公式计算得到工资、薪金收入额,其后再把收入额按照无住所居民或无住所非居民的不同身份计算应缴纳的个人所得税额。在学习无住所个人工资、薪金所得税计算时一定要清楚其计算逻辑是什么,需要按什么纳税人身份进行计算。只有先掌握工资、薪金个人所得税的框架体系结构再学习具体计算方法,才不至于在复杂情况下错误适用计算公式。整体来看,这部分的税收政策和计算过程是非常复杂的,建议读者跟随本书接下来各章的逻辑线索了解无住所个人税收政策的各项要点。

30.3.1 无住所个人所得税构成体系框架

图 30-6 是一个整体的无住所个人的个人所得税计算路线图,从左到右来看无住所个人

按照税收居民的身份分为两大类：一类是无住所居民个人，另一类是无住所非居民个人。在计算方式上，无住所非居民个人的9项个人所得分项单独计算，不需要汇算清缴，对于无住所居民个人的9项所得中的综合所得需要实行预缴和汇算清缴，其他分类所得单独计算缴纳个人所得税。图30-6中画勾的内容表示该部分个人所得税计算的重点和难点内容，这是因为对于工资、薪金的个人收入来说，不仅要进行境内外收入的划分，还要区分员工的不同身份按照不同的计算公式计算个人所得税，其中还包括对一些特殊收入的计算，比如年度奖金、股权激励等，有时还要考虑税收协定的适用情况。这就是无住所个人工资、薪金所得税学习和理解的难点所在。但是不管这部分的内容有多困难，其计算思路和逻辑线条还是有迹可循的，在掌握整体计算的体系框架后，只需要把这些比较困难的地方按照每一项所得的特点去带入公式就可以做出正确的计算，这就是后续本书讲解的总体思路。

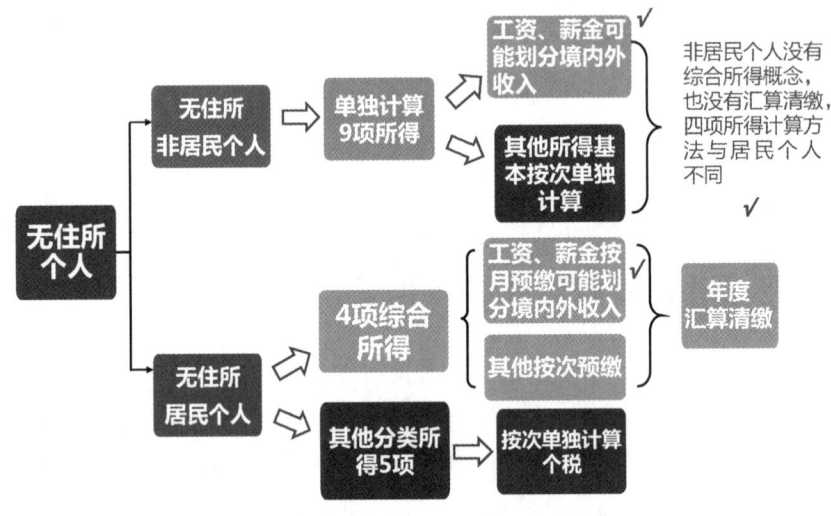

图30-6 无住所个人税收体系框架

30.3.2 无住所个人境内外收入划分规则

接下来着重介绍无住所个人工资、薪金所得税体系中比较重要的内容，即对工资、薪金收入的境内外划分。划分境内外工资、薪金收入依据如图30-7所示，对于工资、薪金的收入划分标准，其实有两个互相平行的划分标准。第一个是对工资、薪金总额进行境内外的划分，第二个是对取得的工资、薪金按照发放人的不同发放地点划分为境内发放的工资、薪金与境外发放的工资、薪金两部分。根据以上两种不同的划分标准，可以将无住所个人取得工资、薪金收入划分为4个类型。以上划分结果在实际计算工资、薪金收入额的时候会体现在不同的公式当中，在此仅做理论概念上的介绍，使读者在后续实际应用中能够知道这些公式的原理和出处。

为巩固图30-7中对无住所个人工资、薪金境内外划分标准的介绍，以下有三个重要问

30 无住所个人所得税体系

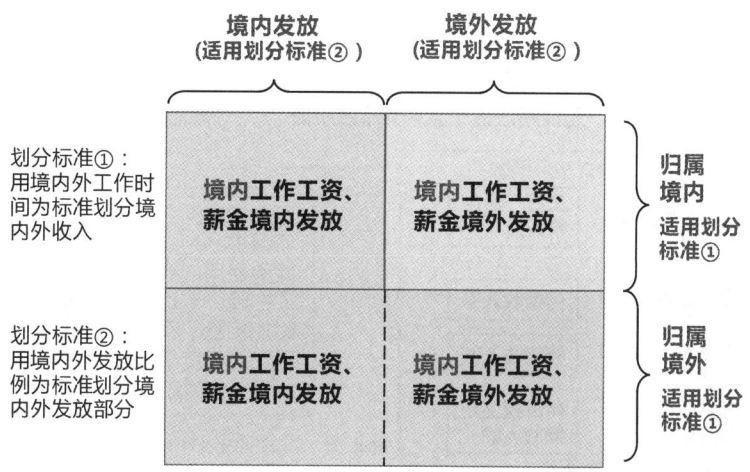

图 30-7 无住所个人境内外工资、薪金划分规则

题,请读者对照问题加深理解。

问题 1:什么情况下要划分无住所个人境内外工资、薪金收入?

答:根据财政部、税务总局公告 2019 年第 35 号文件第一条规定:①无住所个人在境内、境外单位同时担任职务;②仅在境外单位任职,且当期同时在境内、境外工作的。

问题 2:为什么要用境内外工作时间划分无住所个人境内外工资、薪金收入?

答:根据受雇工资所得来源的规定,只有在中国境内工作取得的工资、薪金,属于个人所得税法上来源于境内的所得,因此有必要区分境内外所得征税。工作时间标准是比较客观的衡量指标。

问题 3:为什么要用境内外支付比例划分无住所个人境内外工资、薪金收入?

答:根据《个人所得税法实施条例》第四条、第五条的规定,对境内外支付或负担的工资、薪金部分有不同的征税或免税要求。因此,需要按照支付比例进行划分。

30.3.3 无住所个人所得税计算逻辑

接下来是本章的重点内容,分别介绍无住所居民个人和无住所非居民个人的 4 项综合所得的计算逻辑,分别按照以上介绍过的"收入——收入额(应纳税所得额)——税额"的思路介绍。

30.3.3.1 无住所居民个人 4 项综合所得计算

首先来看无住所居民个人 4 项综合所得个人所得税的计算思路。无住所居民个人,是指在中国境内居住满 183 天的无住所个人(无中国户籍个人),这些无住所居民个人根据在境内居住时间不同而具有不同的纳税义务,但是有一个共同的特点,即都需要对工资、薪金所得按月预缴,对综合所得进行年度汇算清缴。图 30-8 所示是对综合所得中的工资、薪金,劳务报酬,稿酬,特许权使用费 4 项所得分项介绍按月(按次)预缴到汇算清缴的大致处理过程。基本思路是先把按月(按次)取得的收入按照不同标准转换成收入额,再根据公式计算按月(按次)预缴的个人所得税,最后在汇算清缴时将所有综合收入汇总计算出应缴纳的个人年度综合所得个人所得税税额。

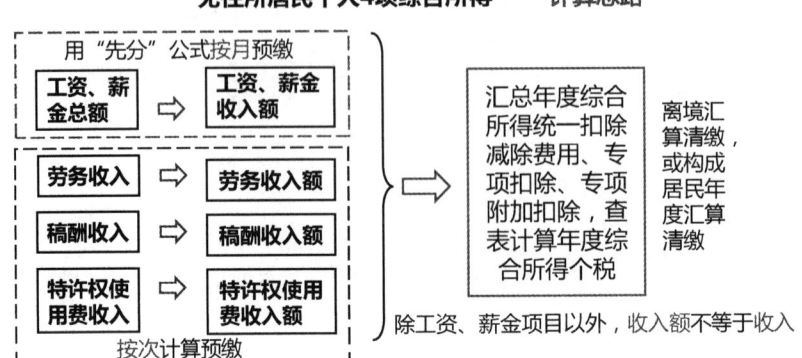

图 30-8 无住所居民综合所得计算思路

对于不同的综合所得项目,由收入到收入额到应纳税所得额的计算过程如下:

(1) 工资、薪金收入额 = 工资、薪金收入。

年度工资、薪金应纳税所得额 = 年度工资、薪金收入额 − 6 万元 − 专项扣除 − 专项扣除附加。

(2) 劳务报酬应纳税所得额 = 劳务报酬收入额 = 收入 × (1 − 20%),或 = 收入 − 800 元。

(3) 特许权使用费应纳税所得额 = 特许权使用费收入额 = 收入 × (1 − 20%),或 = 收入 − 800 元。

(4) 稿酬应纳税所得额 = 稿酬收入额 = 收入 × (1 − 20%) × 70%,或 = (收入 − 800 元) × 70%。

30.3.3.2　无住所居民个人工资、薪金个人所得税计算

接下来介绍工资、薪金所得的所得额即收入额的计算过程。在综合所得 4 个项目中,除工资、薪金收入外,其他 3 项收入由收入到收入额的计算比较简单,本节着重介绍工资、薪金所得计算中怎样把按月取得的工资收入转化为可以计算当月工资预缴个人所得税的收入额的过程。转换计算的依据是财政部、税务总局公告 2019 年第 35 号文件中的公式三,该公式的具体运用在本书后续章节中专门讲解,此处读者仅需要理解计算整体过程即可。具体转换计算思路如图 30-9 所示。

无住所居民个人在计算当月应预缴个人所得税时与居民个人相同采用累计预扣法计算和预缴当月个人所得税。收入额的扣减项目包括减除费用每月 5 000 元,专项扣除、专项附加扣除等,计算公式和税率表如表 30-2 所示。

$$\begin{matrix}\text{工资、薪金当月累计}\\ \text{应预缴个人所得税税额}\end{matrix} = \left(\begin{matrix}\text{累计}\\ \text{收入额}\end{matrix} - \begin{matrix}\text{累计减}\\ \text{除费用}\end{matrix} - \begin{matrix}\text{累计专}\\ \text{项扣除}\end{matrix} - \begin{matrix}\text{累计专项}\\ \text{附加扣除}\end{matrix}\right) \times \begin{matrix}\text{预扣}\\ \text{率}\end{matrix} - \begin{matrix}\text{速算}\\ \text{扣除数}\end{matrix}$$

无住所居民个人4项综合所得　　　　**工资、薪金项目**

用“先分”**公式**按月预缴

当月工资、薪金总额 ⇨ 当月工资、薪金收入额

普通员工境内居住时间（t）	来源于境内工资、薪金		来源于境外工资、薪金	
	境内支付	境外支付	境内支付	境外支付
$t \leqslant 90$天	√	免税	×	×
90天$<t<$183天	√	√	×	×
$t \geqslant 183$天，不满6年	√	√	√	免税（需备案）
$t \geqslant 183$天，满6年	√	√	√	√

财政部、税务总局公告2019年第35号文件公式三

注：√表示征税；×表示不征税

图 30-9　无住所居民工资、薪金项目计算思路

表 30-2　居民个人工资、薪金所得预扣预缴适用税率表

级数	累计预扣预缴应纳税所得额	预扣率(%)	速算扣除数
1	不超过 36 000 元的部分	3	0
2	超过 36 000 元至 144 000 元的部分	10	2 520
3	超过 144 000 元至 300 000 元的部分	20	16 920
4	超过 300 000 元至 420 000 元的部分	25	31 920
5	超过 420 000 元至 660 000 元的部分	30	52 920
6	超过 660 000 元至 960 000 元的部分	35	85 920
7	超过 960 000 元的部分	45	181 920

计算完当月累计应缴纳个人所得税后，再减去以前月份已累计预缴个人所得税，即可得出无住所居民个人当月应预缴的工资、薪金个人所得税税额，如以下公式所示。

$$\text{工资、薪金当月应预缴个人所得税税额} = \text{工资、薪金当月累计应预缴个人所得税税额} - \text{工资、薪金已预缴个人所得税税额}$$

30.3.3.3　无住所居民个人劳务个人所得税计算

劳务报酬所得的个人所得税的计算与工资、薪金相比简单很多，主要体现在劳务报酬收入转换为劳务报酬收入额时的计算上比较简单。

无住所居民个人当月劳务报酬所得额，为当月劳务报酬收入额减除 800 元或减除 20% 计算得出。

当劳务报酬收入不超过 4 000 元时减除费用为 800 元：

$$\text{劳务报酬当月预缴个税} = (\text{当月劳务报酬收入} - 800) \times 20\%$$

当劳务报酬收入超过 4 000 元时减除费用为 20%：

劳务报酬当月应纳税所得额 = 当月劳务报酬收入 × (1 - 20%)

劳务报酬当月预缴个人所得税 = 劳务报酬当月应纳税所得额 × 预扣率 - 速算扣除数

劳务报酬当月应纳税所得额对应的预扣率和速算扣除数如表 30-3 所示。

表 30-3　居民个人劳务报酬所得预扣预缴适用税率表

级数	预扣预缴应纳税所得额	预扣率（%）	速算扣除数
1	不超过 20 000 元的	20	0
2	超过 20 000 元至 50 000 元的部分	30	2 000
3	超过 50 000 元的部分	40	7 000

30.3.3.4　无住所居民个人稿酬和特许权使用费个人所得税计算

稿酬和特许权使用费的个人所得税计算比较简单，需要按次计算，在取得当月预缴个人所得税。稿酬和特许权使用费的减除标准同样以 4 000 元为区别标准，每次取得收入不超过 4 000 元减除 800 元，超过 4 000 元的减除 20%。但是稿酬个人所得税在计算时可以对稿酬收入额外减除 30%，税法依据是《个人所得税法》第六条第（六）项，"劳务报酬所得、稿酬所得、特许权使用费所得以收入减除百分之二十的费用后的余额为收入额。稿酬所得的收入额减按百分之七十计算"。此处新《个人所得税法》稿酬的额外减除方法与旧《个人所得税法》的规定不同，是对收入额的额外减除而不是对稿酬个人所得税额的额外减除，这个重要变化如果没有准确把握会导致后续个人所得税计算结果错误。

每次收入不超过 4 000 元时，减除费用为 800 元，两项所得预缴个人所得税分别为：

稿酬当月预缴个人所得税 = (稿酬收入 - 800) × 70% × 20%

特许权使用费当月预缴个人所得税 = (特许权使用费收入 - 800) × 20%

每次收入超过 4 000 元时，减除费用为 20%，两项所得预缴个人所得税分别为：

稿酬当月预缴个人所得税 = 稿酬收入 × (1 - 20%) × 70% × 20%

特许权使用费当月预缴个人所得税 = 特许权使用费收入 × (1 - 20%) × 20%

30.3.3.5　无住所居民个人汇算清缴个人所得税计算

无住所居民个人年度综合所得汇算清缴计算年度综合所得缴纳个人所得税税额时需要使用财政部、税务总局公告 2019 年第 35 号文件中的公式四以及税率表，如表 30-4 所示。

年度综合所得应纳税额 = (年度工资、薪金收入额 + 年度劳务报酬收入额 + 年度稿酬收入额 + 年度特许权使用费收入额 - 减除费用 - 专项扣除 - 专项附加扣除 - 依法确定的其他扣除) × 适用税率 - 速算扣除数

表 30-4　全年综合所得个人所得税税率表

级数	全年应纳税所得额	税率(%)	速算扣除数
1	不超过 36 000 元的部分	3	0
2	超过 36 000 元至 144 000 元的部分	10	2 520
3	超过 144 000 元至 300 000 元的部分	20	16 920
4	超过 300 000 元至 420 000 元的部分	25	31 920
5	超过 420 000 元至 660 000 元的部分	30	52 920
6	超过 660 000 元至 960 000 元的部分	35	85 920
7	超过 960 000 元的部分	45	181 920

计算出年度综合所得应纳税额后与当年度已累计预缴的个人所得税金额进行比较,算出汇算清缴应补税或退税的金额。

30.3.3.6　无住所非居民个人所得计算

对于无住所非居民个人 4 项所得(注：此处不称综合所得)的计算与无住所居民个人相比要简单一些,因为不存在预缴和汇算清缴的问题,无住所非居民个人 4 项所得都采用按月缴纳(注：此处不称预缴),使用相同的月度税率表。

无住所非居民个人 4 项所得的收入转换成收入额时的计算方法与无住所居民个人的情况相同。无住所非居民综合所得计算思路如图 30-10 所示。

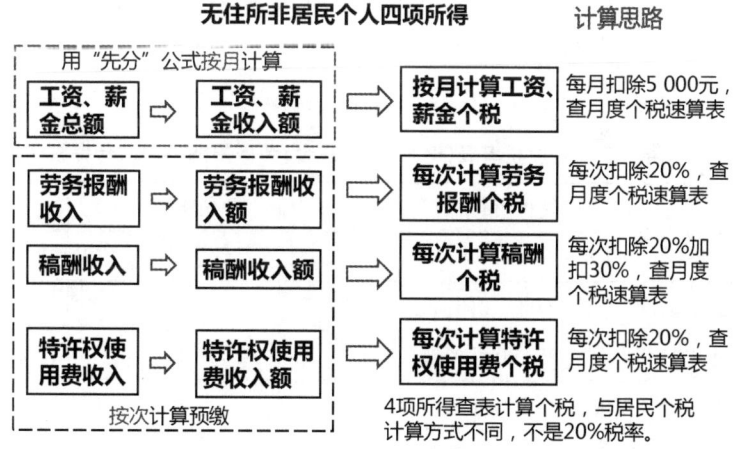

图 30-10　无住所非居民综合所得计算思路

(1) 工资、薪金收入额＝工资、薪金收入。

当月工资、薪金应纳税所得额 ＝ 当月工资、薪金收入额 － 5 000

(2) 每次劳务报酬应纳税所得额＝劳务报酬收入额＝收入×(1－20%)。

(3) 每次特许权使用费应纳税所得额＝特许权使用费收入额＝收入×(1－20%)。

(4) 每次稿酬应纳税所得额＝稿酬收入额＝收入×(1－20%)×70%。

30.3.3.7 无住所非居民个人工资、薪金个人所得税计算

非居民个人工资、薪金个人所得税的计算过程是比较复杂的，其中需要当月取得的工资、薪金收入(当月可能取得以前若干月工资)转化为可以计算当月工资、薪金应缴纳个人所得税的收入额。转换计算的依据是财政部、税务总局公告 2019 年第 35 号文件中的公式一、公式二，两个公式的具体运用在本书后续章节中专门讲解，此处读者仅需要理解计算整体过程即可。具体转换计算思路如图 30-11 所示。

无住所非居民个人4项所得　　工资、薪金项目

用“先分”**公式**按月预缴

当月工资、薪金总额 ⇨ 当月工资、薪金收入额

普通员工境内居住时间（t）	来源于境内工资、薪金		来源于境外工资、薪金	
	境内支付	境外支付	境内支付	境外支付
$t\leqslant 90$天	√	免税	×	×
90天$<t<$183天	√	√	×	×
$t\geqslant 183$天，不满6年	√	√	√	免税（需备案）
$t\geqslant 183$天，满6年	√	√	√	√

财政部、国家税务总局公告2019年第35号文件公式一
财政部、国家税务总局公告2019年第35号文件公式二

注：√表示征税；× 表示不征税

图 30-11　无住所非居民工资、薪金所得计算思路

无住所非居民个人在计算当月应缴纳个人所得税时收入额的扣减项目只有按月减除 5 000元，计算公式和税率表如表 30-5 所示。

非居民个人当月工资、薪金个人所得税 ＝(工资、薪金收入额 － 5 000)× 税率 － 速算扣除数

表 30-5　非居民个人月度税率表(适用工资、薪金，劳务报酬，稿酬，特许权使用费)

级数	应纳税所得额	税率(%)	速算扣除数
1	不超过 3 000 元的	3	0
2	超过 3 000 元至 12 000 元的部分	10	210
3	超过 12 000 元至 25 000 元的部分	20	1 410
4	超过 25 000 元至 35 000 元的部分	25	2 660
5	超过 35 000 元至 55 000 元的部分	30	4 410
6	超过 55 000 元至 80 000 元的部分	35	7 160
7	超过 80 000 元的部分	45	15 160

30.3.3.8 无住所非居民其他 3 项所得个人所得税计算

无住所非居民个人取得的劳务报酬、稿酬、特许权使用费所得的个人所得税计算与无住所非居民个人取得的工资、薪金所得的个人所得税计算情况不同，表现在以下两个方面：一是减除费用不分金额大小统一减除 20%，二是无需预扣预缴，直接使用月度税率表计算当月

个人所得税金额。这三项所得个人所得税计算如下所示：

（1）非居民个人每次劳务个人所得税＝［每次收入×（1－20%）］×税率－速算扣除数。

（2）非居民个人每次稿酬个人所得税＝［每次收入×（1－20%）×70%］×税率－速算扣除数。

（3）非居民个人每次特许权使用费个人所得税＝［每次收入×（1－20%）］×税率－速算扣除数。

以上公式适用的月度税率表与非居民个人工资、薪金适用月度税率表相同，用"[ ]"内的计算结果查表找税率和速算扣除数。

30.4 无住所个人时间天数计算规则

本章以上章节介绍了无住所个人工资、薪金的收入额计算方法，其中在划分无住所个人的居民或非居民身份，以及划分境内外工资、薪金收入额时用到了不同的时间天数概念，在本章开始时也提到了这些时间天数概念。在整体了解无住所个人工资、薪金个人所得税计算的规则后，有必要重新对这些重要的细节要素进行详细总结。

30.4.1 各种天数计算规则

30.4.1.1 居住天数

居住天数是用来判断无住所个人是否属于我国税收居民的标准。从计算方法上看，居住天数等于在我国境内停留满24小时的停留天数，一般不包括出入境当天。

以上居住天数的计算依据是《财政部 税务总局关于在中国境内无住所的个人居住时间判定标准的公告》（财政部 税务总局公告2019年第34号）第二条，无住所个人一个纳税年度内在中国境内累计居住天数，按照个人在中国境内累计停留的天数计算。在中国境内停留的当天满24小时的，计入中国境内居住天数，在中国境内停留的当天不足24小时的，不计入中国境内居住天数。

30.4.1.2 停留天数

停留天数是用来划分税收协定征税权的依据，如果无住所个人在我国境内停留时间超过183天，则相关所得的征税权属于中国税务机关。

在具体计算上，无住所个人出入我国关境的当天分别算一天停留天数，在我国境内的天数算入停留天数。停留天数包括抵、离日当日等不足一天的任何天数及周末、节假日，以及从事该项受雇活动之前、期间及以后在中国度过的假期等，计算停留天数时可扣除离境的天数。

30.4.1.3 工作天数

工作天数是划分境内外工资、薪金收入的重要依据。当无住所个人符合财政部、税务总局公告2019年第35号文件第一条第（一）项规定的条件时，即"无住所个人在境内、境外单位同时担任职务或者仅在境外单位任职，且当期同时在境内、境外工作的，按照工资薪金所属境内、境外工作天数占当期公历天数的比例计算确定来源于境内、境外工资薪金所得的收入额",就需要使用实际的境内外工作天数进行划分,因此计算工作天数非常重要。具体来说根据财政部、税务总局公告2019年第35号文件第一条第(一)项的规定,境内工作天数计算方法如下:

$$境内工作天数 = 境内的实际工作日 + 境内工作期间在境内、境外享受的公休假、个人休假、接受培训的天数$$

$$境外工作天数 = 按照当期公历天数减去当期境内工作天数计算$$

根据财政部、税务总局公告2019年第35号文件第一条的规定,在具体计算时,无住所个人在境内、境外单位同时担任职务或者仅在境外单位任职的个人,在境内停留的当天不足24小时的,按照半天计算境内工作天数。往返当天均计算为0.5天。

30.4.2　6年规则

无住所个人6年时间计算规则是我国新《个人所得税法》的概念,是对无住所个人全球所得征税的标准。无住所个人在中国居住时间满90天、183天、1年、6年分别对应不同的所得征税范围,其中最高的标准就是6年时间的计算规则,如果达到了无住所个人就需要就其全球所得在我国履行纳税义务。要达到6年规则标准需要三个条件。第一个条件,6年规则的起算时间最早是从2019年起算,之前累计的时间都清零。从2019年起算6年中每一年在中国境内的居住天数都满183天。第二个条件,每年单次离境都不超过30天。第三个条件,如果达到了前两个标准以后在第7年中在我国境内居住天数仍然满183天,且无论第7年中是否单次离境超过30天。同时满足以上三个条件的无住所个人就需要在中国境内就其全球所得缴纳个人所得税。无住所个人6年规则计算如图30-12所示。

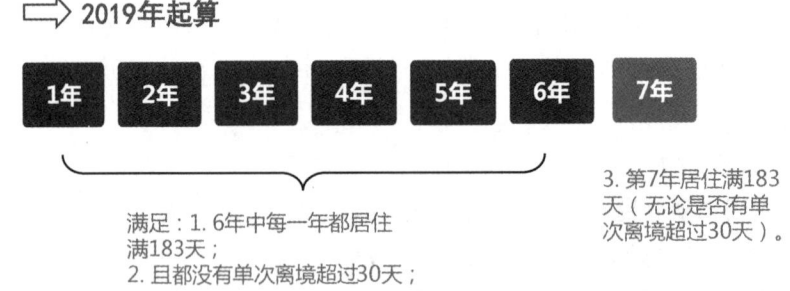

图 30-12　无住所个人6年规则计算

通过以上内容可以看到,实际上6年规则是比较宽松的,只要6年之内任意一年单次离境时间超过30天,6年规则就重新计算,这对于在中国境内长期居住工作的无住所个人来说是比较有利的。

31

无住所普通员工工资、薪金个人所得税（国内法）

本章介绍无住所普通员工工资、薪金个人所得税的税收征管政策。上一章介绍了无住所个人工资计算的基本规则和思考逻辑，然而这些对于解决无住所个人的个人所得税计算问题还是不够的。无住所个人因为身份不同和工资收入项目不同还有更加细化的计算和管理规定，比如任职受雇的普通员工和高管人员的工资、薪金个人所得税的计算方法就是不同的，并且在选择享受税收协定待遇和不享受税收协定待遇的情况下的计算结果也是不同的。正是因为如此，有必要对这些具体内容展开详细说明。需要特别提示大家的是，无住所个人在完全按照国内法计算个人所得税时（不享受税收协定安排）与完全根据税收协定安排计算个人所得税下的规则既有区别又有联系，很难区分。为了便于大家理解，本章先专门介绍无住所普通个人在不享受税收协定情况下的工资、薪金个人所得税计算规则，后续再对享受税收协定待遇下的个人所得税计算规则进行专门介绍。本章的内容分为两大部分：第一部分介绍无住所普通个人的工资、薪金个人所得税体系结构，包括工资、薪金个人所得税的计算方法，常见的外派人员工作模式和工资、薪金涉税应用场景；第二部分介绍无住所普通个人的一些特殊收入怎样计算个人所得税，如数月奖金、股权激励这两类常见收入。

31.1 无住所普通个人工资、薪金个人所得税体系

本节的内容是向大家介绍无住所普通个人工资、薪金个人所得税体系的构成和运用情况。具体来说，就是我们遇到一个无住所普通个人在中国境内工作取得工资、薪金所得后，应该分几个步骤去解决其缴纳个人所得税的问题，每个步骤中又有哪些计算要点。

31.1.1 无住所普通个人工资、薪金个人所得税计算规定

31.1.1.1 第一步计算

以下是无住所普通个人工资、薪金个人所得税计算的第一步（图31-1）。首先需要区分这个无住所普通个人的税收居民身份是什么，是无住所非居民普通个人，还是无住所居民普通个人。这两类身份的纳税人工资、薪金个人所得税的计算逻辑是不同的。确定无住所个人税收居民身份后应确定个人当月取得的境内外工资、薪金总额，并使用财政部、税务总局公告2019年第35号文件中的公式一、公式二、公式三计算划分当月取得工资、

薪金的境内外部分,特别是对于派遣员工,有可能在境内外同时任职受雇或者在境内外同时工作的情况下,需要按照工资、薪金的所得来源地等国内法要求进行划分。本章的重点内容就是介绍这几个划分公式。

确定非居民普通员工个人税收身份

1. 如果是非居民个人:单独按月缴纳个税,无需按综合所得汇总申报,无需参加汇算清缴;

2. 如果是无住所居民个人:按月预扣个税,需按综合所得汇总申报,满足条件需参加汇算清缴。

第一步 区别身份 适用公式

确定当月境内外工资、薪金总额:

当月境内外工资、薪金总额:是任职受雇个人取得境内外雇主支付的工资、薪金总额。这是个已知要素,是计算起点。

注:"当月工资、薪金总额"不等于"当月工资、薪金收入额":财政部、税务总局公告2019年第35号公式一、公式二、公式三的作用就是把工资、薪金总额转化为工资、薪金收入额。

图 31-1　计算无住所普通员工工资、薪金个税第一步

31.1.1.2　第二步计算

接下来的第二步是关于怎样选择使用公式一、公式二、公式三计算工资、薪金收入额的问题,如图 31-2 所示。这个问题非常重要,如果工资、薪金收入额计算错误则后续个人所得税税额将无法准确得出。图 31-2 所示是根据财政部、税务总局公告 2019 年第 35 号文件总结出的三个公式的应用条件,只要准确掌握该无住所普通个人在中国境内的居住天数和划分境内外支付的工资、薪金金额,就可以选出要采用的计算公式。图中"√"表示无住所个人需要按对应公式计算工资、薪金收入额然后计算税款,"×"表示对这种情况下无住所个人的工资、薪金所得不征收个人所得税。举例来说,如果无住所普通个人在我国境内居住时间为

第二步　运用财政部、税务总局公告2019年第35号公式把工资、薪金总额转化为"工资、薪金收入额"
计算工资、薪金收入额

	普通员工境内居住时间(t)	来源于境内工资		来源于境外工资		
		境内支付	境外支付	境内支付	境外支付	
无住所非居民个人适用	$t \leq 90$天	√	免税	×	×	公式一
	90天 $< t <$ 183天	√	√	×	×	公式二
无住所居民个人适用	$t \geq 183$天,不满6年	√	√	√	免税(需备案)	公式三
	$t \geq 183$天,满6年	√	√	√	√	

注:√表示征税;×表示不征税

图 31-2　计算无住所普通员工工资、薪金个税第二步

80天,则不构成税收居民,对于其取得的来源于境内的工资、薪金(在境内工作期间的工资),仅就境内支付的工资、薪金缴纳个人所得税,对境外支付的属于境内工作期间的工资、薪金免税,而对于其他境外工作期间的工资、薪金不予征税。

(1) 公式一计算。图31-3所示是计算无住所个人工资、薪金收入额的公式一的计算过程。公式一的使用前提是无住所个人在境内的居住时间小于等于90天,根据公式代入各计算参数,计算出的结果是该无住所个人取得工资、薪金当月的工资、薪金收入额。根据公式一的设计,仅对于境内工作且境内支付的工资、薪金征税,公式一的两个分式结构实际上是税款划分的两个标准,如图31-3所示的虚线框。公式运用的关键概念是判断什么是境内工作且境内支付,通常来说境内工作天数是划分境内工作的依据,境内支付是指支付工资、薪金的付款来源是境内。在运用这个公式时需要注意公式计算的起点是该个人当月取得的境内外工资、薪金总额。后续用工资、薪金的收入额减去5 000元减除费用,得出当月工资、薪金应纳税所得额,再用当月应纳税所得额查询月度工资、薪金个人所得税税率表计算得出当月应缴纳个人所得税。

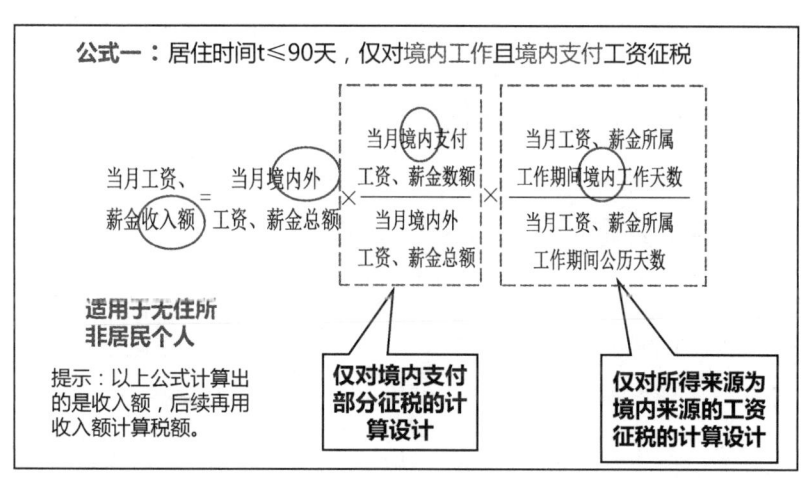

图31-3 公式一应用条件

(2) 公式二计算。图31-4所示是公式二的计算规则,公式二使用的大前提是无住所个人在中国境内居住时间大于90天小于183天,同样不构成中国税收居民,但是其纳税义务与居住时间不超过90天的非居民个人相比纳税义务有所增加。该公式划分的原则是仅对来源于境内的工资、薪金征税,无论工资、薪金的支付方是否在境内,这是与公式一最大的区别。具体划分标准是采用图中虚线框内的分式结构按照境内工作天数进行划分,最后计算出的仍然是工资、薪金收入额。后续用工资、薪金收入额减去5 000元减除费用,得出当月工资、薪金应纳税所得额,再用当月应纳税所得额查询月度工资、薪金个人所得税税率表计算得出当月应缴纳个人所得税。

(3) 公式三计算。图31-5所示是无住所个人当月工资、薪金收入额的公式三的计算规则,该公式比较复杂,适用于在境内居住天数大于等于183天,但是不满6年规则的无住所居民个人。对这类无住所个人境外工作期间且境外支付的这一部工资、薪金给予免税待遇

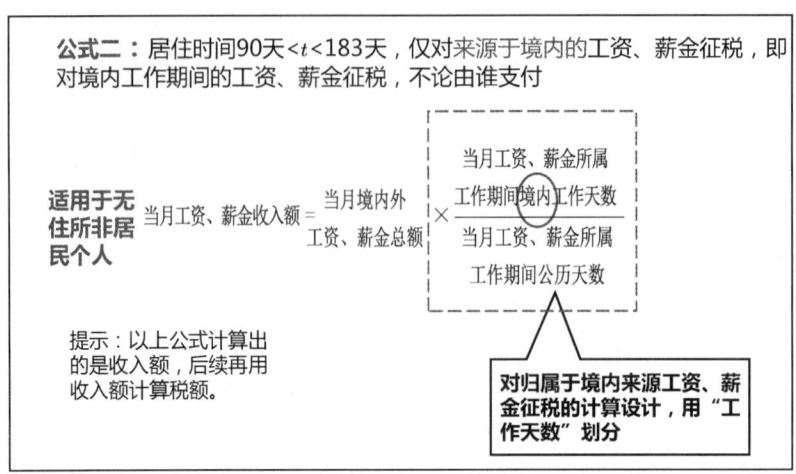

图 31-4　公式二应用条件

（但需要备案），实际上是使用排除法的计算方式，在使用公式三时请注意图中圆圈中提示的计算参数是境外工作天数，这是公式三与公式一、公式二不同的地方。该公式计算出来的同样是当月无住所居民个人的工资、薪金收入额。后续使用累计预扣法计算当月应缴纳的工资、薪金个人所得税，年度终了参加汇算清缴。

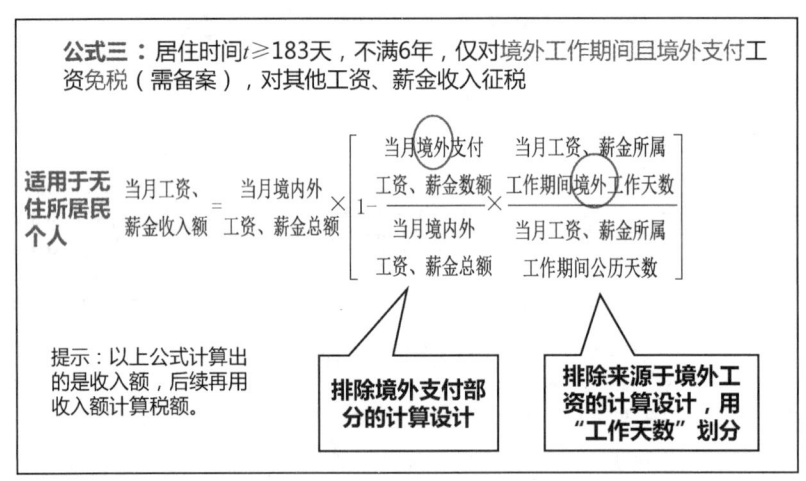

图 31-5　公式三应用条件

31.1.1.1.3　第三步计算

如图 31-6 所示，接下来计算无住所普通个人工资、薪金个人所得税的第三步是区分情况分别计算无住所非居民个人和无住所居民个人的当月应缴纳（或预缴）个人所得税。如果无住所个人是非居民普通员工，那么就要按取得工资当月单独计算工资、薪金个人所得税，采用月度工资、薪金个人所得税税率表，把当月工资、薪金收入额减除 5 000 元后查表按照速算扣除数的税率表进行计算。如果无住所个人是居民普通员工，那么应按照居民累计预扣法的要求计算当月应预缴的个人所得税，年度汇算清缴时使用公式 4 计算年度综合所得应缴纳个人所得税。相关税率表和计算方法在本书第 30 章中有详细介绍。

第三步 分情况计算个税

1. **无住所非居民个人普通员工单项计算个税**
   如果是非居民个人：单独按月缴纳个税，无需按综合所得汇总申报，无需参加汇算清缴。
   当月应缴纳工资、薪金个税 = **收入额** × 税率 − 速算扣除数
   适用按月计算税率表

2. **无住所居民个人普通员工综合计算个税**
   如果是无住所居民个人：按月预扣个税，需按综合所得汇总申报，满足条件需参加汇算清缴。适用年度纳税税率表计算。
   公式四：年度综合所得应纳税额 =（年度工资薪金**收入额** + 年度劳务报酬收入额 + 年度稿酬收入额 + 年度特许权使用费收入额 − 减除费用 − 专项扣除 − 专项附加扣除 − 依法确定的其他扣除）× 适用税率 − 速算扣除数

图 31-6　计算无住所普通员工工资、薪金个人所得税第三步

31.1.2　无住所普通员工常见派遣模式与个人所得税

在实际工作中有很大一部分的境外人员来中国境内从事工作或商务活动，其在我国境内的居住时间以中短期为主，因此很多境外个人并不构成中国境内的税收居民。在这种情况下，本节结合无住所非居民普通员工进入中国境内的工作派遣模式，介绍这类非居民个人工资、薪金个人所得税的相关问题。

境外员工的派遣模式通常与业务需求有关，本章内容以本书第 18 章境外派遣人员的非居民税务风险中境外派遣人员的几种派遣模式和工作场景为背景，探讨境外个人所得税纳税判定在整体派遣工作中的重要作用。因为当境外公司派遣人员到境内工作时，有可能境内公司还要向境外公司支付部分代垫工资，那么在支付这笔代垫款的时候，作为非居民企业要注意纳税判定时有一项重要规定，即要举证证明境内企业支付的该笔代垫款是支付代垫工资，而不是企业利润或管理费用，这里有一个非常重要的标准，即是否已全额扣缴相关派遣人员的个人所得税。那么这里派遣员的个人所得税应该怎么计算呢？这就需要把本章以上介绍的公式一、公式二、公式三的无住所个人工资、薪金个人所得税的计算规则与劳务派遣特点结合起来制定具体的工资、薪金个人所得税计算办法。

31.1.2.1　无住所个人工资、薪金个人所得税应用场景一：短期派遣模式（图 31-7）

如果派遣合同约定，境外个人仅以普通员工身份受雇于境外公司，从事短期入境工作，例如，以普通工程师身份入境，在境内居住天数小于 183 天，这时可能存在适用公式一和公式二两种情况，只需要根据以上要求分别进行计算。大家需要关注的是，这种派遣模式属于受雇于境外的短期入境工作模式，因此在计算工资、薪金个人所得税的时候，需要关注划分境内外收入的问题。除此之外，还要关注很多境外公司会选择这类短期派遣模式的原因。这种短期的模式可以确保整体的工作项目不在境内构成常设机构，这不仅仅是个人工资、薪金的问题，

常设机构的构成在税务上的影响远远超过个别员工工资、薪金个人所得税的影响,因此在考虑境外人员派遣问题时,还要把非居民企业和非居民个人的税收问题联系在一起。

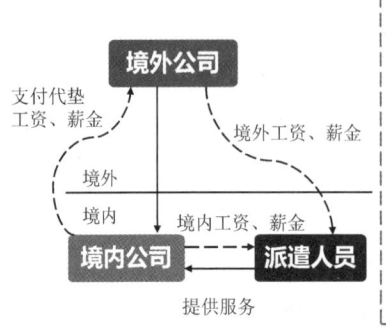

图 31-7　普通员工短期派遣模式

31.1.2.2　无住所个人工资、薪金个人所得税应用场景二:中期派遣模式(图 31-8)

这种派遣模式下的员工仍然受雇于境外公司,入境从事相关工作,比如常见的工程师普通员工,其在中国境内的居住时间大于等于 183 天,不满足 6 年规则,在税收上属于无住所居民个人,在计算工资、薪金个人所得税时适用公式三计算当月工资、薪金收入额,同时按照月预缴工资、薪金个人所得税;在年度汇算清缴中,采用公式四计算四项综合所得的应纳税额。这类派遣模式很有可能是属于仅受雇于境外,但是境内境外都需要开展工作。这种情况下需要重点关注划分境内外收入的情况,比如准确记录工时、出入境行程等时间标准和工作标准。

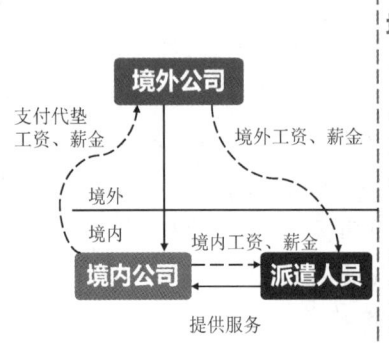

图 31-8　普通员工中期派遣模式

31.1.2.3　无住所个人工资、薪金个人所得税应用场景三:境内受雇模式(图 31-9)

该模式是指境外个人仅受雇于境内公司,有可能就是境外母公司派遣到中国境内来担任职务的人员,但是这类人员由境外母公司挑选,在工作关系上只与境内的公司签订劳动合同,并且长期在境内工作,在职务上仍然是普通员工。这类境外个人的境内居住时间大于等于 183 天,但是通常仍然不满 6 年,其税收身份是无住所的居民个人。这类安排的初衷是境外人员因工作需要会在中国境内停留较长时间,但是境外母公司为了防范构成境内常设机构,采用指定与境内公司签订劳动合同的安排。在这种模式下不属于境内外同时任职,如果因短期安排去境外通常由于时间较短也不需要划分境内外的收入,在计算缴纳当月工资、薪金个人所得税时按照预缴和汇算清缴模式进行。

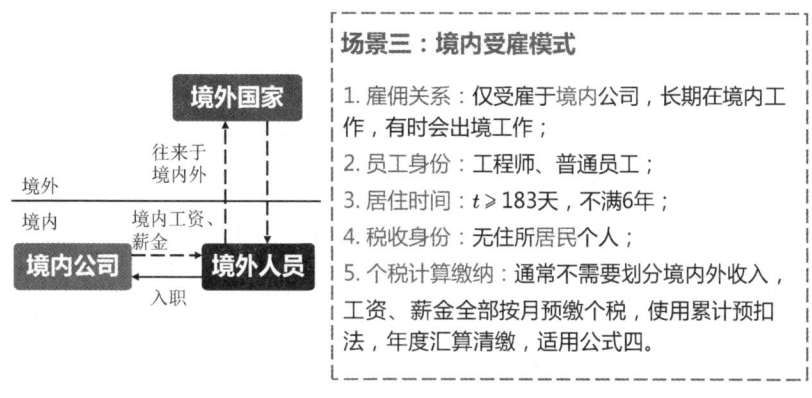

图 31-9　普通员工境内受雇模式

31.1.2.4　无住所个人工资、薪金个人所得税应用场景四:境内外同时受雇的模式(图 31-10)

这类境内外同时受雇模式在实际工作中不是很常见,因为实际操作比较麻烦,企业成本较高。对于同时受雇于境内外的普通员工,由于在境内外同时工作,该类情况的境外个人在我国境内的税收居民身份并不确定,有可能是无住所居民个人,也有可能是无住所非居民个人。因此,公式一、公式二、公式三都有可能使用,需要结合当年该员工在境内的实际居住时间来确定,在第一次申报缴纳工资、薪金个人所得税时需要预判其当年的税收身份,根据预判结构决定是按照无住所非居民个人单次缴纳还是按照无住所居民个人实行预缴。这种模式不仅操作起来麻烦,从税收风险的角度来看,这种模式的税收风险也比较大,很有可能构成境外公司的常设机构,或者构成境内公司在境外的常设机构。

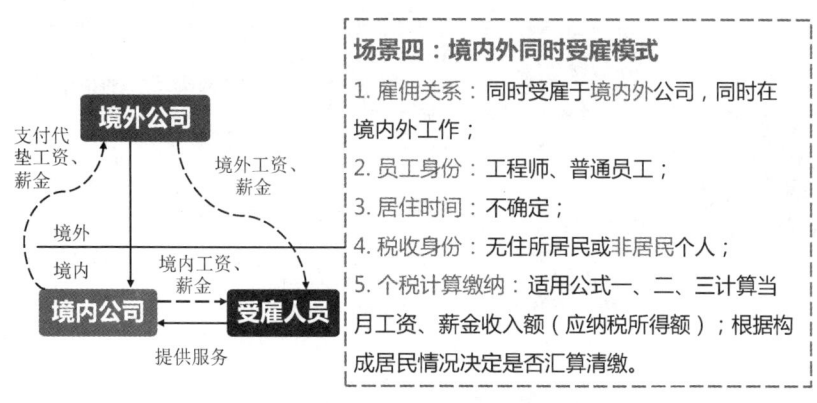

图 31-10　普通员工境内外受雇模式

31.2 无住所普通个人工资、薪金个人所得税特殊规定

本节介绍无住所普通个人工资、薪金个人所得税的特殊规定。所谓特殊规定是指取得一些特殊形式工资收入,怎样计算个人当月所得税。这里的特殊收入包括取得数月奖金和股权激励两种工资、薪金收入。根据《个人所得税法》对工资、薪金收入的定义,凡员工在其任职受雇单位取得的任何收入,包括奖金、补助、股权激励等所有利益收入都需要按照工资、薪金项目计算缴纳个人所得税,而不是按照其他项目缴纳个人所得税。所以,对于无住所员工取得这类型的特殊收入,需要根据税收政策将其转化成某种工资、薪金收入额的形式,再根据无住所个人工资、薪金所得税计算的相关规定计算个人所得税。

31.2.1 数月奖金个人所得税缴纳规定

数月奖金,是指一次取得归属于数月的奖金、年终加薪、分红等工资、薪金所得,不包括每月固定发放的奖金及一次性发放的数月工资、薪金。首先来看无住所普通个人取得数月奖金的工资、薪金个人所得税计算规定,如图31-11所示。无住所的个人取得数月奖金从大的方向来看应按照无住所个人的税收居民身份分为两类分别进行计算,这两类纳税人的数月奖金计算规则是不同的。如果是无住所普通居民个人,那么该员工取得的数月奖金需要按照全年一次性奖金进行处理,税收文件依据是《财政部 国家税务总局关于个人所得税法修改后有关优惠政策衔接问题的通知》(财税〔2018〕164号)第一条,具体操作可以参考图31-11所示。由于无住所居民个人数月奖金税务规定,与我们有住所居民个人税务处理相同,本章主要介绍境外非居民个人内容,其中涉及的居民个人数月奖金的内容不再详细介绍。接下来要重点介绍无住所非居民个人取得数月奖金应该怎么计算缴纳个人所得税。相关规定出自财政部、税务总局公告2019年第35号文件第一条和第三条,需要划分境内外数月奖金所得,划分依据是境内外工作天数,接下来单独对取得的境内部分的数月奖金计算个人所得税。

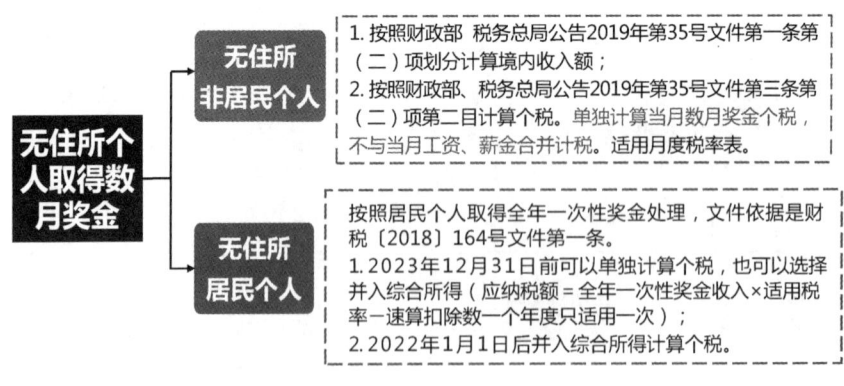

图31-11 普通员工数月奖金个人所得税规定

以下详细介绍无住所非居民个人取得数月奖金的计算过程。对于无住所非居民个人取得数月奖金计算个人所得税可以分为三步,如图31-12所示。在介绍本书总结的计算方法之前,先来看税收文件的规定。

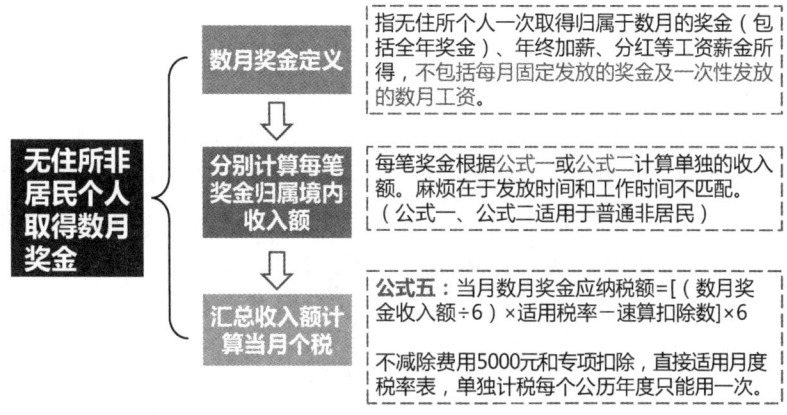

图 31-12 非居民个人数月奖金个人所得税规定

31.2.1.1 明确数月奖金计算范围

员工当月取得的奖金从企业管理的角度来看,有很多名称都冠以"奖金"的名义,但是其中适用财政部、税务总局公告2019年第35号文件计算范围的奖金是有明确定义的范围的,需要在计算前对其准确识别。

31.2.1.2 对数月奖金所得划分境内外收入额

根据财政部、税务总局公告2019年第35号文件第一条第(二)项的规定,无住所个人在境内履职或者执行职务时收到的数月奖金或者股权激励所得,归属于境外工作期间的部分,为来源于境外的工资、薪金所得;无住所个人停止在境内履约或者执行职务离境后收到的数月奖金或者股权激励所得,对属于境内工作期间的部分,为来源于境内的工资、薪金所得。具体计算方法为:数月奖金或者股权激励乘以数月奖金或者股权激励所属工作期间境内工作天数与所属工作期间公历天数之比。

无住所个人一个月内取得的境内外数月奖金或者股权激励包含归属于不同期间的多笔所得的,应当先分别按照财政部、税务总局公告2019年第35号文件规定计算不同归属期间来源于境内的所得,然后再加总计算当月来源于境内的数月奖金或者股权激励收入额。

31.2.1.3 单独计算数月奖金个人所得税

根据财政部、税务总局公告2019年第35号第三条第(二)项的规定,非居民个人一个月内取得数月奖金,单独按照本公告第二条规定计算当月收入额,不与当月其他工资、薪金合并,按6个月分摊计税,不减除费用,适用月度税率表计算应纳税额,在一个公历年度内,对每一个非居民个人,该计税办法只允许适用一次。计算公式如下(公式五):

当月数月奖金应纳税额 = [(数月奖金收入额÷6)×适用税率－速算扣除数]×6

以上文件规定理解起来很有难度,不一定能准确掌握,本书对此进行了一定的归纳和阐述,如图31-12所示。首先明确奖金的范围,排除固定每月奖金等;其次把当月取得的数月奖金总额按照无住所非居民个人的居住时间,套用公式一或公式二,根据公式计算出的结果就是划分好的属于境内征税的奖金收入额;最后将计算出的奖金收入额带入公式五,计算出应单独缴纳的个人所得税。如果取得多笔奖金应分别计算每笔的奖金收入额,再加总代入公式五计算个人所得税。以下举一个数月奖金计算案例。

案例:A先生为无住所个人,2023年1月,A先生同时取得2022年第四季度(公历天数92天)奖金和全年奖金。假设A先生取得季度奖金20万元,对应境内工作天数为46天;取得全年奖金50万元,对应境内工作天数为73天。两笔奖金分别由境内外公司各支付一半。计算当月A先生数月奖金应缴纳个人所得税(不考虑税收协定因素)。无住所个人取得数月奖金的情况如图31-13所示。

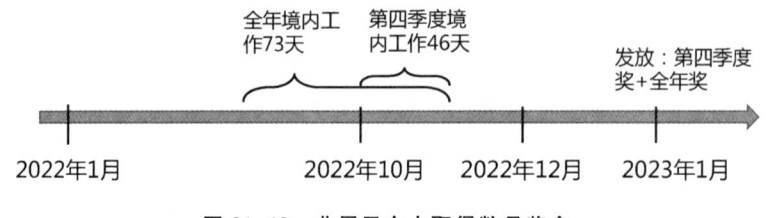

图 31-13　非居民个人取得数月奖金

该案例是一个比较复杂的案例,其中数月奖金的划分问题和分别适用公式计算过程有一定难度。A先生2023年境内居住时间不到90天,因此属于无住所非居民个人,应该使用公式一计算当月工资、薪金收入额,适用单独计算数月奖金个人所得税政策,需要分别计算两种性质不同的奖金,分别计算每笔奖金应归属境内的当月工资、薪金收入额。该案例中A先生1月当月取得数月奖金的个人所得税计算分为以下几个步骤:

(1)计算取得季度奖金收入额。

A先生当月取得的第四季度奖金收入额 = $20 \times 1/2 \times 46 \div 92 = 5$(万元)。

(2)计算取得全年奖金收入额。

A先生当月取得的全年奖金收入额 = $50 \times 1/2 \times 73 \div 365 = 5$(万元)。

(3)计算取得数月奖金收入额合计。

A先生1月当月取得的数月奖金收入额合计 = $5 + 5 = 10$(万元)。

(4)计算当月应单独缴纳的个人所得税。

根据财政部、税务总局公告2019年第35号文件第三条第(二)项第二目的公式五,A先生1月当月取得的数月奖金应纳税额 = $[(100\,000 \div 6) \times 20\% - 1\,410] \times 6 = 11\,540$(元)。

该项数月奖金个人所得税计算政策不减除费用,每个公历年度只能用一次。

31.2.2　股权激励个人所得税缴纳规定

股权激励,包括股票期权、股权期权、限制性股票、股票增值权、股权奖励以及其他因认购股票等有价证券而从雇主取得的折扣或者补贴。无住所个人在任职受雇单位取得个人股权激励,在取得环节同样以工资、薪金项目缴纳个人所得税。股权激励个人所得税计算同样区分无住所居民个人和无住所的非居民个人,这两个分类的结果跟它的计算的逻辑与数月奖金都是一样的,大家可以参考以上数月奖金的规定来了解。无住所个人股权激励个人所得税规定如图31-14所示。根据《财政部 税务总局关于延续实施有关个人所得税优惠政策的公告》(财政部 税务总局公告2023年第2号)第一条的规定,上市公司股权激励单独计税优惠政策,自2023年1月1日起至2023年12月31日止继续执行。

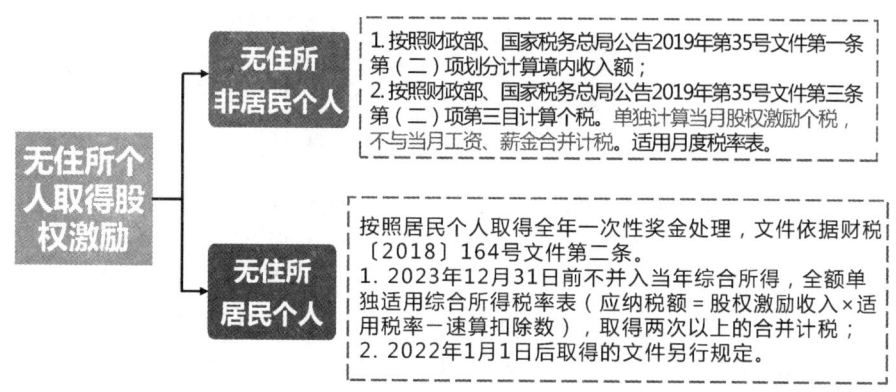

图 31-14 无住所个人股权激励个人所得税规定

在无住所个人境内外所得的划分上,无住所个人取得个人股权激励的境内外所得划分与数月奖金相同,根据财政部、税务总局公告2019年第35号文件第一条第(二)项,以境内工作天数为标准进行划分。

在无住所个人股权激励个人所得税计算方面。根据财政部、税务总局公告2019年第35号文件第三条第(二)项规定,非居民个人一个月内取得股权激励所得,单独按照该公告第二条规定计算当月收入额,不与当月其他工资、薪金合并,按6个月分摊计税(一个公历年度内的股权激励所得应合并计算),不减除费用,适应月度税率表计算应纳税额。计算公式如下(公式六):当月股权激励所得应纳税额 = [(本公历年度内股权激励所得合计额÷6)×适用税率 - 速算扣除数]×6 - 本公历年度内股权激励所得已纳税额。非居民普通个人股权激励个人所得税计算如图31-15所示。

需要提示读者的是,在公式五、公式六中是没有减除费用的,使用单独计税模式,并采用月度税率表计算当月应缴个人所得税。并且公式五全年只能使用一次,而公式六是累积计算,类似工资、薪金累积预缴的计算方式,第二次取得股权激励后与当年度第一次取得的合并计算,再减去上次已缴纳的个人所得税,得出本次需要补缴的个人所得税。

31.2.3　8项津补贴个人所得税规定

境外个人8项津补贴的个人所得税规定是一项特殊的政策,它是针对在中国境内取得工资、薪金的外籍个人可以享受的个人所得税政策。该政策只适用于外籍个人,这里排除了华侨这类有中国国籍的个人。根据政策,符合条件的外籍个人可以选择扣除专项扣除附加

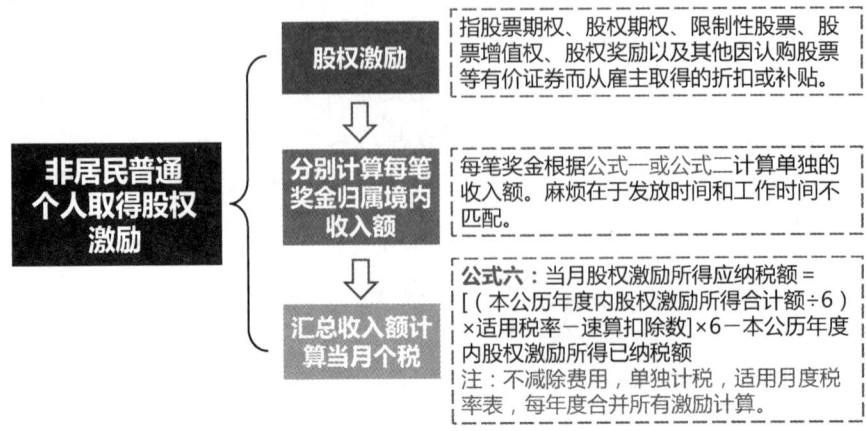

图 31-15 非居民普通个人股权激励个人所得税计算

或选择扣除 8 项津补贴,二选一,适用时限是 2022 年 1 月 1 日前。这项政策的文件依据是财政部、税务总局公告 2019 年第 35 号文件第三条第(一)项,"无住所居民个人为外籍个人的,2022 年 1 月 1 日前计算工资、薪金收入额时,已经按规定减除住房补贴、子女教育费、语言训练费等八项津补贴的,不能同时享受专项附加扣除"。无住所个人 8 项津补贴应用如图 31-16 所示。

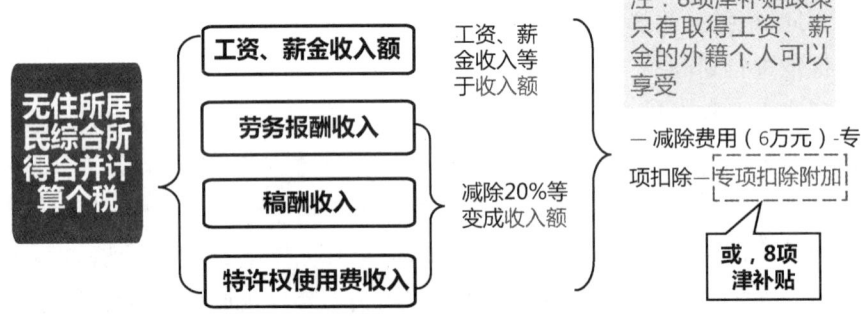

公式四:年度综合所得应纳税额=(年度工资、薪金收入额+年度劳务报酬收入额+年度稿酬收入额+年度特许权使用费收入额-减除费用-专项扣除-专项附加扣除-依法确定的其他扣除)×适用税率-速算扣除数

图 31-16 无住所个人 8 项津补贴应用

该项政策可以适用的群体是外籍个人中无住所居民个人的综合所得,不适用于非居民个人,因为非居民个人没有专项扣除附加的减除项目,其计算规则与无住所居民个人计算相同。该政策是一项过渡性政策,已经终止,因此仅做简单了解即可。

32

无住所高管人员工资、薪金个人所得税（国内法）

无住所高管人员工资、薪金个人所得税与普通员工相比具有特殊性，计算逻辑程序基本相同，区别在于计算过程中使用的计算当月工资、薪金收入额的公式不同。本章把无住所高管人员作为一个单独的类型进行介绍，目的就是便于读者与普通员工工资、薪金个人所得税计算内容做区分，方便大家对比掌握。高管人员收入报酬比普通员工高，取得收入的形式灵活多样。出于调节个人收入和社会公平的需要，我国个人所得税法对高管人员征收的个人所得税比普通员工的计算标准要略高。本章的内容分为两个部分：一是介绍无住所高管人员工资、薪金个人所得税的计算体系构成；二是介绍无住所高管人员个人特殊收入的个人所得税计算规定，即高管人员取得数月奖金和股权激励的个人所得税计算缴纳规定。

32.1 无住所高管人员工资、薪金个人所得税体系

本章第一节内容主要介绍无住所高管人员工资、薪金个人所得税体系的构成，这一部分的内容比照无住所普通员工工资、薪金个人所得税计算体系展开介绍。

32.1.1 高管人员的定义

明确高管人员的定义是准确进行工资、薪金个人所得税计算的前提。根据财政部、税务总局公告2019年第35号文件第一条第（三）项的规定，高层管理职务包括企业正、副（总）经理、各职能总师、总监及其他类似公司管理层的职务。

准确理解高管人员的定义，还需要了解以下几点：第一，高管人员定义是在境内居民企业任职，不包括境外注册居民企业管理人员，不包括境内常设机构负责人。比如，外资企业在华企业的总经理属于高管人员，但是外国企业在中国的常驻代表机构负责人就不算高管人员，因此担任境内居民企业的高层职务是前提。第二，判断高管人员不仅要看个人职务的名称，还要看职务职责范围，从工作实质进行判定。第三，只要担任有关职位，即使不实际做事也算高管人员，仍然要按照高管标准缴纳个人所得税。

32.1.2 无住所高管人员工资、薪金个人所得税计算规定

32.1.2.1 第一步计算

计算无住所高管人员个人工资、薪金个人所得税的第一个步骤，仍然是区分高管人员的

税收居民身份，如图 32-1 所示。

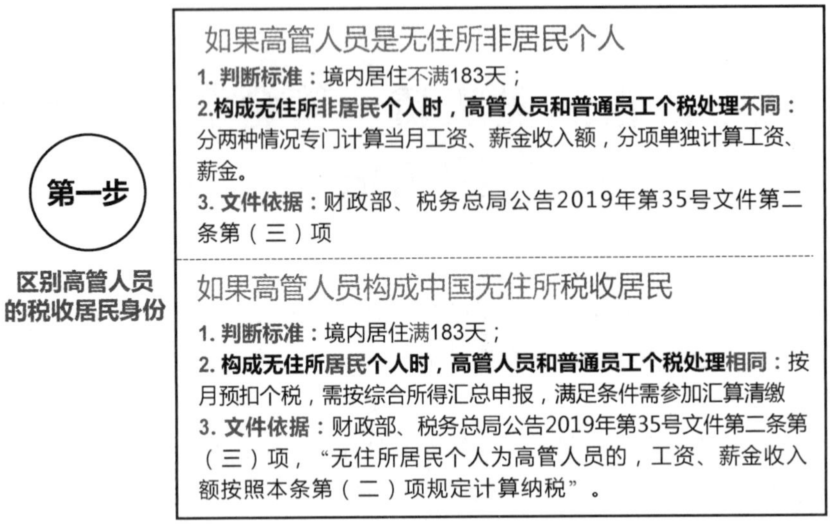

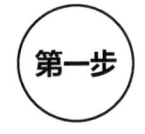

第一步
区别高管人员的税收居民身份
如果高管人员是无住所非居民个人
1. 判断标准：境内居住不满183天；
2.构成无住所非居民个人时，高管人员和普通员工个税处理不同：分两种情况专门计算当月工资、薪金收入额，分项单独计算工资、薪金。
3. 文件依据：财政部、税务总局公告2019年第35号文件第二条第（三）项
如果高管人员构成中国无住所税收居民
1. 判断标准：境内居住满183天；
2. 构成无住所居民个人时，高管人员和普通员工个税处理相同：按月预扣个税，需按综合所得汇总申报，满足条件需参加汇算清缴
3. 文件依据：财政部、税务总局公告2019年第35号文件第二条第（三）项，“无住所居民个人为高管人员的，工资、薪金收入额按照本条第（二）项规定计算纳税”。

图 32-1　无住所高管个人税收身份

如果高管人员在中国境内居住不满 183 天，其在税收上是无住所非居民身份，当无住所非居民个人同时是高管时，其与普通员工的工资、薪金个人所得税处理是不同的。如果高管人员在中国境内居住时间满 183 天就构成了无住所居民身份，这个时候高管人员与普通员工的个人所得税处理相同。因此，掌握普通员工的个人所得税处理规定后，高管人员个人所得税处理以普通员工为基础比照进行。

32.1.2.2　第二步计算

明确了高管人员的税收居民身份后，接下来分情况考虑高管人员适用的工资、薪金收入额计算方法，如图 32-2 所示。图 32-2 显示了高管人员与普通员工不同的计算规定。两者

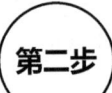

第二步　分情况高管人员计算工资、薪金收入额

	高管人员境内居住时间（t）	来源于境内工资		来源于境外工资		
		境内支付	境外支付	境内支付	境外支付	
无住所非居民个人适用	$t \leqslant 90$天	√	免税	√	×	公式A
无住所非居民个人适用	90天$<t<$183天	√	√	√	×	公式三
无住所居民个人适用	$t \geqslant 183$天，不满6年	√	√	√	免税（需备案）	公式三
无住所居民个人适用	$t \geqslant 183$天，满6年	√	√	√	√	

注：√ 表示征税；× 表示不征税
红字体部分表示与普通员工不同的计算方法

图 32-2　无住所高管人员工资、薪金收入额计算规则

的主要区别体现在对在中国境内居住时间不满183天时的两种情况。对来源于境外的工资、薪金由境内支付的部分,在高管人员的计算体系下是要缴纳个人所得税的,而作为普通员工则不需要缴纳。此外,当高管人员在境内居住时间小于等于90天时,计算工资、薪金收入额的公式在图32-3中以"公式A"表示(请读者注意,此处的公式A是本书作者为了便于说明而取的名称,在正式的税收文件中并没有这个公式名称)。

(1) 高管人员在境内居住时间 $t \leqslant 90$ 天,非居民个人。

根据财政部、税务总局公告2019年第35号文件第二条第(三)项第一目,"高管人员在境内居住时间累计不超过90天的情形。在一个纳税年度内,在境内累计居住不超过90天的高管人员,其取得由境内雇主支付或者负担的工资薪金所得应当计算缴纳个人所得税;不是由境内雇主支付或者负担的工资薪金所得,不缴纳个人所得税。当月工资薪金收入额为当月境内支付或者负担的工资薪金收入额"。根据以上规定,公式A为:

$$当月工资、薪金收入额 = 当月境内支付的工资、薪金收入额$$

也就是说在一个纳税年度内,在境内累计居住不超过90天的高管人员,其取得由境内雇主支付或者负担的工资、薪金所得应当计算缴纳个人所得税,不是由境内雇主支付或者负担的工资、薪金所得,不缴纳个人所得税。实际上,公式A是由公式一演变而来的,公式A和公式一的区别在于高管人员为非居民的时候,其工资、薪金收入额的计算与普通员工相比要去掉图32-3中的划线部分。在公式一中,当月工资、薪金的收入额等于当月境内支付的工资、薪金的数额乘以后面的比例划分公式,去掉这个比例划分公式后仅剩下当月境内支付的工资、薪金的数额。无住所高管人员与普通员工公式一比较如图32-3所示。

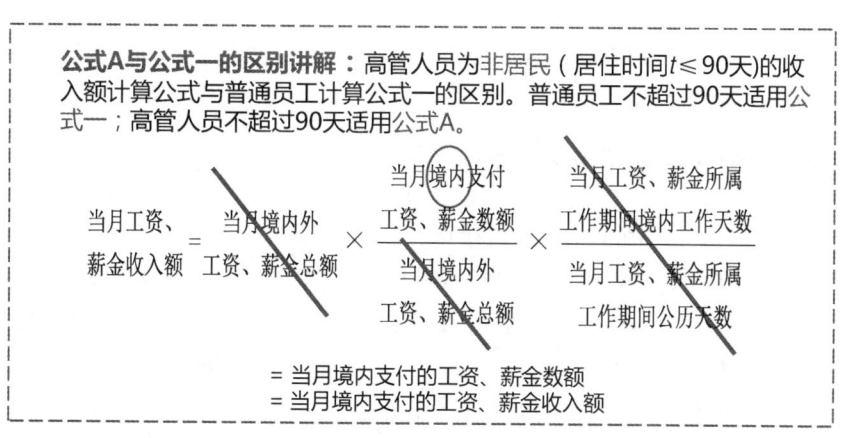

图32-3 无住所高管个人与普通员工公式一比较

(2) 高管人员在境内居住时间 90 天 $< t < 183$ 天,非居民个人。

根据财政部、税务总局公告2019年第35号文件第二条第(三)项第2目的规定,"高管人员在境内居住时间累计超过90天不满183天的情形。在一个纳税年度内,在境内居住累计超过90天但不满183天的高管人员,其取得的工资薪金所得,除归属于境外工作期间且不是由境内雇主支付或者负担的部分外，应当计算缴纳个人所得税。当月工资薪金收入额计算适用本公告公式三"。

也就是说，在一个纳税年度内，在境内居住累计超过90天但不满183天的高管人员，其取得的工资、薪金所得，除归属于境外工作期间且不是由境内雇主支付或者负担的部分外，应当计算缴纳个人所得税。与此对比，如果是普通员工在境内居住时间90天＜t＜183天的情况下适用的是公式二。

图32-4所示就是公式三的具体使用情况，当月工资、薪金的收入额等于工资、薪金的总额按照排除的方法来计算当月工资、薪金收入额。

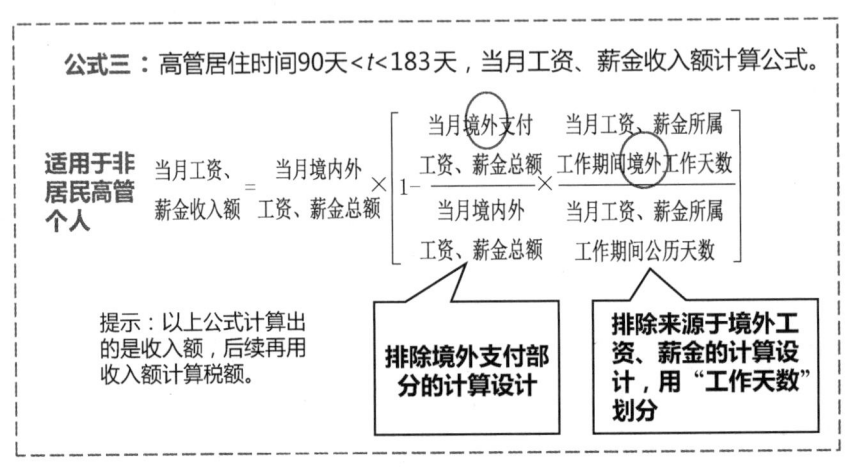

图32-4　无住所高管个人公式三

（3）高管人员在境内居民时间t≥183天，无住所居民个人。

该情况下无住所高管居民个人与普通员工工资、薪金计算情况相同，适用公式三，请读者参考本书第31章的介绍，在此不再重复。

32.1.3　无住所高管人员常见应用场景介绍

无住所高管人员工资、薪金个人所得税的应用场景主要体现在两种情况下：一种是境外公司派遣高管人员到境内工作；另一种是与普通员工类似，即高管人员被派驻到中国境内长期工作与中国境内公司签订劳动合同，并且有可能会往来于中国境内外从事工作，比如，到境外参加会议、培训等。对于以上两种情况，从派遣工作的角度来分析高管人员与普通员工的区别，关键点在于境内居住90天的时间界限上。对于高管人员，我国个人所得税法对工资、薪金所得来源和工资、薪金收入额确认标准比普通员工的定义更宽，存在特殊规定，无论高管人员是否在境内履职，只要是由中国境内支付的工资、薪金都要在中国境内征税。因此，对于高管人员来说，最重要的时间界限不是183天而是90天，高管人员在90天之后就适用公式三，这与之前的公式A完全不同，跨度较大。无住所高管人员派遣与工资安排如图32-5所示。

通过以上分析，对于短期派遣工作来说，高管人员尽量在90天之内安排工作，如果境内工作派遣时间超过90天则税收筹划意义不大。

32 无住所高管人员工资、薪金个人所得税(国内法)

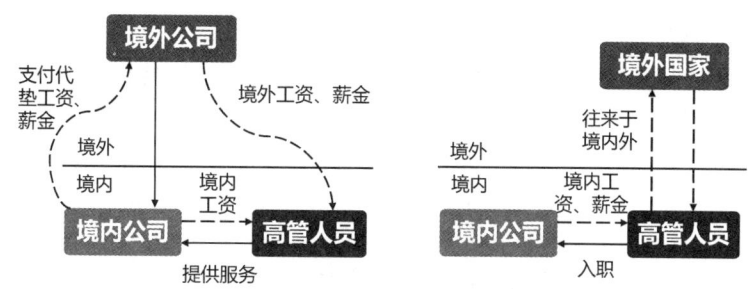

图 32-5　无住所高管派遣与工资、薪金安排

32.2　无住所高管人员工资、薪金个人所得税特殊规定

无住所高管人员工资、薪金个人所得税的特殊规定是指对于两类特殊的工资、薪金收入,即取得数月奖金和股权激励特殊收入应该按照怎样的标准来计算缴纳个人所得税。总体来说,高管人员数月奖金和股权激励两项个人所得税的总体计算思路与普通员工是一样的,区别在于具体适用的公式是不同的,读者要从这个角度来理解这部分的内容。

32.2.1　高管人员数月奖金个人所得税缴纳规定

高管人员取得数月奖金的个人所得税计算思路还是分为两大类:第一类是无住所居民税收身份的高管人员,这类人员取得数月奖金的计算方法与有住所居民个人和无住所居民普通员工相同,相关内容读者可以参考本书第 31 章的内容,在此不再重复;第二类是无住所非居民税收身份的高管人员,这部分是本节要介绍的重点内容,希望读者将其与无住所非居民普通员工进行对比掌握。根据财政部、税务总局公告 2019 年第 35 号文件相关规定,如图 32-6所示,无住所非居民高管人员取得数月奖金需要划分境内外奖金所得,分别根据不同情况单独计算当月工资、薪金收入额。根据《财政部　税务总局关于延续实施全年一次性奖金等个人所得税优惠政策的公告》(财政部　税务总局公告 2021 年第 42 号)第一条的规定,全年一次性奖金单独计税优惠政策,执行期限延长至 2023 年 12 月 31 日。

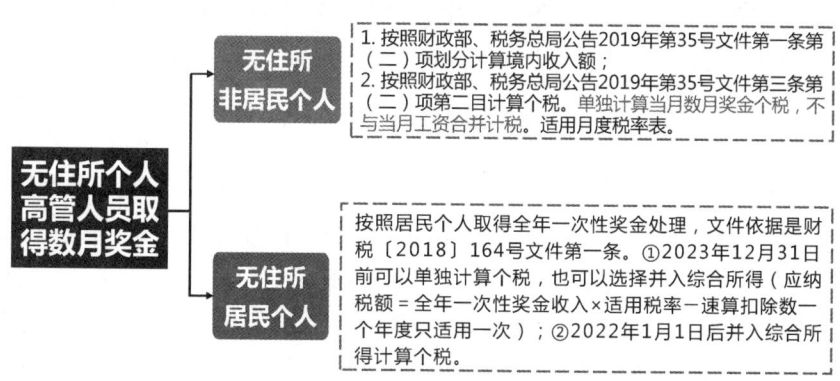

图 32-6　无住所高管人员数月奖金个人所得税规定

图 32-7 介绍了无住所非居民高管人员取得数月奖金的三大计算步骤,仍然是分为准确归集数月奖金,根据不同居住时间正确选择适用公式计算数月奖金收入额,汇总数月奖金收入额计算当月应缴纳个人所得税总额,计算过程和要点如图 32-7 所示。

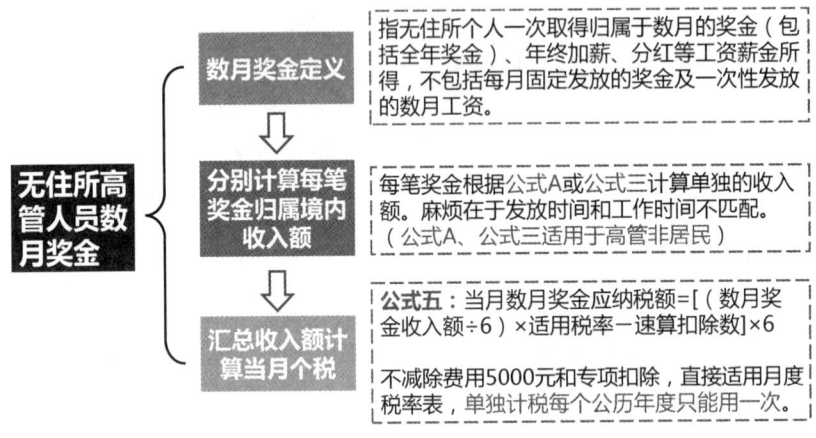

图 32-7 无住所高管人员数月奖金个人所得税计算步骤

以下通过案例介绍无住所高管人员取得数月奖金的个人所得税的计算要点,请读者注意对比该案例的个人所得税计算与本书第 31 章无住所普通员工取得数月奖金的个人所得税计算的区别。

案例:A 先生为无住所高管人员,2023 年 1 月,A 先生同时取得 2022 年第四季度(公历天数 92 天)奖金和全年奖金。假设 A 先生取得季度奖金 20 万元,对应境内工作天数为 46 天;取得全年奖金 50 万元,对应境内工作天数为 73 天。两笔奖金分别由境内外公司各支付一半。计算当月 A 先生数月奖金应缴纳个人所得税(不考虑税收协定因素),该个人取得奖金情况如图32-8所示。

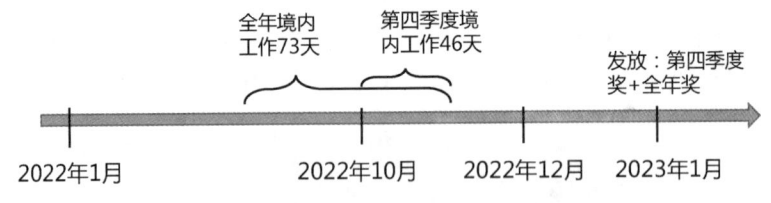

图 32-8 无住所高管人员数月奖金个人所得税案例

该案例是一个比较复杂的案例,其中数月奖金个人所得税的计算除了要考虑境内外工资、薪金收入额划分问题,还需要考虑高管人员的个人所得税计算问题。A 先生 2023 年境内居住时间不到 90 天,因此属于无住所非居民个人,应该使用公式 A 计算当月工资、薪金收入额,适用单独计算数月奖金个人所得税政策,需要分别计算两种性质不同的奖金,分别计算每笔奖金应归属境内的当月工资、薪金收入额。该案例中 A 先生 1 月当月取得数月奖金的个人所得税计算分为以下几个步骤:

(1) 计算取得季度奖金收入额。

A 先生当月取得的第四季度奖金收入额 = 20 × 1/2 = 10(万元)。

(2) 计算取得全年奖金收入额。

A 先生当月取得的全年奖金收入额 = 50 × 1/2 = 25(万元)。

(3) 计算取得数月奖金收入额合计。

A 先生 1 月当月取得的数月奖金收入额合计 = 10 + 25 = 35(万元)。

(4) 计算当月应单独缴纳的个人所得税。

根据财政部、税务总局公告 2019 年第 35 号文件第三条第(二)项第二目公式五,A 先生 1 月当月取得的数月奖金应纳税额 = [(350 000 ÷ 6) × 35% - 7 160] × 6 = 79 540(元)。

该项数月奖金个人所得税计算政策不减除费用,每个公历年度只能用一次。

通过以上计算可以发现对于相同情况下,高管人员取得数月奖金的工资、薪金个人所得税额要远高于普通员工应缴纳的税额。

32.2.2 高管人员股权激励个人所得税缴纳规定

无住所非居民高管人员的另一项特殊收入项目是取得股权激励收入。取得股权激励仍然分为无住所居民个人与无住所非居民个人两种情况,其中无住所居民个人取得股权激励的个人所得税计算方法与境内有住所居民个人相同,本节略去不做介绍。需要关注的重点内容是无住所非居民个人取得股权激励的个人所得税计算情况,在这一部分中无住所非居民高管个人取得股权激励,依据财政部、税务总局公告 2019 年第 35 号文件相关规定,首先应划分境内外股权激励收入额,再按照适用税率表计算个人所得税,如图 32-9 所示。

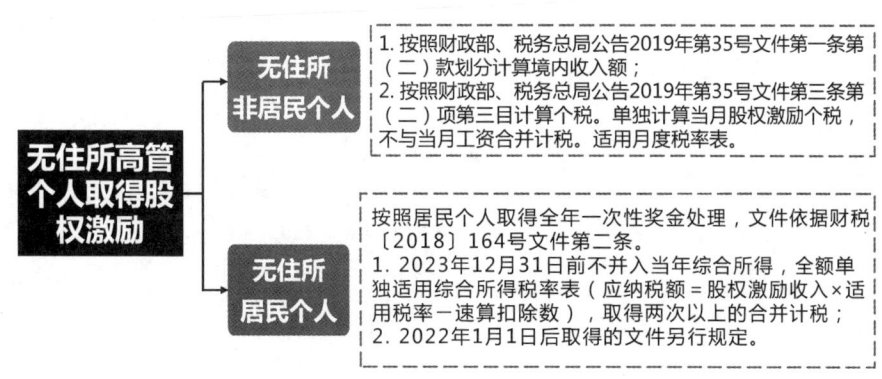

图 32-9 无住所高管人员股权激励个人所得税规定

无住所非居民高管人员取得股权激励计算个人所得税的具体流程仍然可以分为三步,如图 32-10 所示。第一步,识别取得的股权激励是不是文件规定的股权激励范围,需要注意的是股权激励的范围定义是比较宽的。第二步,要分项计算每次取得股权激励归属于境内的收入额,按照在境内居住时间的不同分别适用不同的计算公式,这一步适用公式 A 或者公式三,这是与无住所非居民普通个人区别最大的地方。第三步,使用公式六根据汇总计算的收入额计算当月应单独缴纳的股权激励个人所得税。

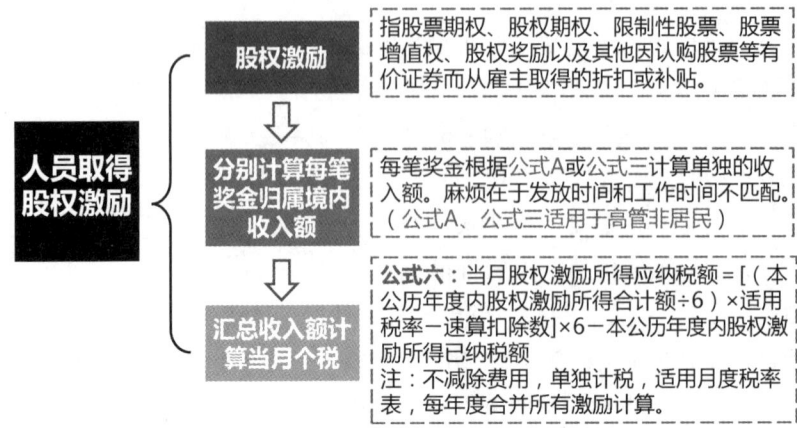

图 32-10　无住所高管人员股权激励个人所得税计算步骤

在以上计算数月奖金和股权激励收入的过程中,无住所非居民高管人员适用的公式五、公式六是没有减除费用的,使用单独计税模式,并采用月度税率表计算当月应缴个人所得税。并且公式五全年只能使用一次,而公式六是累计计算的,类似工资、薪金累积预缴的计算方式,第二次取得股权激励后与当年度第一次取得的合并计算,再减去上次已缴纳的个人所得税税额,得出本次需要补缴的个人所得税税额。

33

无住所个人享受税收协定待遇计算个人所得税

本章介绍无住所个人适用税收协定的情况下计算个人所得税的政策规定。本章的重点是介绍无住所个人取得工资、劳务报酬、特许权使用费这三类所得享受税收协定优惠时的具体计算方法。请各位读者注意,本章对这三类所得主要介绍怎样判定是否享受税收协定待遇,以及在税收协定优惠条件下的个人所得税计算方法,尽量不与国内法不享受税收协定待遇的情况混淆,请各位读者在阅读本章内容时了解并不是所有境外个人都能够直接采用税收协定待遇计算方法。判定境外个人能否享受税收协定待遇是此项工作的重点和难点。

理解无住所个人享受各类所得待遇的税收协定内容是一个很有难度的内容,对大部分读者来说是很有挑战性的。这部分内容之所以难是因为大家很难对其整体上建立清晰的体系结构概念。

图33-1是无住所个人是否具备享受税收协定待遇条件的判断导图。判断无住所个人是否具备享受中国和其他国家或地区签订的税收协定待遇的前提非常复杂,但是总结起来大致有5种组合。这5种组合常见于实际税收工作,如图33-1所标注的数字①至⑤,然而并不是这5种情况都能享受税收协定待遇,有的情况具备有的不具备,建议读者在了解这部分内容时不仅要知道结果更要知道其中能否享受税收协定待遇的内在原因,以及是否享受税收协定判定过程。这是将来能够在实际工作中熟练应用税收协定判定方法的必要训练。图33-1所示介绍了无住所个人享受税收协定待遇对应的5种组合情况,是了解无住所个人享受税收协定待遇的形象化介绍。

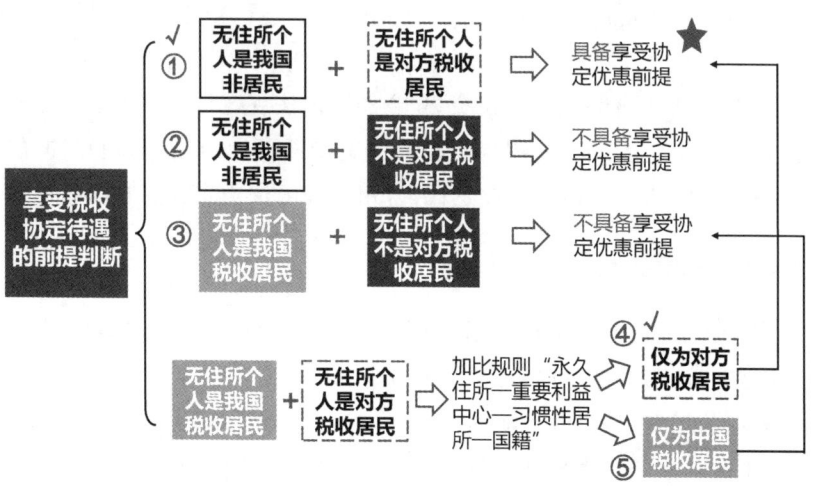

图 33-1 无住所个人享受税收协定待遇判定导图

无住所个人享受税收协定待遇的判定、计算、管理之所以比较难,是因为无住所个人享受税收协定待遇与非居民企业享受税收协定待遇的判定条件和优惠方式完全不同,不能以原有对非居民企业享受税收协定判定的思路来考虑无住所个人的情况。为帮助大家树立准确的理念,本章在介绍具体内容前建议各位读者在学习无住所个人享受税收协定待遇的内容时需要转变或者建立的几个重要观念。

观念1:无住所个人不以时间作为享受税收协定待遇的判定前提,这与非居民企业完全不同。不论在境内居住是否满183天,都有可能享受我国与对方国家(地区)签订的税收协定待遇,且都是以对方国家居民身份享受税收协定待遇。

观念2:《财政部 税务总局关于非居民个人和无住所居民个人有关个人所得税政策的公告》(财政部 税务总局公告2019年第35号)中的公式一、公式二、公式三,只是计算工资、薪金收入额的方法,本质是境内外收入的划分方法,这些公式不是特指国内法的计算要求,也适用计算享受税收协定时的工资、薪金收入额计算,国内法和税收协定都可能使用这些公式。

观念3:无住所个人享受税收协定与非居民企业相比形式是复杂多样的,不是简单降低税率,每个项目都有一套规定,包括所得排除、征免规定、不同税率等,因此要理解无住所个人享受税收协定的实质是什么。

本章的主要内容分为三个部分:第一个部分是无住所个人常见所得适用税收协定的情况介绍,这里面包括工资、薪金,劳务报酬,特许权使用费三种主要所得项目;第二个部分是无住所个人董事费适用税收协定的相关情况,包括董事费税收协定对于董事费范围的定义,以及对税收协定董事费条款的解读运用等;第三个部分是对于非居民艺术家和运动员适用税收协定的介绍及案例情况。

33.1 无住所个人常见所得适用税收协定

无住所个人常见所得适用税收协定的规则主要介绍工资、薪金,劳务报酬和特许权使用费三项所得。这三类所得特别是关于工资、薪金部分享受税收协定的理解是最复杂的,但是大家可以抓住一条线索,即参照无住所个人工资、薪金的国内法规定与税收协定安排的区别来对比掌握。不能孤立地学习工资、薪金所得享受税收协定待遇的内容,要明确在同样的身份和居住时间条件下享受税收协定待遇的条件是什么,相比国内法规定优惠在哪里等核心问题。

33.1.1 工资、薪金所得税收协定

本节首先来看无住所个人取得工资、薪金所得享受税收协定待遇的纳税判定标准。图33-2所示的是财政部、税务总局公告2019年第35号文件对无住所个人取得工资、薪金的收入转换成对应的工资、薪金收入额的计算标准。这是无住所个人工资、薪金收入额的三种计算情况,属于国内法的计算规定,但是在享受税收协定待遇的情况下也会用到以下三种计算公式,只不过计算公式对应的情况会发生变化。以下这三个公式最初的使用情况再次

列示,后续在此基础上根据条件有所变化。

国内法（财政部 税务总局公告2019年第35号）对无住所个人工资、薪金个税征管规定					
无住所个人境内居住天数（t）	来源于境内工资、薪金		来源于境外工资、薪金		
	境内支付	境外支付	境内支付	境外支付	
$t \leqslant 90$天	√	免税	×	×	公式一
90天$<t<$183天	√	√	×	×	公式二
$t \geqslant 183$天,不满6年	√	√	√	免税（需备案）	公式三

注：①√表示征税；×表示不征税。
②以上公式计算出的是工资、薪金收入额，不是税额。

图33-2 无住所个人工资、薪金国内法规定

根据财政部、税务总局公告2019年第35号文件,无住所个人享受工资、薪金所得税收协定待遇的情况只有两种。

33.1.1.1 无住所个人享受境外受雇所得协定待遇

第一种情况,称为"享受境外受雇的协定待遇"。这是根据财政部、税务总局公告2019年第35号文件第四条第（一）项第一目,"本公告所称境外受雇所得协定待遇,是指按照税收协定受雇所得条款规定,对方税收居民个人在境外从事受雇活动取得的受雇所得,可不缴纳个人所得税。无住所个人为对方税收居民个人,其取得的工资、薪金所得可享受境外受雇所得协定待遇的,可不缴纳个人所得税。工资、薪金收入额计算适用本公告公式二。无住所居民个人为对方税收居民个人的,可在预扣预缴和汇算清缴时按前款规定享受协定待遇;非居民个人为对方税收居民个人的,可在取得所得时按前款规定享受协定待遇"。

以上境外受雇所得协定待遇条款规定是学习财政部、税务总局公告2019年第35号文件中的难点内容,对于该条款的理解,请读者结合图33-3总结的形象化的思考判定过程。

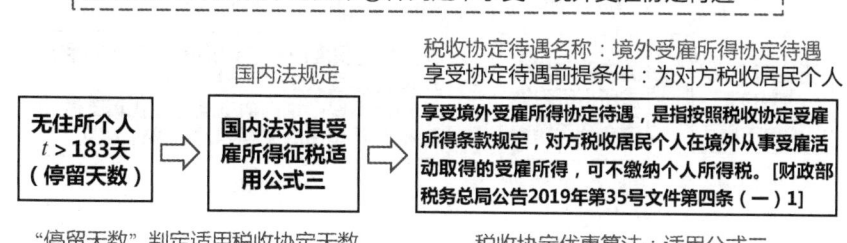

图33-3 境外受雇所得协定待遇示意图

理解以上无住所个人境外受雇所得协定待遇,有以下几个基本要点。首先,所谓"境外受雇所得协定待遇"是指站在无住所个人角度来看,到我国境内工作就相当于到境外受雇,可以根据税收协定条款享受相应税收协定待遇。其次,怎样理解"无住所个人为对方税收居

民个人"。这里的无住所个人在我国个人所得税法中分为无住所居民个人和无住所非居民个人两类,如果这两类无住所个人,根据税收协定规则判定属于和我国签署税收协定的某个国家或地区的税收居民,则无住所个人为对方税收居民个人。这里主要是确定可以适用的税收协定,是后续一系列判定的前提。这个无住所个人在我国境内居住满183天,成为我国个人所得税法下的无住所居民个人后,如果满足条件"为对方税收居民个人"的前提,则该无住所居民个人可以对境外部分工资免税享受税收协定待遇,适用公式二计算当月取得的工资、薪金收入额。再次,这里为什么会有满183天的前提条件?因为如果不满183天,根据我国国内法对个人取得的境外所得本来就不征税,因此也就没有必要适用税收协定。图33-3所示涵盖了无住所个人适用情况——享受税收协定待遇的前提和具体优惠方法,请读者对此多加理解。

33.1.1.2 无住所个人享受境内受雇所得协定待遇

无住所个人享受工资、薪金所得税收协定待遇的第二种情况,称为"享受境内受雇的协定待遇"。这是根据财政部、税务总局公告2019年第35号文件第四条第(一)项第二目,"本公告所称境内受雇所得协定待遇,是指按照税收协定受雇所得条款规定,在税收协定规定的期间内境内停留天数不超过183天的对方税收居民个人,在境内从事受雇活动取得受雇所得,不是由境内居民雇主支付或者代其支付的,也不是由雇主在境内常设机构负担的,可不缴纳个人所得税。无住所个人为对方税收居民个人,其取得的工资、薪金所得可享受境内受雇所得协定待遇的,可不缴纳个人所得税。工资、薪金收入额计算适用本公告公式一。无住所居民个人为对方税收居民个人的,可在预扣预缴和汇算清缴时按前款规定享受协定待遇;非居民个人为对方税收居民个人的,可在取得所得时按前款规定享受协定待遇"。

以上境内受雇所得协定待遇条款规定是学习财政部、税务总局公告2019年第35号文件中的难点内容,对于该条款的理解,请读者结合图33-4总结的形象化的思考判定过程。

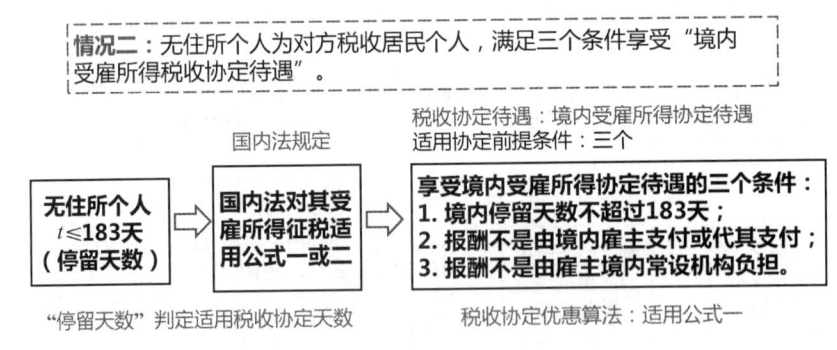

图33-4 境内受雇所得协定待遇示意图

理解以上无住所个人境内受雇所得协定待遇,有以下几个基本要点。首先,所谓"境内受雇所得协定待遇"是指从我国税收管辖的角度来看,在我国境内工作取得受雇所得的情况下,可以根据税收协定条款享受相应税收协定待遇。其次,怎样理解"无住所个人为对方税收居民个人"。这里的无住所个人在我国个人所得税法中分为无住所居民个人和无住所非居民个人两类,如果这两类无住所个人,根据税收协定规则判定属于和我国签署税收协定的某个国家或地区的税收居民,则无住所个人为对方税收居民个人。这里主要是确定可以适用的税收协定,是后续一系列判定的前提。这个无住所个人在我国境内居住不超过183天时,成为我国个人所得税法下的无住所非居民个人,如果满足条件"为对方税收居民个人"的前提,再满足其他两个条件不是由境内居民雇主支付或者代其支付的工资,也不是由雇主在境内常设机构负担的工资,那么该无住所居民个人可以适用公式一计算当月取得的工资、薪金收入额。图33-4涵盖了无住所个人适用情况二——享受税收协定的前提和具体优惠方法,请读者对此多加理解。

33.1.1.3 无住所个人享受税收协定待遇情况对比

通过以上两项税收协定内容的介绍,可以把无住所个人取得工资、薪金所得的国内法和税收协定待遇情况进行对比,如表33-1所示。可以看到在享受境内受雇协定待遇时原使用公式二计算的情况可以改为使用公式一计算,这是一种税收优惠措施;享受境外受雇协定待遇时原使用公式三计算的情况可以改为使用公式二计算,这也是一种税收优惠措施,以此达到享受税收协定待遇的目的。

表33-1 无住所个人享受税收协定待遇对比表

无住所个人境内居住时间(t)	国内法待遇(财政部 税务总局公告2019年第35号)	税收协定待遇		对比评价
		适用哪种税收协定待遇	享受协定满足什么条件	
$t \leqslant 90$ 天	公式一	公式一		个税协定与国内法一致
90 天 $< t <$ 183 天	公式二	公式一(境内受雇所得协定待遇)	为对方税收居民+三个条件	协定计算更优惠
$t \geqslant 183$ 天,不满6年	公式三	公式二(境外受雇所得协定待遇)	为对方税收居民	协定计算更优惠

以下介绍两个无住所个人享受税收协定待遇的案例。

案例1:无住所个人享受"境外受雇所得协定待遇"案例。

B先生为无住所个人,2022年在中国境内累计居住满183天,根据加比规则判定为美国税收居民。2022年B先生取得受雇所得100万元,其中境内工作期间境内支付30万元、境外支付20万元;境外工作期间境内支付10万元、境外支付40万元。问题:B先生享受税收协定是否比国内法更优惠?

案例分析:

(1)根据国内法财政部、税务总局公告2019年第35号文件的规定:B先生应适用公式三,当年在我国工资、薪金收入额 = 30 + 20 + 10 = 60(万元),国内法仅对境外工作境外支付的40万元免税。

(2)根据税收协定:B先生应适用公式二,满足是对方税收居民的享受协定待遇条件,仅就当年来源于我国境内的工资、薪金所得缴纳个人所得税。当年在我国工资、薪金收入

额 = 30 + 20 = 50（万元），协定对境外工作部分报酬 10 万元、40 万元不征税。

（3）结论：享受税收协定更加优惠。

案例 2：无住所个人享受"境内受雇所得协定待遇"案例。

C 先生为无住所个人，2022 年在中国境内累计居住超过 90 天但不满 183 天，根据加比规则判定为美国税收居民。2022 年 C 先生取得受雇所得 100 万元，其中境内工作期间境内支付 30 万元、境外支付 20 万元；境外工作期间境内支付 10 万元、境外支付 40 万元。境外支付的 20 万元不是由境内雇主负担，也不是由境外雇主的境内常设机构负担。问题：税收协定是否比国内法更优惠？

案例分析：

（1）根据国内法财政部、税务总局公告 2019 年第 35 号文件的规定：C 先生应适用公式二，当年在我国工资、薪金收入额 = 30 + 20 = 50（万元），国内法对境外工作部分报酬 10 万元、40 万元不征税。

（2）根据税收协定：C 先生应适用公式一，仅就当年来源于我国境内的工资、薪金境内支付部分所得缴纳个人所得税。当年工资、薪金收入额 = 30（万元）。

（3）结论：享受税收协定更加优惠。

33.1.2 无住所个人独立个人劳务报酬税收协定

这一部分介绍无住所个人提供独立个人劳务取得劳务报酬所得享受税收协定待遇情况。总体来说，对于无住所个人享受独立个人劳务报酬税收协定优惠的要点，如图 33-5 所示。

图 33-5　无住所个人独立个人劳务协定待遇

对于以上条款的理解需要注意两点：第一，独立个人劳务在我国入境停留时间在任何几个月内连续或累计不满 183 天不在我国境内缴纳个人所得税，这一点与工资、薪金所得不同，工资、薪金判定使用的时间标准是在我国境内的居住时间，在 1 个纳税年度内（即自然年度内）在我国境内累计居住时间即使不满 183 天，仍有可能在我国境内缴税；第二，该独立个人劳务要与工资、薪金所得区分，独立个人劳务是否能享受税收协定待遇需要满足"专业性劳务"特点，对此《〈中华人民共和国政府和新加坡共和国政府关于对所得避免双重征税和防止偷漏税的协定〉及议定书条文解释》（国税发〔2010〕75 号）第十四条个人独立劳务条款中的规定如下，"个人要求执行税收协定独立个人劳务条款规定的，应根据下列条件判断其是否具有独立身份：（一）职业证明，包括登记注册证件和能证明其身份的证件，或者由其为居民的缔约国税务当局在出具的居民身份证明中就其现时从事职业的说明；（二）与有关公司签订的劳务合同表明其与该公司的关系是劳务服务关系，不是雇主与雇员关系，具体包括：1. 医疗保险、社会保险、假期工资、海外津贴等方面不享受公司雇员待遇；2. 其从事劳务服务所取得的报酬，是按相对的小时、周、月或一次性计算支付；3. 其劳务服务的范围是固定的或有限的，并对其完成的工作负有质量责任；4. 其为提供合同规定的劳务所相应发生的各项费用，由其个人负担"。

以上是独立个人劳务报酬与工资、薪金在享受税收协定待遇上的区别，在这其中很多条款都是对专业性劳务的限定，只有在满足以上税收协定条款规定的前提条件下，才有可能享受独立个人劳务报酬税收协定待遇。

33.1.3 特许权使用费税收协定

无住所个人特许权使用费所得税的规定与工资、薪金和劳务报酬规定相比较为简单，但仍然有一定难度，在具体计算税款时需要根据无住所个人是否享受税收协定，考虑无住所个人的税收身份，采用三种不同的算法，其中的要点需要读者能够理解其原因，并且不能和工资、薪金的计算混淆。对于无住所个人取得特许权使用费的税收协定原则性规定来自财政部、税务总局公告2019年第35号第四条第（四）项，"关于无住所个人适用特许权使用费或者技术服务费条款的规定。本公告所称特许权使用费或者技术服务费协定待遇，是指按照税收协定特许权使用费或者技术服务费条款规定，对方税收居民个人取得符合规定的特许权使用费或者技术服务费，可按照税收协定规定的计税所得额和征税比例计算纳税。无住所居民个人为对方税收居民个人，其取得的特许权使用费所得、稿酬所得或者劳务报酬所得可享受特许权使用费或者技术服务费协定待遇的，可不纳入综合所得，在取得当月按照税收协定规定的计税所得额和征税比例计算应纳税额，并预扣预缴税款。年度汇算清缴时，该个人取得的已享受特许权使用费或者技术服务费协定待遇的所得不纳入年度综合所得，单独按照税收协定规定的计税所得额和征税比例计算年度应纳税额及补退税额。非居民个人为对方税收居民个人，其取得的特许权使用费所得、稿酬所得或者劳务报酬所得可享受特许权使用费或者技术服务费协定待遇的，可按照税收协定规定的计税所得额和征税比例计算应纳税额"。

对于以上规定，本书对其总结归纳和解释如下。

33.1.3.1 税收协定算法

无住所个人取得特许权使用费可以选择税收协定，按比例税率缴纳个人所得税（通常不超过10%），单独按次缴纳不需要并入综合所得，年度单独计算缴纳应补退税额。具体享受税收协定的税率需要查询我国对外签署的税收协定安排特许权使用费条款。例如，内地和香港税收安排第十二条规定，如果特许权使用费受益所有人是另一方居民，则所征税款不应超过特许权使用费总额的7%。国税发〔2010〕75号文件第十二条规定，如果特许权使用费受益所有人是缔约国另一方居民，则所征税款不应超过特许权使用费总额的10%。也就是

说,在享受税收协定条件下计算特许权使用费个人所得税的公式比较简单,直接为:

无住所个人应缴纳个人所得税 = 特许权使用费收入 × 税率

33.1.3.2 国内法算法

无住所个人可以选择不适用协定,按照国内法计算缴纳个人所得税:

(1) 对于无住所非居民个人,按次单独计算缴纳个人所得税:

无住所个人应缴纳个人所得税 = 特许权使用费收入 × (1 − 20%) × 税率 − 速算扣除数(查询非居民个人月度累进税率表)

其中,减除费用按照20%减除,没有减除800元的规定。

(2) 对于无住所居民个人,按次预缴,年度并入综合所得缴纳个人所得税:

无住所个人预缴个人所得税 = (特许权使用费收入 − 减除费用) × 20%

以上是无住所个人特许权使用费的文件规定,接下来通过一个简单的案例进一步具体说明。

案例:以新加坡无住所个人从境内取得100万元特许权使用费为例。假设满足协定要求。分别计算该无住所个人在享受税收协定待遇和适用国内法情况下取得特许权使用费所得应缴纳的个人所得税。

(1) 选择享受税收协定缴税。

应缴纳个人所得税 = 100 × 10% = 10(万元)。该笔特许权使用费收入不用并入综合所得,单独计算缴纳个人所得税。

(2) 按国内法缴税。

该无住所个人为无住所居民个人。应缴纳个人所得税 = 100 × (1 − 20%) × 20% = 16(万元)。该笔特许权使用费收入应预缴个人所得税,年度汇算清缴并入综合所得。此处缴纳的16万元只是预缴个人所得税,年度终了后有可能汇算退税或补税。

该无住所个人为无住所非居民个人。特许权使用费收入额 = 100 × (1 − 20%) = 80(万元),查表计算个人所得税,按次单独征收。

经查表(表33-2),应缴纳个人所得税 = 800 000 × 45% − 15 160 = 344 840(元)。无住所个人应就该笔特许权使用费收入单独计算缴纳个人所得税。

表33-2 非居民个人月度税率表(适用工资、薪金,劳务报酬,稿酬,特许权使用费)

级数	应纳税所得额	税率(%)	速算扣除数
1	不超过3 000元的	3	0
2	超过3 000元至12 000元的部分	10	210
3	超过12 000元至25 000元的部分	20	1 410
4	超过25 000元至35 000元的部分	25	2 660
5	超过35 000元至55 000元的部分	30	4 410
6	超过55 000元至80 000元的部分	35	7 160
7	超过80 000元的部分	45	15 160

33.2 无住所个人董事费适用税收协定

本节介绍无住所高管人员工资、薪金与董事费适用税收协定安排的相关规定。税收协定是两个税收管辖主体之间划分征税权的规则,董事费条款就充分体现了税收协定的这一特性,如果我国对外签订的税收协定中包括董事费条款,那么就要在中国境内征税,且按照高管人员的工资、薪金标准征税,适用国内法相关的个人所得税计算规则,因为董事费税收协定条款把征税权划分给了中国。如果我国对外签订的税收协定中没有董事费条款,那么该无住所个人有可能会享受到受雇所得的协定待遇条款,而受雇所得税收协定待遇条款在大多数情况下比董事费条款更优惠。因此,董事费税收协定条款对于高管人员来说,不会给高管人员在中国境内带来更多税收上的优惠,希望读者能够对它有总体了解。

33.2.1 协定董事费包含范围

理解税收协定董事费条款规定,首先来看董事费条款适用哪些范围的人员。财政部、税务总局公告 2019 年第 35 号文件规定了高管人员的范围,这个范围的定义是比较宽泛的,总结归纳起来包括董事、监事和高层管理人员,还包括挂名未履职的高管人员。而税收协定中的董事费条款与财政部、税务总局公告 2019 年第 35 号文件中的高管人员范围不完全相同,需要根据具体的税收协定董事费条款中的对象规定去进行判断。总的来说,税收协定董事费条款的对象范围小于等于财政部、税务总局公告 2019 年第 35 号文件中高管人员的范围。不同税收协定的董事费条款覆盖范围不同,如图 33-6 所示,有的税收协定董事费条款不包括监事,有的税收协定不包括高管人员。

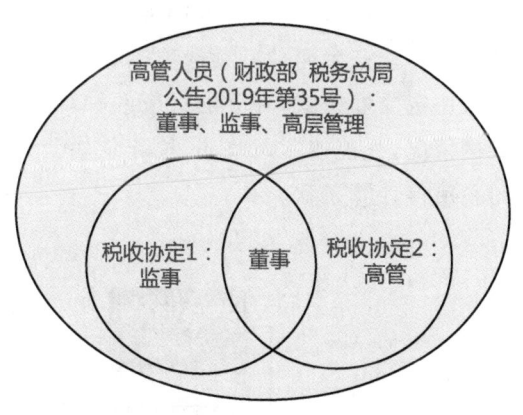

图 33-6 税收协定董事费范围

因此,了解不同税收协定中对董事费条款的适用范围,厘清无住所高管人员是否属于税收协定的对象是我们运用董事费条款的前提。

33.2.2 税收协定董事费条款解读

在明确税收协定董事费条款的范围后,接下来本章以中国新加坡税收协定中董事费条款和国税发〔2010〕75 号文件对董事费条款的解读为例,来说明在实际应用董事费条款时的要点。

(1)国税发〔2010〕75 号文件第十六条董事费规定,缔约国一方居民作为缔约国另一方居民公司的董事会成员取得的董事费和其他类似款项,可以在该缔约国另一方征税。

(2)国税发〔2010〕75 号文件第十六条规定,"将董事费的征税权赋予了董事所在公司为其居民的国家,即新加坡居民如担任中国境内企业的董事而取得的董事费和其他类似的款项,无论该董事是否在中国境内履行董事职责,中国对此项所得有征税权。所谓'其他类似款项'包括个人以公司董事会成员身份取得的实物福利,例如,股票期权、居所或交通工具、健康或人寿保险及俱乐部成员资格等。在董事会成员被授予股票期权的情况下,公司居民国有权对构成董事费或类似性质报酬的股票期权利益征税,即使征税时该人已经不再是董事会的成员"。

根据以上税收协定安排,新加坡居民如担任中国境内企业的董事而取得的董事费和其他类似的款项,无论该董事是否在中国境内履行董事职责,中国对此项所得有征税权。在理解以上董事费条款时不仅需要特别关注"其他类似款项"的定义范围,更重要的是理解税收协定董事费条款征税权划分的内涵,这种征税权划分不是制定一套单独的税款计算标准,而是如果一旦确定中国有征税权后,就适用财政部、税务总局公告2019年第35号文件中高管人员条款的计税规定,个人所得税计算过程与结果与高管人员计税结果相同,具体计算规定可以参考本书第32章境外高管人员工资个人所得税(国内法)内容。

对于如何使用董事费条款,当中仍有一定难度,需要了解在各种不同情况下应怎样运用国内法规定或税收协定安排。如图33-7所示,如果高管人员是董事、监事、高管人员这三类人员之一,从税收待遇的角度从上到下有可能存在三种情况,分别是:税收协定无董事费条款,税收协定有董事费条款但不适用、税收协定有董事费条款且适用。对于前两种情况有可能产生两种后续选项,即适用工资、薪金税收协定受雇条款,或不适用工资、薪金税收协定受雇条款,并分别对应两种计算情况。对于税收协定有董事费条款且适用该条款的情况,只能按照财政部、税务总局公告2019年第35号文件的个人工资、薪金个人所得税所得计算条款。

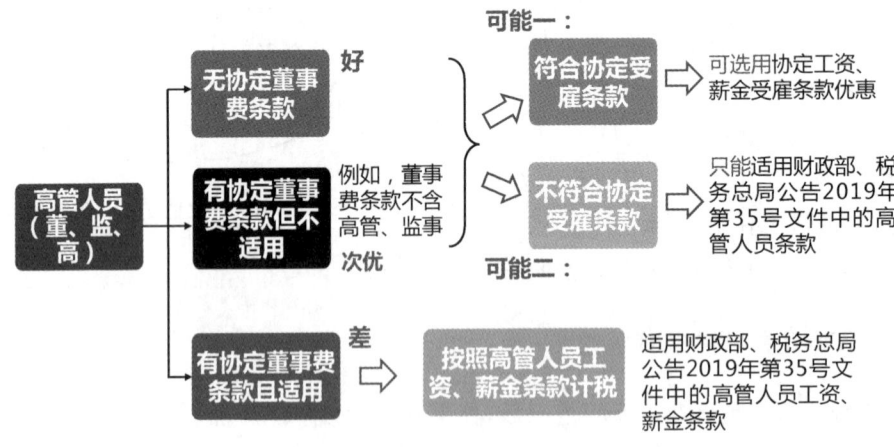

图33-7 税收协定董事费判定导图

对以上董事费条款的理解,有个比较重要的问题需要弄清楚,即如果协定条款既有受雇条款又有董事费条款,高管人员能否选择适用受雇条款而不适用董事费条款?为了解答这个问题需要了解表33-3所示的内容。

表33-3 董事费条款与国内法的协调

税收协定是否 有受雇条款	税收协定是否 有董事费条款	适用结果
有	有	优先适用国内法高管工资、薪金条款
有	无	可选用受雇协定优惠条款
无	有	适用国内法高管工资、薪金条款
无	无	适用国内法高管工资、薪金条款

如果我国与某个国家的税收协定中,既有董事费条款又有无住所个人工资、薪金所得税收协定受雇条款,那么高管人员选择适用税收协定时只能选择董事费条款。因为"有协定董事费条款且适用"的含义是税收协定同时具备受雇条款和董事费条款,则优先适用董事费条款,按国内法计税。因此,税收协定中没有董事费条款的规定时对高管人员更有利。

接下来总结无住所高管人员适用国内法与适用税收协定的受雇条款的区别,如表33-4所示。

表33-4 无住所高管人员适用董事费条款与适用协定受雇条款对比

无住所个人境内 居住时间(t)	董事费条款(财 政部 税务总局 公告2019年 第35号)	税收协定受雇条款		对比评价
		适用哪种税 收协定待遇	适用协定的 条件是什么	
$t \leqslant 90$ 天	公式A	公式一		协定更优惠
90 天 $< t <$ 183 天	公式三	公式一(境内受雇 所得协定待遇)	为对方税收居 民+三个条件	协定更优惠
$t \geqslant 183$ 天,不满6年	公式三	公式二(境外受雇 所得协定待遇)	为对方税收 居民	协定更优惠

表33-4中,公式A:当月工资、薪金收入额=当月境内支付或负担的工资、薪金收入额。公式A不同于公式一,比公式一的税负更高,也就是说适用董事费条款时,董事费条款比税收协定受雇条款税负要高。

以上就是对于董事费这个比较特殊的税收协定条款的理解要点,从本质上说董事费条款是一种征税权的划分规则,而不是给予税收优惠的条款,适用税收协定董事费条款情况下的计算规则与无住所高管人员国内法下的计算规定相同。

33.3 非居民艺术家和运动员适用税收协定

本节是境外艺术家和运动员短期来我国境内从事演艺运动活动怎样适用税收协定的内容。艺术家和运动员适用税收协定的难度比工资、薪金税收协定内容低,比企业高管人员计算个人所得的难度低。对于艺术家、运动员,在计算个人所得税方面有一些特殊规定需要专门了解。

33.3.1 哪些人哪些活动要缴税

《国家税务总局关于税收协定执行若干问题的公告》(国家税务总局公告2018年第11号)对我国签署的税收协定中艺术家和运动员条款进行了更新解读,对艺术家和运动员的身份界定和不同情况下产生所得的纳税义务进行了细化,有利于相关方做出更加准确的纳税判定。

国家税务总局公告2018年第11号文件明确了哪些人哪些活动应该缴税。艺术家以演艺人员身份进入中国境内,从事演艺活动并取得报酬需要在中国境内缴税,如果以演艺人员身份从事其他活动也需要缴税。演艺活动比较好理解,就是舞台、影视、音乐等活动。重点需要关注的是以演艺人员身份从事的其他活动,比如广告拍摄、企业年会、企业剪彩等,如图33-8所示。

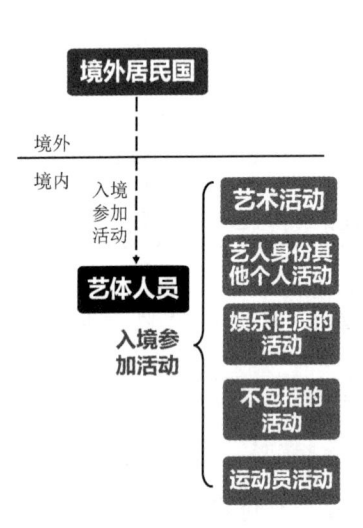

根据国家税务总局公告2018年第11号文件中的艺术家条款解读

(一)人员身份定义:以演员或运动员身份入境参加活动。

(二)活动类型定义

1. 艺术活动:舞台、影视、音乐等各种艺术形式的活动;
2. 艺人身份其他个人活动:电影宣传活动、参加广告拍摄、企业年会、企业剪彩等活动;
3. 娱乐性质的活动:具有娱乐性质的涉及政治、社会、宗教或慈善事业的活动;
4. 不包括的活动:会议发言,以随行行政、后勤人员身份开展的活动;
5. 运动员活动:电子竞技等各种运动。

图33-8 税收协定艺术家和运动员身份及活动

对于演艺活动和体育活动取得的所得范围,在实践中认定这些其他活动是否属于纳税范围的活动存在较大难度,判定的重要标准是是否利用演艺人员的个人形象和知名度从事商业活动。举例来说,邀请艺术家出席婚礼、参加演出性质的演讲等,判断这些活动是否属于国家税务总局公告2018年第11号文件所规范的应税活动。这需要重点分析,是否存在利用艺术家的知名度追求提高该活动的影响力的目的;是否存在商业化运作的模式,比如签订合同支付报酬等。同时,国家税务总局公告2018年第11号文件完善了运动员参加活动的适用范围,除了参加传统的比赛和为产品代言等活动,明确规定参加电子竞技等具有娱乐性赛事活动适用运动员条款。国家税务总局公告2018年第11号文件还对艺术家和运动员取得的所得形式做了补充,明确无论是直接所得(如出场费所得),还是间接所得(如版权费所得),都属于应税所得范围。具体划分,如图33-9所示。

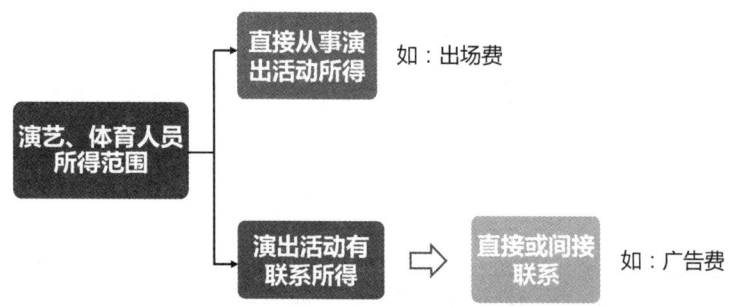

图 33-9　税收协定艺术家所得范围

33.3.2　各种不同形式的所得怎样缴税

艺术家和运动员取得各种不同类型的所得应该怎样缴纳个人所得税是非常重要的问题。国家税务总局公告 2018 年第 11 号文件明确了不同形式的所得应该怎样缴税,包括缴纳哪些税种以及具体操作等细节。艺术家和运动员个人,对入境取得的国家税务总局公告 2018 年第 11 号文件范围内的个人报酬,需要按照个人劳务所得缴纳个人所得税,且无论个人入境时间长短,都需要缴纳。

组织艺术家和运动员个人入境参加活动的公司或个人,比如演出团体、经纪公司、经纪人,如果从这些活动中获得报酬,这些所得也需要在中国缴纳税款,且无论这些公司或个人是否构成常设机构。对于非居民企业通常按照核定利润率缴纳企业所得税,对于非居民个人通常按照劳务报酬缴纳个人所得税。

艺术家、运动员、演出团体、经纪公司等,如果取得间接所得,例如产品出售的版权所得,需要按照特许权使用费在中国境内纳税。对于非居民企业来说,按照取得特许权使用费所得缴纳企业所得税,税率为 10%。对于个人来说,按照特许权使用费所得缴纳个人所得税,税率为 20%。

以上所得如果全部被第三方收取,也需要按照相关标准在中国境内缴税,不需要考虑这些所得是否支付给艺术家或运动员个人。国家税务总局公告 2018 年第 11 号文件还明确对艺术家和运动员的所得规定,如果存在被第三方收取的情况,收取人为企业不受税收协定第七条(营业利润)的限制,需要在中国境内缴税;收取人为个人,不受税收协定第十四条(独立个人劳务)、第十五条(非独立个人劳务)规定的限制,需要在中国境内缴税。

33.3.3　案例:非居民运动员补缴个人所得税

本节介绍关于非居民运动员在中国境内补缴个人所得税的案例。[①] 该案例的基本情况如图 33-10 所示,境内球队雇佣了一个足球外援,双方签订合同,该外援球员的工资、薪金和补偿金等由球队老板直接从海外账户向这个球员个人进行支付。在这种薪酬支付模式下,

---

① 案例来源:张文华,蒙广林.外国签约运动员在华所得需缴个税[N].中国税务报,2017- ( )。

我国境内税务机关发现疑点,境内与外援签订合同的球队为什么没有为其代扣代缴工资、薪金个人所得税。实际情况是由于工资、薪金报酬等费用是由境外球队老板个人账户支付的,因此没有在国内产生纳税申报事项和代扣代缴税款。经了解,该外援在中国境内居住时间不满 183 天,企业主张不构成代扣代缴纳税义务,那么企业的主张是否具有税法依据?

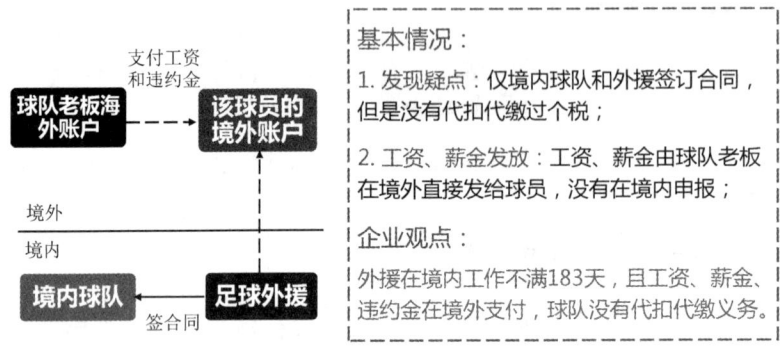

图 33-10　非居民运动员工资、薪金案例

案例分析:对该外籍球员的工资、薪金是否应在中国境内缴纳个人所得税的问题,可以从以下三个方面进行分析。

(1)纳税义务判定。根据税收协定"艺术家和运动员"条款,外籍球员在我国从事活动取得的所得符合该条款的情况,我国有征税权且不受 183 天限制。

(2)所得性质判定。外籍球员与我国球队签订的工作劳动合同,在我国境内任职,因此按"工资、薪金"税目征收个人所得税,球员获得的赔偿金补偿金等也属于工资、薪金所得。

(3)工资、薪金所得来源判定。工资、薪金所得按照工作地划分境内外所得来源地,该外籍球员在中国境内工作所取得的报酬无论支付人从什么地方支付,都算作中国境内的所得。并且,球队老板作为支付人的身份并不是该球员的境外雇主,而是以境内雇主身份支付,因此即使使用老板个人的海外账户支付,仍然满足境内支付条件。

通过以上分析可以判断,该外籍球员取得的所得是来源于中国境内的所得,应该在中国境内补缴个人所得税。

34

无住所个人所得税征管与纳税案例

本章介绍无住所个人所得税的征收管理规定与一些具有综合性的纳税案例。无住所个人税收政策具有很大的理解难度,在实际税收征管中要将各项复杂的税收政策落实到位必然要配套出台一系列税收征管措施。因此,可以说掌握无住所个人所得税的征管规定与顺利开展日常税收管理工作息息相关,只有准确掌握这些知识才能避免违反征管程序,并提高对于税收政策的应用理解能力。本章具体内容分为两个部分:第一部分介绍无住所个人的税收征管规定,包括无住所个人身份预判、怎样缴纳税款的规定、特殊情况下的纳税报告责任、境内雇主信息报告义务和享受税收协定待遇管理流程等;第二部分介绍无住所个人常见项目个人所得税计算案例,分为无住所非居民个人、无住所居民个人两类,分别按照国内法与享受税收协定情况介绍四个案例和一个计算软件使用示例。这四个案例是综合性较强且有一定难度的案例,其作用是通过案例把本章之前介绍的无住所个人所得税的重要税收要点进行对比计算并分析各种情况下的税收待遇变化情况。

34.1 无住所个人所得税征收管理规定

无住所个人所得税的税收征管规定是本章的重点内容,对于无住所个人的缴税程序我国税收文件采用的是身份预判规则。无住所个人首次在中国境内申报缴纳税款时可以根据自身情况判断符合哪种纳税人身份,并采用相应的缴税规则,在日后离境时再根据实际情况清算应缴纳的个人所得税,多退少补。

34.1.1 无住所个人身份预判缴纳和报告规定

了解关于无住所个人身份预判的税收文件规定。根据财政部、税务总局公告2019年第35号文件第五条第(一)项,"无住所个人在一个纳税年度内首次申报时,应当根据合同约定等情况预计一个纳税年度内境内居住天数以及在税收协定规定的期间内境内停留天数,按照预计情况计算缴纳税款"。对于不同所得项目来说,首次申报的规定不同,对于取得工资、薪金的无住所个人来说,应在年度内首次取得当月工资、薪金时申报纳税;对于取得劳务报酬、特许权使用费、稿酬的无住所个人来说,应在当年度内首次按次取得收入时申报纳税。从纳税人的角度来讲,根据自身情况准确预判将来一定时期之内的纳税身份,可以尽量地减少纳税成本;对于税务机关来讲,也是充分尊重和信任纳税人的体现,可以降低税务机关的征税成本,提高征管效能。

了解无住所个人身份预判时具体依据什么规定怎样进行预判。身份预判需要根据无住所个人在境内签订的合同来预估未来在境内居住的时间。如果签订的劳动合同是一项长期合同，那么可以按照无住所居民个人身份进行申报；如果签订的劳动合同是一项短期合同，很可能在境内不会居住满183天，那么可以按照非居民个人的身份来进行申报。

以下是一个无住所个人税收居民身份判定的案例，该无住所个人在中国境内跨年居住，应该怎么进行判定，如图34-1所示。

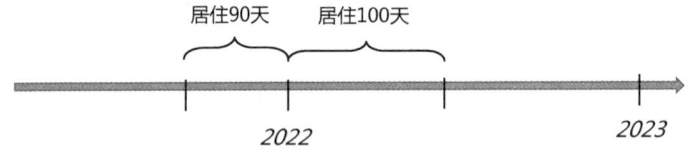

图34-1　无住所个人身份预判案例

以上问题需要根据《个人所得税法》对税收居民身份的定义来处理。我国《个人所得税法》第一条规定，"在中国境内无住所而一个纳税年度内在中国境内居住累计满一百八十三天的个人，为居民个人""无住所而一个纳税年度内在中国境内居住累计不满一百八十三天的个人，为非居民个人"。可见对个人税收居民身份判定的前提是考察在一个纳税年度内的居住时间。那么一个纳税年度指的是什么时期呢？根据我国《个人所得税法》第一条的规定，"纳税年度，自公历一月一日起至十二月三十一日止"，也就是说一个自然年度就是一个纳税年度。在本案例中无住所个人在2022年和2023年纳税年度中都居住不满183天，因此应该在这两个纳税年度内按照无住所非居民个人的身份缴纳个人所得税。需要注意的是，这里对于无住所个人税收居民身份的判定与税收协定常设机构以及独立个人劳务在境内的停留时间判定是不同的，后两者只需要在任意12个月内累计达到183天即可，不是在一个纳税年度内。

图34-2是无住所个人根据不同的预判身份对应的各种常见所得的税款计算和缴纳方式，这部分内容在本章之前的章节中有比较详细的介绍，此处不再重复，建议读者对照无住所个人身份预判规则加深对无住所非居民个人和无住所居民个人税收征管差异的理解。

34.1.1.1　可能变化一（报告事项）

图34-3所示的可能出现的变化情况，原预判居住时间不超过90天，实际居住时间超过90天不满183天。出现这种变化时，根据财政部、税务总局公告2019年第35号文件第五条第（一）项第3目的规定，无住所个人预计一个纳税年度境内居住天数累计不超过90天，但实际累计居住天数超过90天的，待达到90天的月度终了后15天内，应当向主管税务机关报告，就以前月份工资、薪金所得重新计算应纳税款，并补缴税款，不加收税收滞纳金。

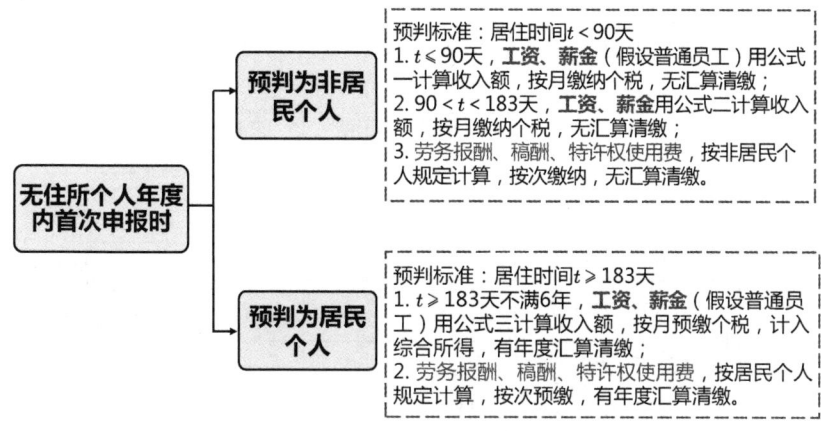

图34-2 无住所个人身份预规则

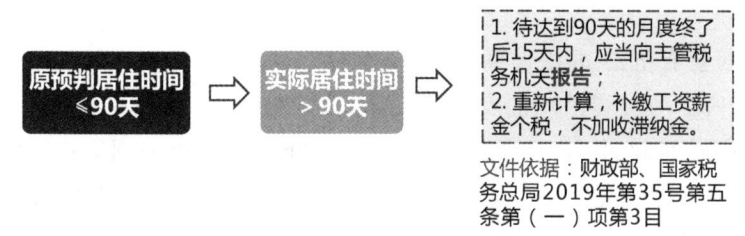

图34-3 无住所个人身份可能变化一

具体来说,针对这类变化后无住所个人仍然为非居民个人的情况,对于普通员工,原预计居住天数≤90天适用公式一;实际居住天数超过90天,仍为非居民个人的情况下,应改用公式二重新计算前月工资、薪金收入额。对于高管员工,原预计居住天数≤90天适用公式A,实际居住天数超过90天;仍为非居民个人的情况下,改用公式三重新计算前月工资、薪金收入额。该情况为第一种报告事项。

以下是无住所普通员工居住时间和工资、薪金收入额的计算公式对比图(图34-4),从对比图中可以看到理论上使用公式二比使用公式一的情况税负更大。

	普通员工境内居住时间(t)	来源于境内工资、薪金		来源于境外工资、薪金		
		境内支付	境外支付	境内支付	境外支付	
无住所非居民个人适用	$t \leq 90$天	√	免税	×	×	公式一
	90天$< t <$183天	√	√	×	×	公式二
无住所居民个人适用	$t \geq 183$天,不满6年	√	√	√	免税(需备案)	公式三
	$t \geq 183$天,满6年	√	√	√	√	

注:√表示征税;×表示不征税

图34-4 无住所普通个人工资、薪金收入额计算规则

以下是无住所高管人员居住时间和工资、薪金收入额的计算公式对比图(图34-5),从对比图中可以看到理论上使用公式三比使用公式A的情况税负更大。

	高管人员境内居住时间(t)	来源于境内工资		来源于境外工资		
		境内支付	境外支付	境内支付	境外支付	
无住所非居民个人适用	$t≤90$天	√	免税	√	×	公式A
	90天$<t<183$天	√	√	√	×	公式三
无住所居民个人适用	$t≥183$天,不满6年	√	√	√	免税(需备案)	公式三
	$t≥183$天,满6年	√	√	√	√	

注:√ 表示征税;× 表示不征税
① 公式A:当月工资薪金收入=当月境内支付或负担的工资薪金收入额
② 标圈部分表示与普通员工不同的计算方法

图34-5 无住所高管人员工资、薪金收入额计算规则

34.1.1.2 可能变化二(非报告事项)

如图34-6所示的可能出现的变化情况,原预判为非居民身份,在境内居住时间不满183天,实际居住时间超过183天。出现这种变化时,根据财政部、国家税务总局公告2019年第35号文件第五条第(一)项第1目,无住所个人预先判定为非居民个人,因延长居住天数达到居民个人条件的,一个纳税年度内税款扣缴方法保持不变,年度终了后按照居民个人有关规定办理汇算清缴,但该个人在当年离境且预计年度内不再入境的,可以选择在离境之前办理汇算清缴。

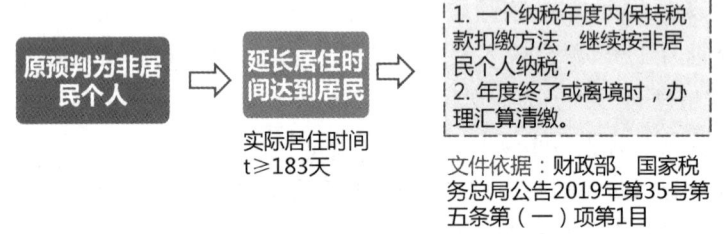

图34-6 无住所个人身份可能变化二

具体来说,如果原预计居住时间不满183天,适用公式一或公式二;实际境内居住时间满183天,由无住所非居民个人变为无住所居民个人,但当年内不需要改变计算方法和扣缴方法,只需要在年度终了或离境时按居民标准办理个人所得税汇算清缴即可。普通员工和高管人员,分别按不同标准计算收入额汇算清缴。该事项不是报告事项,直接参加年度汇算清缴即可。

34.1.1.3 可能变化三(报告事项)

如图34-7所示的可能出现的变化情况,原预判为居民身份,但实际在境内居住时间不满183天。出现这种变化根据财政部、国家税务总局公告2019年第35号文件第五条第

(一)项第2目,无住所个人预先判定为居民个人,因缩短居住天数不能达到居民个人条件的,自不能达到居民个人条件之日起至年度终了15天内,应当向主管税务机关报告,按照非居民个人重新计算应纳税额,申报补缴税款,不加收税收滞纳金。需要退税的,按照规定办理。

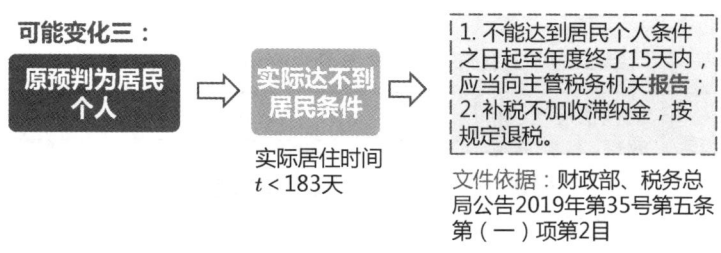

图 34-7　无住所个人身份可能变化三

具体来说,原预判为无住所居民的情况适用公式三,如果实际居住天数不满183天,则税收居民身份由居民变为非居民。个人工资、薪金等所得税缴纳由原来的预扣预缴税款计算方法,改为非居民按月或按次缴纳税款,普通员工和高管人员按不同标准调整计算收入额,劳务报酬、特许权使用费改变计税方式。根据税收文件要求,该情况为报告事项。

34.1.1.4　可能变化四(报告事项)

图 34-8 所示为可能出现的变化情况,原预判为非居民身份,但实际境内停留时间超过 183 天。出现这种变化根据财政部、税务总局公告 2019 年第 35 号文件第五条第(一)项第 3 目,无住所个人预计为对方税收居民个人,预计在税收协定规定的期间内境内停留天数不超过 183 天,但实际停留天数超过 183 天的,待达到 183 天的月度终了后 15 天内,应当向主管税务机关报告,就以前月份工资、薪金所得重新计算应纳税款,并补缴税款,不加收税收滞纳金。

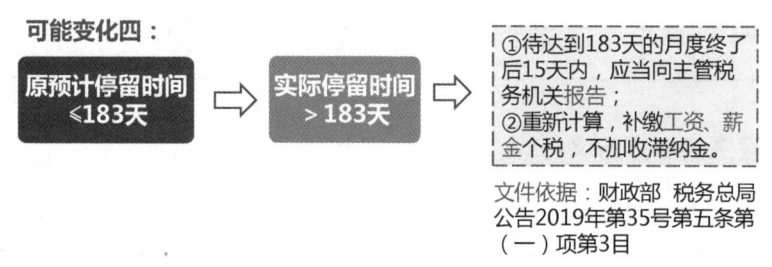

图 34-8　无住所个人身份可能变化四

具体来说,以上规定比较特殊,是针对原预判可以享受税收协定的无住所非居民工资、薪金所得,后来实际停留时间超过 183 天后原协定待遇下的个人所得税计算就需要改变。对于普通员工来说,原预计停留时间不超过 183 天享受税收协定适用公式一,实际停留时间超过 183 天改为使用公式二计算享受税收协定待遇。根据税收文件要求,该事项为报告事项。

对于无住所普通员工与高管人员工资、薪金所得，不享受税收协定与享受税收协定使用不同计算工资、薪金收入额的公式对比情况如表 34-1、表 34-2 所示，供各位读者对比理解。

表 34-2 中，公式 A：当月工资、薪金收入额 = 当月境内支付或负担的工资、薪金收入额。公式 A 不同于公式一，比公式一税负更高，也就是说适用董事费条款时总的来说比税收协定受雇条款税负要高。

表 34-1 无住所普通员工享受税收协定待遇对比表

无住所个人境内居住时间（t）	国内法待遇（财政部 税务总局公告 2019 年第 35 号）	税收协定待遇		对比评价
		适用哪种税收协定待遇	享受协定满足什么条件	
t≤90 天	公式一	公式一		个税协定与国内法一致
90 天＜t＜183 天	公式二	公式一（境内受雇所得协定待遇）	为对方税收居民 + 三个条件	协定计算更优惠
t≥183 天，不满 6 年	公式三	公式二（境外受雇所得协定待遇）	为对方税收居民	协定计算更优惠

表 34-2 无住所高管人员适用董事费条款与适用协定受雇条款对比

无住所个人境内居住时间（t）	董事费条款（财政部 税务总局公告 2019 年第 35 号）	税收协定受雇条款		对比评价
		适用哪种税收协定待遇	适用协定的条件是什么	
t≤90 天	公式 A	公式一		协定更优惠
90 天＜t＜183 天	公式三	公式一（境内受雇所得协定待遇）	为对方税收居民 + 三个条件	协定更优惠
t≥183 天，不满 6 年	公式三	公式二（境外受雇所得协定待遇）	为对方税收居民	协定更优惠

34.1.2 境内雇主信息报告义务

无住所个人所得税征收管理程序中有一项很重要的制度安排，即境内雇主负有信息报告义务。图 34-9 所示是境内雇主信息报告义务的示意图，在某种特殊的情况下由境外关联方支付无住所个人工资、薪金时需要根据财政部、税务总局公告 2019 年第 35 号第五条第（一）项第 3 目的规定，"无住所个人预计一个纳税年度境内居住天数累计不超过 90 天，但实际累计居住天数超过 90 天的，或者对方税收居民个人预计在税收协定规定的期间内境内停留天数不超过 183 天，但实际停留天数超过 183 天的，待达到 90 天或者 183 天的月度终了后 15 天内，应当向主管税务机关报告，就以前月份工资、薪金所得重新计算应纳税款，并补缴税款，不加收税收滞纳金"。对该项规定的解读可以参考图 34-9。

在税收实务工作中，以上无住所个人境内工资、薪金所得的报告模式反映了一种比较常

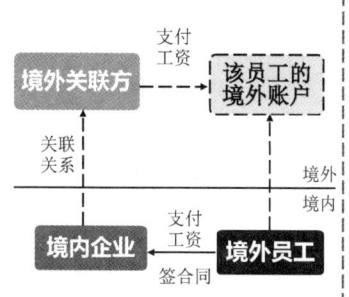

图 34-9 境内雇主信息报告要求

见的信息报告情况。在图 34-9 中,境内企业和境外企业属于关联关系,境外关联方向境内企业派遣员工入境工作,同时境内企业和境外员工也签订派遣合同,境内企业和境外企业同时向境外员工支付工资报酬。这种情况就属于财政部、税务总局公告 2019 年第 35 号文件规定的境内雇主需要报告信息的情况,因为在这种工资支付模式下境内外关联方有可能把应由境内雇主支付的工资转由境外支付。这时文件规定如果存在无住所个人未委托境内雇主代为缴纳税款的,境内雇主应当在相关所得支付当月终了后 15 天内向主管税务机关报告相关信息。境内雇主需要向境内主管税务机关报告的信息包括境内雇主与境外关联方对无住所个人的工作安排、境外支付情况以及无住所个人的联系方式等。

34.1.3 无住所个人享受协定待遇管理

本书介绍了无住所个人享受税收协定待遇下常见所得纳税判定和税款计算规则,从税收征管程序角度来说,需要履行法定程序才能够享受税收协定待遇。根据《非居民纳税人享受协定待遇管理办法》(国家税务总局公告 2019 年第 35 号印发)的规定,非居民纳税人(包括企业和个人)享受各类税收协定待遇适用该文件规定。根据该文件第三条,非居民个人享受税收协定的总体原则是,"非居民纳税人采取'自行判断、申报享受、相关资料留存备查'的方式办理享受税收协定待遇事项"。适用备查管理的所得项目涵盖全部享受协定的事项,包括工资、薪金,劳务报酬,股息红利,特许权使用费等所得项目。具体流程包括:

(1)非居民如实填写《非居民纳税人享受协定待遇信息报告表》(以下简称《报告表》),主动提交给扣缴义务人,并按照《非居民纳税人享受协定待遇管理办法》第七条的规定归集和留存相关资料备查。

(2)扣缴义务人收到《报告表》后,确认非居民纳税人填报信息完整的,依国内税收法律规定和协定规定扣缴,并如实将《报告表》作为扣缴申报的附表报送主管税务机关。

(3)非居民纳税人未主动提交《报告表》给扣缴义务人或填报信息不完整的,扣缴义务人依国内税收法律规定扣缴。

非居民个人留存备查的资料,根据《非居民纳税人享受协定待遇管理办法》第七条规定包括以下资料:①对方税务主管当局开具的证明非居民纳税人取得所得的当年度或上一年度税收居民身份的税收居民身份证明;②与取得相关所得有关的合同、协议、董事会或股东会决议、支付凭证等权属证明资料;③享受股息、利息、特许权使用费条款协定待遇的,应留存证明"受益所有人"身份的相关资料;④非居民纳税人认为能够证明其符合享受协定待遇条件的其他资料。

34.2 无住所个人常见所得个人所得税计算案例

本节通过两个案例、四种类型对无住所个人所得税的重要内容进行总结。通过相同的案例背景,按照无住所非居民个人和无住所居民个人身份条件,分别将应用国内法计税个人所得税与应用税收协定计算出个人所得税进行对比,加深读者对于无住所个人所得的综合判断、理解和应用能力。无住所个人所得税的内容单看每种情况也许并不难以理解,然而把各种情况综合起来在多种所得类型和身份条件下综合应用各种个人所得税计算规则的难度是相当大的,这里面比较突出的难点是国内法和税收协定的区分和适用判定问题。如果没有对无住所个人税收相关文件的深入理解,是难以做出准确判定的。

34.2.1 非居民个人常见所得个人所得税计算(国内法)

本节介绍依据我国国内法计算的无住所非居民个人所得税案例。在本案例中,境外普通员工蒂姆(Tim)被派遣入境工作,取得境内外雇主发放的工资,同时取得劳务报酬和特许权使用费。该非居民个人取得收入的具体情况如图34-10所示。除工资、薪金外,蒂姆取得的劳务报酬和特许权使用费都属于常规情况下取得的收入。

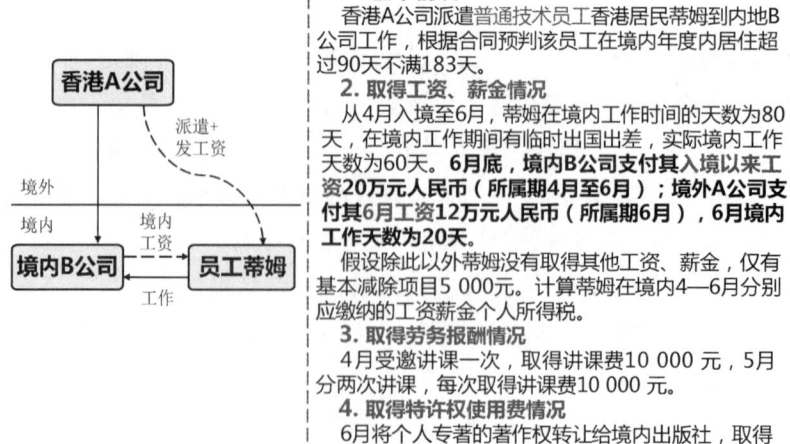

图 34-10 非居民个人个人所得税计算案例

34.2.1.1 总体计算方案

对于这类比较复杂的综合案例,在具体计算前应分析总体情况,确定基本的分析计算方向,制定税款计算的总体方案。

首先,对纳税人税收居民身份做出预判。根据财政部、税务总局公告2019年第35号文件第五条的规定,无住所个人应根据合同预判采用何种税收身份计算缴纳个人所得税。本案例中蒂姆预判自己在境内居住时间将超过90天不满183天,在税收身份上属于非居民个人,在工作职务上属于普通员工。其次,确定计算规则。对此,根据《个人所得税扣缴申报管理办法(试行)》(国家税务总局公告2018年第61号发布)第九条,非居民个人的工资、薪金,劳务报酬,特许权使用费,按月或按次扣缴计算个人所得税。

34.2.1.2 工资、薪金个人所得税计算

对于以上身份的无住所非居民个人,在具体的工资、薪金个人所得税的计算上,应采用财政部、税务总局公告2019年第35号文件"公式二+普通员工"的计算组合。

(1)4月、5月工资、薪金应缴个人所得税:

4月没有取得境内支付工资、薪金,也没有取得境外公司支付工资、薪金,故4月"当月境内外工资、薪金总额"为0,不需要扣缴个人所得税;5月与4月情况相同。

(2)计算6月取得工资、薪金的收入额:

这里涉及的计算问题是同一个月发放的所属期不同的工资应该怎样处理。根据公式二:

$$\text{当月工资、薪金收入额} = \text{当月境内外工资、薪金总额} \times \frac{\text{当月工资、薪金所属工作期间境内工作天数}}{\text{当月工资、薪金所属工作期间公历天数}}$$

境内B公司6月发放的所属期为4～6月的工资、薪金收入额 = 20 ×(60天÷80天)= 15(万元)。

其中,4～6月公历天数为80天,境内工作天数为60天。

境外A公司发放的所属期6月的工资、薪金收入额 = 12 ×(20天÷30天)= 8(万元)。

其中,6月公历天数为30天,境内工作天数为20天。

6月取得工资、薪金收入额 = 15 + 8 = 23(万元)。

(3)计算6月应缴纳的工资、薪金个人所得税:

非居民个人按月计算工资、薪金个人所得税,按照每月减除5 000元,查询月度工资、薪金个人所得税计算表(表34-3),计算结果如下:

表34-3 非居民个人月度税率表(适用工资、薪金,劳务报酬,稿酬,特许权使用费)

级数	应纳税所得额	税率(%)	速算扣除数
1	不超过3 000元的	3	0
2	超过3 000元至12 000元的部分	10	210
3	超过12 000元至25 000元的部分	20	1 410

(续表)

级数	应纳税所得额	税率(%)	速算扣除数
4	超过 25 000 元至 35 000 元的部分	25	2 660
5	超过 35 000 元至 55 000 元的部分	30	4 410
6	超过 55 000 元至 80 000 元的部分	35	7 160
7	超过 80 000 元的部分	45	15 160

6 月应缴纳的工资、薪金个人所得税额 = (230 000 − 5 000) × 45% − 15 160 = 86 090(元)。

34.2.1.3 劳务报酬个人所得税计算

劳务报酬按次缴纳个人所得税,一个月内取得多项相关劳务报酬合计按月计算缴纳个人所得税。非居民个人劳务报酬统一扣除 20%,查询表 34−3,计算当月劳务报酬应缴纳个人所得税。计算过程如下:

(1) 4 月劳务报酬个人所得税(取得劳务报酬 10 000 元):

劳务报酬收入额 = 10 000 × (1 − 20%) = 8 000(元)。

劳务报酬个人所得税额 = 8 000 × 10% − 210 = 590(元)。

(2) 5 月劳务报酬个人所得税(取得劳务报酬 20 000 元):

劳务报酬收入额 = 20 000 × (1 − 20%) = 16 000(元)。

劳务报酬个人所得税额 = 16 000 × 20% − 1 410 = 1 790(元)。

34.2.1.4 特许权使用费个人所得税计算

特许权使用费按次缴纳个人所得税,非居民个人特许权使用费所得统一扣除 20%,查询表 34−3,计算当月特许权使用费应缴纳个人所得税。计算过程如下:

6 月特许权使用费个人所得税(取得特许权使用费 200 000 元):

特许权使用费收入额 = 200 000 × (1 − 20%) = 160 000(元)。

特许权使用费个人所得税 = 160 000 × 45% − 15 160 = 56 840(元)。

34.2.1.5 缴纳个人所得税税额汇总

本案例中,无住所非居民个人普通员工蒂姆在不考虑税收协定的情况下 4~6 月应缴纳的个人所得税税额分别是:

4 月:工资、薪金个人所得税 + 劳务报酬个人所得税 + 特许权使用费个人所得税 = 0 + 590 + 0 = 590(元)。

5 月:工资、薪金个人所得税 + 劳务报酬个人所得税 + 特许权使用费个人所得税 = 0 + 1 790 + 0 = 1 790(元)。

6 月:工资、薪金个人所得税 + 劳务报酬个人所得税 + 特许权使用费个人所得税 = 86 090 + 0 + 56 840 = 142 930(元)。

34.2.2 非居民个人常见所得个人所得税计算(税收协定)

本案例沿用以上非居民个人在我国取得工资、薪金,劳务报酬,特许权使用费三项所得的案例背景,在假定该非居民个人可以适用税收协定的情况下,计算应缴纳的个人所得税税额。

34.2.2.1 总体计算方案

首先,对纳税人税收居民身份做出预判。根据财政部、国家税务总局公告2019年第35号文件第五条的规定,无住所个人应根据合同预判采用何种税收身份计算缴纳个人所得税。本案例中蒂姆预判在境内居住时间将超过90天不满183天,在税收身份上属于非居民个人,在工作职务上属于普通员工。其次,确定计算规则。对此,根据《个人所得税扣缴申报管理办法(试行)》(国家税务总局公告2018年61号发布)第九条的规定,非居民个人的工资、薪金,劳务报酬,特许权使用费,按月或按次扣缴计算个人所得税。

34.2.2.2 工资、薪金个人所得税计算

对于以上身份的无住所非居民个人,在具体的工资、薪金个人所得税的计算上,应采用财政部、国家税务总局公告2019年第35号文件的"公式一+普通员工享受协定"的计算组合。

(1) 4月、5月工资、薪金应缴个人所得税:

4月没有取得境内支付工资、薪金,也没有取得境外公司支付工资、薪金,故4月"当月境内外工资、薪金总额"为0,不需要扣缴个人所得税;5月与4月情况相同。

(2) 税收协定待遇:

假设香港籍居民蒂姆,满足税收协定"境内受雇协定待遇"情况。根据国内法,如果预判境内居住时间超过90天,应适用公式二计算工资、薪金收入额,但是根据"境内受雇协定待遇规定",蒂姆可以享受运用公式一计算当月工资、薪金收入额,只计算境内所得境内支付部分。

(3) 计算6月取得工资、薪金的收入额:

这里涉及的计算问题是同一个月发放的所属期不同的工资应该怎样处理。根据公式一:

$$\text{当月工资、薪金收入额} = \text{当月境内外工资、薪金总额} \times \frac{\text{当月境内支付工资、薪金数额}}{\text{当月境内外工资、薪金总额}} \times \frac{\text{当月工资、薪金所属工作期间境内工作天数}}{\text{当月工资、薪金所属工作期间公历天数}}$$

境内B公司6月发放的所属期为4～6月的工资、薪金收入额(公历天数80)=20×(20÷20)×(60÷80)=15(万元)

其中,4—6月公历天数为80天,境内工作天数为60天。

境外A公司发放的所属期为6月的工资、薪金12万元,由于该工资、薪金是境外支付,当月该笔工资、薪金收入额=0。

其中,6月公历天数为30天,境内工作天数为20天。

6月取得工资、薪金收入额=15+0=15(万元)。

(4) 计算6月应缴纳的工资、薪金个人所得税:

非居民个人按月计算工资、薪金个人所得税,按照每月减除5 000元,查询见表34-3,计

算结果如下:

6月份工资个人所得税=(150 000-5 000)×45%-15 160=50 090(元)。

34.2.2.3 劳务报酬个人所得税计算

劳务报酬按次缴纳个人所得税,按照税收协定独立个人劳务或者营业利润条款规定,对方税收居民个人取得的独立个人劳务所得或者营业利润符合税收协定规定条件的,可不缴纳个人所得税。

(1)劳务报酬税收协定适用情况:

根据内地和香港税收安排,该独立劳务在我国境内预计停留时间不满183天,取得的劳务报酬可以不在境内缴纳个人所得税。

(2)4月、5月劳务报酬个人所得税(取得劳务报酬30 000元):

非居民个人4月劳务报酬个人所得税=0。

非居民个人5月劳务报酬个人所得税=0。

34.2.2.4 特许权使用费个税计算

根据内地和香港税收安排第十二条的规定,如果特许权使用费受益所有人是另一方居民,则所征税款不应超过特许权使用费总额的7%。

6月份特许权使用费个人所得税(取得特许权使用费200 000元):

特许权使用费个人所得税=200 000×7%=14 000(元)。

34.2.2.5 缴纳个人所得税税额汇总

本案例中,无住所非居民个人普通员工蒂姆在考虑税收协定的情况下4~6月缴纳个人所得税分别是:

4月:工资预缴个人所得税+劳务报酬个人所得税+特许权使用费个人所得税=0+0+0=0。

5月:工资预缴个人所得税+劳务报酬个人所得税+特许权使用费个人所得税=0+0+0=0。

6月:工资预缴个人所得税+劳务报酬个人所得税+特许权使用费个人所得税=50 090+0+14 000=64 090(元)。

34.2.3 无住所居民个人综合所得个人所得税计算(国内法)

本节介绍依据我国国内法计算的无住所居民个人所得税案例。在这个派遣模式中,普通员工蒂姆被派遣入境工作,取得境内外雇主发放的工资、薪金,同时取得劳务报酬和特许权使用费。该无住所居民个人取得收入的具体情况如图34-11所示。除工资、薪金外,蒂姆取得的劳务报酬和特许权使用费都属于常规情况下取得的收入。

34.2.3.1 总体计算方案

该案例承接以上案例基本情况。首先,对纳税人税收居民身份做出预判。根据财政部、税务总局公告2019年第35号文件第五条的规定,无住所个人应根据合同预判采用何种税收身份计算缴纳个人所得税。本案例中,蒂姆预判在境内居住时间将超过183天,在税收身份上属于无住所居民个人,在工作职务上属于普通员工。其次,确定计算规则。对此,根据

34 无住所个人所得税征管与纳税案例

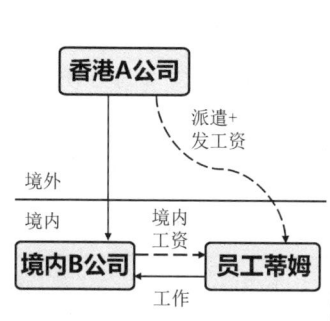

1. 基本情况
香港A公司派遣普通技术员工香港居民蒂姆到内地B公司工作，根据合同预判该员工在境内年度内**居住超过183天**，不满6年。
2. 取得工资、薪金情况
从4月入境至6月，蒂姆在境内的公历天数为80天，在境内工作期间有临时出国出差，实际境内工作天数为60天。**6月底，境内B公司支付蒂姆入境以来工资、薪金20万元人民币（所属期4—6月）；境外A公司支付6月工资、薪金12万元人民币（所属期6月），6月境内工作天数为20天。**
假设除此以外蒂姆没有取得其他工资，仅有基本减除项目5 000元。计算蒂姆在境内4—6月分别应缴纳的工资薪金个人所得税。
3. 取得劳务报酬情况
4月受邀讲课一次，取得讲课费10 000元，5月分两次讲课，每次取得讲课费10 000元。
4. 取得特许权使用费情况
6月将个人专著的著作权卖给境内出版社，取得款项200 000元。

图 34-11　无住所居民个人个税计算案例

财政部、税务总局公告 2019 年第 35 号文件第三条的规定，无住所居民个人的工资、薪金，劳务报酬，特许权使用费，年度终了汇算清缴个人所得税。

34.2.3.2　工资、薪金个人所得税计算

对于以上身份的无住所居民个人，在具体的工资、薪金个人所得税的计算上，应采用财政部、税务总局公告 2019 年第 35 号文件的"公式三 + 普通员工"的计算组合。

(1) 4月、5月工资应缴个人所得税：

4月没有取得境内支付工资，也没有取得境外公司支付工资，故4月"当月境内外工资总额"为0，不需要扣缴个人所得税；5月与4月情况相同。

(2) 计算6月取得工资的收入额：

这里涉及的计算问题是同一个月发放的所属期不同的工资应该怎样处理。根据公式三：

$$\text{当月工资、薪金收入额} = \text{当月境内外工资、薪金总额} \times \left[1 - \frac{\text{当月境外支付工资、薪金数额}}{\text{当月境内外工资、薪金总额}} \times \frac{\text{当月工资、薪金所属工作期间境外工作天数}}{\text{当月工资、薪金所属工作期间公历天数}}\right]$$

境内 B 公司 6 月发放的所属期为 4～6 月的工资、薪金收入额 $= 20 \times [1 - (0 \div 20) \times (20 \div 80)] = 20$（万元）。

其中，工资所属工作期间公历天数为 80 天，工资、薪金所属期间境外工作天数为 20 天。

境外 A 公司发放的所属期为 6 月的工资、薪金收入额 $= 12 \times [1 - (12 \div 12) \times (10 \div 30)] = 8$（万元）。

其中，工资所属工作期间公历天数为 30 天，工资、薪金所属期间境外工作天数为 10 天。

6 月取得工资、薪金收入额 $= 20 + 8 = 28$（万元）。

349

(3) 计算 6 月应缴纳的工资、薪金个人所得税:

该无住所居民个人假设每月减除费用只有 5 000 元,按照《个人所得税扣缴申报管理办法(试行)》(国家税务总局公告 2018 年第 61 号发布)第六条对居民个人按照累计预扣法预缴当月工资、薪金个人所得税,适用年度工资个人所得税速算扣除数。为方便说明,假设其他月份没有领取工资、薪金。查询居民个人年度工资、薪金个人所得税计算表(表 34-4),计算结果如下:

表 34-4 居民个人年度工资、薪金所得预扣预缴、年度汇算适用

级数	累计预扣预缴应纳税所得额	预扣率(%)	速算扣除数
1	不超过 36 000 元的部分	3	0
2	超过 36 000 元至 144 000 元的部分	10	2 520
3	超过 144 000 元至 300 000 元的部分	20	16 920
4	超过 300 000 元至 420 000 元的部分	25	31 920
5	超过 420 000 元至 660 000 元的部分	30	52 920
6	超过 660 000 元至 960 000 元的部分	35	85 920
7	超过 960 000 元的部分	45	181 920

6 月预缴工资、薪金个人所得税 = (280 000 - 5 000) × 20% - 16 920 = 38 080(元)。

34.2.3.3 劳务报酬个人所得税计算

劳务报酬按次缴纳个人所得税,一个月取得多项相关劳务报酬合计按月计算缴纳个人所得税。居民个人劳务报酬单次超过 4 000 元扣除 20%,查询劳务报酬速算扣除表(表 34-5)计算预缴税款。

表 34-5 居民个人劳务报酬所得预扣预缴税率表

级数	预扣预缴应纳税所得额	预扣率(%)	速算扣除数
1	不超过 20 000 元	20	0
2	超过 20 000 元至 50 000 元的部分	30	2 000
3	超过 50 000 元的部分	40	7 000

(1) 4 月劳务报酬个税(取得劳务报酬 10 000 元):

劳务报酬收入额 = 10 000 × (1 - 20%) = 8 000(元)。

劳务报酬预缴个人所得税 = 8 000 × 20% = 1 600(元)。

(2) 5 月劳务报酬个人所得税(取得劳务报酬 20 000 元):

劳务报酬收入额 = 20 000 × (1 - 20%) = 16 000(元)。

劳务报酬预缴个人所得税 = 16 000 × 20% = 3 200(元)。

34.2.3.4　特许权使用费个人所得税计算

特许权使用费按次缴纳个人所得税。无住所居民个人特许权使用费单次超过 4 000 元扣除 20%，采用 20% 税率。

6 月特许权使用费个人所得税（取得特许权费 200 000 元）：

特许权使用费收入额 = 200 000 ×（1 - 20%）= 160 000（元）。

特许权使用费预缴个人所得税 = 160 000 × 20% = 32 000（元）。

34.2.3.5　汇算清缴个人所得税计算

无住所居民个人普通员工蒂姆，不考虑税收协定情况下，预缴税款合计 74 880 元：

4 月：工资个人所得税 + 劳务报酬个人所得税 + 特许权使用费个人所得税 = 0 + 1 600 + 0 = 1 600（元）。

5 月：工资个人所得税 + 劳务报酬个人所得税 + 特许权使用费个人所得税 = 0 + 3 200 + 0 = 3 200（元）。

6 月：工资个人所得税 + 劳务报酬个人所得税 + 特许权使用费个人所得税 = 38 080 + 0 + 32 000 = 70 080（元）。

（1）计算年度综合所得收入额：

根据财政部、税务总局公告 2019 年第 35 号文件公式四：

年度综合所得收入额 = 年度工资、薪金收入额 + 年度劳务报酬收入额 + 年度稿酬收入额 + 年度特许权使用费收入额 = 280 000 + 24 000 + 0 + 160 000 = 464 000（元）。

（2）计算年度综合所得应缴个人所得税税额：

居民个人年度应缴纳个人所得税的税率，查询表 34-4 税率和速算扣除数可知。

年度综合所得应缴个人所得税 =（各项年度综合所得收入额 - 减除费用 - 专项扣除 - 专项附加扣除 - 依法确定的其他扣除）× 适用税率 - 速算扣除数 =（464 000 - 60 000）× 25% - 31 920 = 69 080（元）。

（3）年度汇算退税额：

年度汇算退税额 = 累计预缴 - 年度应缴 = 74 880 - 69 080 = 5 800（元）。

34.2.4　无住所居民个人综合所得个人所得税计算（税收协定）

本案例沿用以上无住所居民个人在我国取得工资、薪金，劳务报酬，特许权使用费三项所得的案例背景，在假定该无住所居民个人可以适用税收协定的情况下，计算应缴纳的个人所得税税额。

34.2.4.1　总体计算方案

（1）工资、薪金：按照境外受雇协定待遇或境内受雇协定待遇计算预缴税款，文件依据见财政部、税务总局公告 2019 年第 35 号文件第四条第（一）项。

（2）劳务报酬：符合税收协定的，可以在预缴和汇算清缴时不缴纳税款，文件依据见财政部、税务总局公告 2019 年第 35 号文件第四条第（二）项。

（3）特许权使用费：符合税收协定的，可以按照税收协定规定计算缴纳税款，文件依据见财政部、税务总局公告 2019 年第 35 号文件第四条第(四)项。

(4)汇算清缴时：享受税收协定的特许权使用费、劳务报酬、稿酬所得，不纳入综合所得，当月按照税收协定规定计算缴纳个人所得税，文件依据见财政部、税务总局公告 2019 年第 35 号文件第四条第(四)项。

34.2.4.2　工资、薪金个人所得税计算

对于以上身份的无住所居民个人，在具体的工资、薪金个人所得税计算上，应采用财政部、税务总局公告 2019 年第 35 号文件"公式二＋普通员工享受协定"的计算组合。

(1) 4 月、5 月工资应缴个人所得税：

4 月没有取得境内支付工资，也没有取得境外公司支付工资，故 4 月"当月境内外工资总额"为 0，不需要扣缴个人所得税；5 月与 4 月情况相同。

(2)税收协定待遇：

假设香港居民蒂姆满足税收协定"境外受雇协定待遇"情况。根据国内法，如果预判境内居住时间超过 183 天，应适用公式三计算工资、薪金收入额，但是根据"境外受雇协定待遇规定"，蒂姆可以享受运用公式二计算当月工资、薪金收入额，只计算境内所得境内支付部分。

(3)计算 6 月取得工资、薪金的收入额：

这里涉及的计算问题是同一个月发放的所属期不同的工资、薪金应该怎样处理。根据公式二：

$$当月工资、薪金收入额 = 当月境内外工资、薪金总额 \times \frac{当月工资、薪金所属工作期间境内工作天数}{当月工资、薪金所属工作期间公历天数}$$

境内 B 公司 6 月发放的所属期为 4—6 月的工资、薪金收入额 ＝ 20×(60 天÷80 天) ＝ 15(万元)。

其中，4—6 月公历天数为 80 天，境内工作天数为 60 天。

境外 A 公司发放的所属期为 6 月的工资收入 12 万元。

当月该笔工资、薪金收入额 ＝ 12×(20 天÷30 天) ＝ 8(万元)。

其中，6 月公历天数为 30 天，境内工作天数为 20 天。

6 月取得工资、薪金收入额 ＝ 15＋8 ＝ 23(万元)。

(4)计算 6 月应缴纳的工资、薪金个人所得税：

无住所居民个人按月计算工资、薪金个人所得税，假设每月只有减除费用 5 000 元，计算预扣预缴工资、薪金个人所得税，查询表 34-4，计算结果如下：

6 月预缴工资个人所得税 ＝ (230 000－5 000)×20％－16 920 ＝ 28 080(元)。

34.2.4.3　劳务报酬个人所得税计算

劳务报酬按次缴纳个人所得税，按照税收协定独立个人劳务或者营业利润条款规定，对方税收居民个人取得的独立个人劳务所得或者营业利润符合税收协定规定条件的，可不缴纳个人所得税,文件依据见财政部、税务总局公告 2019 年第 35 号文件第四条(二)项,"本公告所称独立个人劳务或者营业利润协定待遇,是指按照税收协定独立个人劳务或者营业利润条款规定,对方税收居民个人取得的独立个人劳务所得或者营业利润符合税收协定规定条件的,可不缴纳个人所得税"。

(1) 劳务报酬税收协定适用情况。

根据内地和香港税收安排,该独立劳务境内预计停留时间预计超过 183 天,取得的劳务报酬应在境内缴纳个人所得税,与国内法下相同。

(2) 4 月、5 月劳务报酬个人所得税(取得劳务报酬 30 000 元):

4 月劳务报酬个人所得税 = 1 600 元,与国内法下计算相同,不再重复说明。

5 月劳务报酬个人所得税 = 3 200 元,与国内法下计算相同,不再重复说明。

34.2.4.4 特许权使用费个税计算

根据内地和香港税收安排第十二条,如果特许权使用费受益所有人是另一方居民,则所征税款不应超过特许权使用费总额的 7%。6 月特许权使用费个人所得税(取得特许权费 200 000 元):

特许权使用费个人所得税 = 200 000 × 7% = 14 000(元)。

34.2.4.5 汇算清缴个人所得税计算

无住所居民个人普通员工蒂姆,在考虑税收协定情况下,预缴税款合计 32 880 元,其中特许权使用费缴纳个人所得税 14 000 元属于单独缴纳,不属于预缴金额:

4 月:工资预缴个人所得税 + 劳务报酬个人所得税 + 特许权使用费个人所得税 = 0 + 1 600 + 0 = 1 600(元)。

5 月:工资预缴个人所得税 + 劳务报酬个人所得税 + 特许权使用费个人所得税 = 0 + 3 200 + 0 = 3 200(元)。

6 月:工资预缴个人所得税 + 劳务报酬个人所得税 + 特许权使用费个人所得税 = 28 080 + 0 + 14 000 = 42 080(元)。

(1) 年度综合所得收入额:

根据财政部、税务总局公告 2019 年第 35 号文文件公式四:

年度综合所得收入额 = 年度工资、薪金收入额 + 4 月劳务报酬收入额 + 5 月劳务报酬收入额 = 230 000 + 8 000 + 16 000 = 254 000(元)。

其中,特许权使用费所得不计入年度综合所得。

(2) 年度综合所得应缴个人所得税税额:

居民个人年度应缴纳个人所得税的税率,查询表 34-4 税率和速算扣除数可知。

年度综合所得应缴个人所得税 = (各项年度综合所得收入额 - 减除费用 - 专项扣除 - 专项附加扣除 - 依法确定的其他扣除) × 适用税率 - 速算扣除数 = (254 000 - 60 000) × 20% - 16 920 = 21 880(元)。

(3) 年度汇算退税额:

年度汇算退税 = 累计预缴 - 年度应缴 = 32 880 - 21 880 = 11 000(元)。

接下来对以上无住所个人在 4 种情况下缴纳的税款进行总结和对比分析,如表 34-6 所示。

表 34-6 各项所得类型缴纳税款对照表　　单位:元

普通员工	计算依据	工资个人所得税	劳务报酬个人所得税	特许权使用费个人所得税	预缴税款合计	应缴个人所得税合计	汇算清缴
非居民个人	国内法	86 090	2 380	56 840	无	145 310	无
非居民个人	享受协定	50 090	0	14 000	无	64 090	无
无住所居民	国内法	38 080（预缴）	4 800（预缴）	32 000（预缴）	74 880	69 080	退税 5 800
无住所居民	享受协定	28 080（预缴）	4 800（预缴）	14 000（单缴）	32 880（不含单缴税额）	35 880（其中工资劳务应缴 21 880）	退税 11 000

从表 34-6 可以看到,仅仅是由于无住所个人纳税身份不同与享受税收协定待遇的差别,在相同的收入类型、相同的收入额的情况之下,非居民纳税人的税负整体上要高于居民身份纳税人的税负,这是其第一个特点。第二个特点是按照国内法计算规则计算出来的个人所得税税额要高于在享受税收协定条件下计算出来的个人所得税税额。第三个特点是在无住所居民个人享受税收协定参加汇算清缴的情况下,由于存在某些所得类型享受税收协定的原因不计入综合所得单独计算缴纳个人所得税的情况,在计算汇算清缴退补税款时需要注意区分,其中的某些计算细节比较复杂。以上这些情况都体现了无住所个人所得税在理解和实际操作上具有较大难度,需要大家从基本税收原理出发加深理解,多加实践才能熟练掌握和灵活应用。

34.3　无住所个人所得税计算器使用示例

本书配套无住所个人 4 项所得税款计算工具,供读者学习使用,如图 34-12 所示,使用微信扫描二维码进入国际税收计算器主界面后,点击红框内的图表即可进入使用。

该计算工具是作者根据新《个人所得税法》及其实施条例、《财政部　税务总局关于非居民个人和无住所居民个人有关个人所得税政策的公告》(财政部　税务总局公告 2019 年第 35 号)等政策内容开发的移动端税收计算工具,可以用于无住所个人工资薪金、劳务报酬、特许权使用费、稿酬 4 项所得的个人所得税计算,满足无住所居民个人条件的人员,可以通过此计算工具计算综合所得的汇算清缴事项。

34.3.1　开发无住所个人所得税计算工具的意义

34.3.1.1　解决复杂税款算法问题,验证掌上计算方案的可行性

无住所个人所得税计算在当前税收实务计算领域中几乎是最高难度的工作之一,在公

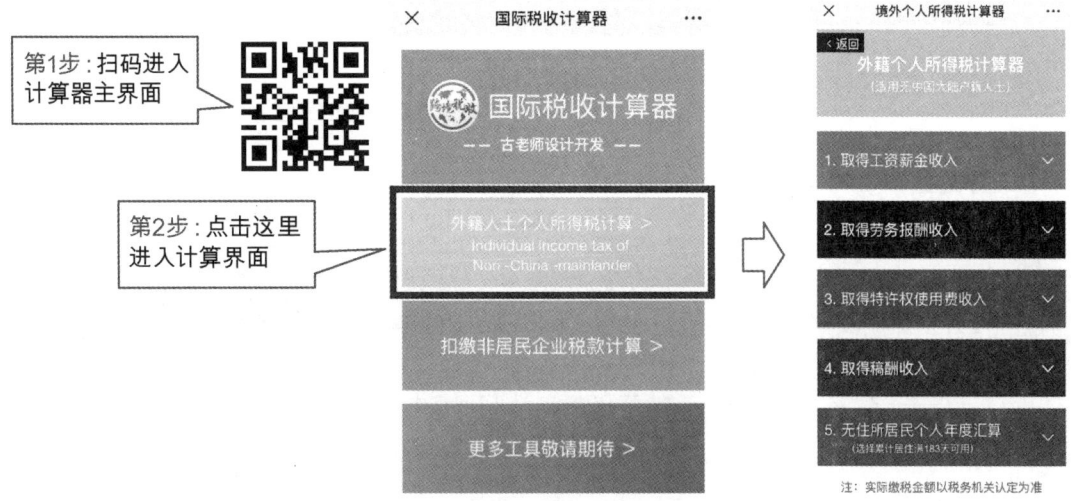

图 34-12　国际税收计算器主界面

开领域还没有相应的计算工具。除个别专业机构外,大多数机构和企业主要依赖 Excel 表格完成计算的,这显然无法实现更加智能化的后台管理。

34.3.1.2　可以用于国际税收的辅助学习工具

本工具以形象化方式展现了《个人所得税法》和财政部、税务总局公告 2019 年第 35 号文件的主要政策内容和计算体系,是学习无住所个人税收业务的辅助工具,可以结合本书第 30 章至第 34 章的内容对应计算验证学习。

34.3.2　无住所个人所得税计算工具的计算功能

本计算工具功能完整、丰富,综合考虑了无住所个人在不同身份和不同境内居住时间情况下的 4 种常见的个人所得税税款计算,包括:普通员工、高管员工两种身份;境内居住不满 90 天,满 90 天不满 183 天,超过 183 天等情况。分别适用财政部、税务总局公告 2019 年第 35 号文件公式一、公式二、公式三和享受税收协定的计算以及无住所居民个人汇算清缴等主要应用场景下的个人所得税计算。以上计算功能可以实现按月、按次自动分类辅助计算不同属期的税款。

34.3.3　无住所个人所得税计算工具的操作

以本书第 34 章"无住所个人所得税征管与纳税案例"中的"34.2.4 无住所居民个人综合所得个税计算案例(税收协定)"进行示例。该无住所居民个人取得了工资、劳务、特许权使用费三项综合所得,并享受税收协定待遇,计算较为复杂。案例基本情况见如图 34-13 所示。

34.3.3.1　计算工资、薪金个税

点击"1. 取得工资薪金收入"框的下拉菜单,由于构成无住所居民个人,勾选"年度累计居住满 183 天(无住所居民个人)"选项,如图 34-14 所示。

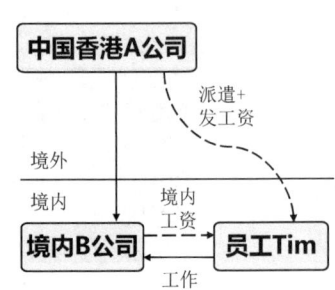

(1) 基本情况：
中国香港A公司派遣普通技术员工中国香港居民Tim到中国B公司工作，根据合同预判该员工在境内年度内居住超过183天，不满6年。
(2) 取得工资薪金情况：
从4月入境至6月，Tim在境内的公历天数为80天，在中国工作期间有临时出国出差，实际境内工作天数为60天。**6月底，境内B公司支付Tim入境以来工资20万元人民币（所属期4~6月）；中国香港A公司支付6月工资人民币12万元（所属期6月）。Tim6月境内工作天数20天。**
假设除此以外Tim没有取得其他工资，仅有基本减除项目5 000元。计算Tim在中国境内4~6月分别应缴纳的工资薪金个人所得税。
(3) 取得劳务报酬情况：
4月，Tim受邀讲课一次，取得讲课费10 000元，5月分两次讲课，每次取得讲课费10 000元。
(4) 取得特许权使用费情况：
6月Tim将个人专著著作权卖给境内出版社，取得款项200 000元。

图34-13 案例基本情况

图34-14 勾选日期和身份

在取得工资薪金的当月（6月）按照图34-13输入相应的数据，即取得的2个属期的工资收入，勾选享受税收协定，图34-15和图34-16所示。

点击"开始计算"后计算出当月工资薪金收入额合计数和工资个税金额，计算结果与案例计算结果相同：

6月取得工资、薪金收入额 = 150 000 + 80 000 = 230 000（元）。

6月预缴工资个税 = (230 000 − 5 000) × 20% − 16 920 = 28 080（元）。

图 34-15　输入数据计算工资薪金收入额

图 34-16　工资薪金个税计算结果

34.3.3.2 计算劳务报酬、特许权使用费个税

点击"2.取得劳务报酬收入""3.取得特许权使用费收入"框的下拉菜单,由于构成无住所居民个人,劳务报酬选项需要勾选"累计停留满183天"。此处需要注意,劳务报酬的停留天数标准与工资薪金的居住天数标准不同,可以独立选择,而特许权使用费模块的居住标准与工资报酬一致,为进行统一计算不可单独选择,自动与工资选项绑定。选择好停留天数选项后,输入劳务报酬收入,并计算出税额,如图34-17所示。

图34-17 劳务报酬个税计算结果

4月、5月劳务报酬个人所得税税额(取得劳务报酬30 000元)如下:

4月劳务报酬个人所得税税额为1 600元,与国内法下计算相同;

5月劳务报酬个人所得税税额为3 200元,与国内法下计算相同。

特许权使用费模块的居住标准与工资报酬一致,为进行统一计算不可单独选择,自动与工资选项绑定。选择适用税收协定,输入税率为7%,计算出应缴纳的特许权使用费金额,如图34-18所示。

特许权使用费个人所得税税额 = 200 000 × 7% = 14 000(元)。

34.3.3.3 综合所得汇算清缴模块计算

只有当工资选项处选择“累计居住满 183 天(无住所居民个人)”时,汇算清缴模块才可以启用,此处点击该模块下拉菜单。

经计算,汇算清缴可申请退还个人所得税 11 000 元,与 34.2.4“无住所居民个人综合所得个税计算案例(税收协定)”计算结果相同,如图 34-19 所示。

年度综合所得收入额:根据财政部、税务总局公告 2019 年第 35 号文件公式四:

年度综合所得收入额 = 年度工资收入额 + 4 月劳务报酬收入额 + 4 月劳务报酬收入额 = 230 000 + 8 000 + 16 000 = 254 000(元)。

其中,特许权使用费所得不计入年度综合所得。

年度汇算退税额如下:

年度汇算退税额 = 累计预缴 - 年度应缴 = 32 880 - 21 880 = 11 000(元)。

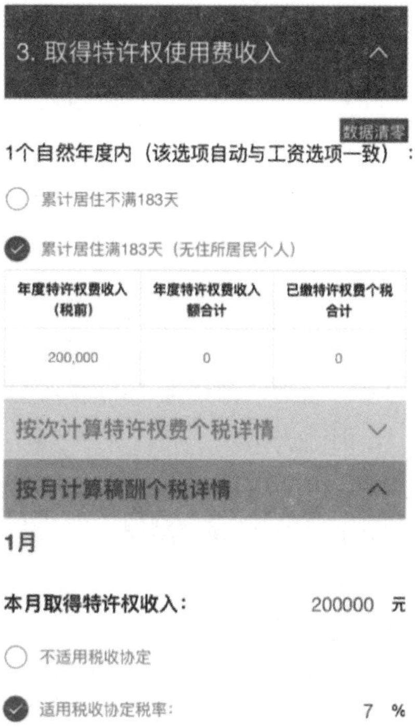

图 34-18 特许权使用费个税计算结果

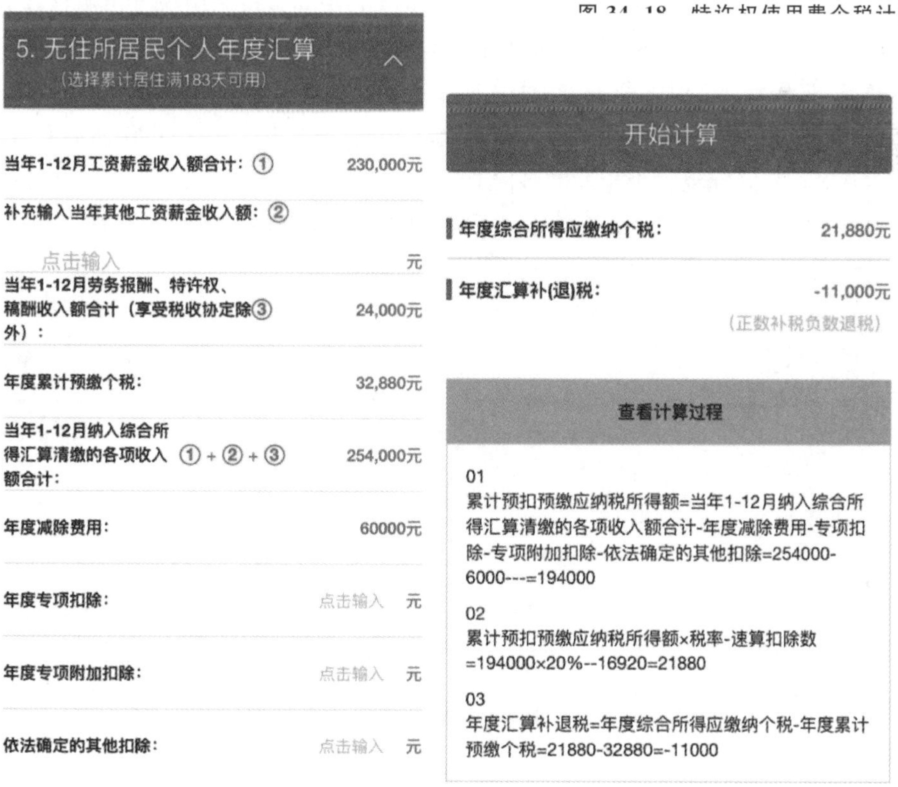

图 34-19 汇算清缴个税计算结果

参考文献

[1] 布莱恩·阿诺德.国际税收基础[M].《国际税收基础》翻译组,译.北京:中国税务出版社,2020.
[2] 段从军.国际税收实务与案例[M].北京:中国市场出版社,2016.
[3] 古成林.关联交易同期资料与国别报告准备与审核实务指南[M].北京:中国市场出版社,2019.
[4] 古成林.企业跨境服务贸易税务指南[M].北京:中国税务出版社,2015.
[5] 国家税务总局国际税务司.非居民企业税收管理案例集[M].北京:中国税务出版社,2012.
[6] 国家税务总局国际税务司.税收协定执行案例集[M].北京:中国税务出版社,2019.
[7] 经济合作与发展组织.OECD税收协定范本及注释(2017版上下)[M].国家税务总局国际税务司,译.北京:中国税务出版社,2019.
[8] 孙彤,任宇.涉外个人所得税新政详解与实务案例[M].北京:中国市场出版社,2020.
[9] 杨志清,何扬.国际税收理论与实务[M].北京:中国税务出版社,2016.
[10] 赵卫刚,王坤."走出去"企业税务指南[M].北京:中国市场出版社,2017.